KB110686

감정평가 및 부동산가격공시법론

감정평가 및 부동산가격공시법론

발행일	2020년 11월 10일			
지은이	배명호			
펴낸이	손형국			
펴낸곳	(주)북랩			
편집인	선일영	편집	정두철, 윤성아, 최승헌, 이예지, 최예원	
디자인	이현수, 한수희, 김민하, 김윤주, 허지혜	제작	박기성, 황동현, 구성우, 권태련	
마케팅	김회란, 박진관, 장은별			
출판등록	2004. 12. 1(제2012-000051호)			
주소	서울특별시 금천구 가산디지털 1로 168, 우림라이온스밸리 B동 B113~114호, C동 B101호			
홈페이지	www.book.co.kr			
전화번호	(02)2026-5777	팩스	(02)2026-5747	
ISBN	979-11-6539-476-9 13360 (종이책)		979-11-6539-477-6 15360 (전자책)	

이 도서의 국립중앙도서관 출판예정도서목록(CIP)은 서지정보유통지원시스템 홈페이지(http://seoji.nl.go.kr)와
국가자료공동목록시스템(http://www.nl.go.kr/kolisnet)에서 이용하실 수 있습니다.
(CIP제어번호: CIP2020047281)

감정평가 및 부동산가격공시법론

감정평가사 제2차 시험 감정평가 및 보상법규

배명호 지음

2021년
감정평가사
제2차 시험 대비
최신판

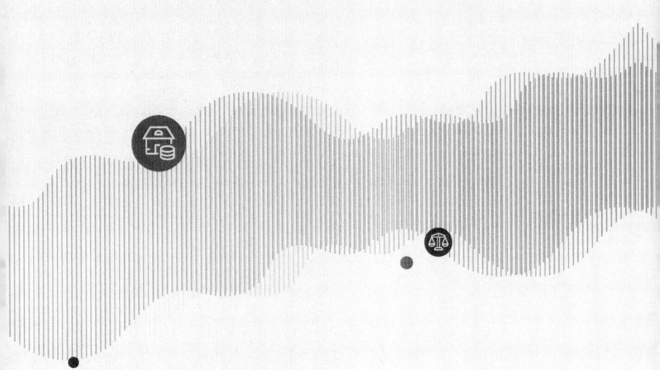

제1편 감정평가 및 감정평가사에 관한 법률
제2편 부동산 가격공시에 관한 법률

북랩 bookLab

머리말

　감정평가사 1차 감정평가 관계법규에 속하면서 동시에 2차의 감정평가 및 보상법규의 시험 과목이기도 한 「감정평가 및 감정평가에 관한 법률」과 「부동산가격공시에 관한 법률」은 행정 법학의 영역으로 다소 전문적인 법률입니다. 다만 동법의 개정이 법률 이해관계에 따라서 제·개정을 반복하였기에 법률체계 정당성 원리 측면에서 검토할 측면도 있을 것입니다. 따라서 법학 과목 수험서로서 법리적인 면이 충실하게 반영되어야 하고 이에 더하여 전문적인 법률인 점을 감안하여 실무적인 사항을 반영하여 집필하였으나 필자의 능력의 한계 많은 지도편달을 기원합니다.

　아울러 졸저가 출간되기까지 지도와 조언을 아끼지 않으신 필자의 은사이신 경북대 법학전문 대학원 신봉기 교수님, 기꺼이 교정에 도움을 준 경북대 법학전문대학원 황헌순 박사과정님, 출간 동기를 불어넣은 제일감정평가법인 장희재 대구경북지사장님을 비롯한 임·직원, 불효자를 늘 기다리시는 경북 성주에 계시는 아버님, 나쁜 남편과 아빠를 응원하는 아내와 아이들, 그 밖에 모든 분들께 감사의 마음을 올립니다.

2020년 11월 대구 수성3가롯데캐슬에서

배명호

※ 법률약어

감정평가법: 감정평가 및 감정평가사에 관한 법률

국토계획법: 국토의 계획 및 이용에 관한 법률

공공기관운영법: 공공기관의 운영에 관한 법률

공원녹지법: 도시공원 및 녹지 등에 관한 법률

감칙: 감정평가에 관한 규칙

개발제한구역법: 개발제한구역의 지정 및 관리에 관한 특별조치법

공간정보관리법: 공간정보의 구축 및 관리 등에 관한 법률

공특법: 공공용지의취득및손실보상에관한특례법

부감법: 부동산 가격공시 및 감정평가에 관한 법률

부동산가격공시법: 부동산 가격공시에 관한 법률

부동산거래신고법: 부동산 거래신고 등에 관한 법률

집합건물법: 집합건물의 소유 및 관리에 관한 법률

청탁금지법: 부정청탁 및 금품등 수수의 금지에 관한 법률

토지보상법: 공익사업을 위한 토지 등의 취득 및 보상에 관한 법률

행정기관위원회법: 행정기관 소속 위원회의 설치·운영에 관한 법률

목 차

제2편 부동산 가격공시에 관한 법률

제 **1** 편

감정평가 및
감정평가사에 관한 법률

제1장 총설

I. 「감정평가법」의 의의[1]

당초 「지가공시및토지등의평가에관한법률」(이하 "지가공시법"이라 한다)상 **감정평가사**제도의 도입목적은 두 가지였다. 첫 번째는 토지평가 체계를 갖추기 위해서라고 한다. 즉 매년 전국 토지 중 표준지를 선정하여 그에 대하여 적정한 가격을 감정평가하여 공시함으로써 토지평가에 있어서 일원적인 기준을 마련하는 것이었다. 두 번째는 토지평가체계의 효율화이다. 그 전에는 토지평가사와 공인감정사가 각각 토지 등 가격을 평가하고 있었는데 그로 인한 혼란이 적지 않았다. **감정평가사**제도의 신설은 토지의 감정평가에 대한 전문자격제도를 도입함으로써 기존의 평가업무 자격자를 일원화하고, 전문가를 양성하여 감정평가업의 정상화를 이루려는 목적이 있었다.[2] 즉 도입취지가 지가공시제도와 양 자격제도의 일원화에 있었다.

그 후 이러한 도입취지는 다음으로 변색되었다. 2016. 1. 19. 제정·공포된 이른바 감정평가 선진화3법(이하 "감정평가 3법"이라 한다)은, ① 감정평가의 객관성·공정성 강화를 위한 「감정평가 및 **감정평가사**에 관한 법률」(이하 "감정평가법"이라 한다)의 제정,[3] ② 부동산 공시가격의 적정성·효율성 개선을 위한 「부동산 가격공시에 관한 법률」(이하 "부동산가격공시법"이라 한다)의 전면개정, ③ 공공기관 기능조정을 위해 「한국감정원법」의 제정을 말한다.[4]

---

1) 2020. 4. 7. 개정으로 2020. 7. 8.부터 시행되는 법률 제17219호를 기준으로 하였다.
2) 김광수, "감정평가제도와 헌법상 재산권 보장", 토지공법연구 제74집, 2016, 57면.
3) 한편, 법 제1조에서 "감정평가 및 **감정평가사**에 관한 제도"를 규정하고 있으므로, 법률 명칭도 「감정평가 및 **감정평가사**에 관한 법률」이라 하여 감정평가제도 자체에 관한 것의 규율이 입법자의 의도일지도 모른다. 그러나 법률 명칭에서 이를 굳이 구별할 실익이 있는지 의문이다. 왜냐하면 **감정평가법인등**에는 **감정평가사**가 포함되어 있으므로 법률 명칭도 다른 전문자격자와 같이 간명하게 「**감정평가사**법」 정도가 충분할 것으로 보인다. 법제처는 동법의 약칭을 「감정평가법」이라 하고 있어서, 본서도 이에 따른다.
4) 국토교통부, "부동산 가격 조사·평가, 지금부터 달라집니다.", 「보도자료」, 부동산평가과, 2016. 8. 31, 1면.

위 3법 중 「감정평가법」은 부동산 가격공시에 관한 사항은 따로 떼어내어 「부동산가격공시법」과 분리되고, 감정평가 및 **감정평가사** 제도와 국민의 재산권 보호를 목적으로 제정되었다(법 제1조). 첫 번째로, 감정평가 및 **감정평가사**의 제도에 관한 사항으로 "감정평가"라 함은 「감정평가법」 제2조에 따르면 토지등의 경제적 가치를 판정하여 그 결과를 가액(價額)으로 표시하는 것이다. 따라서 감정평가는 경제적 가치로 표시 가능한 모든 물건을 그 대상으로 한다. "토지등"이란 토지 및 그 정착물, 동산, 그 밖에 **대통령령**으로 정하는 재산[1. 저작권·산업재산권5)·어업권·광업권 및 그 밖의 물권에 준하는 권리, 2. 「공장 및 광업재단 저당법」에 따른 공장재단과 광업재단, 3. 「입목에 관한 법률」에 따른 입목, 4. 자동차·건설기계·선박·항공기 등 관계 법령에 따라 등기하거나 등록하는 재산, 5. 유가증권(영 제2조)]과 이들에 관한 소유권 외의 권리를 말한다(법 제2조 제1호). 그리고 「감정평가법」 제2장에서 감정평가 일반에 관한 사항들을 별도로 규정하고 있다는 점이 특징이다. "**감정평가사**"는 "**감정평가법인등**"에 해당하는데, 여기서 감정평가업이란 타인의 의뢰에 따라 일정한 보수를 받고 토지등의 감정평가를 업(業)으로 행하는 것을 말하고(법 제2조 제3호), **감정평가법인등**이란 법 제21조에 따라 신고를 한 **감정평가사**와 법 제29조에 따라 인가를 받은 **감정평가법인**을 말한다(법 제2조 제4호). 이들의 정의를 종합하면, **감정평가사**는 타인의 의뢰에 의하여 토지등의 경제적 가치를 판정하여 그 결과를 가액으로 표시하는 직무를 수행하는 자이다.6) 그리고, 「감정평가법」은 조직법적 관점에서 "**감정평가사**법"이지만 작용법적 관점에서 "감정평가에 관한 기본법"7) 내지는 일반법으로 볼 수도 있다.

두 번째, 감정평가제도는 감정평가 자체의 의미부여보다는 감정평가제도의 확립으로 국민의 재산권을 보호한다는 점이 숨어 있는 제도적 취지이다. 「감정평가법」의 내용에는 감정평가기준과 **감정평가사** 자격제도에 관한 것이 명시되어 있을 뿐 국민의 재산권을 보호하는 규정이 눈에 띄지 않는 것으로 보인다. 그러나 감정평가기준 및 **감정평가사**제도 자체의 규율만으로도 국민의 재산권은 보장된다. 국민의 재산권 보호는 「헌법」 제23조 제1항에 따라 국민의 재산권은 보장되기 때문이고, 그 내용과 한계는 법률로만 정하도록 하고 있다. 「헌법」은 사유재산제를 제도보장하고 있으며 사유재산권에 대해서는 기본권으로 보장하고 있다. 따라서 이에 합치되지 못한 법제나 법리는 국민의 재산권 보장을 위협하는 것이 될 수 있다.8)

---

5) 산업재산권이란 저작권과 함께 지적재산권을 구성하는 재산권으로 특허권·실용신안권·의장권·상표권(특실의상)을 말한다. 종래 공업재산권의 바뀐 이름이다.

6) 김광수, "감정평가제도와 헌법상 재산권 보장", 57면.

7) 신봉기·정준용, "감정평가3법과 감정평가업자의 업무범위", 감정평가 제121호, 2016 Spring, 33면.

8) 가령 「부동산가격공시법」 제8조 "표준지공시지가의 적용" 규정에 따라 국가 등이 **감정평가법인등**의 감정평가액에 의하지 않고 표준지공시지가를 기준으로 토지가격비준표를 사용하여 직접 산정하는 경우 「감정평가법」의 취지와 배

Ⅱ. 「감정평가법」의 연혁

1. 「감정평가법」의 제정 이전

가. 「국토이용관리법」 및 「감정평가에관한법률」의 제정

(1) 「감정평가법」의 연혁을 말할 때 제2편 「부동산가격공시법」의 연혁과 구분하여 설명하기는 쉽지 않다. 왜냐하면 **감정평가사** 제도도입은 부동산가격공시 제도 도입의 목적이기도 하였다.

「감정평가법」의 전신이라 할 수 있는 「감정평가에관한법률」 제정(1973. 12. 31.) 꼭 1년 전, 건설부는 1972. 12. 30. 「국토이용관리법」을 제정(시행 1973. 3. 31. 법률 제2408호)하면서, **대통령령**으로 정하는 지역에 대하여는 표준지공시지가의 모태라 할 수 있는 기준지가를 고시하도록 하고, 지가평가를 위하여 토지평가사를 두도록 하였다.[9] 즉, 토지평가사 제도도입의 목적은 기준지가의 조사·평가 등을 위한 것이다. 「국토이용관리법」 제29조 제1항에 따르면 건설부장관은 지가의 적정한 유지와 토지이용의 증진을 도모하기 위하여 지가를 조사·평가하여 이를 기준지가로 고시할 수 있도록 하였다. 같은 법 제29조의2 제1항에 따르면 기준지가의 조사·평가와 기준지가가 고시된 지역안에서 매수 또는 수용할 토지 기타 권리의 평가를 위해 건설부장관의 면허를 받은 토지평가사를 두도록 하였다.

(2) 이러한 「국토이용관리법」에 의한 토지평가사에 대한 기준지가의 조사·평가업무 위탁제도 도입 1년 후, 재무부는 재산의 감정평가에 관하여 필요한 사항을 규정하여 그 경제적 가치를 정확하게 평가하기 위하여 1973. 12. 31. 「감정평가에관한법률」을 제정(시행 1974. 4. 1. 법률 제2663호)하였다. 공인감정사제도의 도입 없이, 1969년 이미 「국유재산의 현물출자에 관한 법률」에 의한 정부출자기관으로 한국감정원을 설립하였고,[10] 그 이후 공인감정사제도를 신설하여 자격취득요건과 결격사유 및 등록에 관한 사항을 규정하였다(감정평가에관한법률 제3조). 이에 따라 감정업을 영위하고자 하는 법인(감정회사)은 자본금 5억 원 이상으로서 100인 이상의 공인감정사를 고용하고 재무부장관의 인가를 받도록 하였는데(같은 법 제6조), 그 당시 국가경제규모에서 자본금 액수나 고용요건으로 비추어볼 때 이러한 제한은 법 제정 당시 감정업을 영위하고 있었던 감정회사의 기득권을 보호하고자 하는 취지일 것이다(부칙 제3조). 한편, 같은 법에서 "감정업자"라 함은 법 제5조의 규정에 의한 등록을 한 공인감정사와 법 제6조의 규정에 의한 인가를 받은 법인으로 구분하였고(같

치되는 것이며 국민의 재산권 보장에 위협이 될 수 있다. 이는 곧 위헌 법률을 의미한다.

9) 법제처 제정이유 참조.

10) 한국감정원 홈페이지, 회사소개/http://www.kab.co.kr/kab/home/introduce/setup_history.jsp

은 법 제2조 제3호), 감정업자의 업무는 동산·부동산 기타 **대통령령**이 정하는 재산의 감정평가로 하되 감정회사가 아닌 감정업자의 업무범위는 따로 정하도록 하였다(같은 법 제10조). 국가기관 등이 감정의뢰하거나, 금융기관 등이 대출 또는 재산재평가를 위하여 감정을 필요로 할 때에는 감정회사에 의뢰하는 것을 원칙으로 하였다(같은 법 제13조). 등록한 공인감정사와 인가 받은 법인을 감정업자라 하고, 법 제10조 제1항에서 감정업자의 업무범위를 정하고 제2항에서 감정회사가 아닌 감정업자가 행할 수 있는 업무범위는 시행령 제38조에 위임하여 제한을 두어, 실질적으로 법 제6조에 의한 인가 받은 법인(감정회사)만을 위한 법률이었다. 「감정평가에관한법률」의 제정 목적은 현행 「감정평가법」의 제정 목적과 같이 감정평가 및 공인감정사제도에 관한 것을 규율할 목적으로 하였다.

(3) 전술한 「국토이용관리법」 제29조의2 제1항의 기준지가의 조사·평가와 기준지가가 고시된 지역안에서 매수 또는 수용할 토지 기타 권리의 평가를 위해 건설부장관의 면허를 받은 토지평가사를 둔다는 규정을 둘러싸고 갈등이 발생하였다. 재무부는 공인감정사의 주관부처로서 공인감정사는 감정에 관한 일반적인 자격이기 때문에 기준지가 고시지역 안에서의 감정업무도 당연히 할 수 있다고 해석하였다. 그러나 건설부는 기준지가를 고시한 지역 안에서는 토지평가사만이 감정업무를 행할 수 있다고 보았다. 이에 대하여 대법원은 "「국토이용관리법」 제29조의2 제1항에 기준지가의 조사·평가와 기준지가가 고시된 지역내에서 매수 또는 수용 할 토지 기타 권리를 평가하기 위하여 토지평가사를 둔다고 규정되어 있다하여, 법원이 소송사건을 심리할 필요에 의하여 토지의 평가를 명할 경우에도 그 평가의 대상이 된 토지가 기준지가 고시지역 내에 들어있는 경우에는 반드시 토지평가사로 하여금 평가시켜야 하고, 「감정평가에관한법률」이 정하는 공인감정사에 의한 감정평가는 배제되어야 한다고 볼 수 없고, 그 규정에 관한 소론과 같은 행정관청의 법률해석에 법원이 구속받아야 할 이유도 없다."고[11] 판시하여, 「국토이용관리법」의 기준지가 고시지역 내에서 토지평가사 이외에 공인감정사도 토지가격을 평가할 수 있다고 하여, 재무부의 유권해석에 손을 들어주었다. 위 판례는 당시 토지평가사에 대한 일반인들의 불만을 반영하는 측면도 있었다. 즉, 토지평가사는 건설부의 입장만을 반영하여 평가하기 때문에 신뢰할 수 없다고 비판받았다. 이와 같은 논란을 해소하고 토지정책의 일관성과 효율성을 증진시키기 위하여 제도 개선이 필요하였다. 즉, 제도 개선의 목표는 첫 번째가 전국적으로 통일적이고 객관적인 토지가격을 산정하고 이를 공시할 수 있는 체계를 갖추는 것이며, 두 번째는 이런 제도를 뒷받침할 수 있는 전문자격자 제도를 마련하여 활용하는 것이다.[12]

---

11) 대법원 1984. 1. 24. 선고 82누415 판결.

나. 「지가공시법」의 제정

(1) 1988년 6월 건설부는 공고 제76호로 「지가공시에관한법률」(안)을 입법예고 하였다. 동 법률안은 「지가공시법」의 입법에 큰 전환점이 되었고, 입법과정에 대체로 건설부의 주장이 크게 반영되었다고 볼 수 있다. 여기에는 다음과 같은 몇 가지 요인이 작용하였다. 첫 번째, 당시 사회문제로 제기되던 부동산 투기 및 지가폭등을 해결하기 위하여 관련입법의 정비가 절실하였는데, 이로 인하여 토지정책을 주관하는 건설부가 주도권을 쥘 수 있는 유리한 위치에 있었다. 즉, 공인감정사가 감정에 관한 일반적인 자격제도라고 볼 수도 있었으나 토지평가가 사회적으로 가장 중요한 업무로 인정되고, 토지평가를 중심으로 자격제도가 일원화되는 계기를 맞았다는 것이다. 두 번째로, 당시 토지평가 업무는 건설부의 업무 가운데 중요한 부분을 차지하였으며, 토지평가사의 상당수가 건설부의 퇴직공무원으로 충원되고 있던 점에서 건설부에서 보다 더 이해관계에 민감하게 반응할 수 있는 조건이 형성되었다. 이에 비해 공인감정사는 대출물건에 대한 담보가액 감정이라는 특성상 재무부 공무원들의 직접적인 관심대상이 아니었다. 세 번째로 건설부는 국토의 개발과 관련하여 그간 상당한 업무경험과 지식 및 정보축적이 이루어져 있었기 때문에 지가산정과 관련된 문제를 어떻게 풀 것인가라는 문제에 대하여 독자적인 비전과 역량을 갖추고 있었다는 점이다. 따라서 입법과정의 우여곡절에도 불구하고 결국에는 건설부가 주도권을 쥐게 되었다. 마지막으로 입법과정에서 건설부가 내세운 논리가 설득력이 있었다는 점이다. 건설부는 토지평가에 대한 공익성·전문성 그리고 독립성을 주장하며 **감정평가사**와 **감정평가법인**의 설립을 법안에 담았다. 이러한 주장은 그간의 토지평가사의 업무방법이나 행태와는 별개로 새로운 전문자격제도로서의 **감정평가사**의 업무행태에 대한 제안으로 향후 감정평가업계를 활성화시키는 계기를 만들었다고 평가하기도 한다. [13]

(2) 당시 우리나라 지가의 조사·평가체계는 건설부의 「국토이용관리법」에 의한 기준지가, 내무부의 「지방세법」에 의한 과세시가표준액, 국세청의 기준시가, 재무부의 「감정평가에관한법률」에 의한 감정시가 등으로 각 부처의 사용목적과 기능에 따라 다양한 형태로 되어 있어 정부에서 조사·발표하는 지가에 대하여 국민의 신뢰도가 저하되고, 토지정책과 제도발전의 준거기준이 되는데 미흡한 실정이었다. 이에 따라 1989. 4. 1. 정부입법으로 정부가 매년 단일지가를 조사·평가 및 공시하고 지가체계를 정비하여 관계기관이 이를 공동으로 활용할 수 있도록 공시지가제도를 도입하는 「지가공시법」을 제정(법률 제4120호, 시행 1989. 7. 1.) 하였다. 매년 전국의 토지 중에서 표준지를

---

12) 김광수, "감정평가제도와 헌법상 재산권 보장", 60면.
13) 김광수, "감정평가제도와 헌법상 재산권 보장", 61면.

선정하고 이에 대한 적정가격을 조사·평가 및 공시하여 각 관련기관에서 토지를 평가할 때에 이를 기준으로 하도록 함으로써 다원화되어 있는 토지평가체계를 일원화하였다. 그리고 토지평가사와 공인감정사로 이원화되어 있는 제도는 그 업무의 본질이 감정평가라는 점에서는 근본적으로 같은 업무라고 할 수 있으나 그 근거 법률과 소관부처가 달라 오랫동안 양 자격제도의 통합 필요성이 제기되어 **감정평가사**로 일원화함으로써 토지·건물·동산 등에 대한 감정평가제도를 효율화하려는 것이다.[14]

(3) 이렇게 제정된 「지가공시법」 제2장 지가의 공시는 日本 「地価公示法」의 영향을 받았다. 「지가공시법」에 의한 지가공시제도는 「국토이용관리법」상의 기준지가를 모태로 한 것이며, 표준지공시지가의 조사·평가 및 공시권자를 건설부장관으로 함으로써 근간 조사·평가 및 공시주체의 논란의 계기가 되었다.[15] 폐지된 「감정평가에관한법률」의 제3장에서 **감정평가사**·감정평가업으로 규정하였다.

(4) 그 후, 2005. 1. 14. 「지가공시법」은 전면개정(시행 2005.1.14. 법률 제7335호) 하면서 법률 제목을 「부동산 가격공시 및 감정평가에 관한 법률」(이하 "부감법"이라 한다)로 하였다. 세부담의 형평성을 제고하기 위하여 주택에 대한 토지·건물 통합 과세의 부동산 보유세제 개편에 따라 토지와 건물의 적정가격을 통합 평가하여 공시하는 주택가격공시제도를 도입하였다(법 제16조 및 제17조).

2. 감정평가 3법의 제·개정과 한국감정원업무의 등장[16]

(1) 당초 정부안으로 2011. 04. 12. 「부감법」 일부 개정 법률안을 제안하였지만 18대 국회 임기 만료로 폐기되었다. 이와 같은 정부입법의 시도는 다음과 같은 「부감법」 전면 또는 일부개정에 대한 제·개정의 발단이 되었다. 당초 정부안 이후 ① 안홍준의원등 10인, ② 이노근의원등 10인, ③ 신기남의원등 10인, ④ 이노근의원등 12인, ⑤ 부좌현의원등 11인이 국회에 발의되었으나 2015. 12월 제337회 국회(정기회) 제8차 국토교통위원회(2015. 12. 4.)는 위 5건의 법률안을 심사한 결과 이를 본회의에 부의하지 않기로 하고, 「국회법」 제51조에 따라 위원회 대안으로 제안하였고, 동

---

14) 주요내용으로 ① 건설부장관은 매년 표준지를 선정, 공시기준일 현재 조사·평가 및 공시하며, ② 국가·지방자치단체 등이 공공용지의 매수 및 토지수용에 대한 보상, 국·공유토지의 취득 또는 처분 등을 위하여 표준지의 공시지가를 기준으로 하고, ③ 표준지의 선정·관리 및 조정, 감정평가준칙 등을 심의하기 위하여 건설부에 토지평가위원회를 두도록 하며, ④ 건설부장관이 **감정평가사**의 자격을 부여하고, ⑤ **감정평가법인등**의 사무소의 개설등록 및 법인의 설립인가에 관한 요건·절차 등을 주요내용으로 한다.

15) 국토교통부 해명자료, "표준지공시지가는 법적으로 국토부가 최종 결정·공시하는 주체입니다.", 2019. 1. 5.

16) 기타 상세한 내용은 협회 주최의 2015. 11. 20(금) 제9회 한·일 보상세미나 발표 논문자료 참조.

대안은 2015. 12. 28. 국회본회의 심의를 거쳐 원안가결 되어 2016. 1. 19. 공포되었다. 따라서 같은 날 「부감법」 전면개정(시행 2016. 9. 1. 법률 제13796호)으로, 「감정평가법」 및 「부동산가격공시법」으로 분리되고, 「한국감정원법」이 제정되었다.

① 「감정평가법」은 그 제정 이유에서 **감정평가사**제도는 1989년 도입되어 2012년까지 3,800여 명의 합격자를 배출하는 등 안정적인 전문자격자 제도로 확립되었다. 그러나 변호사·공인회계사·변리사 등과 달리 별도의 근거 법률이 없고 부동산가격공시제도와 함께 하나의 법률에 규정되어 있어 **감정평가사**제도가 부동산가격공시업무에 한정되는 것으로 오해될 수 있는 여지가 있다. 이에 **감정평가사** 제도를 별도의 법률로 제정하여 **감정평가사**제도를 발전시킴과 동시에 감정평가의 신뢰성과 공정성제고에 기여하고자 함이다.

② 「부동산가격공시법」은 전면개정이유에서 현행 「부감법」은 부동산 가격공시로 적정가격을 공시하여 부동산을 평가하고 산정하는 기준이 되고 있는 업무의 영역이다. 그러나 **감정평가사** 및 **감정평가사**의 업무에 관한 사항과 함께 규정되어 있어 일반 국민에게는 부동산가격공시업무가 감정평가업자의 업무로 인식되고 있다. 이에 **감정평가사** 관련 규정을 분리하여 별도의 법률(감정평가법)을 제정함으로써 일반 국민의 오해를 없애기 위하여, 감정평가에 관한 사항을 분리하고, 부동산가격공시에 관한 사항만을 제정하였다. 주요내용으로 지가 변동이 미미한 지역에서 표준지공시지가 조사·평가는 1인의 **감정평가법인등**에게 의뢰할 수 있도록 하고(법 제3조 제5항 단서), 표준주택가격의 조사·산정 및 개별주택가격 검증업무를 한국감정원에 의뢰하며(법 제16조 제4항 및 제17조 제6항), 비주거용 부동산에 대한 가격공시 제도를 도입하였다(제5장).

③ 「한국감정원법」은 제정이유에서 한국감정원의 설립 근거를 마련하고, 그 업무를 공적 기능 위주로 재편하여 이를 법률에 명시하였다. 동법은 감정평가관계법규의 시험과목은 아니지만, 실무상 **감정평가법인등** 징계의 준거기준이 되는 타당성조사기관이므로 **감정평가법인등**이 유의해야 할 감정평가관계법률에 속한다.

(2) 이로써, 1972년 이래 병존해 왔던 감정평가 및 부동산가격공시제도는 2016년 「부감법」의 전면개정에 의한 3개 법률의 제·개정으로 양 제도는 분리된 것이며,[17] 부동산가격공시업무는 표준지공시지가의 조사·평가라는 일부영역만 **감정평가법인등**의 업무로 남게 되었고, 그 밖의 대부분은 「부동산가격공시법」과 「한국감정원법」에 따라 한국감정원의 업무에 속하게 됨으로써, 2016. 1. 19. 이전 한국감정원업무는 감정평가업자의 업무 영역에 속하였으나, 2016. 1. 19. 이후 우리나라는 **감정평가법인등**의 감정평가업무외에 한국감정원의 업무라는 것이 등장하였다.

---

17) 국토교통부, "2015년도 부동산가격공시에 관한 연차보고서", 2018.08., 46면.

Ⅲ. 「감정평가법」의 법적 성격 및 체계

「감정평가법」에는 사법(私法)의 규정들이 많지만, 대부분의 규정들은 **감정평가사**에 관한 제도를 확립하여 공정한 감정평가를 도모함으로써 국민의 재산권을 보호하는 공익을 목적으로 하면서, 법률관계의 한쪽 당사자가 국가 공권력이라는 우월적 지위에 있는 점에서 국내공법이라 할 것이다.

법의 구성은 다음과 같이 구성되어 있다. 제2장 감정평가제도에서는, ① 일반적인 토지 감정평가의 경우 도시지역은 3년 이내, 비도시 지역은 5년 이내에 거래된 신고가격 중 **감정평가사**가 적정하다고 판단하는 가격을 기준으로 감정평가 할 수 있도록 구체화하였고(법 제3조 제1항, 「감칙」 제14조 제1항 및 제2조 제12의2호), ② 한국**감정평가사**협회(이하 "협회"라 한다)가 **감정평가법인등** 추천을 요청받은 경우 전문성, 업무실적, 조직규모 등을 고려하여 7일 이내에 추천토록 하고, 세부적인 추천기준은 협회에서 마련·운영하기로 하였다(법 제5조). ③ 국토교통부에서 업계에 대한 지도·점검, 감정평가 표본조사(무작위 추출방식의 개략조사) 등의 결과에 따라 직권으로 타당성조사를 할 수 있도록 근거를 마련하였다(법 제8조). ④ 감정평가 정보체계 등록범위를 종전 보상평가 등에 더해 소송·공매평가까지 확대하는 것으로 하였다(법 제9조 및 시행령 제5조). 제3장 **감정평가사**제도에서는 제1절에서 **감정평가법인등**의 업무와 **감정평가사**자격을, 제2절 및 제3절에서는 **감정평가사** 자격시험, **감정평가법인등**의 등록 근거를 법률로 규정하였다. 제4절에서는 **감정평가법인등**의 권리와 의무 및 민사책임을 규정하였다. 제4장에서는 협회의 설립 근거, **감정평가사** 등의 협회가입을 의무화하였다(제35조). 제5장 및 제6장에서는 징계와 과징금이라는 행정적 책임을 규정하였고, 제8장 벌칙에서는 형사책임과 일부 행정적 책임(과태료)을 규정하고 있다.[18]

---

18) 「감정평가법」의 **제1장 총칙**에서 **감정평가사**의 독립성에 관한 규정이 필요하다. 가령 「변호사법」의 경우는 업무특성상 오히려 원고나 피고 중 어느 한쪽 당사자의 법리를 대리하는 것을 업무로 하는데, "변호사는 공공성을 지닌 법률 전문직으로서 독립하여 자유롭게 그 직무를 수행할 수 있도록 하여(변호사법 제2조)" 공공성·전문성·독립성을 명문화하고 있다. 오히려 감정평가제도의 도입취지 자체가 감정평가의 공정성과 독립성 보장이 근거이었음에도(매일경제, "...한국감정원 곧 설치" 1969. 2. 28.) 불구하고, 입법자는 감정평가제도 도입취지에 해당하는 독립성을 정하지 않고 있다. 감정평가의 독립성이 요구되는 근거 중 하나는 우리나라의 「감칙」·「실무기준」과 日本의 不動産鑑定評価基準(2014. 5. 1. 일부개정)의 공통점은 계량적으로 규율하고 있지 않다는 점을 참조해야 한다. 오히려, 협회의 구 「토지보상평가지침」에 있었던 〈별표 7의2〉 기대이율적용기준율표, 〈별표 8〉 입체이용률배분표, 〈별표 9〉 층별효용비율표, 〈별표 10〉 건축가능층수기준표, 〈별표 11〉 심도별 지하이용저해율표, 〈별표 12〉 건물내용연수표를 국토교통부는 「감정평가실무기준」을 제정하면서 계량적인 부분을 규정하지 않았다는 점이 이를 뒷받침한다.

〈표 1〉 「감정평가법」의 구성

제1장 총칙 제1조(목적) 제2조(정의) **제2장 감정평가** 제3조(기준) 제4조(직무) 제5조(감정평가의 의뢰) 제6조(감정평가서) 제7조(감정평가서의 심사) 제8조(감정평가 타당성조사) 제9조(감정평가 정보체계의 구축·운용 등) **제3장 감정평가사** **제1절 업무와 자격** 제10조(감정평가법인등의 업무) 제11조(자격) 제12조(결격사유) 제13조(자격의 취소) **제2절 시험** 제14조(감정평가사시험) 제15조(시험의 일부면제) 제16조(부정행위자에 대한 제재) **제3절 등록** 제17조(등록 및 갱신등록)	제18조(등록 및 갱신등록의 거부) 제19조(등록의 취소) 제20조(외국감정평가사) **제4절 권리와 의무** 제21조(사무소 개설신고 등) 제22조(사무소의 명칭 등) 제23조(수수료 등) 제24조(사무직원) 제25조(성실의무 등) 제26조(비밀엄수) 제27조(명의대여 등의 금지) 제28조(손해배상책임) **제5절 감정평가법인** 제29조(설립 등) 제30조(해산) 제31조(자본금 등) 제32조(인가취소 등) **제4장 한국감정평가사협회** 제33조(목적 및 설립) 제34조(회칙) 제35조(회원가입 의무 등) 제36조(윤리규정) 제37조(자문 등)	제38조(회원에 대한 교육·연수 등) **제5장 징계** 제39조(징계) 제40조(감정평가관리·징계위원회) **제6장 과징금** 제41조(과징금의 부과) 제42조(이의신청) 제43조(과징금 납부기한의 연장과 분할납부) 제44조(과징금의 징수와 체납처분) **제7장 보칙** 제45조(청문) 제46조(업무의 위탁) 제47조(지도·감독) 제48조(벌칙 적용에서 공무원 의제) **제8장 벌칙** 제49조(벌칙) 제50조(벌칙) 제51조(양벌규정) 제52조(과태료) **부칙**

제2장 감정평가

제2장 감정평가

Ⅰ. 의의

법 제1조의 법문에 충실하자면 이 법은 감정평가 및 **감정평가사**에 관한 제도를 목적으로 한 것이므로 제2장 감정평가 규정은 "**감정평가사**"가 아닌 "감정평가제도" 자체에 관한 규율로 이해하는 것이 입법자의 의도일 것이다. 제2장 제3조 내지 제9조에서는 감정평가기준, 감정평가의뢰, 감정평가서의 심사, 감정평가 타당성조사, 정보체계의 구축 등에 관해서 정하고 있다.

Ⅱ. 감정평가기준

1. 개정 경과

구법(2000. 1. 28. 법률 제6237호로 개정 이전)은 **감정평가법인등**이 토지를 개별적으로 감정평가하는 경우에 당해 토지와 유사한 이용가치를 지닌다고 인정되는 표준지의 공시지가를 기준으로 평가대상토지와 객관적 가치에 영향을 미치는 제요인을 비교하여 평가대상토지의 가격과 표준지의 공시지가가 균형을 유지하도록 감정평가하는 "표준지공시지가기준법"에 따르도록 규정하고 있었다(구법 제9조).

이는 다른 물건에 비하여 토지평가가 사회적으로 중요한 만큼, 가급적 감정평가의 객관성을 유지하기 위한 것이었고, 토지에 대한 담보평가에 있어서도 위와 같은 방법에 따르게 되어 있다(구법 제20조 제1항 제4, 5호). 그리고 위 법 제22조의 위임을 받은 당시의 「감정평가에 관한 규칙」(이하 "감칙"이라 한다)에서도 토지의 평가에 관하여는 "표준지공시지가기준법"에 따르도록 되어 있다(감칙 제17조). 반면 2000. 1. 28. 법률 제6237호로 개정된 법률은 "표준지공시지가기준법"을 원칙으로 하되 담보권의 설정·경매 등 **대통령령**이 정하는 감정평가를 하는 경우에는 당해 토지의 임대료, 조성비용 등을 고려하여 감정평가를 할 수 있다고 개정하였다. 즉, 담보·경매 감정평가에서 표준지공시지가기준법을 주방식으로 거래사례비교법과 수익환원법을 보조방식으로 채택한 것이다.[19] 그 후 「부감법」으로 전면 개정되면서 동 규정은 제21조에 규정하여 오다가, 「감정평가법」으로 분법되면서 제3조에서 규정하게 되었다.

감정평가제도를 운영함에 있어서 감정평가기법을 경직화하는 것이 바람직한가 아니면 유연성이 클수록 옳은가에 대한 논쟁은 계속되어왔다. 감정평가기법을 경직화하면 **감정평가법인등**의 주관적 평가에 따른 감정평가의 편차를 줄일 수 있는 반면, 경우에 따라 적정한 감정평가를 방해하는 장애가 될 수도 있다. 토지의 감정평가는 토지의 시장가격을 보편타당성 있게 예측하고 추정함을 목적으로 하는 것이지 시장가격과 동떨어진 자기만족의 독단적인 가격을 설정함을 목적으로 하는 것이 아니고 감정평가에 관한 학문은 끊임없이 과거를 반성하고 더 보편타당한 감정평가방법을 발견하기 위한 발전을 거듭한다는 점을 참작하면 토지에 대한 감정평가방법을 "표준지공시지가기준법"이라는 단 한 가지 방법으로 한정하였던 구법은 유연하지 못한 것이었다. 「지가공시법」은 지가공시제도에서의 통일성의 요청이 감정평가제도에도 그대로 적용되었기 때문인 것으로 보이는데, 그 후의 개정 법률이 지가공시제도에서는 단일한 평가방법을 유지하면서도 손실보상·담보 목적 등의 경우에는 그 목적을 참작한 조정을 허용한 것도 구법의 합리성에 대한 반성적 고려를 담은 것이다.[20]

2. 토지 감정평가기준

가. 표준지공시지가기준법 원칙

(1) 의의

감정평가법인등이 토지를 감정평가하는 경우에는 그 토지와 이용가치가 비슷하다고 인정되는 「부동산가격공시법」에 따른 표준지공시지가를 기준으로 하여야 한다(법 제3조 제1항 본문). 이를 공시지가기준법이라 하는데(감칙 제14조 제1항), 여기서 공시지가기준법이란 「감정평가법」 제3조 제1항 본문에 따라 대상토지와 가치형성요인이 같거나 비슷하여 유사한 이용가치를 지닌다고 인정되는 표준지의 공시지가를 기준으로 대상토지의 현황에 맞게 시점수정, 지역요인 및 개별요인 비

---

19) 법제처 개정이유.
20) 대전고등법원 2006. 8. 23. 선고 2004나1088 판결.

교, 그 밖의 요인의 보정을 거쳐 대상토지의 가액을 산정하는 감정평가방법을 말한다(감칙 제2조 제9호). 공시지가기준법의 적용 순서는 후술하지만 대체로 비교표준지선정과 가격형성요인비교(품 등비교)의 순서를 거친다(감칙 제14조 제2항).

(2) 표준지선정과 가격형성요인비교(품등비교)의 법적 문제

판례와 감정원 타당성조사에서 쟁점이 되는 것이 이른바 상대적 유사성론 및 품등비교 적용 법 리에[21] 관한 것으로 표준지와 평가대상토지의 용도지역이나 주변환경 등이 다소 상이한 점이 있더 라도 이러한 점은 지역요인이나 개별요인의 분석 등 품등비교에서 참작하면 되는 것이지 그러한 표준지선정 자체의 잘못을 별도로 인정할 것인가에 관한 논란이며,[22] 그 밖의 요인보정에 관한 쟁 점은 후술하기로 한다.

대법원은 비교표준지 선정과 관련하여 "비교표준지는 특별한 사정이 없는 한 도시계획구역 내에 서는 용도지역을 우선으로 하고, 도시계획구역 외에서는 현실적 이용상황에 따른 실제 지목을 우선 으로 하여 선정하여야 할 것이나, 이러한 토지가 없다면 지목, 용도, 주위환경, 위치 등의 제반 특성 을 참작하여 그 자연적, 사회적 조건이 수용대상 토지와 동일 또는 가장 유사한 토지를 선정하여야 한다고(상대적 유사성론)," 판시하였다.[23] 그리고 가격형성요인 비교와 관련하여 "표준지와 수용대 상토지의 이용상황이나 주변환경 등에 다소 상이한 점이 있다 하더라도 이러한 점은 지역요인이나 개별요인의 분석 등 품등비교에서 참작하면 되는 것이지, 그러한 표준지의 선정 자체가 잘못된 것 으로 단정할 수는 없다(품등비교 적용 법리)."[24]

상기 판례를 종합하면 비교표준지 선정은 평가대상토지 주변 여러 표준지 중에서 상대적으로 유사해야 함을 의미하며, 비교표준지선정 기준은 「감칙」 제14조 제2항이나 「실무기준」에 명시되어 있기 때문에, 특별한 사정없이 용도지역이 다른 토지를 표준지로 선정하는 등 감정평가준칙을 따르 지 않을 경우 위법으로 보고 있다. 그리고 표준지 선정이 잘못되어 위법한 이상 품등비교 또는 보 상액 산정 시 참작사유의 하나에 불과한 인근유사토지의 정상거래가격만으로 적정손실보상액을 산

---

21) 「감칙」이나 「실무기준」에서 사용하는 지역요인 및 개별요인비교라는 용어가 있음에도, 판례는 대법원 1987. 7. 7. 선고 87누45 판결 등에서부터 "품등비교"라는 용어를 사용하고 있다.
22) 국토교통부·한국감정원, 감정평가 타당성조사 5개년 사례집, 209~222면.
23) 대법원 2001. 3. 27. 선고 99두7968 판결; 대법원 2009. 9. 10. 선고 2006다64627 판결; 비교표준지 선정에서 상대 적 유사성이란 여러 비교표준지 중 가장 유사한 비교표준지를 선정해야 한다는 의미로 이해할 수 있다. 다시 말해 평가대상토지와 절대적으로 유사한 비교표준지를 선정해야 하는 정도가 아닌 평가대상토지 인근에 여러 비교표준 지가 있고 평가대상토지와 상대적으로 가장 유사한 비교표준가 있다면 이를 비교표준지로 선정해야 한다는 것이다.
24) 대법원 1993. 8. 27. 선고 93누7068 판결; 대법원 2009. 9. 10. 선고 2006다64627 판결.

정할 수 있는 것도 아니다.[25] 즉 표준지 선정의 잘못을 품등비교로 덮을 수는 없다는 것이 판례의 태도이다.

나. 예외

(1) 다만, 적정한 실거래가가 있는 경우에는 이를 기준으로 할 수 있도록 한 단서규정은, 전술한 공시지가기준법 원칙에 대한 예외규정으로 보아야 한다(법 제3조 제1항 단서). 여기서 적정한 실거래가란 「부동산거래신고법」에 따라 신고된 실제 거래가격(이하 "거래가격"이라 한다)으로서, 거래시점이 도시지역(「국토계획법」 제36조 제1항 제1호에 따른 도시지역을 말한다)은 3년 이내, 그 밖의 지역은 5년 이내인 거래가격 중에서 **감정평가법인등**이 인근지역의 지가수준 등을 고려하여 감정평가의 기준으로 적용하기에 적정하다고 판단하는 거래가격을 말한다(감칙 제2조 제12의2호). 만약 3년 또는 5년 이내의 거래가격이 없다면, 특별한 사유가 있는 경우에는 그 기간을 초과할 수 있도록 하고 있다(실무기준 1.5.3.1 제1항 제3호 단서). 법제처는 개정이유에서 2016. 9. 1. 제정·시행법부터 토지에 대한 감정평가 기준으로 실거래가를 활용할 수 있도록 하였다.

(2) 법문에 충실하자면 공시지가기준법 원칙을 강제하고 있으면서, 이에 더하여 법 제3조 제1항을 위반하거나 아래의 법 제3조 제3항에 따른 감정평가준칙을 위반하여 감정평가를 한 경우, 감정평가관리·징계위원회의 의결에 따라 자격취소, 등록취소, 2년 이하의 업무정지, 견책의 어느 하나에 해당하는 징계를 할 수 있기 때문에 **감정평가법인등**에게는 다양한 평가기법의 선도적 적용보다는 징계의 위험으로부터 자유로운 보수적 평가기법을 택할 것이다.

3. 담보·경매 등 감정평가과 수익환원법·조성원가법

그리고 토지감정평가의 원칙과 예외 규정(법 제3조 제1항)에도 불구하고 **감정평가법인등**이 「주식회사 등의 외부감사에 관한 법률」에 따른 재무제표 작성 등 기업의 재무제표 작성에 필요한 감정평가와 담보권의 설정·경매 등 **대통령령**으로 정하는 감정평가[법 제10조 제3호·제4호(법원에 계속 중인 소송을 위한 감정평가 중 보상과 관련된 감정평가는 제외한다) 및 제5호에 따른 감정평가(영 제3조)]를 할 때에는 해당 토지의 임대료, 조성비용 등을 고려하여 감정평가를 할 수 있다(법 제3조 제2항). 예외 규정에도 불구하고 실무에서는 공시지가기준법을 많이 적용하고 있다.

---

25) 대법원 1994. 6. 24. 선고 93누21972 판결.

4. 위임된 감정평가준칙의 법적 성격

가. 의의

감정평가의 공정성과 합리성을 보장하기 위하여 **감정평가법인등**이 준수하여야 할 세부적인 원칙과 기준은 **국토교통부령**으로 정한다. 같은 항에 따라 위임을 받아 **감정평가법인등**이 감정평가를 할 때 준수하여야 할 원칙과 기준을 정한 것이 「감정평가에 관한 규칙」이다(법 제3조 제3항).[26] 한편, **감정평가법인등**의 징계처분에 관한 조항(법 제39조 제1항 제2호)과 **감정평가법인등**의 설립인가취소·업무정지에 관한 조항(법 제32조 제1항 제5호)에서는 이를 감정평가준칙이라 규정하고 있다. 이의 감정평가준칙은 「감칙」과 「실무기준」을 말한다.

나. 감정평가에 관한 규칙

「감칙」은 **감정평가법인등**이 감정평가를 할 때 준수하여야 할 원칙과 기준을 규정함을 목적으로 「감정평가법」 제3조 제3항의 위임에 따라 부령(**국토교통부령**)의 형식으로 제정되었다(감칙 제1조). 따라서 형식에 있어서는 법규명령에 해당한다. 그러나 그 실질이 법규명령인지 행정규칙인지 논할 필요가 있다.[27]

사견으로 동 「감칙」은 ① 형식에 있어서 부령인 점, ② 감정평가에 관한 전문적·기술적 사항을 법률의 위임(법 제3조 제3항)에 따라 부령에서 정하고 있는 점, ③ 수범자가 「감칙」을 위반할 경우 행정적 책임(법 제32조 제1항 제5호 및 제39조 제1항 제2호)에 그치지 않고, 형사책임(법 제49조

---

26) **국토교통부령** 제356호로 2016. 8. 31. 일부개정 2016. 9. 1.부터 시행하고 있다.

27) 성문법의 법원으로 '행정입법'이라는 행위형식이 있는데, 이는 행정기관이 제정하는 법규범을 말하며, 명령이라고도 한다. 행정입법의 형식으로 **대통령령·총리령·부령** 등이 있다. 대통령은 법률에서 구체적으로 범위를 정하여 위임받은 사항과 법률을 집행하기 위하여 필요한 사항에 관하여 대통령령을 발할 수 있다(헌법 제75조). 이를 보통 시행령이라 부른다. 국무총리 또는 행정각부의 장은 소관 사무에 관하여 법률이나 **대통령령**의 위임에 의한 위임명령 또는 직권으로 집행명령인 총리령 또는 부령을 발할 수 있다(헌법 제95조). 이를 보통 시행규칙이라 부른다. 행정입법도 행정법원이지만 법률 아래에 있다. 행정기관이 정립하는 이와 같은 명령은 내용적으로는 국민을 구속하는 "법규명령"과 그와 같은 구속력이 없는 "행정규칙(행정명령)"으로 나뉘며, 후자는 성문행정법원(法源)의 법 형식 속에 포함시키지 아니하였던 것이 종래의 통설이다. 법규명령이란 엄격한 대외적·일반적 구속력을 가지는 법규범인 행정입법을 말하는데, 대법원은 "법령의 직접적인 위임에 따라 행정기관이 그 법령을 시행하는 데 필요한 구체적인 사항을 정한 것이라면, 그 제정형식이 고시·훈령·예규·지침 등이라 하여도, 그것이 상위법령의 위임한계를 벗어나지 아니하는 한, 상위법령과 결합하여 대외적인 구속력을 갖는 법규명령으로서 기능하게 된다는 것"이라 하여 행정규칙 형식의 법규명령을 인정하였다(대법원 2016. 1. 28. 선고 2015두53121 판결). 「행정규제기본법」 제4조 제2항 단서에서는 법령에서 전문적·기술적 사항이나 경미한 사항으로서 업무의 성질상 위임이 불가피한 사항에 관하여 구체적으로 범위를 정하여 위임한 경우에는 "고시 등"으로 정할 수 있고, 같은 법 시행령 제2조 제2항에서 "고시 등"이라 함은 훈령·예규·고시 및 공고를 말한다고 규정하고 있다(김철용, 행정법(제6판), 102~106면). 이에 반해 행정규칙이란 종래의 통설과 판례에 의하면 행정기관이 법조의 형식으로 정립하는 일반적·추상적 규범으로서 내부효과만을 가질 뿐 대외적으로 구속력을 가지는 법규범으로서의 성질을 가지지 아니하는 행정입법을 말한다.

제5호)을 질 수 있다는 점에서 법규의 성질을 가지는 법규명령으로 보아야 하고, 위임명령과 집행명령의 성격을 아울러 가진다. 다만, 「감칙」은 **감정평가법인등**의 업무를 정한 것이므로, 수범자가 **감정평가법인등**에 한정될 뿐이다.

다. 감정평가실무기준

(1) 종래 협회는 1993. 2. 16. 토지보상관계법령의 규정에 의하여 공공사업을 목적으로 취득·수용 또는 사용하는 토지에 대한 손실보상을 위한 평가에 관하여 세부적인 기준과 절차 등을 정할 목적으로 「토지보상평가지침」(이하 "토보침"이라 한다)을 제정하였고, 그 후 14차례 개정·운용하다가, 2011. 8. 12. 감사원 공공사업 보상실태 감사결과 발표에서 「토보침」은 법적 구속력이 없어 이를 위반하더라도 평가결과를 부정하는 데에는 한계가 있다는 지적에 따라,[28] 「감정평가법」 제3조 제3항의 위임을 받은 「감칙」 제28조에 의한 재위임에 따라 감정평가의 구체적인 기준을 정한 것이 「감정평가실무기준」(이하 "실무기준"이라 한다)이다.[29] 「실무기준」은 국토교통부(고시 제2013-620호)에서 고시의 형식으로 2013. 10. 21. 제정하였고, 그 이전 2011. 11. 28. 동 기준 제정을 행정예고하면서, 제정이유로 감정평가업자가 감정평가를 수행할 때 「실무기준」을 준수하도록

---

[28] 대법원 2007. 7. 12. 선고 2006두11507 판결에서 협회가 제정한 "토지보상평가지침"의 법적 성질은 협회가 내부적으로 기준을 정한 것에 불과하여 일반 국민이나 법원을 기속하는 것이 아니라고 하였다; 대법원 2010. 3. 25. 선고 2009다97062 판결; 대법원 2014. 6. 12. 선고 2013두4620 판결; 헌재 2006. 7. 27. 2005헌마307 헌재도 같은 취지로 협회가 제정한 토지보상평가지침은 헌법소원의 대상이 되는 공권력의 행사에 해당하지 아니한다고 결정하였다. 한편, 「토보침」은 「실무기준」 제정 이후에도 전면개정을 하였으며, 심히 우려스러운 규정들이 보인다. 협회가 회원들을 위해 규정을 만드는 일은 좋은 취지이지만, 감정평가관계법규에 대한 깊은 이해를 바탕으로 하여야 한다. 가령, 「토보침」 제30조의2(문화재보호법에 따른 보호구역 안 토지의 감정평가)에서는 "「문화재보호법」(법률 제12352호, 2014. 1. 28) 제27조에 따른 보호구역 안에 있는 토지를 「문화재보호법」 제83조 제1항에 따라 취득 또는 사용하는 경우에 그 보호구역 안 토지에 대한 감정평가는 그 보호구역의 지정이 해당 문화재의 보존·관리를 직접목적으로 하여 가하여진 개별적인 계획제한으로서 그 공법상 제한을 받지 아니한 상태를 기준으로 하도록" 규정하였다. 「토보침」 개정안 제30조의2(문화재보호법에 따른 보호구역 안 토지의 감정평가)에 대하여 필자는 「문화재보호법」상 보호구역(동법 제27조 제1항), 현상변경허가 대상구역(동법 제35조 제1항 제1호 및 제56조), 역사문화환경 보존지역(동법 제13조 제1항)은 "당해 공익사업을 직접 목적으로 가하는 공법상 제한"으로 보기 어려워 일반적 계획제한으로 보아 현황기준 원칙에 따라 제한 받는 상태대로 감정평가하여 손실을 보상하여야 할 것이라고 의견을 제시하였다. 왜냐하면, 문화재보호구역 등의 지정은 지정문화재를 보호하기 위하여 지정된 구역일 뿐이고(동법 제2조 제3항), 문화재청장이나 지방자치단체의 장이 지정문화재나 그 보호구역에 있는 토지 등을 수용·사용하는 것은 단지 문화재의 보존·관리를 위하여 필요하다고 판단했을 뿐이라 할 수 있기 때문이다(동법 제83조). 동 「토보침」의 이와 같은 오류의 배경은 앞서 협회 감정평가기준팀의 의견(감정평가기준팀-1723, 2015. 05. 21. 감정평가기준팀-1581, 2015. 05. 13.)이 동 규정과 같은 견해를 취했기 때문일 것이다. 그러나 법의 해석은 현행 법률의 문구에 충실하게 해석하는 것이 합당하기 때문이다. 따라서 동 조항은 잘못된 것이다. 판례(대법원 2005. 2. 18. 선고 2003두14222 판결)와 국토교통부의 유권해석(토정58307-2073, 1994. 11. 22)도 필자와 같은 견해이다. 이 밖에도 필자와 같은 견해로, 우성기, "문화재보호와 재산권의 보장", 공법연구 제34집 제3호, 2006, 436면을 참조하라.

[29] 2018. 1. 11. 일부개정(시행 2018. 1. 11. 국토교통부고시 제2018-36호)을 기준으로 하였다.

권장하여 감정평가의 공정성과 신뢰성을 제고하는 것을 목적으로 한다. 이는 동「실무기준」의 목적 규정이 되었다. 주요 내용으로는 1. 법령·지침·이론 등 다양한 형태로 산재한 관련 내용들을 망라하여 실무에 적용할 수 있는 종합적·체계적 기준으로 정립하고, 2. 물건별·목적별 평가방법을 구체화하여 다양한 평가 수요에 부응한 전문적 평가기법을 적용할 수 있는 근거를 마련하며, 3. 품질관리제도 도입, 윤리규정 구체화, 감정평가액 결정의 근거자료 제시 의무화 등을 통해 감정평가의 객관성·신뢰성 제고와, 4. 가치기준, 시산가격 조정 등 학문적으로만 논의되던 감정평가기법에 관한 세부적 사항을 실무에 접목시킬 수 있는 토대 마련을 내용으로 하였다.

(2)「실무기준」은 제정이유 및 목적 조항에서와 같이 감정평가의 구체적인 기준이면서 **감정평가법인등**이 감정평가를 수행할 때「실무기준」을 준수하도록 권장하고(감칙 제1조) 있어 법규성이 있는지 문제된다. 따라서 이러한 고시 형식의「실무기준」이 행정규칙에 머무는 것인지, 아니면 법규명령으로 보아야 하는지에 관한 것이다. 판례는「실무기준」의 법적 성격에 관하여 직접 언급하지는 않았으나「토보침」이 일반 국민이나 법원을 기속하는 것이 아니라는 판시한 것에[30] 반대해석할 여지도 필요해 보인다. 따라서「실무기준」의 법규성 여부에 관해서,[31] **사견**으로는 ① 부령의 재위임을 받아 그 위임받은 사항을 정하고 있으며, 위 상위법령과 결합하여 **감정평가법인등**에 대해서는 대외적인 구속력을 갖는 법규적 성격을 갖는 것이라 할 수 있으며, 이를 행정규칙 형식의 법규명령

---

30) 대법원 2014. 6. 12. 선고 2013두4620 판결.

31) 법규명령·행정규칙의 법규성 판단의 기준으로, 이른바 "법규명령 형식의 행정규칙"과 "행정규칙 형식의 법규명령"의 구별에 관한 것을 살펴볼 필요가 있다. 전자는 법규명령의 형식을 취하고 있지만 그 내용이 행정규칙의 실질을 가지는 것을 말하고, 후자는 행정규칙의 형식으로 제정되었지만 법규적 성질과 효력을 갖는 것으로 법규적 효력을 갖는 행정규칙이라고도 한다. ① 종래 통설은 행정입법을 그 법규성 여부에 따라 법규명령과 행정규칙으로 나누면서, 다른 한편으로 법규명령과 행정규칙에 각기 고유한 법형식이 있음을 전제로 **대통령령**·총리령·부령 속에 들어가 있는 행정규칙의 성질을 가지는 규정을 이른바 법규명령형식의 행정규칙이라 부르고, 고시·훈령·예규·지침 등에 들어가 있는 법규명령의 성질을 가진 규정을 이른바 행정규칙형식의 법규명령이라고 부르면서 각각의 성질이 달라지는지 여부를 논하고 있다. ② 먼저 "법규명령형식의 행정규칙"(**대통령령**·총리령·부령 등과 대외적 일반적 구속성)에 대하여 행정규칙의 성질을 가진 규정이 **대통령령**·총리령·부령 속에 들어가 있는 경우에는 법규명령의 성질을 가지는 규정으로 변경된다는 견해(적극설, 형식설, 홍준형, 행정법, 312면; 김남진·김연태, 행정법 I, 183면)와 반대의 견해(소극설, 실질설, 류지태·박종수, 행정법신론, 박영사, 2011, 323면)로 나뉘며, 적극설이 다수설이다. 김철용 교수는 법규명령·행정규칙이 고유한 법형식이 존재하고, **대통령령**·총리령·부령 등이 각각 고유한 법규명령의 형식이라는 견해에 선다면 적극설이 타당하다고 한다. 그러나 법규명령이 **대통령령**이냐 부령이냐에 따라 달라지는 것이 아니라고 본다면, 법규명령과 행정규칙의 구별이 형식에 의한 것이 아니라 실질에 의한 것이라면 소극설이 타당하다고 한다. ③ 이상과 같은 이론을 대입하여「실무기준」이 고시라는 형식을 취하고 있기 때문에 그 실질을 따져보자는 것인데, "행정규칙 형식의 법규명령"인 고시·훈령·예규·지침 등에서도 대외적 구속력을 가진 규정이 존재할 수 있는 견해(긍정설)와 법규명령의 성질을 가진 규정이 존재할 수 없다는 견해(부정설)로 나뉘며, 판례는 앞에서 말한바와 같이 긍정설을 취한다. 김철용 교수는 법규명령·행정규칙에 각각 고유한 법형식이 존재하고, 고시·훈령·예규·지침 등이 각각 고유한 행정규칙의 형식이라는 견해에 선다면 부정설이 타당하다고 보았다. 그러나 법규명령·행정규칙의 구별이 형식에 의한 것이 아니라 실질에 의한 것이라면 긍정설이 타당하다고 한다(김철용, 행정법(제6판), 123~126면). 형식이 고시이며 구속성에 대해「실무기준」준수의 권장을 제정목적으로 하고 있다는 점에서 행정규칙의 성격으로 볼 여지도 있지만 **사견**은 형식 못지않게 실질을 보아야 한다는 점에서 긍정설이 타당할 것이다.

이라 할 것이다. 따라서 「실무기준」의 목적 조항에서 정하고 있는 "권장"이라는 행정지도적인 표현은 「실무기준」의 수범자에 대한 구속성에 비추어 옳지 않다. ② 법령에서 감정평가에 관한 전문적·기술적 사항으로서 업무의 성질상 위임이 불가피한 사항에 관하여 구체적으로 범위를 정하여 위임한 경우에 고시 등으로 정할 수 있는데(행정규제기본법 제4조 제2항 단서), 같은 법 제4조 제2항 단서에서 "고시 등"이라 함은 훈령·예규·고시 및 공고를 말한다는(같은 법 시행령 제2조 제2항) 점, ③ 「감칙」에서와 같이 「실무기준」과 같은 감정평가준칙을 수범자가 위반할 경우 행정적 책임에 그치지 않고, 형사책임까지 질 수 있으므로 재판규범으로서의 효력을 지닐 수 있다는 점 등에서 법규적 성질을 가진다 할 것이다. 단지 일반국민이 수범자의 영역에 들어오는 경우는 극히 적을 뿐이고, 감정평가기준을 정한 것이므로 「감칙」과 같이 수범자가 **감정평가법인등**으로 한정될 수밖에 없을 것이다.

Ⅲ. 감칙의 내용[32]

1. 의의

「감칙」의 구체적 내용은 감정평가이론 및 실무에서도 중요시되나, 감정평가관계법규의 과목에서도 소홀히 할 수 없는 내용이다. 그 이유는 「감칙」은 **감정평가법인등**이 감정평가를 할 때 준수하여야 할 원칙과 기준을 규정함을 목적으로 「감정평가법」 제3조 제3항의 위임에 따라 제정되었기 때문에, **감정평가법인등**이 준수하여야 할 규범이다(감칙 제1조). 후술하겠지만, 「감칙」이 정하고 있는 감정평가 "절차와 방법 등"은 감정평가 타당성조사의 대상이 되고(법 제8조 제1항), 결과에 따라 감정평가관리·징계위원회의 의결이 있게 되면 **감정평가사**는 징계라는 제재적 처분을 받게 된다(법 제39조).[33]

---

32) 2016. 8. 31. 일부개정(시행 2016. 9. 1. **국토교통부령** 제356호); 「감칙」이 감정평가관계법규 시험의 범위내인가가 논란일 수 있다. 여기서 **법규**란 다의적인 의미로 사용되는데, <u>최광의로는 法規範一般</u>을, 광의로는 성문의 <u>法令</u>을 의미하나, <u>협의로는 추상적 의미를 가지는 법규범 또는 국민일반의 권리·의무에 관계있는 법규범을 특히 법규</u>라 부른다. 이에 비해 법령은 법률과 명령, 좁은 의미로는 국회에서 제정한 법률과 행정부에서 제정한 명령(**대통령령·총리령·부령**)만을 의미하지만, 넓은 의미로는 지방자치단체의 조례·규칙·대법원규칙·국회규칙 등 각종의 법 형식을 총칭하는 의미로 쓰인다. <u>법규는 광의의 개념에서는 법령과 동의어로 보이고, 「감칙」은 법령에 속하므로 감정평가관계법규의 시험범위내로 보인다.</u>

33) 「감칙」은 2016. 8. 31. 일부개정(시행 2016. 9. 1. **국토교통부령** 제356호) 하였고, 제1조(목적), 제2조(정의), 제3조(감정평가법인등의 의무), 제4조(적용범위), 제5조(시장가치기준 원칙), 제6조(현황기준 원칙), 제7조(개별물건기준 원칙 등), 제8조(감정평가의 절차), 제9조(기본적 사항의 확정), 제10조(대상물건의 확인), 제11조(감정평가방식), 제12조(감정평가방법의 적용 및 시산가액 조정), 제13조(감정평가서 작성), 제14조(토지의 감정평가), 제15조(건물의

2. 감정평가법인등의 의무

감정평가법인등은 다음 각 호 1. 자신의 능력으로 업무수행이 불가능하거나 매우 곤란한 경우, 2. 이해관계 등의 이유로 자기가 감정평가하는 것이 타당하지 아니하다고 인정되는 경우의 어느 하나에 해당하는 경우에는 감정평가를 하여서는 아니 된다(감칙 제3조).

3. 적용범위

감정평가법인등은 다른 법령에 특별한 규정이 있는 경우를 제외하고는 이 규칙으로 정하는 바에 따라 감정평가하여야 한다(감칙 제4조).

4. 감정평가의 원칙

가. 시장가치기준 원칙

대상물건에 대한 감정평가액은 시장가치를 기준으로 결정한다(감칙 제5조 제1항). 여기서 "시장가치"란 감정평가의 대상이 되는 토지등(이하 "대상물건"이라 한다)이 통상적인 시장에서 충분한 기간 동안 거래를 위하여 공개된 후 그 대상물건의 내용에 정통한 당사자 사이에 신중하고 자발적인 거래가 있을 경우 성립될 가능성이 가장 높다고 인정되는 대상물건의 가액을 말한다(감칙 제2조 제1호).

감정평가법인등은 「감칙」 제5조 제1항에도 불구하고 다음 각 호 1. 법령에 다른 규정이 있는 경우, 2. 감정평가 의뢰인(이하 "의뢰인"이라 한다)이 요청하는 경우, 3. 감정평가의 목적이나 대상물건의 특성에 비추어 사회통념상 필요하다고 인정되는 경우의 어느 하나에 해당하는 경우에는 대상물건의 감정평가액을 시장가치 외의 가치를 기준으로 결정할 수 있다(감칙 제5조 제2항).

감정평가법인등은 「감칙」 제5조 제2항에 따라 시장가치 외의 가치를 기준으로 감정평가할 때에는 다음 각 호 1. 해당 시장가치 외의 가치의 성격과 특징, 2. 시장가치 외의 가치를 기준으로 하는 감정평가의 합리성 및 적법성의 사항을 검토하여야 한다. 다만, 제2항 제1호의 경우에는 그러하지 아니하다(감칙 제5조 제3항).

감정평가), 제16조(토지와 건물의 일괄감정평가), 제17조(산림의 감정평가), 제18조(과수원의 감정평가), 제19조(공장재단 및 광업재단의 감정평가), 제20조(자동차 등의 감정평가), 제21조(동산의 감정평가), 제22조(임대료의 감정평가), 제23조(무형자산의 감정평가), 제24조(유가증권 등의 감정평가), 제25조(소음 등으로 인한 대상물건의 가치하락분에 대한 감정평가), 제26조(그 밖의 물건의 감정평가), 제27조(조언·정보 등의 제공), 제28조(그 밖의 감정평가기준), 부칙으로 구성되어 있다.

　　감정평가법인등은 시장가치 외의 가치를 기준으로 하는 감정평가의 합리성 및 적법성이 결여(缺如)되었다고 판단할 때에는 의뢰를 거부하거나 수임(受任)을 철회할 수 있다(감칙 제5조 제4항).

　　감정평가의뢰 반려의 근거가 「감정평가법」에 규정되어 있지 않고, 다만 하위법령이라 할 수 있는 「실무기준」 300 "감정평가 의뢰와 수임", 2 "수임제한 이유", 6호에 따르면 의뢰받은 감정평가 수행에 필요한 인력과 전문성을 보유하지 못한 경우에 수임을 거부할 수 있는 근거를 두고 있다.

나. 현황기준 원칙

　　감정평가는 기준시점에서의 대상물건의 이용상황(불법적이거나 일시적인 이용은 제외한다) 및 공법상 제한을 받는 상태를 기준으로 한다(감칙 제6조 제1항). 여기서 "기준시점"이란 대상물건의 감정평가액을 결정하는 기준이 되는 날짜를 말한다(감칙 제2조 제2호).

　　감정평가법인등은 다음 각 호 1. 법령에 다른 규정이 있는 경우, 2. 의뢰인이 요청하는 경우, 3. 감정평가의 목적이나 대상물건의 특성에 비추어 사회통념상 필요하다고 인정되는 경우의 어느 하나에 해당하는 경우에는 기준시점의 가치형성요인 등을 실제와 다르게 가정하거나 특수한 경우로 한정하는 조건(이하 "감정평가조건"이라 한다)을 붙여 감정평가할 수 있다(감칙 제6조 제2항). 여기서 "가치형성요인"이란 대상물건의 경제적 가치에 영향을 미치는 일반요인, 지역요인 및 개별요인 등을 말한다(감칙 제2조 제4호).

　　감정평가법인등은 감정평가조건을 붙일 때에는 감정평가조건의 합리성, 적법성 및 실현가능성을 검토하여야 한다. 다만, 감칙 제6조 제2항 제1호의 경우에는 그러하지 아니하다(감칙 제6조 제3항). **감정평가법인등**은 감정평가조건의 합리성, 적법성이 결여되거나 사실상 실현 불가능하다고 판단할 때에는 의뢰를 거부하거나 수임을 철회할 수 있다(감칙 제6조 제4항).

다. 개별물건기준 원칙 등

　　감정평가는 대상물건마다 개별로 하여야 한다(감칙 제7조 제1항). 둘 이상의 대상물건이 일체로 거래되거나 대상물건 상호 간에 용도상 불가분의 관계가 있는 경우에는 일괄하여 감정평가할 수 있다(감칙 제7조 제2항).

　　하나의 대상물건이라도 가치를 달리하는 부분은 이를 구분하여 감정평가할 수 있다(감칙 제7조 제3항). 일체로 이용되고 있는 대상물건의 일부분에 대하여 감정평가하여야 할 특수한 목적이나 합리적인 이유가 있는 경우에는 그 부분에 대하여 감정평가할 수 있다(감칙 제7조 제4항)

5. 감정평가의 절차

가. 의의

감정평가법인등은 다음 각 호 1. 기본적 사항의 확정, 2. 처리계획 수립, 3. 대상물건 확인, 4. 자료수집 및 정리, 5. 자료검토 및 가치형성요인의 분석, 6. 감정평가방법의 선정 및 적용, 7. 감정평가액의 결정 및 표시의 순서에 따라 감정평가를 하여야 한다. 다만, 합리적이고 능률적인 감정평가를 위하여 필요할 때에는 순서를 조정할 수 있다(감칙 제8조).

나. 기본적 사항의 확정

감정평가법인등은 감정평가를 의뢰받았을 때에는 의뢰인과 협의하여 다음 각 호 1. 의뢰인, 2. 대상물건, 3. 감정평가 목적, 4. 기준시점, 5. 감정평가조건, 6. 기준가치, 여기서 "기준가치"란 감정평가의 기준이 되는 가치를 말한다(법 제2조 제3호). 7. 관련 전문가에 대한 자문 또는 용역(이하 "자문등"이라 한다)에 관한 사항, 8. 수수료 및 실비에 관한 사항을 확정하여야 한다(감칙 제9조 제1항). 기준시점은 대상물건의 가격조사를 완료한 날짜로 한다. 다만, 기준시점을 미리 정하였을 때에는 그 날짜에 가격조사가 가능한 경우에만 기준시점으로 할 수 있다(감칙 제9조 제2항). **감정평가법인등**은 필요한 경우 관련 전문가에 대한 자문 등을 거쳐 감정평가할 수 있다(감칙 제9조 제3항).

다. 대상물건의 확인

감정평가법인등이 감정평가를 할 때에는 실지조사를 하여 대상물건을 확인하여야 한다(감칙 제10조 제1항). **감정평가법인등**은 제1항에도 불구하고 다음 각 호 1. 천재지변, 전시·사변, 법령에 따른 제한 및 물리적인 접근 곤란 등으로 실지조사가 불가능하거나 매우 곤란한 경우, 2. 유가증권 등 대상물건의 특성상 실지조사가 불가능하거나 불필요한 경우의 어느 하나에 해당하는 경우로서 실지조사를 하지 아니하고도 객관적이고 신뢰할 수 있는 자료를 충분히 확보할 수 있는 경우에는 실지조사를 하지 아니할 수 있다(감칙 제10조 제2항).

라. 감정평가방식

감정평가법인등은 다음 각 호의 감정평가방식에 따라 감정평가를 한다(감칙 제11조). (1) 원가방식은 원가법 및 적산법 등 비용성의 원리에 기초한 감정평가방식을 말한다(감칙 제11조 제1호).[34] (2) 비교방식은 거래사례비교법, 임대사례비교법 등 시장성의 원리에 기초한 감정평가방식 및 공시지가기준법을 말한다(감칙 제11조 제2호).[35] (3) 수익방식은 수익환원법 및 수익분석법 등 수익성의 원리에 기초한 감정평가방식을 말한다(감칙 제11조 제3호).[36]

마. 감정평가방법의 적용 및 시산가액 조정

감정평가법인등은 「감칙」 제14조부터 제26조까지의 규정에서 대상물건별로 정한 감정평가방법(이하 "주된 방법"이라 한다)을 적용하여 감정평가하여야 한다. 다만, 주된 방법을 적용하는 것이 곤란하거나 부적절한 경우에는 다른 감정평가방법을 적용할 수 있다(감칙 제12조 제1항).

감정평가법인등은 대상물건의 감정평가액을 결정하기 위하여 어느 하나의 감정평가방법을 적용하여 산정(算定)한 가액(이하 "시산가액"이라 한다)을 감칙 제11조 각 호의 감정평가방식 중 다른 감정평가방식에 속하는 하나 이상의 감정평가방법(이 경우 공시지가기준법과 그 밖의 비교방식에 속한 감정평가방법은 서로 다른 감정평가방식에 속한 것으로 본다)으로 산출한 시산가액과 비교하여 합리성을 검토하여야 한다. 다만, 대상물건의 특성 등으로 인하여 다른 감정평가방법을 적용하는 것이 곤란하거나 불필요한 경우에는 그러하지 아니하다(감칙 제12조 제2항).

감정평가법인등은 합리성 검토 결과 산출한 시산가액의 합리성이 없다고 판단되는 경우에는 주된 방법 및 다른 감정평가방법으로 산출한 시산가액을 조정하여 감정평가액을 결정할 수 있다(감칙 제12조 제3항).

---

34) 여기서 **원가법**이란 대상물건의 재조달원가에 감가수정(減價修正)을 하여 대상물건의 가액을 산정하는 감정평가방법을 말한다(감칙 제2조 제5호). "감가수정"이란 대상물건에 대한 재조달원가를 감액하여야 할 요인이 있는 경우에 물리적 감가, 기능적 감가 또는 경제적 감가 등을 고려하여 그에 해당하는 금액을 재조달원가에서 공제하여 기준시점에 있어서의 대상물건의 가액을 적정화하는 작업을 말한다(감칙 제2조 제12호). "적산법(積算法)"이란 대상물건의 기초가액에 기대이율을 곱하여 산정된 기대수익에 대상물건을 계속하여 임대하는 데에 필요한 경비를 더하여 대상물건의 임대료(사용료를 포함한다)를 산정하는 감정평가방법을 말한다(감칙 제2조 제6호).

35) **거래사례비교법**이란 대상물건과 가치형성요인이 같거나 비슷한 물건의 거래사례와 비교하여 대상물건의 현황에 맞게 사정보정(事情補正), 시점수정, 가치형성요인 비교 등의 과정을 거쳐 대상물건의 가액을 산정하는 감정평가방법을 말한다(감칙 제2조 제7호). "임대사례비교법"이란 대상물건과 가치형성요인이 같거나 비슷한 물건의 임대사례와 비교하여 대상물건의 현황에 맞게 사정보정, 시점수정, 가치형성요인 비교 등의 과정을 거쳐 대상물건의 임대료를 산정하는 감정평가방법을 말한다(감칙 제2조 제8호).

36) **수익환원법**이란 대상물건이 장래 산출할 것으로 기대되는 순수익이나 미래의 현금흐름을 환원하거나 할인하여 대상물건의 가액을 산정하는 감정평가방법을 말한다(법 제2조 제10호). "수익분석법"이란 일반기업 경영에 의하여 산출된 총수익을 분석하여 대상물건이 일정한 기간에 산출할 것으로 기대되는 순수익에 대상물건을 계속하여 임대하는 데에 필요한 경비를 더하여 대상물건의 임대료를 산정하는 감정평가방법을 말한다(감칙 제2조 제11호).

바. 감정평가서 작성

감정평가법인등은 법 제6조에 따른 감정평가서를 의뢰인과 이해관계자가 이해할 수 있도록 명확하고 일관성 있게 작성하여야 한다(감칙 제13조 제1항).

감정평가서에는 다음 각 호 1. **감정평가법인등**의 명칭, 2. 의뢰인의 성명 또는 명칭, 3. 대상물건(소재지, 종류, 수량, 그 밖에 필요한 사항), 4. 대상물건 목록의 표시근거, 5. 감정평가 목적, 6. 기준시점, 조사기간 및 감정평가서 작성일, 7. 실지조사를 하지 아니한 경우에는 그 이유, 8. 시장가치 외의 가치를 기준으로 감정평가한 경우에는 제5조 제3항 각 호의 사항. 다만, 같은 조 제2항 제1호의 경우에는 해당 법령을 적는 것으로 갈음할 수 있다. 9. 감정평가조건을 붙인 경우에는 그 이유 및 제6조 제3항의 검토사항. 다만, 같은 조 제2항 제1호의 경우에는 해당 법령을 적는 것으로 갈음할 수 있다. 10. 감정평가액, 11. 감정평가액의 산출근거 및 결정 의견, 12. 전문가의 자문 등을 거쳐 감정평가한 경우 그 자문 등의 내용, 13. 그 밖에 이 규칙이나 다른 법령에 따른 기재사항이 포함되어야 한다(감칙 제13조 제2항).

감칙 제13조 제2항 제11호의 내용에는 다음 각 호 1. 적용한 감정평가방법 및 시산가액 조정 등 감정평가액 결정 과정(감칙 제12조 제1항 단서 또는 제2항 단서에 해당하는 경우 그 이유를 포함한다), 2. 공시지가기준법으로 토지를 감정평가한 경우 비교표준지의 선정 내용, 비교표준지와 대상토지를 비교한 내용 및 그 밖의 요인을 보정한 경우 그 내용, 3. 재조달원가 산정 및 감가수정 등의 내용, 4. 적산법이나 수익환원법으로 감정평가한 경우 기대이율 또는 환원율(할인율)의 산출근거, 5. 일괄감정평가, 구분감정평가 또는 부분감정평가를 한 경우 그 이유, 6. 감정평가액 결정에 참고한 자료가 있는 경우 그 자료의 명칭, 출처와 내용, 7. 대상물건 중 일부를 감정평가에서 제외한 경우 그 이유의 사항을 포함하여야 한다. 다만, 부득이한 경우에는 그 이유를 적고 일부를 포함하지 아니할 수 있다(감칙 제13조 제3항).

감정평가법인등은 감정평가서를 작성할 때에 [별지] 제1호 서식에 따라 작성하되, [별지] 제1호 서식에서 정한 사항 외에 필요한 사항이 있는 경우에는 이를 추가할 수 있다. 다만, **감정평가법인등**이 의뢰인의 요청에 따라 다음 각 호 1. 시장가치 외의 가치를 기준으로 하는 경우, 2. 감정평가조건을 붙인 경우의 어느 하나에 해당하는 방법으로 감정평가를 하는 경우 감정평가서 표지는 [별지] 제2호 서식에 따라야 한다(감칙 제13조 제4항).

감정평가법인등은 **국토교통부장관**이 별도로 정하는 표준서식 또는 의뢰인의 요구에 따른 서식을 사용할 수 있다. 이 경우 「감칙」 제13조 제2항부터 제4항까지의 규정에 따른 기재사항을 적어야 하고, 표지에는 감정평가서라는 제목을 명확하게 적어야 한다(감칙 제13조 제5항).

6. 토지의 감정평가

가. 의의

감정평가법인등은 법 제3조 제1항 본문에 따라 토지를 감정평가 할 때에는 공시지가기준법을 주방식으로 적용하고(감칙 제14조 제1항), 일정한 경우 보조방식으로 거래사례비교법이나 수익환원법 및 조성원가법을 적용할 수 있다(감칙 제14조 제3항 및 제4항).

동 규정의 시행은 2016. 9. 1. 「감칙」에서 도입한 것이나, 1989. 12. 21. 제정 「지가공시법」 제9조 제1항과 「감칙」 제17조에서 토지의 평가는 표준지공시지가기준법에 의하도록 하면서 제재적 처분 규정까지는 두지 않았다가, 2007. 4. 27. 「부감법」의 일부를 개정(법률 제8409호, 시행 2007. 7. 28.)하면서 감정평가준칙을 위반하여 감정평가를 한 경우에(법 제38조 제1항 제10호) **감정평가법인**의 설립인가취소 또는 2년간의 업무정지라는 제재적 처분기준을 두었다. 이 후 거래사례비교법을 도입하였지만, 감정평가준칙을 위반한 것에 대하여 전술한 제재 이외에도 해당 **감정평가사**에 대하여 징계처분까지 가능하므로, 보조방식을 택하기는 망설일 것이다.

나. 주방식: 공시지가기준법

(1) 의의

감정평가법인등은 공시지가기준법에 따라 토지를 감정평가할 때에 다음 각 호 1. 비교표준지 선정: 인근지역에 있는 표준지 중에서 대상토지와 용도지역·이용상황·주변환경 등이 같거나 비슷한 표준지를 선정할 것. 다만, 인근지역에 적절한 표준지가 없는 경우에는 인근지역과 유사한 지역적 특성을 갖는 동일수급권 안의 유사지역에 있는 표준지를 선정할 수 있다. 2. 시점수정: 「국토계획법」 제125조에 따라 **국토교통부장관**이 조사·발표하는 비교표준지가 있는 시·군·구의 같은 용도지역 지가변동률을 적용할 것. 3. 지역요인 비교, 4. 개별요인 비교, 5. 그 밖의 요인 보정: 대상토지의 인근지역 또는 동일수급권내 유사지역의 가치형성요인이 유사한 정상적인 거래사례 또는 평가사례 등을 고려할 것의 순서에 따라야 한다(감칙 제14조 제2항).

판례는 "토지의 수용·사용에 따른 보상액을 평가할 때에는 관계 법령에서 들고 있는 모든 산정요인을 구체적·종합적으로 참작하여 그 요인들을 모두 반영하여야 하고, 이를 위한 감정평가서에는 모든 산정요인의 세세한 부분까지 일일이 설시하거나 그 요인들이 평가에 미치는 영향을 수치적으로 나타내지는 않더라도 그 요인들을 특정·명시함과 아울러 각 요인별 참작 내용과 정도를 객관적으로 납득할 수 있을 정도로 설명을 기재하여야 한다. 이는 보상선례를 참작하는 것이 상당하다고 보아 이를 보상액 산정요인으로 반영하여 평가하는 경우에도 마찬가지라 할 것이므로, 감정평가서에는 보상선례토지와 평가대상인 토지의 개별요인을 비교하여 평가한 내용 등 산정요인을 구체적으로 밝혀 기재하여야 한다. 따라서 보상선례를 참작하면서도 위와 같은 사항을 명시하지 않은 감정평가서를 기초로 보상액을 산정하는 것은 위법하다고 보아야 한다고"[37] 판시했다.

(2) 그 밖의 요인의 보정에 관한 법적 문제[38]

(가) 문제의 의의 및 법적근거

상기 표준지공시지가기준법 산식은 "감정평가 단가 = 표준지공시지가×시점수정×지역요인비교×개별요인비교×그 밖의 요인 보정"에 의한다. 표준지공시지가에 시점수정·지역요인 및 개별요인의 비교 외에 그 밖의 대상토지의 가치에 영향을 미치는 사항이 있는 경우, 이를 반영할 수 있는가의 문제는 표준지공시지가를 기준으로 평가하도록 강제하고 있는 규정을 벗어나 인근 유사지역 토지의 거래사례와 보상사례를 참작할 수 있는가의 문제이다. 그 밖의 요인 보정은 표준지공시지가의 적정가격과 실거래가격 및 인근 보상평가선례 등과의 괴리를 보정하는 역할을 한다. 종래와 달리 현재는 법적근거로 감정평가실무기준은 시점수정, 지역요인 및 개별요인의 비교 외에 대상토지의 가치에 영향을 미치는 사항이 있는 경우에는 그 밖의 요인 보정을 할 수 있다. 그 밖의 요인 보정을 한 경우에는 그 근거를 감정평가서에 구체적이고 명확하게 기재하여야 한다(동 실무기준 610-1.5.2.5).

또한 보상평가에서는 해당 공익사업의 시행에 따른 가격의 변동은 보정하여서는 아니 된다. 그 밖의 요인을 보정하는 경우에는 대상토지의 인근지역 또는 동일수급권 안의 유사지역의 정상적인 거래사례나 보상사례를 참작할 수 있다. 다만, 이 경우에도 그 밖의 요인 보정에 대한 적정성을 검토하여야 한다. 거래사례 등은 다음 각 호 1. 용도지역 등 공법상 제한사항이 같거나 비슷할 것, 2. 실제 이용상황 등이 같거나 비슷할 것, 3. 주위환경 등이 같거나 비슷할 것, 4. 적용공시지가의 선택기준에 적합할 것의 요건을 갖추어야 한다. 다만, 제4호는 해당 공익사업의 시행에 따른 가격의 변동이 반영되어 있지 아니하다고 인정되는 사례의 경우에는 적용하지 아니한다(실무기준 810-5.6.6).

---

37) 대법원 1993. 8. 24. 선고 93누8603 판결; 대법원 1999. 1. 29. 선고 98두4641 판결; 2013. 6. 27. 선고 2013두2587 판결.
38) 종래 기타요인이라고 하였으며, 필자의 **사견**이 많은 내용이다.

(나) 그 밖의 요인 보정에 관한 견해의 대립[39]

종래에 그 밖의 요인보정을 할 수 있는지 자체에 대한 논란이 있었다.

① 학설: ㉮ 부정설로 첫째, 종전(1991. 12. 31. 개정 이전)에는 기타사항으로 참작하도록 구「토지수용법」제46조에 있었으나, 현행「토지보상법」에서는 보상액의 산정에서 기타사항을 참작할 수 있는 근거를 삭제하였고, 둘째, 공시지가 체제에는 이미 인근유사토지의 정상적인 거래가격 등 기타사항이 종합적으로 참작된 적정가격이기 때문에 그 외에 별도의 기타사항을 참작할 필요가 없다. 셋째「토지보상법」제70조의 "그 밖에 당해 토지의 위치·형상·환경·이용 상황 등"의 규정은 개별요인의 비교항목에 한정된 것만이 열거되었기 때문에 개별요인의 비교 외에 다른 항목을 참작할 수 없다. 넷째 보상액 평가를 **감정평가법인등**의 자의성이나 재량으로부터 멀리하기 위하여서는 법정의 참작항목 이외에는 어떠한 요인도 참작할 수 없도록 해석된다는 견해들이다.

㉯ 긍정설은, 첫째, 공시지가는 일반적으로 시가(market value)에 미달하고, 「헌법」제23조 제3항의 정당보상을 위해서는 어떠한 제한이 따라서는 아니 되므로 기타사항을 고려하여야 정당보상이 이루어진다면 이를 참작할 수 있도록 하여야 하는 것이지 「토지보상법」에 참작항목에서 삭제되었다 하여 임의적 참작대상에서도 배제되는 것으로 해석하여야 할 이유가 없다. 둘째, 「감칙」제17조 제1항에 토지평가에 있어 그 밖에 사항의 참작규정이 있기 때문에 보상액평가에서도 이를 적용, 보상액산정에서 기타사항의 참작은 당연하고, 셋째, 「토지보상법」제70조 제1항에서 기타요인 보정이나 보상사례의 참작가능성에 대하여 구체적 언급은 없으나, "그 밖에 당해 토지의 위치·형상·환경·이용 상황 등"은 열거조항이 아닌 예시조항으로 해석할 수 있고, 넷째, 보상평가에 있어서 **감정평가법인등**의 자의성이나 재량의 여지를 없애기 위해서는 기타사항을 참작할 수 없는 것으로 해석하여야 한다는 주장은 정책의 문제를 규범의 문제로 해결하려는 오류를 범하고 있다고 한다.

② 판례의 태도

㉮ **하급심:** 아래는 하급심 판례이지만 보상사례를 적용하여 기타요인을 보정하는 현행 보상감정평가실무에 대하여 나름의 견해를 표명하고 있는바, 기타요인 보정치를 적용하는 것이 감정평가업계에서 널리 사용한다고 하여 위법하지 않다는 판결도 있지만, 거래사례·평가사례를 기타요인보정치로 사용하는 현행 감정평가실무기준은 상위법의 표준지공시지가기준법을 논리 모순으로 만들어, 표준지공시지가기준 보상액 평가방법이 적절한 평가기법이 되지 못함을 단적으로 표현한 것이라

석종현·김원보·신봉기, 신토지공법론(제10판), 삼영사, 2011, 144-145면; 허강무, "공시지가기준 보상액 산정의 문제점과 개선방안", 한국법제연구원·한국토지보상법연구회 공동세미나(2011. 4. 28.) 발표 발제문, pp. 11-13; 고헌환, 손실보상 법제의 비교(경기도: 한국학술정보(주), 2011), 76면.

할 수 있다.

ⅰ. **위법하다는 판결의 논거**[40]: 인근지역 거래사례·평가사례를 기준으로 한 당해 토지 가격을 표준지공시지가를 기준으로 한 당해 토지 가격으로 나누는 방법의 산식을 사용하여 보상대상 토지에 대한 평가대상 항목 중 "기타요인 보정치"를 결정한 다음, 다시 그 기타요인 보정치를 표준지공시지가를 기준으로 한 당해 토지가격에 곱하여 평가가격을 산출하는 방법은 결과적으로 보상사례 가격을 기준으로 당해 토지를 감정평가 한 것으로서, 표준지의 공시지가를 기준으로 당해 토지를 감정평가 하도록 정한 관련 법령에 위반되어 위법하다고 판시하였다.

① 보상단가 = 표준지공시지가×지가변동률×지역요인비교×개별요인비교×<u>기타요인보정치</u>*
② *<u>기타요인보정치</u> 산출식 $= \dfrac{(보상선례토지기준대상토지가격)보상선례단가 \times 지가변동률 \times 지역요인비교 \times 개별요인비교}{(표준지기준대상토지가격)표준지공시지가 \times 지가변동률 \times 지역요인비교 \times 개별요인비교}$

상기 감정평가방법에 "기타요인 보정치 산출식"을 산입하면 분모·분자에 공통된 요소들이 약분되고 보상사례 기준으로 대상토지가격을 감정한 결과만 남는다는 것이 위법 판결의 사유이다. 이에 관한 구체적인 논증은 후술한다.

ⅱ. **적법하다는 판결의 논거**[41]: 기타요인 보정치 산정 방식에 관하여는 법령, 협회 발간 구「토보침」에 일반화된 기준도 마련되어 있지 않고, 제2법원 감정(아래 산출식)은 현재 감정평가업계에서 가장 일반적으로 사용되는 산정 방식에 따라 보상사례 토지의 시가 기준으로 한 이 사건 토지의 가격과 비교표준지 공시지가 기준으로 한 이 사건 토지의 가격 사이에 존재하는 격차율을 구하여 기타요인 보정치를 산정한 사실이 인정된다. 따라서 현재 감정평가업계에서 널리 사용되고 있는 위와 같은 산정방식이 시가와 공시지가 사이에 존재하는 격차율을 반영한다는 점에서 합리성이 있으므로 위법하다고 볼 수 없다고 판시하였다.

제2법원감정의 <u>기타요인</u> 보정치 산출식 $= \dfrac{(보상선례토지기준대상토지가격)보상선례단가 \times 지가변동률 \times 지역요인비교 \times 개별요인비교}{(표준지기준대상토지가격)표준지공시지가 \times 지가변동률 \times 지역요인비교 \times 개별요인비교}$

㉯ **대법원:** 대법원은 긍정설을 취하여, 인근 유사토지가 거래사례(보상사례 포함)가 정상적이고 적정한 보상액 평가에 영향을 미칠 수 있다고 입증된 경우에는 보상사례 등을 참작할 수 있으나,

---

40) 창원지법 2007. 10. 25. 선고 2005구합3064 판결.
41) 부산지법 2010. 5. 28. 선고 2008구합2003 판결.

이를 참작하여야 적정보상이 이루어진다는 것을 해당 토지를 평가한 **감정평가사**가 입증하여야 한다고 판시하고, 또 제도의 운영상 잘못으로 공시지가가 시가에 미치지 못할 경우에는 인근유사토지의 정상거래가격 참작 등 기타사항 참작에 의한 보정방법으로 조정할 수도 있어 보상사례를 적용한 기타요인의 적용이 헌법에 위배되지 않는다는 의미로 판시하였다.[42]

③ 검토

㉮ 문제의 의의

문제점은 평가기법상 표준지공시지가기준을 적용한다고 하지만, 실질은 거래사례·평가사례를 기준으로 평가하는 모순에 빠지게 된다. 2006년부터 축척된 거래사례의 건수의 다과가 지역적으로 편차를 보이지만 쇠퇴해가는 지역이나 기성시가지를 제외하고 개발예정지역의 경우 거래사례가 충분한 경우가 보통이므로 거래사례를 보상사례보다 기타요인 보정치 산정에 권장하고 있다. 거래사례를 기타요인보정치로 사용하더라도 보상사례를 기타요인보정치로 사용하는 것과 동일한 논리모순에 빠지게 된다. **사견**은 표준지공시지가 기준 보상액평가 제도를 그대로 두고, 그 밖의 요인에 대한 법적 근거를 마련한 개선안이 아직 부족하다고 여겨진다.

상기 표준지공시지가평가법에 "기타요인 보정치 산출식"을 삽입하면 분모·분자에 공통된 요소들이 약분되고 거래사례를 기준으로 대상토지가격을 감정평가 한 결과가 된다.

㉯ 모순에 대한 검증

ⅰ. 표준지공시지가조사·평가의 기준: 표준지공시지가라함은 **국토교통부장관**이 조사·평가하여 공시한 표준지의 단위면적당 가격을 말한다(부동산가격공시법 제3조 제1항). 표준지공시지가조사·평가의 기준은 표준지공시지가평가법에서 적용하는 표준지공시지가는 어떻게 산정되는지에 관한 내용이다. 표준지적정가격의 평가는 거래사례비교법, 원가법 또는 수익환원법의 3방식 중에서 당해 표준지의 특성에 가장 적합한 평가방식 하나를 선택하여 평가한다. 일반적으로 시장성이 있는 토지는 거래사례비교법으로 평가하는데, 표준지공시지가의 적정가격은 거래사례×사정보정×지가변동률×지역요인×개별요인×그 밖의 요인 비교* 에 의한다.

〈표 2〉 그 밖의 요인 보정치

*그 밖의 요인 보정치[43]

$$= \frac{(표준지의\ 기준시점\ 현재\ 가격)전년도표준지공시지가 \times 지가변동률 \times 실거래가반영률}{(거래사례기준표준지가격)거래사례단가 \times 지가변동률 \times 지역요인비교 \times 개별요인비교}$$

---

42) 대법원 2004. 8. 30. 선고 2004두5621 판결 등.

43) 표준지 조사·평가 기준에는 근거가 없고, 다만 표준지·표준주택 전산프램(KAIS)인 한국감정원 감정평가정보체계에

〈표 3〉 표준지공시지가 자체를 조사·평가하는 기준 예시

※ 해당년도(2019. 1. 1.) 표준지공시지가를 조사·평가하는 기준 예시 해당년도 표준지공시지가 = 거래사례1×사정보정×지가변동률1×지역요인×개별요인×그 밖의 요인1(실거래가반영률)

$$\frac{\text{거래사례1×사정보정×지가변동률1×지역요인×개별요인×}}{\text{거래사례1×사정보정×지가변동률1×지역요인×개별요인}} \frac{\text{전년도 표준지공시지가×지가변동률2×}\alpha}{}$$
$$= \text{해당년도 표준지공시지가}$$

$$170{,}000×1.00×1.01×1.00×1.05× \frac{100{,}000×1.02×\alpha}{170{,}000×1.00×1.01×1.00×1.05}$$
$$= 100{,}000×1.02×\alpha = 102{,}200\alpha ≒ 112{,}000(\text{해당년도 표준지공시지가})$$

그 밖의 요인1 (실거래가 반영률)	$\dfrac{100{,}000×1.02×\alpha(1.10)}{170{,}000×1.00×1.01×1.00×1.05} = 0.566\alpha \ (56.6\alpha\%) = 62.2\%$
변수	• 거래시점 2018. 7. 1. 거래사례1: 170,000원 • 전년도 표준지공시지가(2018. 1. 1): 100,000 • 표준지 사례지 대비하여 지역요인 비교치가 대등(1.00)하나, 사례지보다 개별요인 비교치는 5% 우세(1.05). • 2018. 1. 1~2018. 12. 31 지가변동률2: 2%상승(1.02). • 2018. 7. 1~2018. 12. 31 지가변동률1: 1%상승(1.01). • α: 전년도 56.6% 실거래가반영률을 10% 상승할 경우

〈표 3〉에서 언급한 표준지공시지가의 평가기준 산식을 분석하면 다음과 같은 문제가 발생한다. 해당년도 표준지공시지가는 다음의 산식, 거래사례1×사정보정×지가변동률1×지역요인×개별요인×[(전년도 표준지공시지가×지가변동률×α)÷(거래사례1×사정보정×지가변동률1×지역요인×개별요인)]의 산식에서 거래사례1×사정보정×지가변동률1×지역요인×개별요인은 약분되어, 산식은 전년도 표준지공시지가×지가변동률×α로 산출, 표준지공시지가를 거래사례비교법으로 평가한다고 하지만, 실제는 전년도 표준지공시지가로 평가하는 모순이 발생한다.

ii. 표준지공시지가기준법 예시: 상기 i. 표준지공시지가의 조사·평가기준의 예시에서 산정된 표준지공시지가를 적용하여 공시지가기준평가법을 예시한다.

〈표 4〉 표준지공시지가평가법

※ 공시지가기준평가법(2019. 6. 30.) 예시

의해 실무상 적용하고 있다.

감정평가 단가 = 해당년도(2019) 표준지공시지가×지가변동률×지역요인×개별요인×그 밖의 요인2(거래사례기준 기준시점현재의 표준지가격÷기준시점 현재 표준지가격)
$$\frac{거래사례1×사정보정×지가변동률1×지역요인×개별요인×\ 전년도\ 표준지공시지가 × 지가변동률2 × \alpha}{거래사례1 × 사정보정 × 지가변동률1 × 지역요인 × 개별요인}$$ $$×지가변동률3×지역요인×개별요인×$$ $$\frac{거래사례2 × 사정보정 × 지가변동률4 × 지역요인 × 개별요인}{해당년도\ 표준지공시지가 × 지가변동률3} = 감정평가\ 단가$$
$$[170{,}000×1.00×1.01×1.00×1.05× \frac{(100{,}000×1.02×1.10)}{170{,}000×1.00×1.01×1.00×1.05}]×1.01×1.00×1.05×$$ $$\frac{200{,}000×1.00×1.01×1.00×1.00}{(112{,}000)×1.01} =112{,}000×1.01×1.00×1.05×\frac{200{,}000×1.00×1.01×1.00×1.00}{112{,}000×1.01}$$ $$=1.00×1.05×200{,}000×1.00×1.01×1.00×1.00=200{,}000×1.00×1.01×1.00×1.05 ≒ 212{,}000(감정평가\ 단가)$$

	상기 식에서 거래사례단가×지가변동률×지역요인×개별요인=감정평가 단가가 된다.
그 밖의 요인 2 (시가 보정)	$$\frac{200{,}000×1.00×1.01×1.00×1.00}{112{,}000×1.01} =1.78배(178\%)$$
변수	• 거래시점 2019.01.01., 거래사례2: 200,000원. • 대상토지가 표준지 대비하여 지역요인 비교치는 대등하나(1.00), 개별요인비교치가 표준지보다 5% 우세(1.05). • 표준지는 거래사례2와 대비하여 지역요인·개별요인 비교치가 대등함(1.00). • 대상토지 감정평가 기준시점: 2015.06.30. • 지가변동률3, 4(2019.1.1~6.30): 1.01(1%상승)

　〈표 4〉 거래사례1×사정보정×지가변동률1×지역요인×개별요인×(전년도 표준지공시지가×지가변동률2×α)÷(거래사례1×사정보정×지가변동률1×지역요인×개별요인)×지가변동률3×지역요인×개별요인×(거래사례2×사정보정×지가변동률4×지역요인×개별요인)÷(해당년도　표준지공시지가×지가변동률3) 약분되어, 산식은 지역요인×개별요인×거래사례2×사정보정×지가변동률4×지역요인×개별요인에서, 다시 거래사례2×사정보정×지가변동률4×지역요인×개별요인으로 남아, 표준지공시지가기준법은 결국 거래사례비교법으로 평가하는 모순이 발생한다.[44]

---

44) 정당보상 실현을 위한 개선방안으로 필자의 **사견**은 다음과 같다. 부동산가격은 부동산에 대한 수요와 공급의 법칙에서 형성된다. 따라서 부동산감정평가이론도 이러한 수요공급의 원칙이 포함된 원가법·거래사례비교법·수익환원법이라는 3방식에 의하여 평가하는 것이 가장 이론적일 것이다. 표준지공시지가기준법의 제도적 취지는 1971년 1월

다. 보조방식

감정평가법인등은 법 제3조 제1항 단서에 따라 적정한 실거래가를 기준으로 토지를 감정평가할 때에는 거래사례비교법을 적용하여야 한다(거래사례비교법, 감칙 제14조 제3항). 여기서 "적정한 실거래가"란 「부동산거래신고법」에 따라 신고된 실제 거래가격으로서 거래 시점이 도시지역(「국토계획법」 제36조 제1항 제1호에 따른 도시지역을 말한다)은 3년 이내, 그 밖의 지역은 5년 이내인 거래가격 중에서 **감정평가법인등**이 인근지역의 지가수준 등을 고려하여 감정평가의 기준으로 적용하기에 적정하다고 판단하는 거래가격을 말한다(감칙 제2조 제12의2호).

감정평가법인등은 법 제3조 제2항에 따라 토지를 감정평가할 때에는 제1항부터 제3항까지의 규정을 적용하되, 해당 토지의 임대료, 조성비용 등을 고려하여 감정평가할 수 있다(수익환원법·조성원가법, 감칙 제14조 제4항).

7. 건물의 감정평가

감정평가법인등은 건물을 감정평가할 때에 원가법을 적용하여야 한다(감칙 제15조 제1항).

19일 「토지수용법」 개정취지에서 보듯이 토지보상에서 개발이익을 배제하기 위하여 도입된 감정평가기준이다. 현법상 정당보상은 완전보상을 의미하는데, 표준지공시지가기준법은 상기 식에서 약분되고 결국 "거래(보상)사례×지가변동률×지역요인비교×개별요인비교"에 의한 식에 의하게 되면, 피보상토지의 취득에 따른 제비용(취득세·등록면허세 등 세금, 중개수수료, 각종 토지를 재매입에 따른 경비 등)이 포함되어야 하나, 상기 산출식에 의하면 이를 고려할 방법이 없다. 현행 감정평가 관련 법령으로는 결국 정당보상에 미치지 못하는 위헌의 여지가 있으며, 현실에서는 공익과 사익이 충돌하는 문제가 발생한다. 올바른 그 밖의 요인 보정방법은 제1안 "거래(보상)사례×지가변동률×지역요인비교×개별요인비교×그 밖의 요인 참작"으로 하든지 제2안 "공시지가×지가변동률×지역요인비교×개별요인비교×시가보정(현행, 그 밖의 요인 비교)×그 밖의 요인 비교"방법으로 하여야 하며, 제1·2안에서 그 밖의 요인은 피보상토지의 취득제비용(취득세·등록면허세 등, 중개수수료, 토지재매입에 따른 부대경비 등)이 될 것이다. 공시지가기준법을 감정평가 주방식으로 하는 것은 부동산실거래가 신고제도(2006년 1월 1일)가 시행되기 이전에는 매우 유용한 제도였음을 인정하나, 현재는 평가3방식을 원칙으로 하고, 표준지공시지가기준법은 보조방식으로 병용되어야 할 것이다. 혹자도 손실보상액은 미국의 경우처럼 시장거래가격으로 하거나, 日本의 경우처럼 종전의 토지와 유사한 토지를 구입할 수 있는 가격으로 변경되어야 할 것이라고 한다(류지태·박종수, 행정법신론, 박영사, 2011, 550면). 따라서 개정 방향은 "현행 「토지보상법」 제70조 제1항 취득하는 토지의 보상은 「부동산가격공시법」에 의한 공시지가를 기준으로 하되~"라는 규정은 "취득하는 토지의 보상은 인근에서 거래되는 적정거래사례를 기준으로 하면서 인근지역의 보상평가사례(특히 순차적으로 진행되는 사업의 경우 당해 사업의 보상평가사례를 필수적으로 우선적으로 검토 분석)·기타 다른 목적의 평가선례를 참작하고, 그 외에도 표준지공시지가를 기준으로 평가하여 검토하여야 하며, 최종적으로 담당**감정평가사**의 전문적인 판단을 의견서로 종합 참작하여 결정한 가액을 적정가격으로 보상하도록" 개정되어야 한다(배명호, "표준지공시지가 기준 보상평가제도에 관한 연구", 경북대학교 행정대학원 석사학위논문, 2012.). 이러한 개선안은 현행 「감정평가법」 제3조 제1항의 본문과 단서 조항의 모순점을 개선한 것이기도 하다.

8. 토지와 건물의 일괄감정평가

감정평가법인등은「집합건물의 소유 및 관리에 관한 법률」에 따른 구분소유권의 대상이 되는 건물부분과 그 대지사용권을 일괄하여 감정평가하는 경우 등 제7조 제2항에 따라 토지와 건물을 일괄하여 감정평가할 때에는 거래사례비교법을 적용하여야 한다. 이 경우 감정평가액은 합리적인 기준에 따라 토지가액과 건물가액으로 구분하여 표시할 수 있다(감칙 제16조).

9. 기타 물건의 감정평가[45]

---

45) 가. 산림의 감정평가: **감정평가법인등**은 산림을 감정평가할 때에 산지와 입목(立木)을 구분하여 감정평가하여야 한다. 이 경우 입목은 거래사례비교법을 적용하되, 소경목림(小徑木林: 지름이 작은 나무·숲)인 경우에는 원가법을 적용할 수 있다(감칙 제17조 제1항). **감정평가법인등**은「감칙」제7조 제2항에 따라 산지와 입목을 일괄하여 감정평가할 때에 거래사례비교법을 적용하여야 한다(감칙 제17조 제2항).
나. 과수원의 감정평가: **감정평가법인등**은 과수원을 감정평가할 때에 거래사례비교법을 적용하여야 한다(감칙 제18조).
다. 공장재단 및 광업재단의 감정평가: **감정평가법인등**은 공장재단을 감정평가할 때에 공장재단을 구성하는 개별 물건의 감정평가액을 합산하여 감정평가하여야 한다. 다만, 계속적인 수익이 예상되는 경우 등「감칙」제7조 제2항에 따라 일괄하여 감정평가하는 경우에는 수익환원법을 적용할 수 있다(감칙 제19조 제1항). **감정평가법인등**은 광업재단을 감정평가할 때에 수익환원법을 적용하여야 한다(감칙 제19조 제2항).
라. 자동차 등의 감정평가: **감정평가법인등**은 자동차를 감정평가할 때에 거래사례비교법을 적용하여야 한다(감칙 제20조 제1항). **감정평가법인등**은 건설기계를 감정평가할 때에 원가법을 적용하여야 한다(감칙 제20조 제2항). **감정평가법인등**은 선박을 감정평가할 때에 선체·기관·의장(艤裝)별로 구분하여 감정평가하되, 각각 원가법을 적용하여야 한다(감칙 제20조 제3항). **감정평가법인등**은 항공기를 감정평가할 때에 원가법을 적용하여야 한다(감칙 제20조 제4항). **감정평가법인등**은 제1항부터 제4항까지에도 불구하고 본래 용도의 효용가치가 없는 물건은 해체처분가액으로 감정평가할 수 있다(감칙 제20조 제5항).
마. 동산의 감정평가: **감정평가법인등**은 동산을 감정평가할 때에는 거래사례비교법을 적용하여야 한다. 다만, 본래 용도의 효용가치가 없는 물건은 해체처분가액으로 감정평가할 수 있다(감칙 제21조).
바. 임대료의 감정평가: **감정평가법인등**은 임대료를 감정평가할 때에 임대사례비교법을 적용하여야 한다(감칙 제22조).
사. 무형자산의 감정평가: **감정평가법인등**은 광업권을 감정평가할 때에 제19조 제2항에 따른 광업재단의 감정평가액에서 해당 광산의 현존시설 가액을 빼고 감정평가하여야 한다. 이 경우 광산의 현존시설 가액은 적정 생산규모와 가행조건(稼行條件) 등을 고려하여 산정하되 과잉유휴시설을 포함하여 산정하지 아니한다(감칙 제23조 제1항). **감정평가법인등**은 어업권을 감정평가할 때에 어장 전체를 수익환원법에 따라 감정평가한 가액에서 해당 어장의 현존시설 가액을 빼고 감정평가하여야 한다. 이 경우 어장의 현존시설 가액은 적정 생산규모와 어업권 존속기간 등을 고려하여 산정하되 과잉유휴시설을 포함하여 산정하지 아니한다(감칙 제23조 제2항). **감정평가법인등**은 영업권, 특허권, 실용신안권, 디자인권, 상표권, 저작권, 전용측선이용권(專用側線利用權), 그 밖의 무형자산을 감정평가할 때에 수익환원법을 적용하여야 한다(감칙 제23조 제3항).
아. 유가증권 등의 감정평가: **감정평가법인등**은 주식을 감정평가할 때에 다음 각 호 1. 상장주식[「자본시장과 금융투자업에 관한 법률」제373조의2에 따라 허가를 받은 거래소(이하 "거래소"라 한다)에서 거래가 이루어지는 등 시세가 형성된 주식으로 한정한다]: 거래사례비교법을 적용할 것, 2. 비상장주식(상장주식으로서 거래소에서 거래가 이루어지지 아니하는 등 형성된 시세가 없는 주식을 포함한다): 해당 회사의 자산·부채 및 자본 항목을 평가하여 수정재무상태표를 작성한 후 기업체의 유·무형의 자산가치(이하 "기업가치"라 한다)에서 부채의 가치를 빼고 산정한 자기자본의 가치를 발행주식 수로 나눌 것의 구분에 따라야 한다(감칙 제24조 제1항). **감정평가법인등**은 채권을 감정평가할 때에 다음 각 호 1. 상장채권(거래소에서 거래가 이루어지는 등 시세가 형성된 채권을 말한다): 거래사례비교법을 적용할 것, 2. 비상장채권(거래소에서 거래가 이루어지지 아니하는 등 형성된 시세가 없는 채권을 말한다): 수익환원법을 적용할 것의 구분에 따라야 한다(감칙 제23조 제2항). **감정평가법인등**은 기업가치를 감정평가할 때에 수익환원

10. 조언·정보 등의 제공

감정평가법인등이 법 제10조 제7호에 따른 토지등의 이용 및 개발 등에 대한 조언이나 정보 등의 제공에 관한 업무를 수행할 때에 이와 관련한 모든 분석은 합리적이어야 하며 객관적인 자료에 근거하여야 한다(감칙 제27조).

11. 그 밖의 감정평가 기준

이 규칙에서 규정하는 사항 외에 **감정평가법인등**이 감정평가를 할 때 지켜야 할 세부적인 기준은 **국토교통부장관**이 정하여 고시한다(감칙 제28조). 「감정평가법」 제3조 제3항 및 「감칙」 제28조에 따라 재위임된 감정평가의 구체적인 기준이 「감정평가실무기준」이다.

IV. 감정평가사의 직무

감정평가사는 타인의 의뢰를 받아 토지 등을 감정평가하는 것을 그 직무로 한다(법 제4조). 이를 반대해석하면 **감정평가사**가 아닌 자는 감정평가를 할 수 없다는 의미이다. 다른 한편, 법 제3장 **감정평가사** 제10조에서 "**감정평가법인등**의 업무"를 규정하면서도 법 제2장 감정평가 제4조에서 직무를 별도로 규정한 입법자의 취지는 감정평가업무는 **감정평가사**만이 하는 것임을 의도한 것으로 이해된다. 2016. 9. 1. 제정·시행법부터 **감정평가사**의 직무 및 **감정평가법인등**의 업무 범위를 규정하였다.

법을 적용하여야 한다(감칙 제23조 제3항).

자. 소음 등으로 인한 대상물건의 가치하락분에 대한 감정평가: **감정평가법인등**은 소음·진동·일조침해 또는 환경오염 등(이하 "소음등"이라 한다)으로 대상물건에 직접적 또는 간접적인 피해가 발생하여 대상물건의 가치가 하락한 경우 그 가치하락분을 감정평가할 때에 소음등이 발생하기 전의 대상물건의 가액 및 원상회복비용 등을 고려하여야 한다(감칙 제25조).

차. 그 밖의 물건의 감정평가: **감정평가법인등**은 제14조부터 제25조까지에서 규정되지 아니한 대상물건을 감정평가할 때에 이와 비슷한 물건이나 권리 등의 경우에 준하여 감정평가하여야 한다(감칙 제26조).

V. 감정평가의 의뢰·심사 및 발급

1. 감정평가의뢰

가. 감정평가의뢰(계약)의 법적 성질

감정평가의뢰(계약)가 「민법」상의 전형계약 중 도급(민법 제664조)인지 또는 위임(민법 제680조)인지가 논란이 될 수 있으나, 감정평가의뢰인의 지시나 감독을 받지 않는 위임계약의 본질로 보는 견해가 우세하다.[46] 도급계약이 아닌 위임계약으로 보는 한 감정평가의뢰인으로부터 독립성이 보장된다.

감정평가계약은 도급계약으로 볼 경우 도급인은 수급인에게 큰 부담을 주지 않는 범위 내에서 적당한 지시나 감독을 할 지위에 있다고 할 수 있으나,[47] 감정평가액을 결정하는 업무의 독립성·전문성의 특성에 비추어 도급계약으로 볼 여지가 많지 않다. 통상 감정평가의뢰는 **감정평가법인등**에 대한 직업적·개인적 신뢰를 바탕으로 계약이 이루어지며, 감정평가서 납품기한의 준수라든지 현장조사에서 유의사항 등의 사무의 처리에 있어서는 수급인으로서 위임인의 지시나 감독이 있으면 그에 따라야 하지만 반면에 감정평가의뢰인의 상대방이 있기 때문에 감정평가액의 결정에 있어서는 위임인이 신뢰를 바탕으로 맡긴 사무를 수임인이 자주적으로 처리하는 점에 특색이 있어서 감정평가업무는 위임계약이라 할 수 있다.[48]

나. 의뢰의 유형

(1) 직접 의뢰

국가, 지방자치단체, 「공공기관운영법」에 따른 공공기관 또는 그 밖에 **대통령령**으로 정하는 공공단체[「지방공기업법」 제49조에 따라 설립한 지방공사(영 제4조 제1항)](이하 "국가등"이라 한다)가 토지등의 관리·매입·매각·경매·재평가 등을 위하여 토지등을 감정평가하려는 경우에는 **감정평가법인등**에 의뢰하여야 한다(법 제5조 제1항).

금융기관·보험회사·신탁회사 또는 그 밖에 **대통령령**으로 정하는 기관[1. 「신용협동조합법」에 따른 신용

---

46) 박형남, "감정평가과오에 대한 법적 책임-전문가책임의 관점에서-", 감정평가논집, 1999, 100면; 김용담, 주석민법 제4판, 한국사법행정학회, 2016, 142면; 「부동산가격공시법」 제3조 제5항에 따른 표준지공시지가의 조사·평가의뢰 계약의 경우도 위임계약이라 할 수 있다.
47) 송덕수, 민법강의(제12판), 박영사, 2019, 1256면.
48) 송덕수, 민법강의(제12판), 1277면.

협동조합, 2. 「새마을금고법」에 따른 새마을금고(영 제4조 제2항)]이 대출, 자산의 매입·매각·관리 또는 「주식회사 등의 외부감사에 관한 법률」에 따른 재무제표 작성을 포함한 기업의 재무제표 작성 등과 관련하여 토지등의 감정평가를 하려는 경우에는 **감정평가법인등**에 의뢰하여야 한다(법 제5조 제2항).

(2) 간접 의뢰(협회 추천)

법 제5조 제1항 또는 제2항에 따라 감정평가를 의뢰하려는 자는 법 제33조에 따른 협회에 요청하여 추천받은 **감정평가법인등**에게 감정평가를 의뢰할 수 있다(법 제5조 제3항). 2016. 9. 1. 제정·시행법부터 국가·지방자치단체·공공기관·금융회사 등이 감정평가를 의뢰하는 경우 협회에 **감정평가법인등**의 추천을 요청할 수 있도록 하였다(법 제5조). 실무에서 국가·지방자치단체·공공기관 등이 시·도지사에게 **감정평가법인등** 추천을 요구하면 시·도지사는 협회추천제도를 이용하고 있으며, 금융기관에서는 기관자체의 소위 랜덤(random)방식을 선호하고 있다.

의뢰의 절차와 방법 및 추천의 기준 등에 필요한 사항은 **대통령령**으로 정한다(법 제5조 제4항). 협회는 법 제5조 제3항에 따라 **감정평가법인등**의 추천을 요청받은 경우에는 요청을 받은 날부터 7일 이내에 **감정평가법인등**을 추천하여야 한다(영 제5조 제1항). 협회는 법 제5조 제3항에 따라 **감정평가법인등**을 추천할 때에는 다음 각 호 1. 감정평가 대상물건에 대한 전문성 및 업무실적, 2. 감정평가 대상물건의 규모 등을 고려한 **감정평가법인등**의 조직규모 및 손해배상능력, 3. 법 제39조에 따른 징계건수, 4. 그 밖에 협회가 추천에 필요하다고 인정하는 사항의 기준을 고려하여야 한다(영 제5조 제2항).

2. 감정평가서의 서명·날인 및 심사 의무

가. 감정평가서 서명·날인 의무

감정평가서에는 **감정평가법인등**의 사무소 또는 법인의 명칭을 적고, 감정평가를 한 **감정평가사**가 그 자격을 표시한 후 서명과 날인을 하여야 한다. 담당 **감정평가사**는 서명과 날인 두 가지를 함께 해야 한다. **감정평가법인**의 경우에는 그 대표사원 또는 대표이사도 서명이나 날인을 하여야 한다(법 제6조 제2항). 이 경우는 서명이나 날인 둘 중 하나만 하면 된다.[49]

---

49) 이에 비하여 등록한 세무사가 납세자 등을 대리하여 조세에 관한 신고서·신청서·청구서, 그 밖의 서류를 작성하여 관계 기관에 제출할 때에는 그 서류에 기명날인하고 있다(세무사법 제9조). 즉, 이름을 수기로 쓰지 않고 인쇄를 하고 도장을 찍으면 된다.

나. 감정평가의 적정성을 인정받기 위한 감정평가서의 기재 내용과 정도

판례는 "표준지공시지가는 당해 토지뿐 아니라 인근 유사토지의 가격을 결정하는 데에 전제적·표준적 기능을 수행하는 것이어서 특히 그 가격의 적정성이 엄격하게 요구된다. 이를 위해서는 무엇보다도 적정가격 결정의 근거가 되는 감정평가업자의 평가액 산정이 적정하게 이루어졌음이 담보될 수 있어야 하므로, 그 감정평가서에는 평가원인을 구체적으로 특정하여 명시함과 아울러 각 요인별 참작 내용과 정도가 객관적으로 납득이 갈 수 있을 정도로 설명됨으로써, 그 평가액이 당해 토지의 적정가격을 평가한 것임을 인정할 수 있어야 한다. 건설교통부장관이 2개의 **감정평가법인**에 토지의 적정가격에 대한 평가를 의뢰하여 그 평가액을 산술평균한 금액을 그 토지의 적정가격으로 결정·공시하였으나, 감정평가서에 거래선례나 평가선례, 거래사례비교법, 원가법 및 수익환원법 등을 모두 공란으로 둔 채, 그 토지의 전년도 공시지가와 세평가격 및 인근 표준지의 감정가격만을 참고가격으로 삼으면서 그러한 참고가격이 평가액 산정에 어떻게 참작되었는지에 관한 별다른 설명 없이 평가의견을 추상적으로만 기재한 사안에서, 평가요인별 참작 내용과 정도가 평가액 산정의 적정성을 알아볼 수 있을 만큼 객관적으로 설명되어 있다고 보기 어려워, 이러한 감정평가액을 근거로 한 표준지 공시지가 결정은 그 토지의 적정가격을 반영한 것이라고 인정하기 어려워 위법하다"고 판시하였다.[50]

다. 감정평가서 심사 의무

감정평가법인은 감정평가서를 의뢰인에게 발급하기 전에 감정평가를 한 소속 **감정평가사**가 작성한 감정평가서의 적정성을 같은 법인 소속의 다른 **감정평가사**에게 심사하게 하고, 그 적정성을 심사한 **감정평가사**로 하여금 감정평가서에 그 심사사실을 표시하고 서명과 날인을 하게 하여야 한다(법 제7조 제1항). 감정평가하려는 경우에는 모든 **감정평가법인등**에게 의뢰하도록 하고 있어(법 제5조 제1항), 의뢰에 제한을 받지 않는 것에 비하여, **감정평가법인등**에 해당하기만 하면 감정평가서의 적정성에 대한 심사에 대해서는 **감정평가법인**만 받도록 한 것은 형평성이 맞지 않는 규정이다.

심사대상, 절차 등에 필요한 사항은 **대통령령**으로 정한다(법 제7조 제2항). 감정평가서의 적정성 심사는 법 제3조 제3항에 따른 원칙과 기준의 준수 여부를 그 내용으로 한다(영 제7조 제1항). 감정평가서를 심사하는 **감정평가사**는 작성된 감정평가서의 수정·보완이 필요하다고 판단하는 경우

---

50) 대법원 2009. 12. 10. 선고 2007두20140 판결.

에는 해당 감정평가서를 작성한 **감정평가사**에게 수정·보완 의견을 제시하고, 해당 감정평가서의 수정·보완을 확인한 후 감정평가서에 심사사실을 표시하고 서명과 날인을 하여야 한다(영 제7조 제2항).

3. 감정평가서 발급 의무

감정평가법인등은 감정평가를 의뢰받은 때에는 지체 없이 감정평가를 실시한 후 **국토교통부령**으로 정하는 바에 따라 감정평가 의뢰인에게 감정평가서를 발급하여야 한다(법 제6조 제1항).

「감정평가법」 제6조 제1항에 따른 감정평가서는 해당 감정평가에 대한 수수료 등이 완납되는 즉시 감정평가 의뢰인에게 발급하여야 한다. 다만, 감정평가 의뢰인이 국가·지방자치단체 또는 「공공기관운영법」에 따른 공공기관이거나 **감정평가법인등**과 감정평가 의뢰인 간에 특약이 있는 경우에는 수수료 등을 완납하기 전에 감정평가서를 발급할 수 있다(칙 제2조 제1항). 현행 실무에서 그렇게 하고 있다.

법 제6조 제1항에 따른 감정평가가 금융기관·보험회사·신탁회사 또는 영 제4조 제2항 각 호의 기관으로부터 대출을 받기 위하여 의뢰된 때에는 대출기관에 직접 감정평가서를 송부할 수 있다. 이 경우 감정평가 의뢰인에게는 그 사본을 송부하여야 한다(칙 제2조 제2항). 이 규정은 종래 채무자가 감정평가수수료를 부담하던 때에 따른 규정이며 현행 실무와 맞지 않는 규정이다. 왜냐하면 현재 금융기관이 의뢰인이므로 당연히 금융기관에 감정평가서를 송부하여야 하고 토지소유자 내지 채무자가 의뢰인이 되는 경우가 없다.

감정평가 의뢰인이 감정평가서를 분실하거나 훼손하여 감정평가서 재발급을 신청한 경우 **감정평가법인등**은 정당한 사유가 있을 때를 제외하고는 감정평가서를 재발급하여야 한다. 이 경우 **감정평가법인등**은 재발급에 필요한 실비를 받을 수 있다(칙 제2조 제3항).

4. 감정평가서 보존 의무

감정평가법인등은 감정평가서의 원본과 그 관련 서류를 **국토교통부령으로 정하는 기간**[1. 감정평가서의 원본: 발급일부터 5년, 2. 감정평가서의 관련 서류: 발급일부터 2년(칙 제3조)]에 따른 기간 이상 보존하여야 하며, 해산하거나 폐업하는 경우에도 **대통령령으로 정하는 바**에 따라 보존하여야 한다(법 제6조 제3항).

감정평가법인등은 해산하거나 폐업하는 경우 법 제6조 제3항에 따른 보존을 위하여 감정평가서의 원본과 그 관련 서류를 **국토교통부장관**에게 제출하여야 한다(영 제6조 제1항). **국토교통부장관**은 제출받은 감정평가서의 원본과 관련 서류를 다음 각 호 1. 감정평가서 원본: 발급일부터 5년, 2. 감정평가서 관련 서류: 발급일부터 2년의 구분에 따른 기간 동안 보관하여야 한다(영 제6조 제2항).

VI. 감정평가 타당성조사

1. 의의 및 쟁점

가. 의의

감정평가 타당성조사라 함은 발급된 감정평가서에 대해 **국토교통부장관**이 직권 또는 관계 기관 등의 요청이 있는 경우 해당 감정평가가 「감정평가법」 또는 다른 법률에서 정하는 절차와 방법 등에 따라 타당하게 이루어졌는지 조사하는 것을 말한다.[51]

나. 법적 근거

국토교통부장관은 감정평가서가 발급된 후 해당 감정평가가 이 법 또는 다른 법률에서 정하는 절차와 방법 등에 따라 타당하게 이루어졌는지를 직권으로 또는 관계 기관 등의 요청에 따라 조사할 수 있다(법 제8조 제1항). 타당성조사를 할 경우에는 해당 **감정평가법인등** 및 **대통령령**으로 정하는 이해관계인[감정평가를 의뢰한 자(영 제8조 제3항)]에게 의견진술기회를 주어야 한다(법 제8조 제2항). 타당성조사의 절차 등에 필요한 사항은 **대통령령**으로 정한다(법 제8조 제3항).

다. 쟁점

우리나라에서는 2016. 1. 19 제정 「감정평가법」에서 도입되었지만, 日本에서는 이러한 제도가 없다. 동 조항은 조사대상을 "절차와 방법 등"이라고 하고, 조사요청자도 "직권으로 또는 관계 기관 등"이라고 규정하여, 입법자가 **국토교통부장관**에게 재량권을 부여한 것으로 보인다. 이렇게 보이는 이유는 절차의 타당성을 조사대상으로 하고 있으나, 감정평가절차라는 것이 감정평가액이라는 결론에 이르는 여러 절차 중 가장 일반적인 절차를 규정하였다는 점에서 감정평가업무의 전문성과

---

51) 국토교통부·한국감정원, 감정평가 타당성조사 5개년 사례집, 3면.

충돌 할 것으로 보인다. 절차하자를 구성하는 행정처분은 무효사유가 아닌 취소사유라는 것이고 하자를 치유하고 나면 당초 처분은 되살아난다는 점에서 절차하자로 **감정평가사**가 징계벌의 대상이 된다면 전문성이라는 법익과 충돌할 것이다.

방법의 타당성에 관해서는 감정평가업무의 전문성·독립성에 비추어 조사대상에서 한층 더 객관성 논란이 있을 수 있다. 이에 더하여 절차와 방법 이외에 "등"까지 법률에서 규정하고 있어서 어디까지가 한계인지 명확하지 않다. 감정평가준칙에 해당하는 「감칙」이나 「실무기준」에서 감정평가의 절차와 방법을 구체적으로 규정하고 있으며 절차는 그나마 객관적인 용어이나 감정평가방법은 감정평가기준과 더불어 보다 전문적이고 실무적일 수 있어서 이에 대하여 타당성을 논하는 것은 논란의 여지가 있다. 그리고 그 범위에 제한이 없는 "등"을 추가한 것은 조사대상에 제한을 두지 않는 것으로 권한 남용이 될 수 있다.

타당성조사 결과에 따라 감독청에 의해 감정평가관리·징계위원회에 회부될 수 있고(법 40조 제1항 제5호), **감정평가사**는 징계처분을 받을 수 있다.[52] 따라서 동 조항에서 징계처분 하고자 하는 행위(조사대상)가 무엇이며 그에 대한 제재적 처분이 어떠한 것인지를 누구나 예견할 수 있도록 하여야 한다. 그렇지 않으면 위반행위에 따라 자신의 행위를 결정할 수 있도록 구성요건을 명확하게 규정하는 것을 의미하는 명확성 원칙에 위배될 수 있다. 따라서 감정평가의 전문성·독립성이라는 법익과 입법자가 추구하는 공익이 충돌할 수 있으므로 「감정평가법」이 징계처분을 하고자 하는 행위를 보다 명확히 하여야 할 것이다. 조사요청자에 관해서도 "직권으로 또는 관계 기관 등"에 관계기관 등을 구체적으로 명시하는 것이 좋을 것으로 보인다.[53]

2. 조사 사유

국토교통부장관은 다음 각 호 1. **국토교통부장관**이 법 제47조에 따른 지도·감독을 위한 **감정평가법인등**의 사무소 출입·검사 또는 영 제49조에 따른 표본조사의 결과, 그 밖의 사유에 따라 조사가 필요하다고 인정하는 경우, 2. 관계 기관 또는 제3항에 따른 이해관계인이 조사를 요청하는 경우의 어느 하나에 해당하는 경우 법 제8조 제1항에 따른 타당성조사를 할 수 있다(영 제8조 제1항). 조

---

52) 법률이 조사대상에 관해 "절차와 방법 등"이라고 한 것에 대하여, 상기 감정평가 타당성조사 5개년 사례집에서 조사 대상으로 삼고 있는 것이 ① 기본적 사항의 적정성, ② 감정평가방법의 적정성, ③ 감정평가 과정의 적정성, ④ 감정평가액의 적정성 검토 네 가지로 구분하고 있는 바, ②와 ③은 절차와 방법을 의미하며 ①에 대해서 절차의 타당성으로 볼 수 있을지는 몰라도, 우려하는 것은 ④ 감정평가액의 적정성 검토는 감정평가의 전문성과 독립성의 영역이므로 이에 대해서는 "등"을 과도하게 확장해석을 한 것 아닌가 하는 우려가 된다. 다행히도 사례집에서는 ④의 사례가 발견되지 않는다.

53) 국토교통부·한국감정원, 감정평가 타당성조사 5개년 사례집, 4면.

사의 사유에 관해 "그 밖의 사유"에 따라 조사를 할 수 있도록 하여 입법자는 **국토교통부장관**에게 재량을 부여하고 있다.

3. 조사 제외 및 중지 대상

국토교통부장관은 법 제8조 제1항에 따른 타당성조사 대상이 되는 감정평가가 다음 각 호 1. 법원의 판결에 따라 확정된 경우, 2. 재판에 계류 중이거나 수사기관에서 수사 중인 경우, 3. 「토지보상법」 등 관계 법령에 감정평가와 관련하여 권리구제 절차가 규정되어 있는 경우로서 권리구제 절차가 진행 중이거나 권리구제 절차를 이행할 수 있는 경우(권리구제 절차를 이행하여 완료된 경우를 포함한다), 4. 징계처분, 제재처분, 형사처벌 등을 할 수 없어 타당성조사의 실익이 없는 경우의 어느 하나에 해당하는 경우에는 타당성조사를 하지 아니하거나 중지할 수 있다(영 제8조 제2항).

4. 조사 유형

타당성조사는 비정기적일 수 있는 타당성 기초조사와 정기적일 수 있는 표본조사로 나눌 수 있다.

가. 타당성 기초조사

「감정평가법」 제46조 제1항 제1호, 영 제47조 제1항 제2호에 "타당성조사를 위한 기초자료 수집 및 감정평가 내용 분석"(이하, "타당성 기초조사")을 감정원에 위탁한다고 규정하고, 감정원은 타당성조사 접수하고, 기초자료 수집, 감정평가 내용 분석, 검토보고서 작성, 타당성 기초조사 결과를 보고하는 절차에 의하고 있다.[54]

나. 감정평가제도 개선을 위한 표본조사

(1) 법적 근거: **국토교통부장관**은 법 또는 다른 법률에 따른 감정평가의 방법·절차 등과 실제 감정평가서의 작성 간에 차이가 있는지 여부를 확인하여 감정평가제도를 개선하기 위해 다음 각 호 1. 무작위추출방식의 표본조사, 2. 우선추출방식의 표본조사의 어느 하나에 해당하는 표본조사를 할 수 있다(영 제49조 제1항). 업무 위탁의 법적 근거는 영 제47조 제1항 제3호에 의한다.

(2) 우선추출방식의 표본조사 대상: 우선추출방식의 표본조사는 다음 각 호 1. **최근 3년 이내**

---

54) 감정원/주요업무/타당성기초조사 http://www.kab.co.kr/kab/home/business/research_adequacy.jsp 2019. 1. 5.

에 실시한 법 제8조 제1항에 따른 타당성조사 결과 감정평가의 부실이 발생한 분야, 2. **무작위추출방식**의 표본조사를 실시한 결과 법 또는 다른 법률에서 정하는 방법이나 절차 등을 위반한 사례가 다수 발생한 분야, 3. 그 밖에 감정평가의 부실을 방지하기 위해 **협회요청**을 받아 **국토교통부장관**이 필요하다고 인정하는 분야의 어느 하나에 해당하는 분야에 대해 **국토교통부장관**이 정하는 바에 따라 실시한다(영 제49조 제2항).

5. 절차

국토교통부장관은 타당성조사에 착수한 경우에는 착수일부터 10일 이내에 해당 **감정평가법인등**과 이해관계인에게 다음 각 호 1. 타당성조사의 사유, 2. 타당성조사에 대하여 의견을 제출할 수 있다는 것과 의견을 제출하지 아니하는 경우의 처리방법, 3. 법 제46조 제1항 제1호에 따라 업무를 수탁한 기관의 명칭 및 주소, 4. 그 밖에 **국토교통부장관**이 공정하고 효율적인 타당성조사를 위하여 필요하다고 인정하는 사항을 알려야 한다(영 제8조 제4항). 영 제8조 제4항에 따른 통지를 받은 **감정평가법인등** 또는 이해관계인은 통지를 받은 날부터 10일 이내에 **국토교통부장관**에게 의견을 제출할 수 있다(영 제8조 제5항). **국토교통부장관**은 법 제8조 제1항에 따른 타당성조사를 완료한 경우에는 해당 **감정평가법인등**, 이해관계인 및 타당성조사를 요청한 관계 기관에 지체 없이 그 결과를 통지하여야 한다(영 제8조 제6항).

6. 법적 효과

국토교통부장관은 공시지가기준평가법 등을 위반하여 감정평가하거나(법 제39조 제1항), 그 밖에 감정평가와 관련하여(법 제40조 제1항 제5호) 감정평가관리·징계위원회에 부의를 하면서, 타당성조사 종합양정기준(적정·다소 미흡·미흡·징계위원회 심의 필요) 결과와 감정평가관리·징계위원회의 의결(법 제40조 제1항 각호 외의 부분)에 따라 자격취소, 등록취소, 2년 이하의 업무정지, 견책의 어느 하나에 해당하는 징계를 할 수 있다(법 제39조 제2항).

Ⅶ. 감정평가 정보체계의 구축·운용 등

1. 의의 및 입법 취지

감정평가 정보체계란 감정평가 선례정보, 토지 및 건물의 가격에 관한 정보(공시지가·지가변동률·임대정보·수익률·실거래가 등) 및 그 밖에 감정평가에 필요한 정보를 데이터베이스화하여, 이를 관리·활용하고 정보수요자에게 제공하는 시스템 및 정보통신망의 운영체계를 말한다.[55] **국토교통부장관**은 국가등이 의뢰하는 감정평가와 관련된 정보 및 자료를 효율적이고 체계적으로 관리하기 위하여 감정평가 정보체계를 구축·운영할 수 있다(법 제9조 제1항).[56] 법 제9조 제1항 및 제2항에 따른 정보 및 자료의 종류, 감정평가 정보체계의 구축·운영방법 등에 필요한 사항은 **국토교통부령**으로 정한다(법 제9조 제항).

이에 따라 구축·운영하는 감정평가 정보체계에 관리하는 정보 및 자료는 다음 각 호 1. 칙 제5조 제1항에 따른 감정평가의 선례정보(평가기관·평가목적·기준시점·평가가액 및 대상 토지·건물의 소재지·지번·지목·용도지역 또는 용도 등을 말한다), 2. 토지 및 건물의 가격에 관한 정보(공시지가·지가변동률·임대정보·수익률·실거래가 등을 말한다) 및 자료, 3. 그 밖에 감정평가에 필요한 정보 및 자료와 같다(칙 제4조).

2. 감정평가법인등의 등록 의무 및 위반의 법적 효과

「토지보상법」에 따른 감정평가 등 **국토교통부령**으로 정하는 감정평가를 의뢰받은 **감정평가법인등**은 감정평가 결과를 감정평가 정보체계에 등록하여야 한다. 다만, 개인정보 보호 등 **국토교통부장관**이 정하는 정당한 사유가 있는 경우에는 그러하지 아니하다(법 제9조 제2항). 이에 따라 **감정평가법인등**이 감정평가 정보체계에 등록하여야 하는 감정평가 결과는 칙 제4조 제1호의 감정평가 선례정보로 하며(칙 제5조 제2항), 감정평가서 발급일부터 40일 이내에 감정평가 결과를 감정평가 정보체

---

55) 국토교통부·한국감정원, 2019년 감정평가정보체계 업무요령, 1면.

56) 감정평가정보체계는 감정평가를 할 때에 유용한 정보로 활용될 수 있도록 개별 감정평가 결과를 취합·정리한 DB로서, 현재는 국토해양부가 협회에 위탁하여 운영하고 있다. 그러나, 그동안 협회는 이익단체라는 성격상 한계로 인해 감정평가정보체계 구축에 적극적이지 못했고, 이 때문에 축적된 데이터의 양이 미흡하고 정확도가 떨어져 정보체계로서 가치가 낮고 잘못된 감정평가를 유발한다는 문제점이 지적되어 왔다. 최근 감사원도 감정평가정보체계에 대한 문제를 지적하고 해결방안 마련을 촉구했다고 한다. 2012년부터는 한국감정원이 감정평가정보체계를 새로 구축해서 필요한 정보를 최대한 축적하도록 하고 수집되는 데이터의 확인 절차를 강화하는 할 뿐만 아니라, 부동산 가격공시나 감정평가 업무까지도 함께 처리할 수 있도록 하고, 각종 부동산 정보를 한 번에 확인할 수 있는 인터페이스를 제공할 계획이라고 하였으나(2011. 10. 21(금) 국토교통부 보도자료), 이러한 취지에 따라 정보수요자에게 잘 제공되고 있는지는 의문이다.

계에 등록하여야 한다(칙 제5조 제3항). **국토교통부장관**은 필요한 경우에는 **감정평가법인등**에게 감정평가 정보체계에 등록된 감정평가 결과의 수정·보완을 요청할 수 있다. 이 경우 요청을 받은 **감정평가법인등**은 요청일부터 10일 이내에 수정·보완된 감정평가 결과를 감정평가 정보체계에 등록하여야 한다(칙 제5조 제4항). 법 제9조 제2항 단서에 따라 감정평가 결과를 감정평가 정보체계에 등록하지 아니하여도 되는 경우는 「개인정보 보호법」 제3조에 따라 개인정보 보호가 필요한 경우로 한다. 이 경우 보호가 필요한 개인정보를 제외한 감정평가 결과는 등록하여야 한다(칙 제5조 제5항). 감정평가 정보체계에 정보를 등록하고 확인하는 세부적인 절차 및 그 밖의 사항은 **국토교통부장관**이 정한다(칙 제5조 제6항).

칙 제5조 제5항에서 위임된 사항과 그 시행에 필요한 사항을 정함을 목적으로 2016. 9. 1. 제정(시행 2016. 9. 1. 국토교통부훈령 제755호,)한 것이 「감정평가 정보체계 구축·운영지침」이다. 2016. 9. 1. 제정·시행법부터 **감정평가법인등**의 감정평가 정보체계에 대한 감정평가 결과 등록의무를 부과하였으므로, 2016. 9. 1. 이후 감정평가 의뢰된 것부터 적용한다. 감정평가 결과 등록 의무(법 제9조 제2항)를 위반하여 감정평가 결과를 감정평가 정보체계에 등록하지 아니한 자에게는 500만 원 이하의 과태료(행정질서벌)를 부과한다(법 제52조 제1항 제2호).

3. 등록 대상

법 제9조 제2항 본문에서 "「토지보상법」에 따른 감정평가 등 **국토교통부령**으로 정하는 감정평가"란 국가, 지방자치단체, 「공공기관운영법」에 따른 공공기관 또는 「지방공기업법」 제49조에 따라 설립한 지방공사가 다음 각 호 1. 「토지보상법」에 따른 토지·물건 및 권리의 취득 또는 사용, 2. 「국유재산법」·「공유재산법」 또는 그 밖의 법령에 따른 국유·공유재산(토지와 건물만 해당한다)의 취득·처분 또는 사용·수익, 3. 「국토계획법」에 따른 도시·군계획시설부지 및 토지의 매수, 「개발제한구역법」에 따른 토지의 매수, 4. 「도시개발법」, 「도시정비법」, 「산업입지법」 또는 그 밖의 법령에 따른 조성토지 등의 공급 또는 분양, 5. 「도시개발법」, 「산업입지법」 또는 그 밖의 법령에 따른 환지 및 체비지의 처분, 6. 「민사소송법」, 「형사소송법」 등에 따른 소송, 7. 「국세징수법」, 「지방세기본법」에 따른 공매, 8. 「도시정비법」 제24조 및 제26조에 따라 시장·군수등이 직접 시행하는 정비사업의 관리처분계획, 9. 「공공주택 특별법」에 따른 토지 또는 건물의 매입 및 임대료 평가의 어느 하나에 해당하는 목적을 위하여 의뢰한 감정평가를 말한다(칙 제5조 제1항).

이는 「감정평가법」 제10조 **감정평가법인등**의 업무 중 법원경매 감정평가(제4호), 금융기관 등의 담보감정평가(제5호), 기타(제9호) 업무를 제외한 대부분의 업무를 대상으로 한다.

4. 기타

국토교통부장관은 감정평가 정보체계의 운용을 위하여 필요한 경우 관계 기관에 자료제공을 요청할 수 있다. 이 경우 이를 요청받은 기관은 정당한 사유가 없으면 이에 응하여야 한다(법 제9조 제3항).

정보 및 자료의 종류, 감정평가 정보체계의 구축·운영방법 등에 필요한 사항은 **국토교통부령**으로 정한다(법 제9조 제4항). 감정평가 정보체계에 정보를 등록하고 확인하는 세부적인 절차 및 그 밖의 사항은 **국토교통부장관**이 정한다(영 제5조 제6항). 이에 따라 위임된 사항과 그 시행에 필요한 사항을 정한 지침도 전술한「감정평가 정보체계 구축·운영지침」(2016. 9. 1. 제정 및 시행, 국토교통부훈령 제755호)이다.

제3장

감정평가사

Ⅰ. 감정평가법인등의 업무

1. 의의

감정평가사라 하여 감정평가업무를 할 수 있는 것이 아니고, **감정평가사** 자격을 득한 후 **감정평가사**사무소 개설신고 신고를 하거나(법 제21조), **감정평가법인** 설립인가를 받아야(법 제29조) **감정평가법인등**으로서 지위가 인정되어 감정평가업무를 할 수 있으므로, **감정평가사**의 업무가 아니라 **감정평가법인등**의 업무로 규정한 것이다.

따라서 **감정평가법인등**은 다음 각 호 1. 「부동산가격공시법」에 따라 **감정평가법인등**이 수행하는 업무, 2. 「부동산가격공시법」 제8조 제2호에 따른 목적을 위한 토지등의 감정평가, 3. 「자산재평가법」에 따른 토지등의 감정평가, 4. 법원에 계속 중인 소송 또는 경매를 위한 토지등의 감정평가, 5. 금융기관·보험회사·신탁회사 등 타인의 의뢰에 따른 토지등의 감정평가, 6. 감정평가와 관련된 상담 및 자문, 7. 토지등의 이용 및 개발 등에 대한 조언이나 정보 등의 제공, 8. 다른 법령에 따라 **감정평가법인등**이 할 수 있는 토지등의 감정평가, 9. 제1호부터 제8호까지의 업무에 부수되는 업무를 행한다(법 제10조).[57]

---

57) **감정평가법인등의 업무와 한국감정원의 업무 및 日本不動産鑑定士의 업무에 관한 비교법적 검토**
　Ⅰ. **한국감정원의 업무:** 감정원은 한국감정원법의 목적을 달성하기 위하여 다음 각 호의 업무를 수행한다(법 제12조). 부동산원이 행하는 업무는 **감정평가법인등**의 업무가 아니다.
　1. 「부동산가격공시법」에 따른 가격공시를 위한 조사·산정 및 검증 등 같은 법에 따라 감정원이 수행하는 업무
　2. 부동산의 거래·가격·임대 등 시장동향과 관련 통계의 조사·관리 업무

2. 감정평가법인등의 업무와 한국부동산원의 업무에 대한 법적 문제

감정평가법인등의 업무와 관련된 쟁점을 표준지공시지가 조사·평가업무와 관련해서 결정 권한의 논란이 있으나 이는 제6편 「부동산가격공시법」에서 다루는 것이 좋을 듯하며, 아래에서는 다음의 문제들만 검토하기로 한다.

토지·주택에 대한 공시가격은 국세·지방세 등 과세기준으로 사용될 뿐만 아니라, 복지 수급자 선정기준 등 60여개 행정지표로도 활용되고 있는 정부의 중요한 부동산 가격자료이다. 종전에는 각 부처별로 목적에 따라 각각 가격기준을 마련하여 사용하였으나, 정부 내에서 여러 가지의 가격기준을 사용하는데 대한 신뢰성, 효율성 문제 등으로 1989년 토지에 대해 공시지가 제도를 도입하여 일원화하였지만, 지난 수십 년간 **감정평가사**가 관련 공적대장을 수집하여 수기로 현장조사·평가하는 비효율에 대한 비판이 있어 왔고, 다양한 가격통계자료들과의 연계 검토가 부족하다는 지적에 따라,[58] 「부동산가격공시법」의 전면개정과 「한국감정원법」의 제정으로 한국감정원이 부동산가

---

3. 부동산투자회사 업무검사 지원, 감정평가 타당성조사 등 부동산 시장 적정성에 대한 조사·관리를 위하여 **대통령령**으로 정하는 업무, 법 제12조 제3호에서 "**대통령령**으로 정하는 업무"란 다음 각 호 1. 「부동산투자회사법」 제39조 제1항에 따른 부동산투자회사 등의 업무 또는 재산 등의 검사를 위하여 필요한 사실의 확인 및 같은 법 제49조의6에 따른 부동산투자회사 정보시스템의 구축·운영(같은 법 제22조에 따른 자산운용 전문인력의 자격 및 사전교육 이수에 관한 데이터베이스 구축·운영은 제외한다), 2. 「감정평가법」 제8조 제1항에 따른 타당성조사를 위한 기초자료 수집 및 감정평가 내용 분석, 3. 「토지보상법」 제68조에 따라 **감정평가법인등**이 사업시행자의 의뢰를 받아 평가한 보상평가서의 검토, 4. 「도시정비법」 제78조 제2항에 따른 관리처분계획의 타당성 검증 및 같은 법 제114조에 따른 정비사업 지원기구의 업무, 5. 다음 각 목 가. 감정평가서가 발급되어 금융기관 등에 제출된 이후 금융기관 등이 직접 감정원에 검토를 의뢰할 것, 나. 검토내용은 감정평가서가 관계 법령에 따른 절차와 방법을 준수하였는지 여부에 대한 것으로 할 것의 기준에 따라 금융기관 및 「감정평가법 시행령」 제4조 제2항에 따른 기관(이하 "금융기관 등"이라 한다)이 의뢰하는 담보대출용 감정평가서의 검토의 업무를 말한다. 이 경우 제1호부터 제4호까지의 업무는 해당 법령에 따라 감정원이 해당 업무를 위탁받거나 의뢰 또는 요청을 받는 경우만 해당한다(영 제13조 제1항).
4. 「녹색건축물 조성 지원법」에 따른 녹색건축물의 인증·검토 등 정부 정책지원과 부동산 관련 정보의 제공·자문 업무
5. 그 밖에 다른 법령에 따라 감정원이 수행할 수 있거나 위탁받은 업무
6. 제1호부터 제5호까지의 업무와 관련된 연구개발·교육·연수·홍보 업무
7. 그 밖에 제1호부터 제6호까지의 업무와 관련하여 부수되는 업무로서 **대통령령**으로 정하는 업무, 법 제12조 제7호에서 "**대통령령**으로 정하는 업무"란 법 제12조 제1호부터 제6호까지의 업무와 관련된 정보체계의 구축·운영 및 국제교류·협력업무를 말한다(영 제13조 제3항).
Ⅱ. 日本 不動産鑑定士의 업무(公益社団法人 日本不動産鑑定士協会連合会, Japan Association of Real Estate Appraisars https://www.fudousan-kanteishi.or.jp/koutekihyouka_minkanhyouka/): 부동산감정사의 업무는 국가와 도도부현(都道府県)·시정촌(市町村) 등이 의뢰하는 "公的評価"와 일반 기업이나 개인이 의뢰하는 "民間評価"가 있다. 公的評価란 국가와 지방자치단체 등이 토지의 적정가격을 일반에 공개하기 위한 평가 업무로서, 구체적으로는 地価公示制度(公示地価)나 地価調査制度(基準地価), 상속세·고정자산세 등 과세를 위한 평가를 실시하고 있다. 民間評価란 일반 기업과 개인으로부터 부동산 매매나 임대차에 참고하기 위한 평가(不動産売買や賃貸借の参考のための評価)와 資産評価, 担保評価 때문에 의뢰되는 평가업무를 말한다. 부동산감정사의 업무는 공적평가업무와 민간평가업무를 가리지 않는다.
Ⅲ. 검토: 日本은 부동산감정사의 업무를 公的評価와 民間評価로 구분하고 있다. 이에 비하여 우리나라는 **감정평가법인등**의 업무와 한국감정원의 업무로 구분할 수 있다.
58) 국토교통부, 부동산 가격, 보다 더 객관적이고 공정하게 평가합니다. - "감정평가 선진화 3법" 국회 본회의 통과,

격공시업무에 관하여 독점적 업무를 부여하는 입법을 추진하게 되었다. 이는 기존의 법체계에 해당하는 **감정평가법인등**의 업무와 상충되는 입법이다. 그리고 한국감정원이 정부의 위탁에 따라 **감정평가법인등**에 대한 우월적 지위에 있는 상황에서 감정평가업무(조사·평가업무 포함)에서 조사·산정업무를 분리한 것이지만 조사·산정업무는 감정평가업무라 할 수 있고, 전자는 **감정평가법인등**이, 후자는 한국감정원이 수행하는 것으로 하고 있다.[59)60)]

Ⅱ. 감정평가사의 자격

1. 자격

감정평가사시험에 합격한 사람은 **감정평가사**의 자격이 있다(법 제11조).

2. 결격사유

다음 각 호 1. 미성년자 또는 피성년후견인·피한정후견인, 2. 파산선고를 받은 사람으로서 복권되지 아니한 사람, 3. 금고 이상의 실형을 선고받고 그 집행이 종료(집행이 종료된 것으로 보는 경우를 포함한다)되거나 그 집행이 면제된 날부터 3년이 지나지 아니한 사람, 4. 금고 이상의 형의 집행유예를 받고 그 유예기간이 만료된 날부터 1년이 지나지 아니한 사람, 5. 금고 이상의 형의 선고유예를 받고 그 선고유예기간 중에 있는 사람, 6. **감정평가사**가 부정한 방법으로 **감정평가사**의 자격을 받은 경우(법 제13조)에 해당되어 **감정평가사** 자격이 취소된 후 3년이 경과되지 아니한 사람, 7. **감정평가사**의 직무와 관련하여 금고 이상의 형을 2회 이상 선고받아(집행유예를 선고받은 경우를 포함한다) 그 형이 확정된 경우(법 제39조 제1항 제11호) 및 이 법에 따라 업무정지 1년 이상의 징계처분을 2회 이상 받은 후 다시 제1항에 따른 징계사유가 있는 사람으로서 **감정평가사**의 직무를 수행하는 것이 현저히 부적당하다고 인정되는 경우(법 제39조 제1항 제12호)에 따라 자

2015. 12. 28. 4면.

59) 신봉기·정준용, "감정평가3법과 감정평가업자의 업무범위", 33면.

60) 법제처는 **감정평가법인등**이 사업시행자를 대신하여 「토지보상법」 제14조에 따른 토지조서 및 물건조서 작성을 위한 공익사업지구 내의 토지 및 물건에 대한 조사업무를 수행하는 것이 「부감법」 제29조 제1항의 **감정평가법인등**의 업무범위를 넘어선 것인지에 대한 법령해석에서 **감정평가법인등**이 사업시행자를 대신하여 「토지보상법」 제14조에 따른 토지조서 및 물건조서의 작성을 위한 조사업무를 수행하는 것이 「부감법」 제29조 제1항에서 정하고 있는 **감정평가법인등**의 업무범위를 넘어선 것이라고 볼 수는 없다고 해석하였다(법제처 「부동산가격공시법」 제29조 제1항 등 관련, 안건번호 10-0029, 회신일자 2010. 3. 26).

격이 취소된 후 5년이 경과되지 아니한 사람의 어느 하나에 해당하는 사람은 **감정평가사**가 될 수 없다(법 제12조).

종전에는 **감정평가사**의 결격사유를 「부감법」에 따라 징역의 형(刑)의 선고를 받고 그 집행이 종료된 후 2년이 경과되지 아니한 경우 등으로 한정하고 있었으므로, 감정평가업무와 관련하여 다른 법률에 따라 형의 선고를 받은 경우에는 동법에서 정하고 있는 결격사유에 해당되지 아니하였다. 2007. 7. 28. 시행법(법률 제8409호)부터, **감정평가사**의 결격사유 중 동법을 위반한 경우에 추가하여 감정평가업무와 관련하여 다른 법률을 위반한 경우까지 포함되도록 그 위반사유를 확대하고, 종전에는 징역형의 선고를 받고 집행 종료 후 2년이 경과되지 아니한 자로 규정하던 것을 금고 이상 실형의 선고를 받고 집행 종료 후 3년이 경과되지 아니한 자로 하는 등 결격사유를 강화하였다.[61] 결격사유가 강화되어 부적격한 자가 **감정평가사**가 되는 것을 방지하는데 기여할 수 있을 것이다.

3. 자격의 취소

국토교통부장관은 **감정평가사**가 부정한 방법으로 **감정평가사**의 자격을 받은 경우에는 그 자격을 취소하여야 한다(법 제13조 제1항). **국토교통부장관**은 **감정평가사**의 자격을 취소한 경우에는 **국토교통부령**으로 정하는 바에 따라 그 사실을 공고하여야 한다(법 제13조 제2항). **감정평가사**의 자격이 취소된 사람은 자격증(법 제17조에 따라 등록한 경우에는 등록증을 포함한다)을 **국토교통부장관**에게 반납하여야 한다(법 제13조 제3항).

제2절 감정평가사 시험

I. 시험

감정평가사시험(이하 "시험"이라 한다)은 **국토교통부장관**이 실시하며, 제1차 시험과 제2차 시험으로 이루어진다(법 제14조 제1항). 시험의 최종 합격 발표일을 기준으로 제12조에 따른 결격사유에 해당하는 사람은 시험에 응시할 수 없다(법 제14조 제2항).

국토교통부장관은 제2항에 따라 시험에 응시할 수 없음에도 불구하고 시험에 응시하여 최종 합

---

61) 허강무, "한국의 공시지가 및 **감정평가사**제도의 과제", 토지공법연구 제52집, 2011, 127면.

격한 사람에 대해서는 합격결정을 취소하여야 한다(법 제14조 제3항). 시험과목, 시험공고 등 시험의 절차·방법 등에 필요한 사항은 **대통령령**으로 정한다(법 제14조 제4항).[62]

시험에 응시하려는 사람은 실비의 범위에서 **대통령령**으로 정하는 수수료를 내야 한다. 이 경우 수수료의 납부방법, 반환 등에 필요한 사항은 **대통령령**으로 정한다(법 제14조 제5항).[63]

---

62) **영 제9조(시험과목 및 방법)** ① 법 제14조에 따른 **감정평가사**시험(이하 "시험"이라 한다)의 시험과목은 [별표 1]과 같다.

구분	시험과목
1. 제1차 시험	가. 「민법」 중 총칙, 물권에 관한 규정, 나. 경제학원론, 다. 부동산학원론, 라. 감정평가 관계 법규(「국토의 계획 및 이용에 관한 법률」, 「건축법」, 「공간정보의 구축 및 관리 등에 관한 법률」 중 지적에 관한 규정, 「국유재산법」, 「도시 및 주거환경정비법」, 「부동산등기법」, 「감정평가 및 **감정평가사**에 관한 법률」, 「부동산 가격공시에 관한 법률」 및 「동산·채권 등의 담보에 관한 법률」을 말한다), 마. 회계학, 바. 영어
2. 제2차 시험	가. 감정평가 및 보상 법규(「감정평가 및 **감정평가사**에 관한 법률」, 「공익사업을 위한 토지 등의 취득 및 보상에 관한 법률」 및 「부동산 가격공시에 관한 법률」을 말한다), 나. 감정평가이론, 다. 감정평가실무

② 제1차 시험은 선택형으로 한다.
③ 제2차 시험은 논문형으로 하되, 기입형을 병행할 수 있다.
④ 제1항에 따른 제1차 시험의 과목 중 영어 과목은 제1차 시험 응시원서 접수마감일부터 역산(逆算)하여 2년이 되는 날 이후에 실시된 다른 시험기관의 시험(이하 "영어시험"이라 한다)에서 취득한 성적으로 시험을 대체한다.
⑤ 제4항에 따른 영어시험의 종류 및 합격에 필요한 점수는 별표 2와 같다.
⑥ 시험에 응시하려는 사람은 응시원서를 제출할 때에 **국토교통부장관**이 별표 2에서 정한 영어시험의 합격에 필요한 기준점수를 확인할 수 있도록 하여야 한다.
　영 제10조(합격기준) ① 제1차 시험 과목 중 영어과목을 제외한 나머지 시험과목의 합격기준은 과목당 100점을 만점으로 하여 모든 과목 40점 이상, 전 과목 평균 60점 이상의 득점으로 한다.
② **국토교통부장관**은 **감정평가사**의 수급 상황 등을 고려하여 제2차 시험의 최소합격인원을 정할 수 있다. 이 경우 법 제40조에 따른 감정평가관리·징계위원회의 심의를 거쳐야 한다.
③ 제2차 시험과목의 합격기준은 과목당 100점을 만점으로 하여 모든 과목 40점 이상, 전 과목 평균 60점 이상의 득점으로 한다. 다만, 모든 과목 40점 이상, 전 과목 평균 60점 이상을 득점한 사람의 수가 제2항에 따른 최소합격인원에 미달하는 경우에는 모든 과목 40점 이상을 득점한 사람 중에서 전 과목 평균점수가 높은 순으로 최소합격인원의 범위에서 합격자를 결정한다.
④ 제3항 단서에 따라 합격자를 결정하는 경우 동점자로 인하여 최소합격인원을 초과하는 경우에는 그 동점자 모두를 합격자로 결정한다. 이 경우 동점자의 점수는 소수점 이하 둘째자리까지만 계산하며, 반올림은 하지 아니한다.
　영 제11조(시험시행공고) **국토교통부장관**은 시험을 시행하려는 경우에는 시험의 일시, 장소, 방법, 과목, 응시자격, 별표 2에서 정한 영어능력 검정시험의 합격에 필요한 기준점수의 확인방법, 제2차 시험의 최소합격인원, 응시절차 및 그 밖에 필요한 사항을 시험일 90일 전까지 인터넷 홈페이지 등에 공고하여야 한다.
　영 제12조(합격자의 공고 등) ① **국토교통부장관**은 시험합격자가 결정된 경우에는 모든 응시자가 알 수 있는 방법으로 합격자 결정에 관한 사항과 실무수습신청기간 및 실무수습기간 등 실무수습에 필요한 사항을 관보에 공고하고, 합격자에게는 최종 합격 확인서를 발급하여야 한다.
② **국토교통부장관**은 법 제11조에 해당하는 사람이 **감정평가사** 자격증의 발급을 신청하는 경우 법 제12조에 따른 결격사유에 해당하는 경우를 제외하고는 **감정평가사** 자격증을 발급하여야 한다.

63) **제13조(응시수수료)** ① 법 제14조 제5항 전단에 따른 수수료(이하 "응시수수료"라 한다)는 4만 원으로 하며, 현금 또는 정보통신망을 이용한 전자화폐·전자결제 등의 방법으로 납부할 수 있다.
② **국토교통부장관**은 응시수수료를 납부한 사람이 다음 각 호 1. 응시수수료를 과오납(過誤納)한 경우, 2. **국토교통부장관**의 귀책사유로 시험에 응시하지 못한 경우, 3. 시험시행일 10일 전까지 응시원서 접수를 취소한 경우의 어느 하나

Ⅱ. 시험의 일부면제

법 제15조의 제목으로 시험이 제1차 시험과 제2차 시험으로 이루진다는 점에서 일부면제라 하고 법령에서 1차 시험을 면제한다고 하여 법령면제자라는 표현을 쓰고 있으나, 보다 명확한 표현은 제1차 시험 전체과목을 면제하므로, "제1차 시험면제"가 더 명확하다.

1. 법적 근거와 비교법적 검토

감정평가법인 등 **대통령령**으로 정하는 기관[다음 각 호 1. **감정평가법인**, 2. **감정평가사**사무소, 3. 협회, 4. 「한국부동산원법」에 따른 부동산원, 5. 감정평가업무를 지도하거나 감독하는 기관, 6. 「부동산가격공시법」에 따른 개별공시지가·개별주택가격·공동주택가격 또는 비주거용 부동산가격을 결정·공시하는 업무를 수행하거나 그 업무를 지도·감독하는 기관, 7. 「부동산가격공시법」에 따른 토지가격비준표, 주택가격비준표 및 비주거용 부동산가격비준표를 작성하는 업무를 수행하는 기관, 8. 국유재산을 관리하는 기관, 9. 과세시가표준액을 조사·결정하는 업무를 수행하거나 그 업무를 지도·감독하는 기관을 말한다(영 제14조 제1항)]에서 5년 이상 감정평가와 관련된 업무에 종사한 사람에 대해서는 시험 중 제1차 시험을 면제한다(법 제15조 제1항).[64]

법 제15조 제1항에 따른 업무종사기간을 산정할 때 기준일은 제2차 시험 시행일로 하며, 둘 이상의 기관에서 해당 업무에 종사한 사람에 대해서는 각 기관에서 종사한 기간을 합산한다(영 제14조 제2항). 제1차 시험에 합격한 사람에 대해서는 다음 회의 시험에 한정하여 제1차 시험을 면제한다(법 제15조 제2항).

「법무사법」은 법원, 헌법재판소, 검찰청의 법원사무직렬·등기사무직렬·검찰사무직렬 또는 마약수사직렬 공무원으로 10년 이상 근무한 경력이 있는 자에게는 제1차 시험을 면제한다(법 제5조의2 제1항). 「법무사법」 제5조의2 제1항의 입법 취지에 대한 판시에서, "'법원, 헌법재판소, 검찰청의 법원사무직렬·등기사무직렬·검찰사무직렬 또는 마약수사직렬 공무원으로 10년 이상 근무한 경력이 있는 자'(법무사법 제5조의2)에게 법무사 제1차 시험 면제 규정은 법원사무직렬 등의 공무원으로 근무하면서 관련 직무에 종사한 자는 특별한 사정이 없는 한 그 직무수행과정에서 법무사로서의 업무수행에 필요한 법률지식을 습득하고 실무처리능력을 배양하게 되므로 이러한 지식이나 능력을 갖추었는지 평가하기 위하여 별도로 법무사시험의 제1차 시험을 거칠 필요가 없다는 데에 그 취지가 있다."고 판시하였다.[65]

에 해당하는 경우에는 **국토교통부령**으로 정하는 바에 따라 응시수수료의 전부 또는 일부를 반환하여야 한다.

[64] [별표3] 법령면제기관 등의 감정평가업무경력사항 인정기준(부동산가격 조사·평가를 위한 감정평가업자 선정·추천 지침, 협회 개정 2016. 12. 27)

구「세무사법」(1989. 12. 30. 법률 제4166호로 개정되기 전의 것) 제5조의2는 10년 이상 국세에 관한 행정사무에 종사한 자는 국세에 관한 실무능력이 갖추어진 자로 간주하여 세무사시험에 있어 실무시험을 면제한다는 취지라고 할 것이므로 "국세에 관한 행정사무에 통산 10년 이상 종사"란 실제로 이에 종사한 기간만을 의미한다 할 것이고,[66] 「공인회계사법」 제6조 제1항에서 1. 5급 이상 공무원 또는 고위공무원단에 속하는 일반직공무원으로서 3년 이상 기업회계·회계감사 또는 직접세 세무회계에 관한 사무를 담당한 경력이 있는 자, 2. 대학·전문대학(이에 준하는 학교를 포함한다)의 조교수 이상의 직에서 3년 이상 회계학을 교수한 경력이 있는 자, 3. 「은행법」 제2조의 규정에 의한 은행 또는 **대통령령**이 정하는 기관에서 **대통령령**이 정하는 직급이상의 직에서 5년 이상 회계에 관한 사무를 담당한 경력이 있는 자, 4. 대위이상의 경리병과장교로서 5년 이상 군의

대상기관	경력인정업무	제외자
1. 감정평가법인 2. **감정평가사** 사무소 3. 한국**감정평가사**협회	• 감정평가에 관한 조사 연구 등 보조업무	• 단순노무자 • 특정업무를 위한 계약직 • 아르바이트 경력 • 기타 정규업무 경력 이외의 경력
4. 감정평가업무를 지도·감독하는 기관	• 토지수용 및 용지보상 • 부동산공시가격 및 감정평가에 관한 제도운영 및 지도·감독 • 택지소유상한제 및 개발부담금제 운영 • 위 업무에 대한 지도감독	• 국토교통부 해당부서 이외의 부서 • 지방청 보상과·관리과, 국도유지 관리과 이외 부서 • 감사원 해당업무 감사부서 이외의 부서
5. 개별공시지가를 결정·공시하는 업무를 수행하거나 동 업무를 지도·감독하는 기관	• 개별공시지가결정·공시업무 • 위 업무에 대한 지도 감독	• 시·도 담당부서 이외의 부서 • 감사원 해당업무 감사부서 이외의 부서
6. 국유재산을 관리하는 기관	• 국유재산을 관리하는 업무	• 기획재정부 국유재산과 이외의 부서
7. 과세시가표준액을 조사·결정하는 업무를 수행하거나 지도·감독하는 기관	• 과세시가 표준액의 조사·결정 • 기준시가의 조사·결정 • 위 업무에 대한 지도·감독	• 행정안전부 세제과 및 세정과 이외의 부서 • 시·도 및 시·군·구 담당부서 이외의 부서 • 국세청 재산세 관련과 이외의 부서 • 감사원 해당업무 감사부서 이외의 부서
8. 토지, 주택 및 비주거용부동산가격비준표 작성기관	• 토지, 주택 및 비주거용부동산가격비준표 작성 업무	• 토지, 주택 및 비주거용부동산가격비준표 작성기관내 담당부서 이외의 부서
9. 토지수용 및 용지보상업무를 수행하는 기관	• 토지수용 및 용지보상을 수행하는 업무	• 시·도 및 시·군·구 담당부서 이외의 부서 • 대한주택공사, 한국수자원공사, 한국도로공사, 한국토지공사, 지방공기업법과 지방자치단체 조례에 의해 설립된 관련기관 해당부서 이외의 부서
10. 부동산가격공시법 부칙 제9조('89. 4. 1. 기준)에 의한 감정평가업무를 수행한 기관	• 대출을 목적으로 하는 토지 등의 감정평가에 관한 업무	• '89. 4. 1부터 '04. 6. 30.까지 동 업무를 담당한 부서 이외의 부서

65) 대법원 2006. 6. 30. 선고 2004두4802 판결.
66) 대법원 1991. 11. 12. 선고 91누1035 판결.

경리 또는 회계감사에 관한 사무를 담당한 경력이 있는 자, 5. 제1호 내지 제4호에 규정된 자와 동등이상의 능력이 있다고 인정하여 **대통령령**으로 정하는 자(같은 조 같은 항) 등에 대하여 시험이 일부면제 규정을 두고 있으며, 반면에 「변호사법」은 시험의 일부면제 조항 자체가 없다.

2. 위헌성 여부

「법무사법」과 「세무사법」도 1차 시험 면제규정을 두고 있으나 경력기간에 있어서 대체로 10년 이상의 근무기간을 요건으로 하고 있으며, 「공인회계사법」에서는 회계법인 소속직원 등에 대하여 1차 시험 면제규정을 두고 있지 않다. 「변호사법」에서는 시험 면제규정 자체를 두고 있지 않다. 따라서 「감정평가법」은 그 기간에 있어서 5년 이상으로 짧고, 감정평가와 관련된 업무에 종사한 사람이라는 불확정개념을 사용하면서 더욱이 「공인회계사법」과 달리 **대통령령**으로 정하는 기관에서 종사한 사람에 대해서 면제하도록 하위법령에 위임하였다는 점에서 포괄위임금지원칙 위배의 여지나 다른 전문자격자와 비교하여 「헌법」 제11조 평등의 원칙에 위배될 여지가 있다. 이 밖에도 다른 전문자격자 제도와 비교해 볼 때 1차 시험부터 공부해야 하는 일반 수험생의 기본권에 해당하는 「헌법」 제15조의 직업 선택의 자유를 침해할 우려가 있다. 왜냐하면 직업선택의 기회는 국민 모두에게 평등하여야 할 것이나, **사견**으로는 감정평가업무라는 것이 "**감정평가법인** 등 **대통령령**으로 정하는 기관"에서 5년간 근무하기만 하면 1차 시험을 면제할 수 있을 만큼의 능력과 지식이 갖추어지는지 의문이다. 이에 반해 변호사·세무나 공인회계사 등 다른 전문자격자의 업무에 종사하는 직원은 **감정평가법인**과 유사한 사무소·법인 및 그 업무를 지도·감독하는 기관에서 5년간 근무하였는데도 그러한 능력이 갖추어지지 않는 것인지도 이해하기 힘들다.

개정 전 「법무사법」 제4조 제1항 제1호는 신규 법무사의 수요를 충당하는 두 개의 공급원 즉, 하나는 경력공무원이고 다른 하나는 시험합격자라고 하는 두 개의 공급원을 규정하고 있었다. 「법무사법」은 2003. 3. 12. 일부개정으로 법무사시험에 합격한 자에게만 법무사자격을 부여하도록 하고, 일정한 자격을 가진 자에게 법무사자격을 자동적으로 부여하던 무시험 제도를 폐지하였다. 그러나 헌법재판소는 "무시험으로 법무사 자격을 대법원장이 인정하는 경력공무원에게 부여하는 이 사건 법률조항은 청구인들이 법무사라는 직업을 선택하는 자유를 침해하지 않는다는"[67] 경력공무원에 대한 법무사 자격 자동부여 대하여 합헌 결정하는 헌재의 태도로 보아서 1차 시험 일부 면제에 대하여 위헌 결정되기는 쉽지 않아 보인다.

---

67) 헌재 2001. 11. 29. 2000헌마84.

Ⅲ. 부정행위자에 대한 제재

국토교통부장관은 다음 각 호 1. 부정한 방법으로 시험에 응시한 사람, 2. 시험에서 부정한 행위를 한 사람, 3. 법 제15조 제1항에 따른 시험의 일부 면제를 위한 관련 서류를 거짓 또는 부정한 방법으로 제출한 사람의 어느 하나에 해당하는 사람에 대해서는 해당 시험을 정지시키거나 무효로 한다(법 제16조 제1항).

법 제16조 제1항에 따라 처분을 받은 사람은 그 처분을 받은 날부터 5년간 시험에 응시할 수 없다. 2016. 9. 1. 제정·시행법부터 **감정평가사** 자격시험, 시험의 일부면제, 부정행위자에 대한 제재처분 등의 근거를 규정하였다(제3장 제2절).

제3절 **감정평가사 등록**

Ⅰ. 등록 및 갱신등록

법 제11조에 따른 **감정평가사** 자격이 있는 사람이 제10조에 따른 업무를 하려는 경우에는 **대통령령**으로 정하는 기간[1년(법 제15조 제1항에 따라 제1차 시험을 면제받고 **감정평가사** 자격을 취득한 사람인 경우에는 1주일)(영 제15조)] 이상의 실무수습을[68] 마치고 **국토교통부장관**에게 등록하여야[69] 한다(법 제17조 제1항).

법 제11조 제1항에 따라 등록한 **감정평가사**는 **대통령령**으로 정하는 바에 따라 등록을 갱신하여야 한다. 이 경우 갱신기간은 3년 이상으로 한다(법 제17조 제2항).[70]

---

[68] **영 제16조(실무수습사항)** ① 법 제17조 제1항에 따른 실무수습(이하 "실무수습"이라 한다)을 받는 사람은 실무수습 기간 중에 감정평가에 관한 이론·실무 및 그 밖에 **감정평가사**의 업무수행에 필요한 사항을 습득하여야 한다.
② **국토교통부장관**은 실무수습에 필요한 지시를 협회에 할 수 있다.
③ 협회는 실무수습계획을 수립하여 **국토교통부장관**의 승인을 받아야 하며, 실무수습이 종료되면 실무수습 종료일부터 10일 이내에 그 결과를 **국토교통부장관**에게 보고하여야 한다.
④ 실무수습의 내용·방법·절차 및 그 밖에 필요한 사항은 **국토교통부령**으로 정한다.

[69] **영 제17조(등록)** ① 법 제17조 제1항에 따라 등록을 하려는 사람은 등록신청서에 **감정평가사** 자격을 증명하는 서류 및 실무수습 종료를 증명하는 서류를 첨부하여 **국토교통부장관**에게 제출하여야 한다.
② **국토교통부장관**은 제1항에 따른 등록신청을 받았을 때에는 신청인이 법 제18조제1항 각 호의 어느 하나에 해당하는 경우를 제외하고는 **감정평가사** 등록부에 등재하고, 신청인에게 등록증을 발급하여야 한다.

[70] **영 제18조(갱신등록)** ① 법 제17조 제1항에 따라 등록한 **감정평가사**는 같은 조 제2항에 따라 5년마다 그 등록을 갱신하여야 한다.
② 제1항에 따라 등록을 갱신하려는 **감정평가사**는 등록일부터 5년이 되는 날의 60일 전까지 갱신등록 신청서를 **국토교통부장관**에게 제출하여야 한다.

종전에는 **감정평가사** 자격이 있는 자는 행정관청에 별도로 등록을 하지 아니하여도 감정평가업무를 할 수 있었으므로, **감정평가사** 자격 취득 이후 결격사유가 발생한 경우라 하더라도 계속적으로 감정평가업무를 수행할 수 있게 되는 문제가 있었다. 따라서 2007. 7. 28. 시행법(법률 제8409호)부터, **감정평가사** 자격이 있는 자가 감정평가업무를 하려는 경우에는 **국토교통부장관**에게 등록하도록 하고, 일정기간마다 그 자격을 갱신하여 등록하도록 하여 적격 여부를 주기적으로 검증받도록 하며, **국토교통부장관**은 **감정평가사**가 결격사유에 해당하는 경우에는 그 자격등록 및 갱신등록을 거부하거나 취소하도록 개정하였다.

법 제11조 제1항에 따른 실무수습은 협회가 **국토교통부장관**의 승인을 받아 실시·관리한다(법 제17조 제3항). 법 제11조 제1항 및 제2항에 따른 실무수습, 등록 및 갱신등록을 위하여 필요한 신청절차, 구비서류 및 그 밖에 필요한 사항은 **대통령령**으로 정한다(법 제17조 제4항).

II. 등록 및 갱신등록의 거부

국토교통부장관은 제17조에 따른 등록 또는 갱신등록을 신청한 사람이 다음 각 호 1. **감정평가사** 결격사유(법 제12조 각 호)에 해당하는 경우, 2. 법 제17조 제1항에 따른 실무수습을 받지 아니한 경우, 3. 법 제39조에 따라 자격 또는 등록이 취소된 후 3년이 지나지 아니한 경우, 4. 법 제39조에 따라 업무가 정지된 **감정평가사**로서 그 업무정지 기간이 지나지 아니한 경우의 어느 하나에 해당하는 경우에는 그 등록을 거부하여야 한다(법 제18조 제1항).

국토교통부장관은 등록 또는 갱신등록을 거부한 경우에는 그 사실을 관보에 공고하고, 정보통신망 등을 이용하여 일반인에게 알려야 한다(법 제18조 제2항). 제2항에 따른 공고의 방법, 내용 및 그 밖에 필요한 사항은 **국토교통부령**으로 정한다(법 제18조 제3항).[71]

---

③ **국토교통부장관**은 **감정평가사** 등록을 한 사람에게 **감정평가사** 등록을 갱신하려면 갱신등록 신청을 하여야 한다는 사실과 갱신등록신청절차를 등록일부터 5년이 되는 날의 120일 전까지 통지하여야 한다.

④ 제3항에 따른 통지는 문서, 팩스, 전자우편, 휴대전화에 의한 문자메시지 등의 방법으로 할 수 있다.

⑤ **국토교통부장관**은 제2항에 따른 갱신등록 신청을 받은 경우 신청인이 법 제18조 제1항 각 호의 어느 하나에 해당하는 경우를 제외하고는 **감정평가사** 등록부에 등재하고, 신청인에게 등록증을 갱신하여 발급하여야 한다.

71) 칙 제14조(등록 및 갱신등록 거부의 공고) 법 제18조에 따른 등록 또는 갱신등록 거부사실의 공고는 다음 각 호 1. **감정평가사**의 소속, 성명 및 생년월일, 2. 등록 또는 갱신등록의 거부사유의 사항을 관보에 공고하고, 국토교통부의 인터넷 홈페이지에 게시하는 방법으로 한다.

Ⅲ. 등록의 취소

국토교통부장관은 제17조에 따라 등록한 **감정평가사**가 다음 각 호 1. **감정평가사** 결격사유(법 제12조 각 호)에 해당하는 경우, 2. 사망한 경우, 3. 등록취소를 신청한 경우의 어느 하나에 해당하는 경우에는 그 등록을 취소하여야 한다(법 제19조 제1항). **국토교통부장관**은 등록을 취소한 경우에는 그 사실을 관보에 공고하고, 정보통신망 등을 이용하여 일반인에게 알려야 한다(법 제19조 제2항).

등록이 취소된 사람은 등록증을 **국토교통부장관**에게 반납하여야 한다(법 제19조 제3항). 공고의 방법, 내용 및 그 밖에 필요한 사항은 **국토교통부령**으로 정한다(법 제19조 제4항).[72]

Ⅳ. 외국감정평가사

외국의 **감정평가사** 자격을 가진 사람으로서 법 제12조에 따른 결격사유에 해당하지 아니하는 사람은 그 본국에서 대한민국정부가 부여한 **감정평가사** 자격을 인정하는 경우에 한정하여(상호주의) **국토교통부장관**의 인가를 받아 법 제10조 각 호의 업무를 수행할 수 있다(법 제20조 제1항).

국토교통부장관은 제1항에 따른 인가를 하는 경우 필요하다고 인정하는 때에는 그 업무의 일부를 제한할 수 있다(법 제20조 제2항).

제1항 및 제2항에 규정된 것 외에 외국**감정평가사**에 필요한 사항은 **대통령령**으로 정한다(법 제20조 제3항).[73]

---

72) 칙 제15조(등록 취소의 공고) 법 제19조에 따른 등록 취소사실의 공고는 다음 각 호 1. **감정평가사**의 소속, 성명 및 생년월일, 2. 등록의 취소사유의 사항을 관보에 공고하고, 국토교통부의 인터넷 홈페이지에 게시하는 방법으로 한다.

73) **영 제19조(외국감정평가사의 인가 등)** ① 법 제20조 제1항에 따른 본국은 외국**감정평가사**가 그 자격을 취득한 국가로 한다.

② 외국**감정평가사**는 법 제20조 제1항에 따라 인가를 받으려는 경우에는 인가 신청서에 그 자격을 취득한 본국이 대한민국정부가 부여하는 **감정평가사** 자격을 인정함을 증명하는 서류를 첨부하여 **국토교통부장관**에게 제출하여야 한다. 이 경우 협회를 거쳐야 한다.

③ 법 제20조 제1항에 따라 **국토교통부장관**이 외국**감정평가사**의 업무에 대하여 인가를 하는 경우 같은 조 제2항에 따라 제한할 수 있는 업무는 법 제10조 제1호부터 제5호까지 및 제8호의 업무로 한다.

제4절 **감정평가법인등의 권리와 의무**

Ⅰ. 의의

감정평가법인등은 사경제 주체로서 감정평가서 발급의 대가로 의뢰인에 대하여 수수료 및 실비라는 금원을 받을 권리와 감정평가의 사회성·공공성에 따른 적지 않은 의무와 민·형사 및 행정적 책임 규정을 두고 있다. 여기서 권리란 법익을 향수하기 위하여 법에서 허여된 힘이라 할 수 있다(권리법력설). 의무란 의무자의 의사 여하와는 관계없이 법에 의하여 강요되는 법률상의 구속을 말하고, 그 내용에 따라 작위와 부작위 의무로 나뉜다. 의무는 권리와 표리관계(表裏關係)를 이루면서 대응한다. 그리고 이러한 의무위반에 대한 법적 효과로서 책임을 가하고 있다.

한편, 「감정평가법」에는 감정평가업무의 성격이 반영된 의무조항을 포함하여 다소 넓은 의무조항을 두고 있지만, 日本의 경우나 다른 전문 자격자와 비교법적으로 검토를 해보면 과다한 의무와 책임으로 보이는 것들이 있다.[74]

Ⅱ. 감정평가법인등의 권리

1. 수수료 및 실비를 받을 권리

감정평가법인등은 의뢰인으로부터 업무수행에 따른 수수료와 그에 필요한 실비를 받을 수 있다(법 제23조 제1항). 이를 반대해석해도 수수료와 실비 외에는 어떠한 명목으로도 그 업무와 관련된 대가를 받아서는 아니 되는 청렴 의무(법 제25조 제4항) 및 「보수기준」 준수 의무(법 제23조 제3항)와 표리관계에 있다.

이 같은 「감정평가법」 제23조에 따라 **감정평가법인등**이 업무 수행에 관하여 감정평가 의뢰인으로부터 받는 수수료의 요율 및 실비의 범위와 적용방법을 정함을 목적으로 「감정평가업자의 보수에 관한 기준」(이하 "보수기준"이라 한다)에 의하도록 하고 있다. 이 기준에 관해서는 「보수기준」 준수 의무에서 후술한다.

---

74) **사견**으로는 의무와 이에 따른 책임을 강조하는 입법에서 한 걸음 더 나아가 고도의 전문성이 요구되는 **감정평가법인등**에게 직업윤리 조항의 입법을 통하여 자율규제를 유도하는 조화로운 입법개선이 있기를 기대한다.

2. 사무직원을 고용할 권리

감정평가법인등은 그 직무의 수행을 보조하기 위하여 사무직원을 둘 수 있다(법 제24조 제1항). **감정평가법인등**도 사경제 주체이므로 「민법」상 고용계약을 할 수 있는 것은 당연할 것이므로 이를 권리로 보아야 할지 의문이지만, 「변호사법」은 1982년 전면개정 및 시행(법률 제3594호) 이래 동법 제18조(현행 제22조)에 규정을 두고 있는 반면,[75] 구 「지가공시법」이나 구 「부감법」과 달리, 2016년 「감정평가법」에서 비로소 법적 근거를 명시하였다는 점이다(법 제24조). 이와 같은 고용계약은 당사자 일방(사무직원)이 상대방(**감정평가법인등**)에 대하여 노무를 제공할 것을 약정하고 상대방이 이에 대하여 보수를 지급할 것을 약정함으로써 그 효력이 생긴다(민법 제655조).

Ⅲ. 감정평가법인등의 의무

1. 의무의 유형

감정평가법인등은 감정평가제도의 사회성과 공공성을 충분히 이해하고, 전문인으로서 부여된 의무와 책임을 인식하여 행동을 스스로 규율하여야 한다(자율적 규제). **감정평가법인등** 의무규정은 다음과 같이 세 가지 유형으로 구분할 수 있다.

제1유형으로, 「감정평가법」에서 의무로 규정하고 있어 법적 구속을 받고 책임이 법정되어 있지만 규범의 성격상 **감정평가법인등** 직업윤리의 성격이라 할 수 있는 것들이다. ① 품위유지 의무(법 제25조 제1항), ② 성실 의무(같은 조 같은 항), ③ 고의·중과실 감정평가금지 의무(같은 조 같은 항), ④ 불공정한 감정평가금지 의무(같은 조 같은 항), ⑤ 청렴 의무(같은 조 제4항), ⑥ 비밀엄수 의무(법 제26조), ⑦ 자격증 등의 양도·대여 및 부당한 행사 금지 의무(법 제27조) 등은 실질적으로는 **감정평가법인등**의 직업윤리 규정이기도 하다.

제2유형으로, 현행법상 의무 규정이지만 입법정책에 따라 폐지될 수 있는 규정들인데, ① 토지 등 매매업의 겸업금지(법 제25조 제3항), ② 사무소 개설신고 등 의무(법 제21조 제1항), ③ 사무직원의 고용 등에 대한 신고 의무(법 제21조의2), ④ 사무소의 명칭 등 사용 의무(법 제22조 제1항), ⑤ 「보수기준」 준수 의무(법 제23조 제3항), ⑥ 둘 이상의 **감정평가법인** 등에 소속 금지(법 제25조 제5항) ⑦ 보증보험 또는 공제사업 가입 의무(법 제28조 제2항) 등이 이에 해당한다. 종래 **감정평가**

---

75) 「세무사법」도 2003. 12. 31. 개정(시행 2003. 12. 31. 법률 제7032호) 전까지 사무직원을 지도·감독할 책임 의무만 규정하였다가 제12조의4조(현행 제12조의5) 개정을 통하여 사무직원을 둘 수 있도록 근거를 명시하였다.

법인등의 종별에 따른 업무지역 및 업무범위의 제한준수 의무는 입법정책에 따라 폐지되었다.

제3유형으로, 「실무기준」의 자기계발 의무나 의뢰인에 대한 설명 의무, 日本 「鑑定評価法」 제7조 지식 및 기능의 유지향상노력 의무 등은 직업윤리이기는 하지만, 「감정평가법」에서는 의무 규정으로 채택하고 있지 않다. 이하에서는 유형별 순서로 설명하기로 한다.

2. 품위유지 의무

가. 의의

감정평가법인등(감정평가법인 또는 감정평가사사무소의 소속 감정평가사를 포함한다)은 "업무를 하는 경우" "품위"를 유지하여야 한다(법 제25조 제1항). 품위유지 의무는 감정평가법인등에게만 부과된 의무가 아니고, 「변호사법」 제24조, 「공인회계사법」 제15조, 「세무사법」 제12조, 「공인중개사법」 제29조, 「국가공무원법」 제63조, 「지방공무원법」 제55조 등 광범위하게 규정되어 있다. 감정평가법인등의 품위란 무엇인가에 대해서는 다음의 경우를 비추어 보자. 어떤 행위가 변호사의 품위를 손상시키는지에 대해서는 구체적 사건에서 건전한 사회통념에 의하여 판단할 수밖에 없고, 결국 징계처분을 한 행정청과 법원에 의한 보충적 해석에 의하여 확정된다.[76] 이 밖에도 「국가공무원법」 제63조에 따른 품위유지 의무에서 공무원의 품위손상행위란, 국가의 권위·위신·체면·신용 등에 영향을 미칠 수 있는 공무원의 불량하거나 불건전한 행위를 말한다(가령, 축첩·도박·마약이나 알코올 중독).[77] 「국가공무원법」 제63조와 「변호사법」 제91조 제2항 제3호에서 "직무의 내외를 막론하고"와는 달리 「감정평가법」 제25조 제1항에 따르면 감정평가법인등의 업무를 하는 경우"라고 하여 어떤 한계를 설정한 것이라고 보이지만, 업무외 사적인 비행을 제외하는 의미인지 개념이 모호하다. 업무를 하는 경우를 감정평가법인 설립인가 후 통상적인 업무 수행을 의미할 경우 직무의 내외를 막론하고와 같은 의미로 해석될 수 있으나, 감정평가업무를 수행하면서 의뢰인 및 토지소유자 등 이해관계인과의 업무상 관계범위 내에서 만을 의미한다면 다소 한계를 인정할 수 있을 것이다.

변호사의 품위유지 의무위반 사건의 유형을 살펴보면 대표적인 것으로 이른바 "집사변호사" 활동을 비롯하여 공탁금 미반환, 구치소 내 담배반입 또는 휴대폰 사용, 교제용 보수금지 위반(변호사윤리장전 제35조) 등이 있다.[78] 직무와 관련 없는 품위 손상행위도 "직무의 내외를 막론하고"라고

---

76) 박선아, "변호사의 품위유지의무와 직무외 비행", 법학논총 34권4호, 2017, 186면.
77) 홍정선, 행정법원론(하), 박영사, 2015, 337면.
78) 박선아, "변호사의 품위유지의무와 직무외 비행", 189면.

하고 있기 때문에 「변호사법」상의 징계사유에 해당하는데, 품위손상행위로 인한 징계결정 사유를 유형별로 분류해보면, 음주운전·무면허 운전 등 교통 관련 비위가 5건으로 가장 많았다. 그 외에 폭행 또는 상해, 성폭력·성희롱·성매매 등 성관련 비위[79] 및 선거법위반이나 세금체납과 같은 공법상의 법규 위반으로 나눌 수 있었다.[80]

대법원은 "「국가공무원법」 제63조에서 규정한 품위유지 의무란 공무원이 직무의 내외를 불문하고, 국민의 수임자로서의 직책을 맡아 수행해 나가기에 손색이 없는 인품에 걸맞게 본인은 물론 공직사회에 대한 국민의 신뢰를 실추시킬 우려가 있는 행위를 하지 않아야 할 의무라고 해석할 수 있고, 수범자인 평균적인 공무원이 구체적으로 어떠한 행위가 여기에 해당하는지를 충분히 예측할 수 없을 정도로 규정의 의미가 모호하다거나 불분명하다고 할 수 없으므로 위 규정은 명확성의 원칙에 위배되지 아니하고, 또한 적용범위가 지나치게 광범위하거나 포괄적이어서 공무원의 표현의 자유를 과도하게 제한한다고 볼 수 없으므로, 위 규정이 과잉금지의 원칙에 위배된다고 볼 수도 없다."[81]

나. 행정적 책임 및 형사책임

(1) 법 제25조에 따른 의무 어느 하나라도 위반한 경우 **국토교통부장관**은 그 설립인가를 취소하거나 2년 이내의 범위에서 기간을 정하여 업무의 정지를 명할 수 있다(법 제32조 제1항 제11호). 그리고 감정평가관리·징계위원회의 의결에 따라 해당 **감정평가사**에 대해서는 자격의 취소, 등록의 취소, 2년 이하의 업무정지, 견책의 어느 하나에 해당하는 징계와 같은 행정상 책임을 물을 수 있다(법 제39조 제1항 및 제2항).

(2) 위반의 법적 효과로서 「변호사법」상 품위손상과 같은 추상적인 징계사유는 악용될 경우 징계권의 남용과 변호사의 독립성을 해칠 수 있고, 정당성 여부에 대하여 끊임없이 논란이 되어 왔

---

79) "성폭력"이란 「성폭력범죄의 처벌 및 피해자보호 등에 관한 법률」 제2조에 따른 성폭력범죄를 말한다. "성희롱"이란 「국가인권위원회법」 제2조 제3호 라목에 따른 성희롱을 말한다. "성매매"란 「성매매알선 등 행위의 처벌에 관한 법률」 제2조 제1항 제1호에 따른 행위를 말한다.

80) 박선아, 위의 논문, 190~191면.

81) 대법원 2017. 4. 13. 선고 2014두8469 판결; 이 밖에도 대법원은 "변호사인 재항고인이 재일교포간첩의 「국가보안법」 위반사건을 수임한 후, 日本에 거주하는 위 간첩의 처가 위 사건의 보수로 3회에 걸쳐 보내온 일화 합계 1백만엔(万円)을 영수하여 그중 70만엔을 서울시내 암달러상을 통해 교환하는 등 「외국환관리법」을 위반하고, 4회에 걸쳐 법원직원들에게 합계 65,000원을 증뇌하고 위 간첩에 대한 판결문, 공판조서 등의 사본을 받아 위 간첩의 구원회원에게 교부하여 조총련의 반한 선전에 이용되게 하고, 위 간첩의 형사사건 기록을 열람하면서 그 증거물 압수조서를 임의로 필사하여 日本 대사관 직원에게 상세히 알려줌으로써 日本 내 한국공관이 수사 활동을 한다고 日本 정계 및 동 재야법조계가 비난하게 되는 등 물의를 야기한 것은 변호사로서의 품위를 손상한 것이라고(대법원 1984. 5. 23. 자 83두4 결정; 대법원 2002. 9. 27. 선고 2001다19295 판결)" 판시했다.

다.[82] 따라서 품위유지 의무는 불확정개념이라서 「감정평가법」상 행정청의 **감정평가법인등**에 대한 **감정평가법인** 설립인가취소나 업무정지처분 및 징계처분의 행정적 책임을 묻는 경우 감독권 남용의 여지가 있을 수 있다. 그래서 품위유지 의무위반의 법적 효과로서 형사책임은 면책된다.

3. 성실 의무

가. 의의 및 연혁

감정평가법인등은 업무를 하는 경우 신의와 성실로써 공정하게 감정평가를 하여야 한다(법 제25조 제1항). 이를 성실 의무라 하는데, 「민법」 제2조 제1항에 따른 신의칙 조항의 개별법적 규정이라 할 수 있다. 이는 전술한 대표적인 제1유형 의무에 속한다. 그러나 어떻게 업무를 하는 것이 성실한 업무인가에 대한 구체적인 요건이 규정되어 있지 않다. 이와 같이 특히 요건이 구체적으로 정하여져 있지 않은 법률규정을 일반조항 또는 백지규정이라고 한다.[83] 이러한 일반조항은 **감정평가법인등**의 행위규범이면서 실제의 재판에서는 법관을 구속하는 재판규범으로 작용할 것이다.

한편, 동 규정은 1973년 「감정평가에관한법률」 제정 당시부터 성실·공정 의무 등 의무규정으로 두었으나 책임에 관한 규정은 두지 않았다. 1989년 「지가공시법」의 제정에서는 제27조의 조문제목으로 규정하였으며, 1995. 12. 29. 「지가공시법」 제27조 및 제28조를 개정(시행 1996. 6. 30. 법률 제5108호) 하면서 행정적 책임에 관한 규정을 두게 되었다.

나. 성실 의무 및 위반의 유형에 대한 판례

성실 의무를 준수한 사례로, 대법원은 "신의와 성실로써 공정하게 감정평가를 하여야 할 주의 의무가 무엇인가에 대하여, **감정평가법인등**이 토지를 개별적으로 감정평가하는 경우에는 실지조사에 의하여 대상 물건을 확인하고, 당해 토지와 용도·지목·주변환경 등이 동일 또는 유사한 인근지역에 소재하는 하나 또는 둘 이상의 표준지의 공시지가를 기준으로 공시 기준일로부터 가격시점까지의 지가변동률, 도매물가상승률 및 지가변동에 영향을 미치는 관계 법령에 의한 토지의 사용·처분 등의 제한 또는 그 해제, 토지의 형질변경이나 지목의 변경 등의 기타 사항을 종합적으로 참작하고 평가 대상 토지와 표준지의 지역요인 및 개별요인에 대한 분석 등 필요한 조정을 하는 방법을 말한다고" 판시하였다.[84] 이는 곧 관계법령에 따라 일반적인 방법으로 감정평가하는 것이 성실 의

---

82) 박선아, 앞의 논문, 192면.
83) 송덕수, 민법강의(제12판), 34면.

무를 준수하는 것이나.

그러나 대법원은 성실 의무를 위반의 유형에 대해서 "「감칙」제8조 제5호, 「부감법」제37조 제1항 및 관계 법령의 취지를 종합해 보면, **감정평가사**는 공정하고 합리적인 평가액의 산정을 위하여 성실하고 공정하게 자료검토 및 가격형성요인 분석을 해야 할 의무가 있고, 특히 특수한 조건을 반영하거나 현재가 아닌 시점의 가격을 기준으로 하는 경우에는 제시된 자료와 대상물건의 구체적인 비교·분석을 통하여 평가액의 산출근거를 논리적으로 밝히는 데 더욱 신중을 기하여야 한다. 만약 위와 같이 하는 것이 곤란한 경우라면 **감정평가사**로서는 자신의 능력에 의한 업무수행이 불가능하거나 극히 곤란한·경우로 보아 대상물건에 대한 평가를 하지 말아야 하지 구체적이고 논리적인 가격형성요인의 분석이 어렵다고 하여 자의적으로 평가액을 산정해서는 안 된다. 원고는 이 사건 토지에 대한 가격자료 검토 및 가격형성요인 분석을 제대로 하지 않은 것으로 보이고, 결국 「감칙」제8조 제5호에서 규정한 자료검토 및 가격형성요인 분석을 함에 있어 「부감법」제37조 제1항에서 규정한 성실 의무를 위반하였다고" 보았다.[85] 가격자료 검토 및 가격형성요인 분석을 제대로 하지 않은 것이 성실 의무위반이라는 입장이다.

다. 행정적 책임 및 형사책임에 대한 법적 검토

성실 의무 위반의 법적 효과로서, 행정청은 **감정평가법인등**에 대하여 설립인가취소나 업무정지처분(법 제32조 제1항 제11호) 및 징계처분(법 제39조 제1항 및 제2항)이라는 행정적 책임을 물을 수 있다. 그러나 신의와 성실을 의무규정으로 두었더라도 불확정개념의 한계상 「감정평가법」에서도 형사책임까지 지우고 있지는 않다. 日本 「鑑定評価法」제5조를 보면 부동산감정사의 책무(不動産鑑定士の責務) 조항으로, 양심에 따라 성실하게 감정평가업무를 하도록 정하고 있을 뿐, 우리나라처럼 **감정평가법인등**의 의무 조항으로 정하고 있지 않다. 「변호사법」제1조에서는 변호사는 그 사명에 따라 성실히 직무를 수행하도록 사명의 하나로 정하고 있다. 「법무사법」제30조에 성실 의무를 정하고 있으나 책임이 따르지 않고, 「세무사법」제1조와 제12조에서 사명과 성실 의무를 정하고 있으나 책임에 관해서는 정하고 있지 않다. 「공인회계사법」제15조에서 성실 의무를 정하고 등록취소나 업무정지를 정하고 있는 정도이다(법 제39조). 「공인중개사법」제29조에서 품위유지와 성실 의무를 의무조항으로 강제하고 있는 것이 아니라 기본윤리조항으로 명시하고 있으며 더욱이 책임 규정으로 강제하고 있지 않으며 이는 통상적으로 자율적 규제를 의미한다.

---

84) 대법원 1999. 5. 25. 선고 98다56416 판결.
85) 대법원 2012. 4. 26. 선고 2011두14715 판결.

한편, **감정평가법인등**의 성실 여부가 감독처분의 대상이 되었을 때, 성실 의무는 일반조항·백지 규정, 불확정개념으로서 감독권 남용의 소지가 있다. 따라서 1989년 제정 「지가공시법」 제27조의 규정처럼 허위감정·불공정한 감정평가는 성실 의무 위반의 유형으로 귀결되는 법리가 대체로 무난 한 규정이다. 이들 위반의 유형은 日本 「鑑定評価法」 제40조에 따른 부당한 감정평가로 보아야 하기 때문에 성실 의무를 의무조항으로 별도로 규정할 실익이 없어 보인다. 그러므로 법적 구속을 의미하는 의무규정보다는, **감정평가법인등**에 대하여 직업윤리 내지 자율규제 조항으로 총칙편에서 정하는 것이 오히려 불확정개념으로 인한 명확성 원칙의 논란을 줄이고, 법률 체계를 한 단계 더 높이는 입법기술이 될 수도 있다. 가령 하위법령인 국토교통부 고시 「실무기준」 200 "**감정평가법인 등**의 윤리"에서 이와 같이 규정하고 있다. 따라서 사경제 주체이기도 한 **감정평가법인등**이 전문자 격자로서 사회적 책임을 느끼고 공정하고 성실하게 직무를 행하도록 직업윤리 조항으로 정할 필요 가 있다.

4. 고의·중과실 감정평가금지 의무

가. 의의

(1) **감정평가법인등**은 업무를 하는 경우 고의 또는 중대한 과실로 잘못된 평가를 하여서는 아니 된다(법 제25조 제1항).

(2) 고의는 자기의 행위로부터 일정한 결과가 발생할 것을 인식하면서도 그 행위를 하는 심리상 태이다. 고의가 인정되기 위해서는 결과의 발생을 의욕할 필요까지는 없고, 결과발생을 인식한 것 으로 충분하다. 뿐만 아니라 결과발생을 구체적으로 인식했을 필요는 없으며, 일정한 결과가 발생 할지도 모른다고 인식하면서 행위를 하는 것도 고의로 인정된다.[86] 이를 미필적 고의라고 한다.[87]

(3) 과실은 자기의 행위로부터 일정한 결과가 발생할 것을 인식했어야 함에도 불구하고 부주의 로 말미암아 인식하지 못하고 그 행위를 하는 심리상태를 말한다. 과실은 전제가 되는 부주의의 종류에 따라 추상적 과실과 구체적 과실로 나누어진다. 추상적 과실은 일반적으로 보통·평균인에 게 요구되는 주의를 게을리한 것이다. 이 경우의 주의를 선량한 관리자의 주의라고 한다. 구체적 과실은 행위자 자신의 평상시의 주의를 게을리한 것이다. 따라서 구체적 과실에서는 개인의 능력 차이가 인정된다. 과실은 부주의의 정도에 따라 경과실과 중과실로 나누어진다. 경과실은 다소라도

---

86) 대법원 1991. 3. 8. 선고 90다16771 판결.
87) 송덕수, 민법강의(제12판), 1370면.

주의를 게을리 한 경우이고, 중과실은 현저하게 주의를 게을리 한 경우이다. 「감정평가법」상 과실은 본래는 행위자의 주의력을 문제 삼는 구체적 과실이어야 할 것이나, 그렇게 새기면 피해자 보호에 불충분하게 되므로 보통·평균인의 주의력을 기준으로 하는 추상적 과실이라고 해석한다(통설·판례).[88] 일반적으로 「민법」에서 과실이라고 하면 경과실을 의미하나 「감정평가법」에서는 중과실을 요구하고 있다.

(4) 한편 잘못된 감정평가의 유형인 고의 또는 중과실에 대한 형사책임은 다르게 정하고 있다. 즉, 고의에 의한 잘못된 평가는 허위감정평가가 되고 이에 대하여 3년 이하의 징역 또는 3천만 원 이하 벌금형의 무거운 형사책임(법 제49조 제5호)을 진다. 중과실로 잘못된 평가를 하였다면 허위감정으로 볼 것이 아니라 결과적으로 잘못된 평가에 해당하고, 고의범만을 형사처벌하는 원칙에 따라 「감정평가법」에서도 형사책임의 대상이 아닌 행정적 책임(법 제32조 제1항 제11호, 제39조 제1항 제9호 및 제2항)을 정하고 있다. 이와 같이 중과실에 대하여 행정적 책임을 정하고 있어서 문제가 있어 보인다. 이 밖에도 중과실로 인한 감정평가금지 의무와 이에 따른 행정적 책임과 달리, 과실의 경중에 관계없이 감정평가로 의뢰인 등에게 손해를 끼친 때에는 「민법」제750조 불법행위책임에 해당한다고 보아 「감정평가법」제28조에서 손해배상책임을 정하고 있다.[89] 민사책임은 피해자에게 생긴 손해를 전보하는 제도인데 비하여 형사책임은 가해자에 대한 응보 또는 장래에 있어서 해악 발생의 방지를 목적으로 한다는 점에서 차이가 있다.

나. 연혁 및 비교법적 검토

(1) 연혁적으로 구법은 "고의로 진실을 숨기거나 허위의 감정평가"만을 성실 의무로 규정하였으나, 2000. 1. 28. 「지가공시법」의 개정(시행 2000. 4. 29. 법률 제6237호)으로 "고의 또는 중대한 과실로 잘못된 평가"로 개정하면서 중과실을 책임 규정으로 하였다.[90] 동 개정안은 1999. 12. 13. 정부입법으로 제안된 것인데, 동 제안에서는 중과실로 인한 잘못된 평가, 즉 과실범에 대하여 등록 또는 설립인가 취소 및 영업정지는 물론, 형사처벌을 할 수 있도록 추가하려고 하였었다. 이에 국회 건설교통위원회의 법안 심사과정에서 수정되어 중과실에 의한 형사책임은 정부입법자의 의도대로 반영되지 못하였다. 당시 정부입법 개정안에서는 **감정평가법인등**의 성실 의무로 "故意 또는 중

---

88) 대법원 1991. 3. 8. 선고 90다16771 판결.
89) 송덕수, 민법강의(제12판), 1369~1370면; 「민법」제750조도 불법행위 성립요건으로 ① 고의·과실 ② 위법성을 요건으로 하고 있다.
90) 정부입법안의 제안이유에 동 규정의 제안이유를 밝히고 있지 않아 구체적인 개정이유를 알 수가 없다.

대한 過失로 잘못된 평가를 하여서는 아니 된다."로 제안하였는데, 구법의 "故意"에 "중대한 過失"을 추가하여 이를 위반했을 때 업무정지를 명할 수 있도록 하고 있으나, 자격자와 관련된 타법의 규정을 고려할 때 손해배상책임과 관련된 규정에서는 "고의 또는 과실"로 규정하고 있으며, 자격자의 영업정지 또는 면허취소와 관련된 규정에서는 "故意"로 그 요건을 한정하는 것이 일반적인 입법례이나, 「건설기계관리법」 제28조 제4호에 따른 건설기계조종사와 같이 일부 입법례에서는 그 책임을 강화하기 위하여 "故意 또는 過失"로 규정하는 경우도 나타나고 있으며, 「건축사법」 제11조 제1항 제6호에 따른 건축사, 「주세법」 제19조 제5항 제2호에 따른 주류제조관리사 및 「경비업법」 제28조 제2항 제7호에 따른 특수경비원의 경우에는 "故意 또는 중대한 過失"로 규정하고 있는 바, 이는 입법정책의 문제로 보아 다수의 입법례와 같이 현행의 "故意"에 "중대한 過失"을 추가할 것인지 또는 예외적으로 "過失"을 추가할 것인지에 대하여 심도 있는 검토가 있어야 할 것이라는 국회 전문위원의 검토 의견이 있었다. 다만, **감정평가사**의 중과실에 대하여 형벌을 부과하는 것은 다른 입법례와 비교할 때 과중한 처벌이므로, 만약 법 제27조 제1항에서 정부원안대로 "故意"를 "故意 또는 중대한 過失"로 개정할 경우에는, 법 제33조 제4호(현행 법 제49조 제5호)의 벌칙규정에서 붙임 수정안과 같이 "허위로 감정평가를 한 자"를 "故意로 잘못된 평가를 한 자"로 수정하여 "중대한 過失"로 인한 경우를 형사처벌에서 제외하는 것이 바람직할 것이라는 수정안이[91] 법률 개정에 반영되었다.

　(2) 비교법적 검토로 日本 「鑑定評価法」 제40조 제1항에 따르면 고의에 의한 부당한 행위를 정하고 있을 뿐, 과실에 의한 감정평가에 대해서는 정하고 있지 않다. 고의범에 대해서도 형사책임은 없고 징계처분만 따른다. 다만 1년 이내의 업무정지(業務禁止) 징계처분을 위반하여 감정평가 등 업무를 행한 자에게 형사책임을[92] 과하고 있을 뿐이다(법 제57조 제7호). 그리고 우리나라 「변호사법」 제58조의11에서는 수임사건에 관하여 고의나 과실로 그 수임사건의 위임인에게 손해를 발생시킨 경우에는 손해배상책임을 정하고 있다. 이 밖에도 「법무사법」 제26조 및 제47조의10, 「세무사법」 제16조의2, 「공인회계사법」 제19조에서도 과실범에 대하여 민사상 손해배상책임만을 정하고 있을 뿐, 행정적 책임을 과하고 있지 않다는 점에서 법률 형평성이 맞지 않다.

---

91) 지가공시법중 개정법률안 검토보고서 1999. 11. 건설교통위원회 수석전문위원.
92) 6개월 이하의 징역 또는 50만엔 이하의 벌금에 처하거나 이를 병과한다.

다. 판례

대법원은 "구「감정평가에관한법률」 제16조는 감정업에 종사하는 자는 그 직무를 수행함에 있어서 고의로 진실을 숨기거나 허위의 감정을 하였을 때 처벌하도록 규정하고 있으므로 위 법조에 따른 허위감정죄는 고의범에 한한다 할 것이고 여기서 말하는 허위감정이라 함은 신빙성이 있는 감정자료에 의한 합리적인 감정결과에 현저히 반하는 근거가 시인되지 아니하는 자의적 방법에 의한 감정을 일컫는 것이어서, 위 범죄는 정당하게 조사수집하지 아니하여 사실에 맞지 아니하는 감정자료임을 알면서 그것을 기초로 감정함으로써 허무한 가격으로 평가하거나, 정당한 감정자료에 의하여 평가함에 있어서도 합리적인 평가방법에 의하지 아니하고 고의로 그 평가액을 그르치는 경우에 성립된다고" 판시하였다.[93]

그리고 대법원은 "감정평가업자가 감정평가 대상 기계들을 제대로 확인하지 않았음에도 이를 확인하여 종합적으로 감정한 것처럼 허위의 감정평가서를 작성한 경우, 피고인의 행위는 감정평가의 원칙과 기준에 어긋나거나 신의성실 의무에 위배되는 방법으로 감정평가를 행함으로써 그 결과가 공정성과 합리성을 갖추지 못한 경우에 해당하므로「지가공시법」 제33조 제4호(법 제27조 제1항의 규정에 위반하여 허위로 감정평가를 한 자) 위반죄가 성립한다고" 판시하였다.[94]

이 밖에도 대법원은 감정평가업자가 대상 토지가 하천구역에 편입되어 국유로 된 사정을 알지 못한 채 시가 감정평가를 한 경우, 과실로 인한 감정평가의 하자인지 여부의 판단 기준에 대한 판시에서, "당해 토지가 하천구역에 편입되어 국유로 된 경우에 그 토지가 하천구역에 편입되었음을 의심할 만한 객관적으로 명백한 사유가 있어 감정평가업자가 감정평가 과정에서 통상적으로 요구되는 선량한 관리자의 주의를 기울였더라면 이를 쉽게 알 수 있었음에도 그 주의 의무를 게을리한 결과 이를 알지 못한 채 감정평가를 하였다면 과실로 인한 감정평가의 하자가 있다고 할 것이나, 한편으로 외관상 강물이 흐르고 있지 아니한 토지가 하천구역에 편입되어 국유로 되었다는 사정은 토지의 외관이나 이용상황만으로는 쉽게 알기가 어렵고 감정평가업무에 통상적으로 이용되는 공부나 공적 서류에 의하여도 그와 같은 사정을 알아보기가 쉽지 않다는 점에 비추어 보면, 감정평가업자가 실지조사·공부조사 등 감정평가에 수반되는 조사업무를 통상적으로 요구되는 주의정도에 따라 성실히 수행하였음에도 당해 토지가 하천구역에 편입되어 국유로 된 토지인 사실을 알아내지 못한 채 그 시가에 대하여 감정평가를 하였다고 하더라도 이를 가지고 과실로 인한 감정평가의 하자라고 볼 수는 없다고" 판시하였다.[95]

---

93) 대법원 1987. 7. 21. 선고 87도853 판결.
94) 대법원 2003. 6. 24. 선고 2003도1869 판결.

라. 행정적 책임 및 형사책임의 법적 문제

(1) 고의·중과실로 잘못된 감정평가에 대한 행정적 책임으로 **국토교통부장관**은 설립인가취소(법 제32조 제1항 제11호)를 하거나 2년 이내의 범위에서 기간을 정하여 업무의 정지를 명할 수 있다. 그리고 해당 **감정평가사**에 대해서는 자격취소, 등록취소, 2년 이하의 업무정지, 견책의 어느 하나에 해당하는 징계처분을 할 수 있다(법 제39조 제1항 및 제2항). 고의범에 대한 형사책임으로 3년 이하의 징역 또는 3천만 원 이하의 벌금에 처해질 수 있는 범죄를 구성한다(법 제50조 제3호). 이에 반하여 과실범은 예외적으로 형사처벌 규정이 있는 경우에만 처벌하고 과실범을 처벌하는 경우에도 그 형벌은 고의범에 비해 현저히 가볍다. 한편「감정평가법」은 과실범에 대하여 형사처벌 규정을 두고 있지 않다.

(2) 日本「鑑定評価法」제40조 제1항에 따르면 고의에 의한 부당한 행위에 대해서도 형사책임은 없고 징계처분만 정하고 있으며 과실에 의한 감정평가에 대해서는 정하고 있지 않다. 그리고 우리나라「변호사법」제58조의11에서 고의나 과실로 위임인에게 손해를 발생시킨 경우에는 손해배상책임만을 정하고 있다. 이 밖에도「법무사법」제26조 및 제47조의10,「세무사법」제16조의2,「공인회계사법」제19조에서도 과실범에게 행정적 책임을 과하고 있지 않은 점과 비교할 때, 우리나라「감정평가법」제25조 제1항에 따른 고의·중과실로 인한 허위·잘못된 감정평가금지 의무위반에 대하여 비교법적으로 과도한 제재를 가하고 있음이 논증되었다.

5. 불공정한 감정평가 회피 의무

가. 의의

감정평가법인등(감정평가법인 또는 **감정평가사**사무소의 소속 **감정평가사**를 포함한다)은 자기 또는 친족 소유, 그 밖에 불공정한 감정평가를 할 우려가 있다고 인정되는 토지 등에 대해서는 감정평가하여서는 아니 된다(법 제25조 제2항).[96] 동 조항은 1989년「지가공시법」의 제정으로 도입되었다. "그 밖에 불공정한 감정평가를 할 우려"에 대하여,「실무기준」에서는 200-4.2 ②에서 "이해관계 등의 이유로" 자기가 감정평가하는 것이 타당하지 아니하다고 인정되는 경우를 불공정한 감정

---

95) 대법원 2002. 9. 27. 선고 2001다19295 판결.
96) 「민법」상으로 친족의 범위는 ① 8촌 이내의 혈족, ② 4촌 이내의 인척, ③ 배우자로 되어 있다(민법 777조). 혈족은 혈연관계가 있는 친족이다. 혈족은 자연혈족·법정혈족, 직계혈족·방계혈족, 부계혈족·모계혈족으로 나누어진다. 인척은 혼인으로 인하여 성립하는 친족이다. 「민법」은 혈족의 배우자, 배우자의 혈족, 배우자의 혈족의 배우자를 인척으로 규정한다(769조).

평가의 내용으로 보고 있다. 결국은 사회통념상 공정성을 잃을 우려가 있는 이해관계인의 소유 토지라고 이해하면 된다. 가령 ○○**감정평가법인**에 속한 A**감정평가사** 자신 또는 아버지 소유의 토지에 대하여 ○○**감정평가법인**이 토지소유자 **감정평가법인등** 추천을 받아 ○○**감정평가법인**에 소속하는 B**감정평가사**가 감정평가를 하는 경우에 불공정한 감정평가가 성립할 수 있다.

나. 행정적 책임 및 형사책임의 법적 문제

법 제25조의 의무를 위반한 경우 위반의 법적 효과로서 설립인가취소(법 제32조 제1항 제11호)나 업무정지 및 징계처분이라는 행정적 책임을 받을 수 있다(법 제39조 제1항 및 제2항). 그러나 불공정한 감정평가 등은 불확정개념이라서 행정청의 **감정평가법인등**에 대한 행정적 책임은 감독권 남용의 여지가 있을 수 있다. 형사책임은 면책된다.

6. 청렴 의무

가. 의의

감정평가법인등이나 그 사무직원은 법 제23조에 따른 수수료와 실비 외에는 어떠한 명목으로도 그 업무와 관련된 대가를 받아서는 아니 되며, 감정평가 수주의 대가로 금품 또는 재산상의 이익을 제공하거나 제공하기로 약속하여서는 아니 된다(법 제25조 제4항). **감정평가법인등**이 감정평가 의뢰 및 수주의 대가로 금품·향응, 그 밖의 이익을 제공받거나 제공하거나 이 같이 약속하여서는 아니 되는 의무를 말한다. 이는 법 제23조 제1항에 따른 수수료 및 실비를 받을 권리를 남용한 것이며, 법 제23조 제3항에 따른 「보수기준」 준수 의무위반보다 더 적극적 의무위반이다.

나. 형사책임 및 행정적 책임의 법적 문제

(1) 법 제25조 제4항에 따른 청렴 의무를 위반하여 업무와 관련된 대가를 받거나 감정평가 수주의 대가로 금품 또는 재산상의 이익을 제공하거나 제공하기로 약속한 자는 「형법」상 뇌물죄에 해당하여 행정적 책임이외에 3년 이하의 징역 또는 3천만 원 이하의 벌금에 처해질 수 있는 범죄를 구성한다(법 제49조 제6호).

(2) 다음 각 호 1. 법 제10조 제1호 및 제2호의 업무를 수행하는 **감정평가사**, 2. 제40조에 따른 위원회의 위원 중 공무원이 아닌 위원, 3. 제46조에 따른 위탁업무에 종사하는 협회의 임직원의

어느 하나에 해당하는 사람은 「형법」 제129조부터 제132조까지의 규정을 적용할 때에는 공무원으로 보도록 하는 벌칙 적용에서 공무원 의제된다(법 제48조). 이들에 관해서는 형법상 뇌물죄와 달리 대가성 여부를 불문하고 처벌의 대상이 되는 법취지에 따라 「청탁금지법」이 적용된다.

(3) 의무위반의 법적 효과로서 형사처벌을 받더라도 법 제25조에 따른 의무 중 어느 하나라도 위반한 경우(다만, 소속 **감정평가사**나 사무직원이 법 제25조 제4항을 위반한 경우로서 그 위반행위를 방지하기 위하여 해당 업무에 관하여 상당한 주의와 감독을 게을리하지 아니한 경우는 제외한다) **감정평가법인**의 설립인가취소(법 제32조 제1항 제11호), 감정평가관리·징계위원회의 의결에 따라 해당 **감정평가사**에 대해서는 자격취소·등록취소·2년 이하의 업무정지·견책의 어느 하나에 해당하는 징계와 같은 행정상 책임을 물을 수 있다(법 제39조 제1항 및 제2항). 이 밖에도 2019. 8. 20. 개정(시행 2020. 2. 21. 법률 제16481호)으로, **감정평가사** 사무직원의 금품수수로 인한 부실 및 허위 감정평가가 이루어지지 않도록 **감정평가사** 사무직원에 대하여 금품수수 금지 의무를 부과하고, 이를 위반한 경우 인가취소, 업무정지 등의 행정처분을 할 수 있는 근거가 마련되었다.

7. 비밀엄수 의무

가. 비밀의 의의 및 법적 근거

감정평가법인등(**감정평가법인** 또는 **감정평가사**사무소의 소속 **감정평가사**를 포함한다)이나 그 사무직원 또는 **감정평가법인등**이었거나 그 사무직원이었던 사람은 업무상 알게 된 비밀을 누설하여서는 아니 된다. 다만, 다른 법령에 특별한 규정이 있는 경우에는 그러하지 아니하다(법 제26조).[97] 여기서 비밀이 무엇인지에 관하여 「감정평가법」에 별다른 규정이 없다. 이와 관련하여, 감정평가의 뢰인 등 본인이 제3자에게 비밀로 삼고자 하는 사실이면 족하는 주관설과, 일반인의 입장에서 사회통념상 비밀로 삼을 만하다고 보는 사실이어야 한다는 객관설, 양자 모두를 비밀로 보아야 한다는 절충설이 대립한다.[98] 대법원은 공무상비밀누설죄에 있어서의 비밀의 의미에 대하여 「형법」 제127조는 법령에 의한 직무상 비밀이란 비밀로서 보호할 가치가 있다면 반드시 법령에 의하여 비밀로 규정되었거나 비밀로 분류 명시된 사항에 한하지 아니하고, 정치·군사·외교·경제·사회적 필요

---

97) 이 밖에도 「형법」 제127조의 공무상비밀누설죄를 비롯하여 다른 법령의 입법례로는 「변호사법」 제26조, 「국가공무원법」 제60조, 「지방공무원법」 제52조, 「대한무역투자진흥공사법」 제9조, 「한국농수산식품유통공사법」 제9조, 「부정경쟁방지 및 영업비밀보호에 관한 법률」 제9조의7, 「법관인사위원회규칙」 제8조, 「대법관후보추천위원회 규칙」 제9조, 「질병관리본부 보통승진심사위원회 규정」 제5조 등 행정법규에 광범위하게 규정되어 있다.

98) 김태봉, "변호사의 비밀유지의무", 법학논총, 전남대 법학연구소, 2016. 12., 270면.

에 따라 비밀로 된 사항은 물론, 정부나 공무소 또는 국민이 객관적·일반적인 입장에서 외부에 알려지지 않는 것에 상당한 이익이 있는 사항도 포함한다고 한다.[99] 판례는 절충설의 입장에 서 있는 것으로 보인다.

한편, 실무에서 표준지공시지가 조사·평가 업무 등을 수행하면서 보안각서에 기명·날인하는 경우가 있다. 이에는 조사·평가업무 외에 조사자료 및 전산자료를 이용하거나 제3자에게 유출을 금하고, 영리목적에 이용하지 않도록 하고 비밀을 엄수할 것을 서약하도록 하고 있다. 이에 위반할 경우 민·형사상 및 보안상의 책임과 관련법규에 의한 조치에 따를 것을 서약하도록 하고 있다.[100]

나. 비밀엄수 의무 위반 및 의무 해제의 요건

비밀엄수 의무의 주체는 위반행위 당시 현직은 물론이거니와, 과거에 **감정평가법인등** 이었거나 **감정평가법인등** 업무를 보조했던 그 사무직원이었던 사람도 비밀엄수 의무의 주체가 될 수 있다. 비밀엄수의 대상은 업무상 알게 된 모든 사항에 미치므로 정보의 출처나 취득방법을 따지지 않을 것이다. 비밀엄수 의무의 위반이 되는 누설은 의사소통방법이 구두로 이루어지든 문서로 이루어지든 가리지 않는다. 그리고 불특정 다수인에게 알리는 것만을 뜻하는 것이 아니라 특정인 또는 소수의 사람에게 알리는 것도 포함하는 개념이다. 비밀엄수 의무의 존속기간에는 사실상 제한이 없다. 사익을 위한 평가에서 의뢰인이 사망한 경우에도 해제사유가 되지 못한다.[101]

「감정평가법」 제26조 단서에서는 다른 법령에 특별한 규정이 있는 경우에는 비밀엄수 의무가 해제된다고 규정하고 있고, 「실무기준」 200 "감정평가업자의 윤리", 4.3에서도 정당한 이유가 있으면 이를 누설할 수 있다고 규정하고 있다. 상기의 단서 규정인 다른 법령에 특별한 규정이 있는 경우의 대표적인 예가 「형사소송법」 제149조 및 제112조 각 단서의 규정이다.[102] 따라서 본인의 승낙이 있거나 중대한 공익상 필요가 있을 때 비밀엄수 의무는 해제된다.

---

99) 대법원 2003. 6. 13. 선고 2001도1343 판결; 대법원 2007. 6. 14. 선고 2004도5561 판결.
100) 2019년 표준시공시지가 소사·평가 보안각서.
101) 김태봉, "변호사의 비밀유지의무", 269~272면.
102) 「형사소송법」 제149조(업무상비밀과 증언거부) 변호사, 변리사, 공증인, 공인회계사, 세무사, 대서업자, 의사, 한의사, 치과의사, 약사, 약종상, 조산사, 간호사, 종교의 직에 있는 자 또는 이러한 직에 있던 자가 그 업무상 위탁을 받은 관계로 알게 된 사실로서 타인의 비밀에 관한 것은 증언을 거부할 수 있다. 단, 본인의 승낙이 있거나 중대한 공익상 필요 있는 때에는 예외로 한다.

다. 행정적 책임 및 형사책임의 법적 문제

위반의 법적 효과로서 **국토교통부장관**은 **감정평가법인등**이 비밀엄수 의무(법 제26조)를 위반하는 경우에는 그 설립인가를 취소(법 제32조 제1항 제11호) 하거나 2년 이내의 범위에서 기간을 정하여 업무의 정지를 명할 수 있다. 그리고 감정평가관리·징계위원회의 의결에 따라 해당 **감정평가사**에 대해서는 자격취소, 등록취소, 2년 이하의 업무정지, 견책의 어느 하나에 해당하는 징계와 같은 행정적 책임을 물을 수 있고(법 제39조 제1항 및 제2항), 그 이외에도 형사책임으로 1년 이하의 징역 또는 1천만 원 이하의 벌금에 처한다(법 제50조 제3호).

8. 자격증 등의 양도·대여 및 부당한 행사 금지 의무

가. 의의

감정평가사 또는 **감정평가법인등**은 다른 사람에게 자기의 성명 또는 상호를 사용하여 제10조에 따른 업무를 수행하게 하거나 자격증·등록증 또는 인가증을 양도·대여하거나 이를 부당하게 행사하여서는 아니 된다(법 제27조 제1항). 누구든지 자격증 등의 부당한 사용의 행위를 알선해서는 아니 된다(법 제27조 제2항). 이 의무는 부작위 의무에 속한다.

당초 **국토교통부장관**은 **감정평가사** A(원고)에 대하여 **감정평가사** 자격등록을 취소하는 처분을 하였다. 1심판결과[103] 환송전판결에서는[104] 피고가 원고에 대하여 한 자격등록취소처분을 취소하도록 하여 원고(A)가 승소하였다. 이에 대법원은 "**감정평가사**가 자신의 감정평가경력을 부당하게 인정받는 한편, 소속 법인으로 하여금 설립과 존속에 필요한 **감정평가사**의 인원수만 형식적으로 갖추게 하거나 법원으로부터 감정평가 물량을 추가로 배정받을 수 있는 자격을 얻게 할 목적으로 자신의 등록증을 사용한 경우, 구「부감법」제37조 제2항(현행 제27조 명의대여 등의 금지)이 금지하는 자격증 등의 부당행사에 해당하는지 여부(적극)에서, 당초 1심판결과 원심에서 **감정평가법인**의 부당한 부동산가격 공시물량 배정이나 분사무소의 부당한 설립·유지에 관여하거나 방조하였다고 볼 수 없고, 원고 **감정평가법인등**이 법 제37조 제2항을 위반하였음을 전제로 하는 이 사건 처분이 위법하다고" 판단한 원심판결을 파기하고, 사건을 서울고등법원으로 환송하였다.[105] 환송후판결인 서울고등법원에서는[106] 당초 1심판결(자격등록취소의 취소)을 취소하고 원고의 청구를 기각함

---

103) 서울행정법원 2012. 3. 29. 선고 2011구합30977 판결.
104) 서울고등법원 2013. 1. 11. 선고 2012누10903 판결.
105) 대법원 2013. 10. 24. 선고 2013두3306 판결.
106) 서울고등법원 2014. 6. 10. 선고 2013누30829 판결.

으로써, 당초 자격등록취소처분이 확정되었다.

나. 행정적 책임 및 형사책임

위반의 법적 효과로서 **국토교통부장관**은 **감정평가법인등**이 명의대여 등의 부당행사 금지 의무(법 제27조)를 위반하는 경우에는 그 설립인가를 취소(법 제32조 제1항 제11호)하거나 2년 이내의 범위에서 기간을 정하여 업무의 정지를 명할 수 있다. 그리고 감정평가관리·징계위원회의 의결에 따라 해당 **감정평가사**에 대해서는 자격의 취소, 등록의 취소, 2년 이하의 업무정지, 견책의 어느 하나에 해당하는 징계와 같은 행정상 책임을 물을 수 있고(법 제39조 제1항 및 제2항), 이 외에도 형사책임으로 1년 이하의 징역 또는 1천만 원 이하의 벌금에 처해질 수 있다(법 제50조 제4호).

9. 토지 등 매매업의 겸업금지

가. 문제의 의의

감정평가법인등(**감정평가법인** 또는 **감정평가사**사무소의 소속 **감정평가사**를 포함한다)은 토지 등의 매매업을 직접 하여서는 아니 된다(법 제25조 제3항). 이는 대표적인 제2유형 의무라 할 수 있는데, 직업윤리 규정이 아니라 입법정책에 따라 부가된 의무 조항으로 보아야 한다. 동 조항은 1973년 「감정평가에관한법률」 제정 당시 제17조(겸업의 금지)에서 "감정업자는 동산·부동산 기타 재산의 매매 그 중개 또는 대리에 관한 사업을 영위하지 못하도록 하였고", 1989년 「지가공시법」의 제정으로 제27조 제4항에서 "**감정평가법인등**은 토지등의 매매업·중개업 또는 그 대리업을 직접 영위하거나 이들 업무에 종사하지 못하도록" 하였다. 그 후 1999. 3. 31. 「지가공시법」의 개정·시행 (법률 제5954호)으로 감정평가업계에 대한 불합리한 규제를 개선하기 위해 토지등의 중개업 등의 경우 겸직 금지를 삭제하면서도 감정평가업의 본질과 상충되는 매매업의 경우에만 직접 영위하는 것은 계속하여 금지하도록 하였으며, 이러한 점에 비추어 볼 때 **감정평가법인등**에게 토지등의 매매업을 금지하는 것은 감정평가업무의 객관성, 공공성, 정확성을 확보하기 위한 핵심적인 제도로 이해되어 현행법에 이르고 있다. 분설하여 검토하기로 한다.

(1) "**감정평가법인등**"이란 법 제21조에 따라 신고를 한 **감정평가사**와 법 제29조에 따라 인가를 받은 **감정평가법인**을 말하지만(법 제2조 제4호), 토지등의 매매업이 금지되는 **감정평가법인등**은 법 제25조 제1항 괄호에서 그 범위에 **감정평가법인** 또는 **감정평가사**사무소의 소속 **감정평가사**를 포함한다고 규정하고 있어서, **감정평가법인**의 사원 또는 이사도 매매업 금지 의무의 규율을 받을

것이다. 이 밖에도 **감정평가사**가 아닌 자도 **감정평가법인**의 대표사원 또는 대표이사가 될 수 있도록 하고 있는데(법 제29조 제2항 단서), 법인의 수족에 불과한 **감정평가법인**의 사원 또는 이사가 금지 의무 대상이 된다면, **감정평가법인**의 우두머리격인 대표사원 또는 대표이사도 당연히 수범자(受範者)에 해당할 것으로 이해한다.

(2) 특히 "토지등"에는 부동산 및 의제부동산 이외에 동산도 포함(법 제2조 제1호)되므로 법문에 충실하자면 **감정평가법인등**은 용역을 제외한 어떠한 재화에 대해서도 매매업을 직접 할 수가 없다. 따라서 **감정평가법인등**의 명의로 부동산이나 의제부동산까지는 별론으로 하더라도, 동산에 관한 매매업을 할 수 없다. 가령 동산에 대한 매매업 직접 금지 의무위반에 대해서도, 1년 이하의 징역 또는 1천만 원 이하의 벌금에 처하는 형사책임이 예정되어 있어서, 범죄구성요건의 명확성 원칙 위배여부의 논란이 될 수 있다.

(3) 부동산에 대한 매매업은[107] 임대업이나 관리업에 대응하는 의미이다. 그러나 「감정평가법」에서 매매업이 무엇인지에 대하여 명시적으로 밝히지 않고 있으나, 우리나라 업종의 표준분류는 「통계법」 제22조에 따라 통계청장이 작성·고시하고 있으며, 같은 법 같은 조의 위임에 따라 한 통계청의 「한국표준산업분류」(통계청 고시 제2017-13호, 시행 2017. 7. 1.)를 참고할 필요가 있다. 이에 따르면, 대분류 L 부동산업(68)Real estate activities 아래에, 소분류 "부동산 임대 및 공급업"이 있고, 소분류 아래 세분류 "부동산 개발 및 공급업"이 있으며, 세분류 아래 세세분류로 주거용·비주거용·기타 부동산별로 부동산 개발 및 공급업을 구분하여 분류하고 있다. 그런데 한국표준산업분류에서 매매업이라는 용어로 분류를 하고 있지 않아서 부동산 개발 및 공급업만을 매매업으로 보아야 하는지 분명하지는 않다. 그리고 「소득세법」 제64조와 같은 법 시행령 제122조에서 부동산 매매업에 대해서 규율하고 있으며 다만 「소득세법」은 주택정책상 필요에 의해 세제상 혜택을 주기 위한 법취지에서 부동산매매업을 분류하고 있어서 이를 원용하기는 어렵다. 이를 추론하면 건물건설업과 부동산 개발 및 공급업 모두를 의미하는 것으로 이해된다.

(4) 직접매매를 금지하고 있어서 반대해석하면 간접매매나 제3자를 통한 매매업은 가능하다고 추론할 수 있다.[108]

---

107) 매매란 당사자의 일방(매도인)이 어떤 재산권을 상대방에게 이전할 것을 약정하고 상대방(매수인)이 이에 대하여 그 대금을 지급할 것을 약정함으로써 성립되는 계약을 말한다.

108) 법 이론상 이들을 논증하기 위해서는 「상법」 규정을 원용할 수밖에 없다. 직접매매는 제3자의 개입 없이 당사자 쌍방이 1대1로 협의하여 가격·수량·결제방식 등을 정하여 행하는 매매거래방식을 의미한다. **감정평가법인등**이 토지 등을 제3자를 통하여 매매를 행하면 직접매매에 대응하는 개념으로 간접매매가 될 것이다. 간접매매라 할 수 있는 것으로 「상법」상의 대리상·중개인·위탁매매인 등이라 할 수 있다. (가) 대리상은 일정한 상인을 위하여 계속적으로 매매 등의 거래를 대리 또는 중개하는 자를 말한다(상법 제87조). **감정평가법인등**이 토지를 개발하였지만,

나. 감정평가사가 1인 법인을 설립해서 부동산매매업을 하는 것이 금지되는지[109]

(1) 질의요지: **감정평가사** 1명이 부동산매매업을 주업으로 하는 1인 법인을 설립하여 부동산매매업을 하는 경우, 「감정평가법」제25조 제3항에 따라 금지되는 "토지등의 매매업을 직접" 하는 경우에 해당하는지? 질의 배경으로 국토교통부는 민원인으로부터 **감정평가사** 1명이 부동산매매업을 주업으로 하는 1인 법인을 설립해서 부동산매매업을 하는 것이 「감정평가법」에 따라 금지되는 경우에 해당하는지에 대해 질의를 받고, 보다 명확한 집행기준을 정하기 위해 법제처에 법령해석을 요청하였다.

(2) 회답 및 이유: 이 사안의 경우 「감정평가법」제25조 제3항에 따라 금지되는 "토지등의 매매업을 직접" 하는 경우에 해당한다. 그 이유는 감정평가업무는 국민의 법률관계에 적지 않은 영향을 미치고 **감정평가법인등**에게 토지등의 매매업을 금지하는 것은 감정평가업무의 객관성, 공공성, 정확성을 확보하기 위한 핵심적인 제도이므로 실질이 **감정평가사**가 부동산매매업에 종사하는 것과 동일하여 감정평가업무의 객관성, 공공성, 정확성을 확보할 수 없다면 이는 「감정평가법」제25조 제3항에 따라 금지되는 것으로 보아야 한다. 그런데 이 사안과 같이 **감정평가사** 1명이 설립한 부동산매매업을 주업으로 하는 1인 법인은 외형상으로는 법인의 형식을 갖추고 있으나 부동산매매업을 하는 경우 법인의 의사를 결정하는 자는 그 법인의 유일한 구성원이자 토지등의 이용 및 개발에 대해 전문적인 정보를 가지는 **감정평가사**가 되고,[110] 부동산매매업을 통한 법인의 이익 실현은 곧 **감정평가사**에게도 영향을 미치게 되므로, 이는 결국 법인의 형태를 빌리는 것에 지나지 않고 그 실질은 「감정평가법」제25조 제3항에 따른 제한을 회피하기 위한 수단으로 인정된다. 그렇다면 **감정평가사** 1명이 설립한 1인 법인이 부동산매매업에 종사하는 경우 그 법인의 설립자인 **감정평가사**에게 더 이상 감정평가업무의 객관성, 공공성, 정확성을 확보할 수 없는 결과를 초래하게 되므로 이는 「감정평가법」제25조 제3항에 따라 금지되는 "토지등의 매매업을 직접" 하는 경우에 해당

매매를 직접 업으로 행하지 못하므로 대리상을 지정하여 영업을 하도록 하고 거래를 성사시킬 때마다 일정한 수수료를 지불하는 방법을 취할 수 있다. (나) 중개인은 타인간의 상행위의 중개를 영업으로 하는 자를 말한다(상법 제93조). 중개인과 비슷한 역할을 하는 상인으로 중개대리상(상법 제87조 후단)이나 위탁매매인이 있다. (다) 「상법」제101조의 위탁매매인(수탁자)은 자기명의로써 타인(위탁자)의 계산으로 물건 또는 유가증권의 매매를 영업으로 하는 자를 말하는데, 대리상이 본인 명의로 거래하는 것에 비하여 위탁매매인은 자기의 명의로 거래한다는 점에서 구분된다. 위탁매매업자의 대표적 유형이 증권회사이다. 매매의 목적물은 물건 또는 유가증권인데(상법 101조), 여기서의 물건에 부동산이 포함되는지에 대해 견해가 나뉜다. (라) 실무적으로 대리상의 개념에 해당하는 분양업체에 위임하거나, 「공인중개사법」에 의한 중개업자에게 매매의 알선(같은 법 제2조 제1호)을 위탁하는 형태에 의하든지, 「신탁법」에 의한 신탁회사에 매매를 신탁하는 방식으로 행해질 것이다.

109) 법제처 법령해석 사례, 국토교통부 - **감정평가사**가 1인 법인을 설립해서 부동산매매업을 하는 것이 금지되는지 여부(「감정평가법」제25조 등 관련), 안건번호 18-0575, 회신일자 2019. 3. 7.

110) 감정평가법 제10조 제7호 참조.

한다고 보아야 한다.

다. 행정적 책임·형사책임 및 법적 쟁점의 검토

(1) 위반의 법적 효과로서 법 제25조에 따른 의무 어느 하나라도 위반한 경우 **국토교통부장관**은 그 설립인가를 취소하거나(법 제32조 제1항 제11호), 2년 이내의 범위에서 기간을 정하여 업무의 정지를 명할 수 있다. 그리고 감정평가관리·징계위원회의 의결에 따라 해당 **감정평가사**에 대해서는 자격취소, 등록취소, 2년 이하의 업무정지, 견책의 어느 하나에 해당하는 징계와 같은 행정적 책임을 물을 수 있고(법 제39조 제1항 및 제2항), 이외에도 형사책임으로 1년 이하의 징역 또는 1천만 원 이하의 벌금에 처해진다(법 제50조 제3호).

(2) 「변호사법」 제38조에서도 겸직 제한을 규정하고 있는데, 특히, 같은 조 제2항에 따르면 변호사는 소속 지방변호사회의 허가 없이 상업이나 그 밖에 영리를 목적으로 하는 업무를 경영하거나 이를 경영하는 자의 사용인이 되는 것과 영리를 목적으로 하는 법인의 업무집행사원·이사 또는 사용인이 되는 것의 행위를 할 수 없다고 하고 있으나, 이를 반대해석하면 소속 지방변호사회의 허가를 받으면 겸업을 할 수 있다는 것이므로, 「감정평가법」과 비교된다. 「공인중개사법」 제14조 제1항에서는 법인인 개업공인중개사에 한하여 겸업제한을 하고 있으며, 법인이 아닌 개업공인중개사에 대한 겸업제한은 없다. 따라서 법률 형평성이 맞지 않다.

(3) 토지 등 매매업의 겸업금지 의무는 현행법상 의무 규정이지만 입법정책에 따라 폐지될 수 있는 규정들이다. **사견**으로 다음과 같은 이유 (가) 다른 전문자격자의 겸업금지조항과 비교법적 검토가 시사하는 점, (나) 그리고 「헌법」 제15조 직업선택의 자유에는 여러 개의 직업을 선택하여 동시에 함께 행사할 수 있는 자유, 즉, 겸직의 자유가 직업선택의 자유에 해당하므로[111] 직업선택의 자유라는 기본권 침해의 여지가 있는 점, 전술한 바와 같이 **감정평가법인등**의 직업윤리 성격이라 할 수 있는 제1유형의 의무조항만으로도 충분히 **감정평가법인등**에 대한 법적 구속을 가할 수 있는 점에서 토지 등 매매업의 겸업금지 의무에 대한 검토가 필요하다.

---

111) 성낙인, 헌법학, 법문사, 2014., 1240면; 헌재 1997. 4. 24. 95헌마90.

10. 사무소 개설신고 등 의무

가. 의의

법 제17조에 따라 등록을 한 **감정평가사**가 감정평가업을 하려는 경우에는 **국토교통부장관**에게 **감정평가사**사무소의 개설신고를 하여야 한다. 신고사항을 변경하거나 감정평가업을 휴업 또는 폐업한 경우에도 또한 같다(법 제21조 제1항).

그러나 다음 각 호 1. **감정평가사** 등록 및 갱신등록의 거부를 당한(법 제18조 제1항) 사람, 2. 법 제32조 제1항(제1호, 제7호 및 제15호는 제외한다)에 따라 설립인가가 취소되거나 업무가 정지된 **감정평가법인**의 설립인가가 취소된 후 1년이 지나지 아니하였거나 업무정지 기간이 지나지 아니한 경우 그 **감정평가법인**의 사원 또는 이사였던 사람, 3. 법 제32조 제1항(제1호 및 제7호는 제외한다)에 따라 업무가 정지된 **감정평가사**로서 업무정지 기간이 지나지 아니한 사람의 어느 하나에 해당하는 사람은 제1항에 따른 개설신고를 할 수 없다(법 제21조 제2항).

감정평가사는 그 업무를 효율적으로 수행하고 공신력을 높이기 위하여 필요한 경우에는 2명 이상의 **감정평가사**로 구성된 합동사무소를 설치할 수 있다(법 제21조 제3항 및 영 제21조 제2항). 법 제21조 제3항에 따라 **감정평가사**합동사무소를 개설하려는 **감정평가사**는 신고서에 규약을 첨부하여 **국토교통부장관**에게 제출하여야 한다(영 제21조 제1항). 규약에 정하여야 할 사항과 그 밖에 **감정평가사**합동사무소 관리 등에 필요한 사항은 **국토교통부령**으로 정한다(영 제21조 제3항).

감정평가사는 감정평가업을 하기 위하여 1개의 사무소만을 설치할 수 있다(법 제21조 제4항).

감정평가사사무소에는 소속 **감정평가사**를 둘 수 있다. 이 경우 소속 **감정평가사**는 제18조 제1항 각 호의 어느 하나에 해당하는 사람이 아니어야 하며, **감정평가사**사무소의 개설신고를 한 **감정평가사**는 소속 **감정평가사**가 아닌 사람에게 법 제10조에 따른 업무를 하게 하여서는 아니 된다(법 제21조 제5항).

감정평가사사무소의 개설신고 절차 및 그 밖에 필요한 사항은 **대통령령**으로 정한다(법 제21조 제6항).[112]

---

[112] **영 제20조(사무소 개설신고 등)** ① 법 제21조 제1항에 따라 **감정평가사**사무소의 개설신고를 하려는 **감정평가사**는 신고서에 사무실 보유를 증명하는 서류를 첨부하여 **국토교통부장관**에게 제출하여야 한다.
② 법 제21조 제1항에 따른 **감정평가사**사무소의 개설신고를 한 **감정평가사**는 신고사항이 변경(소속 **감정평가사** 및 합동사무소 규약의 변경을 포함한다)되었을 때에는 변경이 된 날부터 14일 이내에 **국토교통부장관**에게 신고서를 제출하여야 한다.
③ **감정평가사**사무소를 휴업하거나 폐업한 **감정평가사**는 지체 없이 **국토교통부장관**에게 신고서를 제출하여야 한다.

나. 행정적 책임 및 형사책임

(1) 의무위반의 법적 효과로서 **국토교통부장관**은 감정평가법인등이 법 제21조 제3항에 따른 **감정평가사**의 수에 미달한 날부터 3개월 이내에 **감정평가사**를 보충하지 아니한 경우에는 그 설립인 가를 취소(법 제32조 제1항 제7호) 하거나, 법 제21조를 위반하여 감정평가업을 한 경우 감정평가 관리·징계위원회의 의결에 따라 해당 **감정평가사**에 대해서는 자격취소, 등록취소, 2년 이하의 업무정지, 견책의 어느 하나에 해당하는 징계와 같은 행정상 책임을 물을 수 있다(법 제39조 제1항 제7호 및 제2항).

(2) 법 제21조 제4항 위반하여 둘 이상의 사무소를 설치한 사람과 법 제21조 제5항 또는 제29조 제8항을 을 위반하여 소속 **감정평가사** 외의 사람에게 **감정평가법인등**의 업무(법 제10조)를 하게 한 자에 대해서는 형사책임으로 1년 이하의 징역 또는 1천만 원 이하의 벌금에 처하고(법 제50조 제3호), 법 제21조 제1항에 따른 사무소 개설 신고 등을 하지 아니하고 감정평가업을 한 사람과 법 제21조에 따라 사무소 개설 신고한 **감정평가사**로서 제28조 제2항을 위반하여 보험 또는 협회가 운영하는 공제사업에의 가입 등 필요한 조치를 하지 아니한 사람에게는 500만 원 이하의 과태료를 부과한다(법 제52조 제5호).

11. 사무직원의 고용 등에 대한 신고 의무

가. 의의

감정평가법인등은 소속 **감정평가사** 또는 법 제24조에 따른 사무직원을 고용하거나 고용관계가 종료된 때에는 **국토교통부령**으로 정하는 바에 따라 **국토교통부장관**에게 신고하여야 한다(법 제21조의2). **감정평가사** 사무직원에 대한 관리·감독을 강화하기 위하여 **감정평가법인등**은 소속 사무직원 등을 고용하거나 고용관계가 종료된 때에는 **국토교통부장관**에게 신고하도록 하고, **감정평가사** 사무직원의 결격사유를 신설하였다.

나. 사무직원의 결격사유

감정평가법인등은 그 직무의 수행을 보조하기 위하여 사무직원을 둘 수 있다. 다만, 다음 각 호 1. 미성년자 또는 피성년후견인·피한정후견인, 2. 이 법 또는 「형법」 제129조부터 제132조까지, 「특정범죄 가중처벌 등에 관한 법률」 제2조 또는 제3조, 그 밖에 **대통령령**으로 정하는 법률에 따라 유죄 판결을 받은 사람으로서 다음 각 목 가. 징역 이상의 형을 선고받고 그 집행이 끝나거나 그 집행을 받지 아니하기로 확정된 후 3년이 지나지 아니한 사람, 나. 징역형의 집행유예를 선고받고 그 유예기간이 지난 후 1년이 지나지 아니한 사람, 다. 징역형의 선고유예를 받고 그 유예기간 중에 있는 사람의 어느 하나에 해당하는 사람, 3. 법 제13조에 따라 **감정평가사** 자격이 취소된 후 1년이 경과되지 아니한 사람, 4. 법 제39조 제1항 제11호 및 제12호에 따라 자격이 취소된 후 3년이 경과되지 아니한 사람의 어느 하나에 해당하는 사람은 사무직원이 될 수 없다(법 제24조 제1항).

다. 행정적 책임

법 제24조 제1항을 위반하여 사무직원을 둔 자는 500만 원 이하의 과태료를 부과한다(법 제52조 제1항 제6의2호).

12. 사무소의 명칭 등 사용 의무

법 제21조에 따라 신고를 한 **감정평가법인등**은 그 사무소의 명칭에 "**감정평가사**사무소"라는 용어를 사용하여야 하며, 제29조에 따른 법인은 그 명칭에 "**감정평가법인**"이라는 용어를 사용하여야 한다(법 제22조 제1항).

이 법에 따른 **감정평가사**가 아닌 사람은 "**감정평가사**" 또는 이와 비슷한 명칭을 사용할 수 없으며, 이 법에 따른 **감정평가법인등**이 아닌 자는 "**감정평가사**사무소", "**감정평가법인**" 또는 이와 비슷한 명칭을 사용할 수 없다(법 제22조 제2항). 가령 감정원의 감정평가업무 철수 후에도 불구하고 현재 감정원은 사명을 그대로 쓰고 있어서, 협회 등을 중심으로 감정원 사명 변경에 관한 논란이 불거진 상태이다.[113] 제정된 「한국감정원법」 제12조에 따르면 감정원은 감정평가업무를 하지 않는다. 따라서 **감정평가법인등**의 지위를 상실한 것이므로 **감정평가법인**과 비슷한 감정원의 명칭을 사용할 수 없는 것으로 이해한다.

법 제22조 제1항을 위반하여 "**감정평가사**사무소" 또는 "**감정평가법인**"이라는 용어를 사용하지 아니하거나, 같은 조 제2항을 위반하여 "**감정평가사**", "**감정평가사**사무소", "**감정평가법인**" 또는 이와 유사한 명칭을 사용한 자에게는 500만 원 이하의 과태료를 부과한다(법 제52조 제1항 제6호).

---

113) 한국감정원 사명! 우물 안 개구리식 시각을 버려야, 파이낸셜뉴스, 2019. 6. 13.; 감정평가協 "감정원 사명 변경" 주장…감정원 "금융감독원에서 '금융' 떼라는 격", 매일경제, 2019. 6. 12.; 한국감정원-**감정평가사**협회 "감정원" 사명 변경 놓고 신경전, 아주경제, 2019. 5. 22. 외 다수.

13. 「보수기준」 준수 의무

감정평가법인등은 수수료의 요율 및 실비에 관한 기준을 준수하여야 한다(법 제23조 제3항). 이에 따른 행정규칙이 「감정평가업자의 보수에 관한 기준」(전면개정 및 시행 2016. 9. 1. 국토교통부공고 제2016-1220호)이며, 「보수기준」의 법적 성격에 관해서는 ① 형식이 공고에 의한다는 점, ② 「보수기준」 준수의무 위반에 대해서는 행정적 책임만을 규율하고 있다는 점 등에 비추어 행정규칙으로 보인다.

감정평가법인등은 이 기준에서 정하는 것 외에 다른 이유로 보수나 금품을 감정평가 의뢰인에게 요구할 수 없다(보수기준 제2조 제1항). 이는 법 제25조 제4항에 따른 청렴 의무를 말하는 것으로 청렴 의무위반도 「보수기준」 준수 의무를 위반한 것이나, 청렴 의무위반보다 소극적 의무위반이 「보수기준」 준수 의무를 위반한 것으로 형사책임은 면책되지만, 「보수기준」 준수 의무위반의 법적 효과로서 **감정평가법인**의 설립인가를 취소(법 제32조 제1항 제10호)하거나, 감정평가관리·징계위원회의 의결에 따라 해당 **감정평가사**에 대해서는 자격취소·등록취소·2년 이하의 업무정지·견책의 어느 하나에 해당하는 징계와 같은 행정상 책임을 물을 수 있다(법 제39조 제1항 제8호 및 제2항).[114]

14. 둘 이상의 감정평가법인 등에 소속 금지 의무

가. 의의

감정평가사(**감정평가법인** 또는 **감정평가사**사무소의 소속 **감정평가사**를 포함한다)는 둘 이상의 **감정평가법인** 또는 **감정평가사**사무소에 소속될 수 없다(법 제25조 제5항). 따라서 이를 반대해석 할 경우 법인 내에서 둘 이상의 분사무소 소속이 되는 것은 가능하다는 의미이다. 실무적으로

---

114) 감정평가 의뢰를 받은 **감정평가법인등**은 업무수행 개시 전 가격산출 근거자료, 가치형성요인 분석, 적용 감정평가 기법 등 감정평가에 관한 개략적인 사항에 대해 의뢰인에게 고지하여야 한다(보수기준 제2조 제2항). **감정평가법인등**은 감정평가를 착수하기 이전에 보수기준 제4조 제1항 별표의 감정평가수수료 체계에 따라 적용하는 수수료 요율을 의뢰인과 협의하고, 보수기준 제5조와 제6조에 따라 감정평가수수료에 할증률 또는 할인율을 적용하는 경우에는 이를 의뢰인에게 고지하여야 한다. 다만, 평가물건의 의뢰내용이 현지 조사결과와 다른 경우에는 수수료 요율을 재협의할 수 있다(보수기준 제2조 제3항). **감정평가법인등**은 본인의 사정에 따라 감정평가 의뢰를 반려하는 경우 지급받은 착수금의 1.5배에 해당하는 금액을 의뢰인에게 반환하여야 한다(보수기준 제2조 제4항). **감정평가법인등**은 공정하고 객관적인 평가를 위하여 동 기준에서 정하는 사항을 준수하여야 한다(보수기준 제2조 제5항). 「보수기준」 제16조에 따르면 **국토교통부장관**은 「훈령·예규 등의 발령 및 관리에 관한 규정」에 따라 이 공고에 대하여 2017년 1월 1일 기준으로 매3년이 되는 시점마다(매3년째의 12월 31일까지를 말한다) 그 타당성을 검토하여 개선 등의 조치를 하도록 재검토기한을 명시하고 있다(훈령·예규 등의 발령 및 관리에 관한 규정 [시행 2018. 11. 6.] [대통령훈령 제394호, 2018. 11. 6., 일부개정] 제7조). 수수료의 요율 및 실비의 범위는 **국토교통부장관**이 감정평가관리·징계위원회의 심의를 거쳐 결정한다(법 제23조 제2항).

두 개 이상의 분사무소에서 지배인 등기를 하는 경우가 이에 해당한다. 결국 **감정평가사**는 감정평가업을 하기 위하여 1개의 사무소만을 설치할 수 있고(법 제21조 제4항), 둘 이상의 **감정평가법인** 또는 **감정평가사**사무소에 소속될 수 없으나(법 제25조 제5항), 둘 이상의 분사무소를 설치하거나 소속될 수 있다.

나. 행정적 책임 및 형사책임

위반의 법적 효과로서 법 제25조에 따른 의무 어느 하나라도 위반한 경우 **국토교통부장관**은 그 설립인가를 취소하거나(법 제32조 제1항 제11호), 2년 이내의 범위에서 기간을 정하여 업무의 정지를 명할 수 있다. 그리고 감정평가관리·징계위원회의 의결에 따라 해당 **감정평가사**에 대해서는 자격취소, 등록취소, 2년 이하의 업무정지, 견책의 어느 하나에 해당하는 징계와 같은 행정상 책임을 진다(법 제39조 제1항 및 제2항).

이외에도 둘 이상의 사무소를 설치하거나 둘 이상의 **감정평가법인** 또는 **감정평가사**사무소에 소속될 경우 형사책임으로 1년 이하의 징역 또는 1천만 원 이하의 벌금에 처해진다(법 제50조 제3호).

제5절   감정평가법인등의 책임

I. 책임의 의의

책임이란 법률적 불이익 또는 제재를 받는 법률적 책임을 말하는데, 위법한 행위를 한 자에 대한 법률적 제재로서 민·형사 및 행정적 책임으로 구분되고, **감정평가법인등**에게도 권리와 표리관계인 의무위반에 대한 법적 효과로서 책임을 가하고 있다. 「감정평가법」상 민사책임은 가해자(**감정평가법인등**)의 불법행위로 발생한 손해전보를 목적으로 하며 타인에게 끼친 손해를 배상하여야 할 대개인적 책임이다. 형사책임은 가해행위를 한 **감정평가법인등**에 대한 국가의 제재 및 부수적으로 장래의 범죄발생의 방지를 목적으로 하고 따라서 위법한 행위로 인하여 사회질서를 문란케 한 데 대한 대사회적 책임인 점에서 양 책임은 근본적으로 다르지만, 양 책임은 규범에 반하는 행위의 억제를 통한 사회질서의 유지라는 목적을 공유한다. 양 책임은 별개의 책임으로 다루어지며, 구제절차 역시 민사재판과 형사재판으로 구별된다.[115] 그리고 주목할 것은 감정평가업무가 국민의 재산권을 보호하는 사회성·공공성이 높은 점에서 입법자는 국가감독권에 근거하여 「감정평가법」에서는 강한 행정적 책임을 요구하고 있다. 그러나 전술한 바와 같이 의무와 책임을 강조하는 입법에서 한 걸음 더 나아가 고도의 전문성이 요구되는 **감정평가법인등**에게 직업윤리 조항의 입법을 통하여 자율적 규제를 유도하는 조화로운 입법개선이 요구된다.

Ⅱ. 민사 책임

1. 의의

전술한 바와 같이 감정평가계약의 법적 성질은 감정평가업무의 독립성·전문성에 비추어 감정평가의뢰인의 지시나 감독을 받지 않는 위임계약이다. 따라서 **감정평가법인등**은 의뢰인에 대하여 위임계약의 본지에 따라 선량한 관리자의 주의로써 위임사무를 처리할 의무를 부담한다(민법 제681조). 이러한 **감정평가법인등**의 선관 의무는 「감정평가법」 제25조 등 **감정평가법인등**의 의무에서 구체화 된다.

수임한 사무처리에 있어서 그 업무 본래의 취지에 따르지 않을 때, 즉 감정평가를 잘못한 경우 의뢰인은 감정평가의뢰계약상의 책임(채무불이행으로 인한 손해배상책임)이든[116] 불법행위이든[117] 두 책임 중에 선택하여 손해배상책임을 물을 수 있다(이른바 청구권경합설). 원래 채무불이행으로 인한 손해배상책임(계약책임)은 계약관계가 있는 자들 사이에서 생기는 것이고, 불법행위책임은 일반인 사이에서 생기는 것이나, **감정평가법인등**과 감정평가의뢰인간의 계약관계가 있는 자들 사이에서 불법행위가 발생한 경우도 상정한 것이며, 논란이 있기는 하나 피해자(감정평가의뢰인)는 두 권리 중 자신이 원하는 것을 자유롭게 선택하여 행사할 수 있다고 하여야 한다. 물론 어느 하나의 권리를 행사하여 손해배상을 받은 뒤에는 다른 권리는 더 이상 행사하지 못한다.[118]

---

115) 지원림, 민법강의, 홍문당, 2011, 1661면.
116) 민법 제390조(채무불이행과 손해배상) 채무자가 채무의 내용에 좇은 이행을 하지 아니한 때에는 채권자는 손해배상을 청구할 수 있다. 그러나 채무자의 고의나 과실없이 이행할 수 없게 된 때에는 그러하지 아니하다.
117) 민법 제750조(불법행위의 내용) 고의 또는 과실로 인한 위법행위로 타인에게 손해를 가한 자는 그 손해를 배상할 책임이 있다.
118) 송덕수, 신민법입문, 453면.

2. 「감정평가법」제28조 제1항에 따른 손해배상책임

가. 의의

감정평가법인등이 감정평가를 하면서 고의 또는 과실로 감정평가 당시의 적정가격과 현저한 차이가 있게 감정평가를 하거나 감정평가 서류에 거짓을 기록함으로써 감정평가 의뢰인이나 선의의 제3자에게 손해를 발생하게 하였을 때에는 **감정평가법인등**은 그 손해를 배상할 책임이 있다(법 제28조 제1항). **감정평가법인등**은 손해배상책임을 보장하기 위하여 보험에 가입하거나 공제사업에 가입하는 등 필요한 조치를 하여야 한다(법 제28조 제2항).

나. 법적 성질

(1) **문제의 의의:**「민법」제750조에 따른 불법행위로 인한 손해배상책임은 불법행위를 규율하는「민법」규정으로 그 조문수가 적고(제750 내지 제766조의 17개 조항) 그것들은 일반화·추상화되어 있다. 불법행위에 있어서 기존의 민법규정만으로 부적절한 경우가 있으며, 이러한 경우에「감정평가법」제28조에 따른 손해배상책임이라는 특별규정을 두고 있다.

그러나「감정평가법」제28조에 따른 손해배상책임 조항의 성격에 관하여, 불법행위 내지 채무불이행에 대한 특별규정으로 그 요건에 해당하는 경우에만 불법행위책임을 부담한다는 견해(불법행위 특칙설)와 불법행위 내지 채무불이행에 대한 별도규정으로서 그 요건에 해당되지 않더라도 일반조항인「민법」제750조에 의하여 책임을 물을 수 있다는 견해(법정책임설)가 있다.

(2) **학설·판례**

(가) **불법행위 특칙설(면책설, 특례긍정설):** 위 규정은 **감정평가법인등**을 보호하기 위하여 채무불이행(계약책임)이나 불법행위에 따른 손해배상책임을 져야 할 경우라도 특별한 경우에 한하여 불법행위책임만을 지도록 특칙을 정한 것이라는 견해로서, 이에 의하면 위 문언의 반대해석상 **감정평가법인등**에게 고의·과실이 있더라도 감정평가결과가 적정가격과 현저한 차이가 없는 한 손해배상책임을 지지 않도록 하는 것이 위 조문의 입법취지라는 것이다. 이 견해는 ① 소액의 감정평가수수료에[119] 비하여 막대한 손해배상책임을 져야 하는 경우가 생길 수 있어서 **감정평가법인등**에게 가혹하고, ② 감정평가 자체가 주관적 가치 판단을 전제로 하는 것이어서 객관적인 적정가격을 찾아내는

---

119) 보수기준상 감정평가수수료율은 감정평가액의 0.1~0.04% 이내이다.

것이 어려운데 **감정평가법인등**을 빈번한 손해배상청구에 노출된 채로 방치시켜 두어서는 감정평가 제도의 존속 자체가 위태로울 수도 있다는 정책적 고려를 논거로 들고 있다.[120]

(나) 법정책임설(보험관련설, 특례부정설): 「감정평가법」 제28조(구법 제26조) 제1항은 같은 조 제2항의 보험이나 공제와 관련하여서 규정된 것으로서 보험이나 공제로 처리되는 **감정평가법인등**의 손해배상책임의 범위를 한정하는 것일 뿐, 채무불이행(계약책임)이나 불법행위책임을 배제하는 규정은 아니라고 하는 견해이다. 이 견해에 따르면 「감정평가법」 제28조는 감정평가업에 종사하는 자의 배상책임을 부과하며 이를 위한 보험가입의 조치를 취하도록 함에 입법취지가 있는 것이고, 그 논거로 **감정평가법인등**의 고의·과실이 드러났는데도 다른 요건을 추가로 요구하여 **감정평가법인등**을 보호하는 것은 문제가 있다는 점을 논거로 든다. 또한 조문의 문언상 다른 책임을 배제한다는 표현이 없고 전자에 의하면 고의 또는 중과실에 의한 경우까지 면책될 수 있다는 점을 든다.[121]

(다) 판례: **감정평가법인등**의 부실감정으로 인하여 손해를 입게 된 감정평가의뢰인이나 선의의 제3자는 「지가공시및토지등의평가에관한법률」상의 손해배상책임과 「민법」상의 불법행위로 인한 손해배상책임을 함께 물을 수 있다고 하여,[122] 후설(법정책임설)을 취하고 있다.

(3) 검토: 「감정평가법」상의 손해배상책임과 「민법」상의 불법행위로 인한 손해배상책임을 함께 물을 수 있는지에 대해서 판례와 일부 학설(법정책임설)은 이를 긍정하고 한다. 그러나 「민법」 제750조에 따른 위법성 요건은 침해된 이익 측면에서 감정평가업무의 성질상 재산적 이익의 침해에 국한할 것이고, 따라서 「감정평가법」 제28조 제1항의 "감정평가 당시의 적정가격과 현저한 차이"는 「민법」 제750조의 위법행위로 보아야 하며, 「감정평가법」으로 손해배상책임이 채워지지 않는 경우 「민법」 규정에 따라 손해를 전보해야 할 것으로 보인다.

다. 손해배상책임의 요건

(1) 「감정평가법」 제28조 제1항

「감정평가법」은 「민법」 제390조 및 제750조에 따른 채무불이행 내지 불법행위에 의한 손해배상 책임 규정과 별도로, 다음과 같이 보다 명확한 규정을 두고 있다. **감정평가법인등**이 감정평가를 하

---

120) 한기택, "지가공시및토지등의평가에관한법률" 제26조 제1항의 의미와 "현저한 차이"의 판단 기준, 대법원판례해설 제28호, 1997, 454면.
121) 박형남, "감정평가과오에 대한 법적 책임-전문가책임의 관점에서-", 113면; 김용담, 주석민법 제4판, 144면; 박창석, "감정평가업자의 책임", 홍익법학 제11권 제3호, 2010, 291면.
122) 대법원 1998. 9. 22. 선고 97다36293 판결.

면서 ① 고의 또는 과실로 ② 감정평가 당시의 적정가격과 현저한 차이가 있게 감정평가를 하거나 감정평가 서류에 거짓을 기록함으로써 ③ 감정평가 의뢰인이나 선의의 제3자에게 손해를 발생하게 하였을 때에는 **감정평가법인등**은 그 손해를 배상할 책임이 있다.

(2) 고의 또는 과실

법 제25조 제1항에 따른 고의·중과실의 요건과 달리, 「감정평가법」 제28조에 따른 손해배상책임은 "고의 또는 과실"을[123) 요건으로 하는데, 고의는 법 제25조 제1항과 같으나, 일반적으로 「민법」에서 과실이라고 하면 경과실을 의미한다. 따라서 동 조항의 손해배상책임도 민사책임이기 때문에 그에 따른 것이다. 중과실을 요하는 경우에는 「감정평가법」 제25조 제1항, 「민법」 제109조 제1항 단서의 예와 같이 특별히 중대한 과실이라고 표현한다.[124)

(가) 손해배상책임 인정 사례: 대법원은 ① "**감정평가법인등**이 **과실**로 감정평가 당시의 적정가격과 현저한 차이가 있게 감정평가함으로써 감정평가 의뢰인에게 손해를 발생하게 한 때에는 그 손해를 배상할 책임이 있고,[125) ② 감정목적물의 동일성을 **오인**한 것으로서, 법원으로부터 주택이 건축된 토지에 대한 임의경매에 따른 감정평가명령을 받은 피고 **감정평가법인등**은 이 사건 대지의 분할 전 토지에 대한 건축물관리대장이나 건물등기부등본 등을 열람하여 보지도 않고, 이 사건 대지의 위치를 잘못 파악하여 그곳으로부터 약 200m 정도 떨어진 곳에 위치한 토지를 이 사건 대지로 착각하여 이 사건 대지는 나지 상태의 택지예정지로 노폭 8m 정도의 지방도로변에 위치하고, 임야를 절단하여 대지가 조성되었으며, 형태나 면적으로 보아 주유소 부지 등으로 활용될 개연성이 짙다는 점 등을 이유로 이 사건 대지를 감정한 사안에서 「지가공시법」 제26조 제1항에 의한 책임이 없다는 것이나, 대법원은 원심에서 피고가 원고에게 민법상의 불법행위책임을 인정한 원심의 판결 이유를 인용하였다.[126) ③ 한◆◆◆◆의 감정역이 감정을 위한 현장검사를 함에 있어서는 목적물의 실제위치와 경계를 측량 기타 방법으로 확인하고 공부상의 지목, 지적과 대조하여 동일성을 확인한 다음에 적정시가를 산출하여야 함에도 현장안내인이 허위 지적하는 토지를 목적물로 오인하고 감정을 하였다면 동 감정역에게 감정상의 **과실**이 있다 할 것이다.[127) ④ 다음의 판례는 「감정평

123) 고의와 과실에 대해서는 "제3장 **감정평가사**/제4절 **감정평가법인등**의 권리와 의무/Ⅲ. **감정평가법인등**의 의무/4. 고의·중과실 감정평가금지 의무" 참조하라.
124) 송덕수, 민법강의(제12판), 1369~1370면.
125) 대법원 1999. 5. 25. 선고 98다56416 판결.
126) 대법원 1998. 9. 22. 선고 97다36293 판결.
127) 대법원 1978. 11. 14 선고 78다1789 판결 [손해배상] [공보불게재].

가법」제28조 제1항의 요건을 망라한 판례이다. 대법원은 "시가감정대상이 환지예정지이고 거기에 권리면적 이외에 절반 이상의 과도면적이 포함되어 있는 토지라면 장차 환지확정에 따라 과도면적에 해당하는 청산금은 토지소유자가 부담하는 것이므로 이와 같은 환지예정지를 평가함에 있어서는 그 환지면적을 기준으로 하여 가격산정을 하되 권리면적과 과도면적의 구체적 사정을 고려하고 과도면적에 대한 환지처분 후 확정될 청산금 등 제반조건을 감안하여 그 시가를 산정하여야 할 것이고, 감정인이 위 환지예정지를 감정평가하면서 위와 같은 사정을 고려함이 없이 만연히 과도면적에 대한 청산금이 이미 청산된 것임을 전제로 하여 그 시가를 정산하는 평가를 하였다면, 「감정평가에관한법률」제20조 소정의 감정인이 **과실**로 위 토지를 감정당시 시가와 **현저한 차이**가 있게 평가한 경우에 해당한다고 할 것이다. 감정인의 부당감정으로 인하여 입은 **제3자**의 **손해액**은 부당감정이 없었더라면 지급하지 아니하여도 될 비용을 지급하거나 부담하게 된 경우 그 수액이 이에 해당한다고" 판시했다.[128]

---

128) 대법원 1987. 11. 10. 선고 87다카1646 판결은 그 이유에서 원심이 확정한 바에 의하면, 피고가 공인감정사로서 서울지방법원 의정부지원으로부터 지원 85타1359호 부동산의경매 사건에 관하여 감정평가 명령을 받고 1985. 7. 3. 그 사건의 경매목적물인 경기 고양군 원당읍 주교리 115의 11 대 35평, 115의 17 대 15평, 115의 22 대 5평 등 이 사건 대지3필지 합계 55평과 그 지상 건물에 대한 시가감정을 하여 그 감정평가서를 위 법원에 제출하였는 바, 위 평가당시 이 사건 대지는 경기도 고양군이 시행하는 원당토지구획정리사업지구내의 토지로서 이미 판시와 같은 환지예정지 지정이 있었으므로(환지예정지로 같은 읍 주교리 52블럭 4놋트 대 202.4평방미터로 지정되었다가 1986. 1. 15. 같은 읍 주교리 603의 7 대 208.8평방미터로 환지처분되었는데 위 환지면적 중 권리면적이 91.64평방미터이고, 나머지 117.16평방미터가 과도면적으로서 이에 대한 청산금이 금20,561,580원을 확정되었다) 피고가 이 사건 대지에 관한 시가감정을 함에 있어 감정대상을 환지예정지 202.4평방미터를 기준으로 하여 평가하더라도 그 환지예정지에는 권리면적이 91.64평방미터뿐이고 나머지는 청산금으로 정리되어야 할 과도면적이 포함되어 있는데도 그 정산금이 이미 정리청산된 것으로 전제하여 위 환지예정지 202.4평방미터 전체를 시가인 평방미터당 금 227,000원씩 계산하여 합계 금45,944,800원으로 감정평가하였으며 원고는 이 사건 대지에 대한 청산금이 청산된 줄 알고 위 경매 절차에서 1985. 11. 27. 이 사건 대지를 포함한 경매목적물을 판시금액으로 경락받았으나 그 후 1986. 1. 15. 환지확정처분에 따라 과도면적 117.16평방미터에 대한 청산금이 금 20,561,580원으로 확정됨으로써 소유인인 원고가 이를 부담하게 되었다는 것이다.
「감정평가에관한법률」제20조에 의하면, 감정업에 종사하는 자가 감정을 함에 있어 고의 또는 과실로 감정당시 시가와 현저한 차이가 있게 평가하여 선의의 제3자에게 손해를 발생하게 한 때에는 그 손해를 배상할 책임이 있다고 규정하고 있는 바, 원심이 확정한 바와 같이 감정대상이 환지예정지이고 거기에 권리면적 이외에 절반이상의 과도면적이 포함되어 있는 토지라면 장차 환지확정에 따라 과도면적에 해당하는 청산금은 토지소유자가 부담하는 것이므로 이와 같은 환지예정지를 평가함에 있어서는 그 환지면적을 기준으로 하여 가격산정을 하되 권리면적과 과도면적의 구체적 사정을 고려하고 과도면적에 대한 환지처분 후 확정될 청산금 등 제반조건을 감안하여 그 시가를 산정하여야 할 것이고 피고가 이 사건대지를 감정평가하면서 이와 같은 사정을 고려함이 없이 만연히 과도면적에 대한 청산금이 이미 청산된 것임을 전제로 하여 그 시가를 판시와 같은 방법으로 산정하는 평가를 하였다면, 피고는 과실로 이 사건 대지를 감정당시 시가와 현저한 차이가 있게 평가한 경우에 해당한다 할 것이고 또 원고가 그 청산금 부담이 없는 줄 믿고 경락을 받았다면 선의의 제3자에 해당한다 할 것이다. 설사 피고가 작성한 감정평가서의 청산금 청산에 관한 부분이 소론과 같이 타자하는 과정에서의 착오로 연유된 것이라 하더라도 그 과실책임을 면할 수는 없다 할 것이고, 경락인인 원고가 경락당시 청산금의 청산이 남아 있음을 알지 못한데 소론과 같은 과실이 있고 또 원고가 경락당시 이 점에 관하여 아무런 이의조차 하지 아니한 사정이 있다 하더라도 이는 과실상계의 사유는 될지언정 피고의 책임을 배제할 사유는 되지 못한다 할 것이다. 원심이 같은 취지에서 피고에게 「감정평가에관한법률」제20조에 의한 손해배상책임을 인정한 조치는 정당하고 거기에 소론이 지적하는 바와 같은 법리

(나) 손해배상책임 부정 사례: ① 당해 토지가 하천구역에 편입되어 국유로 된 경우에 그 토지가 하천구역에 편입되었음을 의심할 만한 객관적으로 명백한 사유가 있어 **감정평가법인등**이 감정평가 과정에서 통상적으로 요구되는 선량한 관리자의 주의를 기울였더라면 이를 쉽게 알 수 있었음에도 그 주의 의무를 게을리한 결과 이를 알지 못한 채 감정평가를 하였다면 **과실**로 인한 감정평가의 하자가 있다고 할 것이나, 한편으로 외관상 강물이 흐르고 있지 아니한 토지가 하천구역에 편입되어 국유로 되었다는 사정은 토지의 외관이나 이용상황만으로는 쉽게 알기가 어렵고 감정평가업무에 통상적으로 이용되는 공부나 공적 서류에 의하여도 그와 같은 사정을 알아보기가 쉽지 않다는 점에 비추어 보면, **감정평가법인등**이 실지조사·공부조사 등 감정평가에 수반되는 조사업무를 통상적으로 요구되는 주의정도에 따라 성실히 수행하였음에도 당해 토지가 하천구역에 편입되어 국유로 된 토지인 사실을 알아내지 못한 채 그 시가에 대하여 감정평가를 하였다고 하더라도 이를 가지고 **과실**로 인한 감정평가의 하자라고 볼 수는 없다.[129] ② 금융기관이 담보물에 관한 감정평가를 감정평가업자에게 의뢰하면서 감정업무협약에 따라 감정 목적물에 관한 대항력 있는 임대차계약의 존부와 그 임차보증금의 액수에 대한 사실조사를 함께 의뢰한 경우, 감정평가업자가 금융기관의 신속한 감정평가 요구에 따라 그의 양해 아래 임차인이 아닌 건물 소유자를 통하여 담보물의 임대차관계를 조사하였으나 그것이 허위로 밝혀진 경우, 감정평가업자는 **과실**이 없으므로 손해배상책임이 인정되지 않는다고" 판시하였다.[130] ③ 한◆◆◆◆의 감정인이 감정의뢰인의 피용자가 변조한 감정자료를 변조된 것을 모르고 부동산의 시가를 감정한 경우에 감정인이 감정자료를 변조한 감정의뢰인의 피용자와 부정감정할 것을 공모하였거나 감정인이 부동산의 현황 자체의 판단을 **잘못**하였다는 등의 사정이 없는 한 손해배상책임이 없다.[131]

오해의 위법이 있다 할 수 없다.

또 원심은 피고의 위와 같은 부당감정으로 인하여 원고가 입은 손해액은 피고의 감정가액을 기초로 하여 진행된 경매절차에서 경락인인 원고가 경락대금으로 지급한 금원 이외에 그 환지처분 후 소유자로서 부담할 것으로 확정된 과도면적에 대한 판시 청산금이 이에 해당하는 것이라고 판단한 다음 원고자신의 판시와 같은 과실을 참작하여 그 중 판시 금액을 배상액으로 산정하고 있다.

이 사건과 같이 감정인의 부당감정으로 인하여 입은 제3자의 손해액은 부당감정이 없었더라면 지급하지 아니하여도 될 비용을 지급하거나 부담하게 된 경우 그 수액이 이에 해당한다 할 것인바, 원심이 같은 취지에서 원고의 손해액을 판시 청산금 상당액으로 산정하였음은 역시 정당하다 할 것이고 거기에 손해액 사정을 잘못한 위법이 있다 할 수 없다.

129) 대법원 2002. 9. 27 선고 2001다19295 판결.
130) 대법원 1997. 9. 12. 선고 97다7400 판결.
131) 대법원 1974. 12. 24 선고 73다235 판결.

(3) 현저한 차이

"감정평가 당시의 적정가격과 현저한 차이"는 「민법」 제750조에 따른 불법행위에 의한 손해배상 책임 조항의 추상적 요건의 하나에 해당하는 "위법행위"에 대하여, 「감정평가법」에 맞게 구체화된 규정이다.

"현저한 차이"에 대하여 대법원은 ① 「지가공시법」 제5조 제2항, 같은 법 시행령 제7조 제4항, 「공특법 시행규칙」 제5조의4 제1항, 제4항의 각 규정들은 표준지공시지가를 정하거나 공공사업에 필요한 토지의 보상가를 산정함에 있어서 2인 이상의 **감정평가법인등**에게 평가를 의뢰하였는데 평가액 중 최고평가액이 최저평가액의 1.3배를 초과하는 경우에는 건설교통부장관이나 사업시행자가 다른 2인의 **감정평가법인등**에게 대상 물건의 평가를 다시 의뢰할 수 있는 것뿐으로서 여기서 정하고 있는 1.3배의 격차율이 바로 「지가공시법」 제26조 제1항이 정하는 평가액과 적정가격 사이에 "현저한 차이"가 있는가의 유일한 판단 기준이 될 수 없다. 그러나 **감정평가법인등**이 「지가공시법」과 「감정평가규칙」의 기준을 무시하고 자의적 방법에 의하여 대상 토지를 감정평가한 경우, **감정평가법인등**의 고의·중과실에 의한 부당 감정을 근거로 하여 같은 법 제26조 제1항의 "**현저한 차이**"를 인정하였다.[132] ② 그리고, 원심판결이 적법히 확정한 바에 의하면 **감정평가법인등**인 피고로서는 이 사건 임지의 사용 방법 및 용도상의 제한의 종류를 조사하고, 그것이 전용된 경위 및 보전임지가 전용된 경우 그 사용상의 제한 내역은 어떠한 것인지 관련 법규를 조사하여 그 사용 내역에 맞추어 비교표준지를 선택한 다음 이를 기준으로 당해 토지의 특성비교에 따른 평가를 하였어야 할 주의 의무가 있음에도 불구하고, 피고 소속 **감정평가사**인 소외인이 토지의 평가에 중대한 영향을 줄 특성의 조사를 다하지 아니한 채 건축물신고수리통보서만을 근거로 기준에 적합하지 아니한 비교표준지를 선정하여 감정가격을 산출하였으므로, 이는 피고가 **과실**에 의하여 이 사건 토지들에 관하여 감정평가 당시의 적정가격과 **현저한 차이**가 있게 감정평가를 한 경우에 해당한다고 보아야 할 것이라고[133] 판시하였다.

(4) 선의의 제3자

(가) 긍정사례: "선의의 제3자"의 의미에 대하여 대법원은 ① "여기에서 '선의의 제3자'라 함은 감정 내용이 허위 또는 감정평가 당시의 적정가격과 현저한 차이가 있음을 인식하지 못한 것뿐만

---

132) 대법원 1997. 5. 7. 선고 96다52427 판결.
133) 대법원 1999. 5. 25. 선고 98다56416 판결.

아니라 감정평가서 자체에 그 감정평가서를 감정의뢰 목적 이외에 사용하거나 감정의뢰인 이외의 타인이 사용할 수 없음이 명시되어 있는 경우에는 그러한 사용사실까지 **인식하지 못한 제3자**를 의미한다."[134] 가령 감정평가서의 부실감정을 믿어 손해를 본 피해자라도, 그것이 매도목적 감정평가서로서 감정의뢰목적 이외에 사용할 수 없다고 명시되어 있음을 알면서도, 이를 담보목적으로 사용하여 손해를 입은 경우에는 "선의의 제3자"에 해당하지 아니하므로 **감정평가법인등**은 손해배상책임을 지지 아니한다. ② 그러나 감정목적이 시가라고만 되어 있으나 원래 부동산매매의 목적으로 작성된 감정평가서가 담보물평가목적으로 담보권자에게 제공된 경우, 감정의뢰인이 담보제공자 이외의 자이고 감정목적이 시가라고만 기재되어 있다는 사실이나 위 감정평가서가 작성된지 상당시일(7월)이 경과되어 제출되었다는 사실만으로 감정평가서가 당초 감정목적 이외의 용도로 사용된 것임을 담보권자가 알았다고 단정하기 어려우므로 그를 **악의의 제3자**라고 볼 수 없다.[135] ③ 당초 은행앞으로 제출된 피고(주식회사 ○○○○원)의 감정평가 목적이 담보목적으로 되어 있었고, 의뢰인이 소외 1 주식회사로 되어 있었으며, 리스업자인 원고가 리스계약을 체결한 날 피고에게 감정평가서의 채권기관 명의변경을 요청하자, 피고는 별다른 심사 없이 채권기관 명의를 원고로 변경하여 주었다면, 원고(리스업자)는 당초의 감정평가목적에 따라 자신이 그 감정평가서를 사용할 수 있는 채권기관이라 인식한 **선의의 제3자**에 해당한다고 판단하였다.[136]

(나) 부정사례: ① 원고가 이 사건 토지에 관하여 원심 판시의 근저당권을 취득하는 과정에서 위와 같이 위 감정평가서(이 문서 안에는 이를 감정의뢰 목적 이외에 사용하거나 감정의뢰인 이외의 타인이 사용할 수 없다는 취지의 문구가 명기되어 있다)가 감정의뢰인이 아닌 타인에 의하여 당초의 감정의뢰 내지 평가목적 이외의 용도로 사용된다는 사정을 알고 있었다면, 위의 법리에 비추어 이러한 원고를 위 같은 법률 조항에 규정된 **선의의 제3자**에 해당한다고 말할 수는 없다 하였다.[137] ② 문제가 된 감정평가서는 원래 소외 A가 소외 B와 사이에 화장품 대리점계약을 체결함에 있어 이 ○○아파트를 담보로 제공할 목적으로 위 A의 의뢰에 의하여 작성된 것인 사실, 피고(**감정평가법인**) 소속 직원이 이 ○○아파트에 대한 감정평가서 작성을 위한 현장조사 당시 이 ○○아파트의 소유자라고 자칭하는 사람을 만나 그로부터 이 ○○아파트에 임대사실이 없다는 말을 듣고 그 말을 피고 소속 **감정평가사** 소외 C에게 전달한 사실, 위 C는 이에 따라 이 사건 감정평가서의 ○○아파트감정요항표에 일응 임대상황이 없다고 기재하면서도, 평소 거래관계에 있던 위 B에 대

---

134) 대법원 1999. 9. 7. 선고 99다28661 판결; 대법원 2009. 9. 10. 선고 2006다64627 판결.
135) 대법원 1983. 6. 28. 선고 83다카395 판결.
136) 대법원 2009. 9. 10. 선고 2006다64627 판결.
137) 대법원 1999. 9. 7 선고 99다28661 판결.

하여 전화로 그 현장조사의 경위를 설명하고 담보설정 시 별도의 조사가 필요하다고 고지한 사실, 이에 따라 위 B는 이 ○○아파트의 임대상황을 다시 조사한 끝에 이 ○○아파트에 대항력 있는 임대차가 존재하는 사실을 밝혀내고 위 A와의 화장품 대리점계약 체결을 거절한 사실, 위 A는 그 며칠 뒤 이 사건 감정평가서를 위 B로부터 돌려받아 다른 화장품 제조업체인 원고(D)에게 이를 제출하여 이 ○○아파트를 담보로 제공하고 화장품 대리점계약을 체결하게 되었는데, 이 사건 감정 평가서의 표지 다음 장에는 큰 글자로 "알리는 말씀"이라고 제목을 붙여 그 면 전체에 걸쳐 "감정평가 의뢰목적 이외에 사용하거나 타인(감정평가의뢰인 또는 담보감정평가 시에는 그 확인기관 이외의 자)이 사용할 수 없고 이로 인한 결과에 대하여 피고가 책임을 지지 않는다."는 취지의 기재가 있고, 평가의뢰인은 표지에는 "B"가, 내용에는 "A"로 기재되어 있으며, 평가목적란에는 "담보(B)"로 기재되어 있는 사실을 알 수 있다. 사정이 이와 같다면, 원고는 이 사건 감정평가서의 위와 같은 기재에 비추어 이 사건 감정평가의뢰인과 이를 사용할 상대방이 누구이며, 그 이외의 사람은 사용할 수 없다는 점을 인식하였다고 보아야 할 것이고, 이러한 경우 원고는 구 「지가공시법」 제26조 제1항에 의한 손해배상을 청구할 수 있는 **선의의 제3자**라고 할 수는 없다.[138]

(5) 손해액의 범위

대법원은 ① "불법행위로 인한 재산상 손해는 위법한 가해행위로 인하여 발생한 재산상 불이익, 즉 위법행위가 없었더라면 존재하였을 재산 상태와 위법행위가 가해진 현재의 재산 상태와의 차이 이므로, 낙찰자가 **감정평가법인등**의 불법행위로 인하여 입은 손해도 **감정평가법인등**의 위법한 감정이 없었더라면 존재하였을 재산 상태와 위법한 감정으로 인한 재산 상태와의 차이가 되고, 이는 결국 위법한 감정이 없었다면 낙찰자가 낙찰받을 수 있었던 낙찰대금과 실제 지급한 낙찰대금과의 차액이 되고,[139] ② 담보목적물에 대하여 **감정평가법인등**이 부당한 감정을 함으로써 감정의뢰인이 그 감정을 믿고 정당한 감정가격을 초과한 대출을 한 경우에는 부당한 감정가격에 근거하여 산출된 담보가치와 정당한 감정가격에 근거하여 산출된 담보가치의 차액을 한도로 하여 대출금 중 정당한 감정가격에 근거하여 산출된 담보가치를 초과한 부분이 손해액이 되고,[140] ③ 통상 **감정평가법인등** 으로서는 대출 당시 앞으로 대출금이 연체되리라는 사정을 알기는 어려우므로 대출 당시 **감정평가**

---

138) 대법원 2000. 4. 21 선고 99다66618 판결.
139) 대법원 1998. 9. 22. 선고 97다36293 판결.
140) 대법원 1999. 5. 25. 선고 98다56416 판결; 대법원 2004. 5. 27. 선고 2003다24840 판결; 대법원 2009. 9. 10. 선고 2006다64627 판결.

법인둥이 대출금이 연체되리라는 사정을 알았거나 알 수 있었다는 특별한 사정이 없는 한 연체된 약정 이율에 따른 지연손해금은 **감정평가법인둥**의 부당한 감정으로 인하여 발생한 손해라고 할 수 없다."[141]

라. 보증보험 또는 공제사업 가입 의무

(1) 입법취지는 불법행위로 인한 손해배상책임제도의 목적이 손해의 공평한 분담에 있고 가해행위의 부당성에 대한 배상책임 의무라 할 것이다. 그러나 배상 의무자에게 변제자력이 없다면, 비록 무과실책임에 의하여 피해자에게 손해배상청구권을 인정하더라도 위의 목적을 달성할 수 없게 될 수 있다. 그리고 배상 의무자에게 자력이 있더라도 일시에 많은 배상금을 지급하게 한다면 **감정평가법인둥**의 기업 활동 내지는 개인의 생계(生計)에 심각한 영향을 초래할 수 있다. 따라서 피해자의 구제를 위하여 배상 의무자의 배상능력의 강화를 꾀하지 않을 수 없으며,[142] 그를 위한 수단으로 규정한 것이 보증보험 또는 공제사업에 가입 의무이다.

(2) **감정평가법인둥**은 손해배상책임을 보장하기 위하여 **대통령령**으로 정하는 바에 따라 보증보험에 가입하거나 협회가 운영하는 공제사업에 가입하는 등 필요한 조치를 하여야 한다(법 제28조 제2항 및 영 제23조 제1항). **감정평가법인둥**은 보증보험에 가입한 경우에는 **국토교통부령**으로 정하는 바에 따라 **국토교통부장관**에게 통보하여야 한다(영 제23조 제2항). **감정평가법인둥**이 보증보험에 가입하는 경우 해당 보험의 보험 가입 금액은 **감정평가사** 1인당 1억 원 이상으로 한다(영 제23조 제3항). **감정평가법인둥**은 보증보험금으로 손해배상을 하였을 때에는 10일 이내에 보험계약을 다시 체결하여야 한다(영 제23조 제4항).

(3) **감정평가법인둥**이 법 제28조 제2항을 위반하여 보험 또는 협회가 운영하는 공제사업에 가입하지 아니한 경우에는 **국토교통부장관**은 그 설립인가를 취소(법 제32조 제1항 제11호)하거나 2년 이내의 범위에서 기간을 정하여 업무의 정지를 명할 수 있다.

---

141) 대법원 2007. 4. 12. 선고 2006다82625 판결.
142) 지원림, 민법강의, 홍문당, 2011, 1663~1664면.

3. 채무불이행에 의한 손해배상책임(계약책임)

가. 의의

채무불이행이란 채무자에게 책임 있는 사유로 채무의 내용에 좋은 이행이 이루어지지 않고 있는 상태를 통틀어서 말하며, 이러한 채무불이행의 경우에는 채권자의 손해배상청구권 등의 법률효과가 발생한다. 이러한 유형에는 이행지체, 이행불능, 불완전급부, 기타 행위 의무의 위반 네 가지로 나뉘나, **감정평가법인등**의 손해배상책임은 기타 행위 의무위반의 유형에 속할 것으로 보인다.[143] 아래의 판례들은 「감정평가법」 제28조에 따른 손해배상책임에서는 면책될 수도 있는 것들이나, **감정평가법인등**과 감정평가 의뢰인과 기타 행위 의무의 위반에 따른 책임을 물은 사례들이다.

나. 사례

① 의뢰인의 요청을 따르지 않은 의무위반으로서 감정인이 감정평가서를 직접 송부해 달라는 감정의뢰인인 은행의 요청을 무시하고 감정평가서를 대출신청인에게 교부한 결과 그 감정평가서가 정당한 감정평가액보다 높은 감정평가액으로 위조되고 은행이 그 위조된 감정평가서를 믿고 대출을 하였으나 경매절차에서 일부만 배당받고 나머지 대출원리금이 회수불능 되는 손해를 입게 된 사안에서[144] 기타의 행위 의무의 위반으로 인한 **감정평가법인등**의 계약책임을 인정한 것으로 보인다.

② **감정평가법인등**이 현장 조사 당시 감정 대상 주택이 공실 상태라는 사유만으로 탐문 조사를 생략한 채 감정평가서에 "임대차 없음"이라고 기재했으나 그것이 허위로 밝혀진 경우, **감정평가법인등**은 그로 인해 부실 대출을 한 금융기관의 손해를 배상할 책임에 대하여 원심은[145] 이 사건 협약에 따른 채무불이행이나 불법행위의 책임을 물을 만한 고의나 과실이 있다고 할 수 없고, 이 사건 손해는 오로지 원고의 전적인 과실에 의하여 발생한 것이라고 판단하여 원고(농협)의 위 주장을 배척하였으나, 상고심에서 원심에는 채무불이행에 관한 법리를 오해한 위법이 있다 할 것이고 이와 같은 원심의 위법은 판결 결과에 영향을 미쳤음이 분명하다고 하였고 피고 **감정평가법인등**의 손해배상책임이 있다고 하여 대법원은 원심판결을 파기환송 하였다.[146]

③ **감정평가법인등**이 금융기관과 감정평가업무협약을 체결하면서 감정 목적물인 주택에 관한 임

---

143) 송덕수, 신민법입문, 306면.
144) 대법원 1998. 9. 8. 선고 98다17022 판결.
145) 서울고법 1997. 7. 30. 선고 97나20108 판결.
146) 대법원 1997. 12. 12 선고 97다41196 판결.

대차 사항을 상세히 조사할 것을 약정한 경우, **감정평가법인등**이 현장조사 당시 감정대상 주택 소유자의 처로부터 임대차가 없다는 확인을 받고 감정평가서에 "임대차 없음"이라고 기재하였으나 이후에 임차인의 존재가 밝혀진 경우, **감정평가법인등**은 감정평가서를 근거로 부실 대출을 한 금융기관의 손해를 배상할 책임이 있다고 인정하였고,[147) **감정평가법인등**이 금융기관으로부터 조사를 의뢰받은 담보물건과 관련된 임대차관계 등을 조사함에 있어 단순히 다른 조사기관의 전화조사만으로 확인된 실제와는 다른 임대차관계 내용을 기재한 임대차확인조사서를 제출한 사안에서, **감정평가법인등**에게 감정평가업무협약에 따른 조사 의무를 다하지 아니한 과실이 있으므로, 위와 같은 과실로 인하여 원고가 입은 손해를 배상할 책임이 있다고 판단하였다.[148) 위 모두 **감정평가법인등**의 본연의 업무와 다른 부대업무일지라도 금융기관 협약에 따른 계약책임을 인정하였다.

4. 사용자 책임

감정평가법인등은 사무직원을 지도·감독할 책임이 있다(법 제24조 제2항). **감정평가법인등**의 사무직원에 대한 지도·감독에 대하여 형사책임까지는 지우지 않고 있으나, 2019. 8. 20. 개정(시행 2020. 2. 21. 법률 제16481호)으로, 행정적 책임을 신설하였다(법 제32조 제1항 제11호). 그리고 민법상 사용자 책임도 면하기 어렵다. 즉, **감정평가법인등**은 사용자 책임으로 타인을 사용하여 어느 사무에 종사하게 한 자는 피용자가 그 사무집행에 관하여 제3자에게 가한 손해를 배상할 책임이 있다. 사무직원의 불법행위에 대한 **감정평가법인등**의 손해배상책임 의무이다. 그러나 사용자가 피용자의 선임 및 그 사무감독에 상당한 주의를 한 때 또는 상당한 주의를 하여도 손해가 있을 경우에는 손해배상책임을 면한다(민법 제756조).

Ⅲ. 형사적·행정적 책임[149)

전술한 바와 같이 일정한 행위를 한 자에 대한 형사책임은 법 제49조 내지 제50조의2에서 정하고 있으며 **감정평가법인등**이 아닌 자도 수범자가 될 수 있다.

그리고 행정적 책임으로 **국토교통부장관**은 감정평가법인등에 대하여 **감정평가법인**설립인가 취

147) 대법원 2004. 5. 27 2003다24840 판결.
148) 대법원 2007. 4. 12 선고 2006다82625 판결.
149) 제3장 **감정평가사**/제4절 **감정평가법인등**의 권리와 의무/Ⅲ. **감정평가법인등**의 의무에서 설명하였다.

소나 업무정지처분(법 제32조) 및 과징금부과(법 제41조 내지 제44조)라는 침익적 행정처분을 할 수 있고, 이 밖에도 징계책임(법 제39조)과 행정질서벌로서 과태료처분(법 제52조)을 받을 수 있다.

제6절 감정평가법인

Ⅰ. 감정평가법인 설립·변경의 인가

감정평가사는 감정평가법인등의 업무(법 제10조)를 조직적으로 수행하기 위하여 감정평가법인을 설립할 수 있다(법 제29조 제1항).

감정평가법인의 사원 또는 이사는 감정평가사여야 한다. 다만, 감정평가법인의 대표사원 또는 대표이사는 감정평가사가 아닌 자로 할 수 있으며, 이 경우 감정평가법인의 대표사원 또는 대표이사는 감정평가사 결격사유(법 제12조 각 호)에 해당하는 사람이 아니어야 한다(법 제29조 제2항).[150]

감정평가법인과 그 주사무소(主事務所) 및 분사무소(分事務所)에는 대통령령으로 정하는 수[5명(영 제24조 제1항)] 이상의 감정평가사를 두어야 한다(법 제29조 제3항 전단). 감정평가법인의 주사무소 및 분사무소에 주재하는 최소 감정평가사의 수는 주사무소에 2명, 분사무소에 2명 이상을 두어야 한다(영 제24조 제2항). 이 경우 감정평가법인의 소속 감정평가사는 법 제18조 제1항 각 호[1. 법 제12조 각 호(감정평가사 결격사유)의 어느 하나에 해당하는 경우, 2. 법 제17조 제1항에 따른 실무수습을 받지 아니한 경우, 3. 법 제39조에 따라 자격 또는 등록이 취소된 후 3년이 지나지 아니한 경우, 4. 법 제39조에 따라 업무가 정지된 감정평가사로서 그 업무정지 기간이 지나지 아니한 경우의 어느 하나에 해당하는 경우에는 그 등록을 거부하여야 한다]의 어느 하나에 해당하는 사람이 아니어야 한다(법 제29조 제3항 후단).

감정평가법인을 설립하려는 경우에는 사원이 될 사람 또는 감정평가사인 발기인이 공동으로 다음 각 호 1. 목적, 2. 명칭, 3. 주사무소 및 분사무소의 소재지, 4. 사원(주식회사의 경우에는 발기인)의 성명, 주민등록번호 및 주소, 5. 사원의 출자(주식회사의 경우에는 주식의 발행)에 관한 사항, 6. 업무에 관한 사항을 포함한 정관을 작성하여 대통령령으로 정하는 바에 따라 국토교통부장관의 인가를 받아야 하며, 정관을 변경할 때에도 또한 같다. 다만, 대통령령으로 정하는 경미한 사항의 변경은 신고할 수 있다(법 제29조 제4항). 국토교통부장관은 제4항에 따른 인가의 신청을 받

---

150) 단서 규정이 타당한지 의문스럽다. 가령, 의사 아닌 사람이 병원장을 할 수도 있다는 규정이다.

은 날부터 20일 이내에 인가 여부를 신청인에게 통지하여야 한다(법 제29조 제5항). **국토교통부장관**이 제5항에 따른 기간 내에 인가 여부를 통지할 수 없을 때에는 그 기간이 끝나는 날의 다음 날부터 기산(起算)하여 20일의 범위에서 기간을 연장할 수 있다. 이 경우 **국토교통부장관**은 연장된 사실과 연장 사유를 신청인에게 지체 없이 문서(전자문서를 포함한다)로 통지하여야 한다(법 제29조 제6항).

감정평가법인은 사원 전원의 동의 또는 주주총회의 의결이 있는 때에는 **국토교통부장관**의 인가를 받아 다른 **감정평가법인**과 합병할 수 있다(법 제29조 제7항).

감정평가법인은 해당 법인의 소속 **감정평가사** 외의 사람에게 **감정평가법인등**의 업무(법 제10조)를 하게 하여서는 아니 된다(법 제29조 제8항).

감정평가법인은 「주식회사 등의 외부감사에 관한 법률」 제5조에 따른 회계처리 기준에 따라 회계처리를 하여야 한다(법 제29조 제9항). **감정평가법인**은 「주식회사 등의 외부감사에 관한 법률」 제2조 제2호에 따른 재무제표를 작성하여 매 사업연도가 끝난 후 3개월 이내에 **국토교통부장관**이 정하는 바에 따라 **국토교통부장관**에게 제출하여야 한다(법 제29조 제10항). **국토교통부장관**은 필요한 경우 재무제표가 적정하게 작성되었는지를 검사할 수 있다(법 제29조 제11항). **감정평가법인**에 관하여 이 법에 정한 사항을 제외하고는 「상법」 중 회사에 관한 규정을 준용한다(법 제29조 제12항).

Ⅱ. 해산

감정평가법인은 다음 각 호 1. 정관으로 정한 해산 사유의 발생, 2. 사원총회 또는 주주총회의 결의, 3. 합병, 4. 설립인가의 취소, 5. 파산, 6. 법원의 명령 또는 판결의 어느 하나에 해당하는 경우에는 해산한다(법 제30조 제1항). **감정평가법인**이 해산한 때에는 **국토교통부령**으로 정하는 바에 따라 이를 **국토교통부장관**에게 신고하여야 한다(법 제30조 제2항).

Ⅲ. 자본금 등

감정평가법인의 자본금은 2억 원 이상이어야 한다(법 제31조 제1항). **감정평가법인**은 직전 사업연도 말 재무상태표의 자산총액에서 부채총액을 차감한 금액이 2억 원에 미달하면 미달한 금액을 매 사업연도가 끝난 후 6개월 이내에 사원의 증여로 보전(補塡)하거나 증자(增資)하여야 한다(법 제31조 제2항). 증여받은 금액은 특별이익으로 계상(計上)한다(법 제31조 제3항). **국토교통부장관**은 **감정평가법인**이 보전이나 증자를 하지 아니한 경우에는 기간을 정하여 보전 또는 증자를 명할 수 있다(법 제31조 제4항).

Ⅳ. 인가취소 등

1. 인가취소 등의 사유

국토교통부장관은 **감정평가법인등**이 다음 각 호의 어느 하나에 해당하는 경우에는 그 설립인가를 취소(법 제29조에 따른 **감정평가법인**에 한정한다)하거나 2년 이내의 범위에서 기간을 정하여 업무의 정지를 명할 수 있다. 다만, **제2호 또는 제7호에 해당하는 경우에는 그 설립인가를 취소하여야 하는 강행규정**이다(법 제32조 제1항).

1. **감정평가법인**이 설립인가의 취소를 신청한 경우
2. **감정평가법인등이 업무정지처분 기간 중에 감정평가법인등의 업무(법 제10조)를 한 경우**
3. **감정평가법인등**이 업무정지처분을 받은 소속 **감정평가사**에게 업무정지처분 기간 중에 **감정평가법인등**의 업무(법 제10조)를 하게 한 경우
4. 표준지공시지가기준법 원칙(법 제3조 제1항)을 위반하여 감정평가를 한 경우
5. 법 제3조 제3항에 따른 감정평가준칙을 위반하여 감정평가를 한 경우
6. 법 제6조에 따른 감정평가서의 작성·발급 등에 관한 사항을 위반한 경우
7. **감정평가법인등이 법 제21조 제3항이나 제29조 제3항에 따른 감정평가사의 수에 미달한 날부터 3개월 이내에 감정평가사를 보충하지 아니한 경우**
8. 법 제21조 제4항을 위반하여 둘 이상의 **감정평가사**사무소를 설치한 경우
9. 법 제21조 제5항이나 제29조 제8항을 위반하여 해당 **감정평가사** 외의 사람에게 **감정평가법인등**의 업무(법 제10조)를 하게 한 경우

10. 법 제23조 제3항을 위반하여 수수료의 요율 및 실비에 관한 기준을 지키지 아니한 경우

11. 성실 의무등(법 제25조), 비밀엄수(법 제26조) 또는 명의대여 등의 금지(법 제27조)를 위반한 경우. 다만, 소속 **감정평가사**나 그 사무직원이 청렴 의무(법 제25조 제4항)를 위반한 경우로서 그 위반행위를 방지하기 위하여 해당 업무에 관하여 상당한 주의와 감독을 게을리하지 아니한 경우는 제외한다.

12. 법 제28조 제2항을 위반하여 보험 또는 협회가 운영하는 공제사업에 가입하지 아니한 경우

13. 정관을 거짓으로 작성하는 등 부정한 방법으로 법인설립인가(법 제29조)를 받은 경우

14. 법 제29조 제9항에 따른 회계처리를 하지 아니하거나 같은 조 제10항에 따른 재무제표를 작성하여 제출하지 아니한 경우

15. 법 제31조 제2항 또는 제4항에 따라 기간 내에 미달한 금액을 보전하거나 증자하지 아니한 경우

16. 법 제47조에 따른 지도와 감독 등에 관하여 업무에 관한 사항의 보고 또는 자료의 제출을 하지 아니하거나 거짓으로 보고 또는 제출한 경우나 장부나 서류 등의 검사를 거부, 방해 또는 기피한 경우의 어느 하나에 해당하는 경우

2. 협회의 인가취소 등 요청

협회는 **감정평가법인등**에게 법 제32조 제1항 각 호의 어느 하나에 해당하는 사유가 있다고 인정하는 경우에는 그 증거서류를 첨부하여 **국토교통부장관**에게 그 설립인가를 취소하거나 업무정지처분을 하여 줄 것을 **요청**할 수 있다(법 제32조 제2항).

3. 인가취소 등 공고

국토교통부장관은 설립인가를 취소하거나 업무정지를 한 경우에는 그 사실을 관보에 공고하고, 정보통신망 등을 이용하여 일반인에게 알려야 한다(법 제32조 제3항). 법 제32조 제1항에 따른 설립인가 취소 또는 업무정지 사실의 공고는 다음 각 호 1. **감정평가법인등**의 명칭, 2. 처분내용, 3. 처분사유의 사항을 관보에 공고하고, 국토교통부의 인터넷 홈페이지에 게시하는 방법으로 한다(칙 제23조).

설립인가의 취소 및 업무정지처분은 위반 사유가 발생한 날부터 5년이 지나면 할 수 없다(법 제32조 제4항).

4. 설립인가의 취소와 업무정지에 관한 기준

설립인가의 취소와 업무정지에 관한 기준은 **대통령령**으로 정하고, 제3항에 따른 공고의 방법, 내용 및 그 밖에 필요한 사항은 **국토교통부령**으로 정한다(법 제32조 제5항). 법 제32조 제1항에 따른 **감정평가법인등**의 설립인가 취소와 업무정지의 기준은 [별표 3]과 같다(영 제29조).

[별표 3]

감정평가법인등의 설립인가 취소와 업무정지의 기준(제29조 관련)

1. 일반기준

가. 위반행위의 횟수에 따른 행정처분의 기준은 최근 1년간(제2호하목의 경우에는 최근 3년간을 말한다) 같은 위반행위(근거 법조문 내에서 위반행위가 구분되어 있는 경우에는 그 구분된 위반행위를 말한다)로 행정처분을 받은 경우에 적용한다. 이 경우 위반횟수는 같은 위반행위에 대하여 행정처분을 받은 날과 그 처분 후에 다시 같은 위반행위를 하여 적발된 날을 각각 기준으로 하여 계산한다.

나. 위반행위가 둘 이상인 경우에는 각 처분기준을 합산한 기간을 넘지 않는 범위에서 가장 무거운 처분기준의 2분의 1 범위에서 그 기간을 늘릴 수 있다. 다만, 늘리는 경우에도 총 업무정지기간은 2년을 넘을 수 없다.

다. **국토교통부장관**은 위반행위의 동기·내용 및 위반의 정도 등을 고려하여 처분기준의 2분의 1 범위에서 그 기간을 늘릴 수 있다. 다만, 늘리는 경우에도 총 업무정지기간은 2년을 넘을 수 없다.

라. **국토교통부장관**은 위반행위의 동기·내용 및 위반의 정도 등 다음의 사유를 고려하여 처분기준의 2분의 1 범위에서 그 처분기준을 줄일 수 있다. 이 경우 법을 위반한 자가 천재지변 등 부득이한 사유로 법에 따른 의무를 이행할 수 없었음을 입증한 경우에는 업무정지처분을 하지 않을 수 있다.

 1) 위반행위가 고의나 중대한 과실이 아닌 사소한 부주의나 오류로 인한 것으로 인정되는 경우
 2) 위반의 내용·정도가 경미하여 감정평가 의뢰인 등에게 미치는 피해가 적다고 인정되는 경우
 3) 위반행위자가 처음 위반행위를 한 경우로서 3년 이상 해당 사업을 모범적으로 해 온 사실이 인정된 경우
 4) 위반행위자가 해당 위반행위로 인하여 검사로부터 기소유예 처분을 받거나 법원으로부터 선고유예의 판결을 받은 경우
 5) 위반행위자가 부동산 가격공시 업무 등에 특히 이바지한 사실이 인정된 경우

2. 개별기준

위반행위	근거 법조문	행정처분기준		
		1차 위반	2차 위반	3차 이상 위반
가. **감정평가법인**이 설립인가의 취소를 신청한 경우	법 제32조 제1항 제1호	설립인가 취소		
나. **감정평가법인등**이 업무정지처분 기간 중에 법 제10조에 따른 업무를 한 경우	법 제32조 제1항 제2호	설립인가 취소		
다. **감정평가법인등**이 업무정지처분을 받은 소속 **감정평가사**에게 업무정지처분 기간 중에 법 제10조에 따른 업무를 하게 한 경우	법 제32조 제1항 제3호	업무정지 1개월	설립인가 취소	
라. 법 제3조 제1항을 위반하여 감정평가를 한 경우	법 제32조 제1항 제4호	업무정지 1개월	업무정지 3개월	업무정지 6개월
마. 법 제3조 제3항에 따른 감정평가준칙을 위반하여 감정평가를 한 경우	법 제32조 제1항 제5호	업무정지 1개월	업무정지 2개월	업무정지 4개월
바. 법 제6조에 따른 감정평가서의 작성·발급 등에 관한 사항을 위반한 경우	법 제32조 제1항 제6호			
1) 정당한 이유 없이 타인이 의뢰하는 감정평가업무를 거부하거나 기피한 경우		업무정지 15일	업무정지 1개월	업무정지 2개월
2) 감정평가서의 발급을 정당한 이유 없이 지연한 경우		업무정지 15일	업무정지 1개월	업무정지 2개월

위반행위	근거 법조문	행정처분기준		
		1차 위반	2차 위반	3차 이상 위반
3) 타인이 작성한 감정평가서에 서명·날인한 경우		업무정지 6개월	업무정지 1년	업무정지 2년
4) 감정평가서의 기재사항에 중대한 하자가 있는 경우		업무정지 1개월	업무정지 2개월	업무정지 4개월
5) 감정평가서의 원본과 그 관련 서류를 보존기간 동안 보존하지 않은 경우		업무정지 1개월	업무정지 3개월	업무정지 6개월
사. 감정평가법인등이 법 제21조 제3항이나 법 제29조 제3항에 따른 감정평가사의 수에 미달한 날부터 3개월 이내에 감정평가사를 보충하지 않은 경우	법 제32조 제1항 제7호	설립인가 취소		
아. 법 제21조 제4항을 위반하여 둘 이상의 감정평가사사무소를 설치한 경우	법 제32조 제1항 제8호	업무정지 6개월	업무정지 1년	업무정지 2년
자. 법 제21조 제5항이나 법 제29조 제6항을 위반하여 해당 감정평가사 외의 사람에게 법 제10조에 따른 업무를 하게 한 경우	법 제32조 제1항 제9호	업무정지 3개월	업무정지 6개월	업무정지 1년
차. 법 제23조 제3항을 위반하여 수수료 요율 및 실비에 관한 기준을 지키지 않은 경우	법 제32조 제1항 제10호	업무정지 1개월	업무정지 2개월	업무정지 4개월
카. 법 제25조, 제26조 또는 제27조를 위반한 경우	법 제32조 제1항 제11호			
1) 법 제10조에 따른 업무를 하면서 고의로 잘못된 평가를 한 경우		업무정지 6개월	업무정지 1년	업무정지 2년
2) 법 제10조에 따른 업무를 하면서 중대한 과실로 잘못된 평가를 한 경우		업무정지 3개월	업무정지 6개월	업무정지 1년
3) 법 제10조에 따른 업무를 하면서 신의와 성실로써 공정하게 감정평가를 하지 않은 경우		업무정지 15일	업무정지 1개월	업무정지 2개월
4) 다른 사람에게 자격증·등록증 또는 인가증을 양도 또는 대여하거나 이를 부당하게 행사한 경우		업무정지 1년	업무정지 2년	설립인가 취소
5) 본인 또는 친족의 소유토지나 그 밖에 불공정한 감정평가를 할 우려가 있다고 인정되는 토지 등에 대해 감정평가를 한 경우		업무정지 1개월	업무정지 3개월	업무정지 6개월
6) 토지 등의 매매업을 직접 경영한 경우		업무정지 3개월	업무정지 6개월	업무정지 1년
7) 법 제23조에 따른 수수료 및 실비 외에 그 업무와 관련된 대가를 받은 경우		업무정지 6개월	업무정지 1년	업무정지 2년
8) 정당한 사유 없이 업무상 알게 된 비밀을 누설한 경우		업무정지 3개월	업무정지 6개월	업무정지 1년
타. 법 제28조 제2항을 위반하여 보험 또는 협회가 운영하는 공제사업에 가입하지 않은 경우	법 제32조 제1항 제12호	설립인가 취소		
파. 정관을 거짓으로 작성하는 등 부정한 방법으로 법 제29조에 따른 인가를 받은 경우	법 제32조 제1항 제13호	설립인가 취소		
하. 법 제29조 제7항에 따른 회계처리를 하지 않거나 같은 조 제8항에 따른 재무제표를 작성하여 제출하지 않은 경우	법 제32조 제1항 제14호	업무정지 1개월	업무정지 2개월	업무정지 4개월
거. 법 제31조 제2항 또는 제4항에 따라 기간 내에 미달한 금액을 보전하거나 증자하지 않은 경우	법 제32조 제1항 제15호	업무정지 15일	업무정지 1개월	업무정지 2개월

위반행위	근거 법조문	행정처분기준		
		1차 위반	2차 위반	3차 이상 위반
너. 법 제47조에 따른 지도와 감독 등에 관해 다음의 어느 하나에 해당하는 경우				
1) 업무에 관한 사항을 보고 또는 자료의 제출을 하지 않거나 거짓으로 보고 또는 제출한 경우	법 제32조 제1항 제16호 가목	업무정지 1개월	업무정지 3개월	업무정지 6개월
2) 장부나 서류 등의 검사를 거부, 방해 또는 기피한 경우	법 제32조 제1항 제16호 나목	업무정지 1개월	업무정지 3개월	업무정지 6개월

제7절 한국감정평가사협회[151]

협회의 설립 근거를 규정하고, **감정평가사** 등의 협회 가입을 의무화하였다(법 제33조 및 제35조).

I. 목적 및 설립인가

1. 목적

감정평가사의 품위 유지와 직무의 개선·발전을 도모하고, 회원의 관리 및 지도에 관한 사무를 하도록 하기 위하여 협회를 둔다(법 제33조 제1항).

2. 설립인가

협회는 법인으로 한다(법 제33조 제2항). 협회는 **국토교통부장관**의 인가를 받아 주된 사무소의 소재지에서 설립등기를 함으로써 성립한다(법 제33조 제3항). 협회는 회칙으로 정하는 바에 따라 공제사업을 운영할 수 있다(법 제33조 제4항). 협회의 조직 및 그 밖에 필요한 사항은 **대통령령**으로 정한다(법 제33조 제5항). 법 제33조 제3항에 따라 협회를 설립하려는 경우에는, **감정평가법인**의 소속 **감정평가사** 또는 감정평가사사무소의 소속 **감정평가사**(이하 "**감정평가법인등**"이라 한다) 30인 이상이 발기인이 되어 창립총회를 소집하고, **감정평가법인등** 300인 이상이 출석한 창립총회에서

---

151) 「감정평가법」상 제4장에 속한다.

출석한 **감정평가법인등**의 과반수의 동의를 받아 회칙을 작성한 후 인가 신청서를 **국토교통부장관**에게 제출하여야 한다(영 제30조 제1항). 영 제30조 제1항에 따른 인가 신청서에는 다음 각 호 1. 명칭, 2. 목적, 3. 사무소의 소재지, 4. 임원과 이사회에 관한 사항, 5. 사무국의 설치에 관한 사항, 6. 회원의 가입 및 탈퇴에 관한 사항, 7. 회원의 권리 및 의무에 관한 사항, 8. 회원의 교육·훈련, 평가기법 개발에 관한 사항, 9. 회원의 직무상 분쟁의 조정에 관한 사항, 10. 공제사업의 운영에 관한 사항, 11. 회의에 관한 사항, 12. 회비에 관한 사항, 13. 회계 및 재산에 관한 사항이 포함되어야 한다(영 제30조 제2항). 협회에 관하여 이 법에 규정된 것 외에는 「민법」 중 사단법인에 관한 규정을 준용한다(법 제33조 제6항).

Ⅱ. 회칙

협회는 회칙을 정하여 **국토교통부장관**의 인가를 받아야 한다. 회칙을 변경할 때에도 또한 같다(법 제34조 제1항).

회칙에는 다음 각 호 1. 명칭과 사무소 소재지, 2. 회원가입 및 탈퇴에 관한 사항, 3. 임원 구성에 관한 사항,[152] 4. 회원의 권리 및 의무에 관한 사항, 5. 회원의 지도 및 관리에 관한 사항, 6. 자산과 회계에 관한 사항, 7. 그 밖에 필요한 사항이 포함되어야 한다(법 제34조 제2항).

---

[152] 협회 「직제 규정」(2018. 12. 18 개정) 제3조(조직편제) 제1항에 따르면 협회는 본회와 지회를 두며, 본회는 다음 각 호 1. 자격·연구본부, 2. 정책·전략본부, 3. 통합·홍보본부, 4. 시장·정보본부, 5. 회원지원본부, 6. 비서·조정실의 조직으로 편제하여 우리협회는 5 이사와 1 비서·조정실로 구성되어 있다. 우리의 협회와 유사한 한국세무사회(http://www.kacpta.or.kr/ 개업회원 2019. 1. 5. 기준 12,542명)의 경우 상임이사는 1. 총무이사, 2. 회원이사, 3. 연구이사, 4. 법제이사, 5. 업무이사, 6. 전산이사, 7. 감리이사, 8. 홍보이사, 9. 국제이사 9명의 상임이사로 구성되어 있다. <u>협회도 법학자로서의 전문성을 갖춘 "법제이사"의 신설이 필요하다.</u> 1999년 「지가공시법」에 의해 **감정평가사** 785명으로 구성된 협회를 설립한 이후 현재 약 4,000여명으로 5배의 회원이 증가한 현 시점에서 각종 외부의 법률환경이 엄청난 변화를 맞고 있는 시기에 보다 전문적인 법제이사의 신설은 당연하다. 감정평가 업무와 관련된 민사법·상법의 개정 변화, 수수료와 관련되는 경제법, 특히 공법영역에서 관련 법률의 개정에 대하여 능동적으로 감정평가 관련 법률의 제·개정을 제안할 시점이다. 물론, 합헌적이고 체계정당성(Systemgerechtigkeit)의 원리에 부합한 법률만이 외부환경에 호응을 얻을 것이다. 법제이사는 적극적인 법률의 제·개정에 관한 협회의 의견을 내 놓을 수 있다. 그러기 위해서는 법제이사의 신설에 따른 감정평가관계법규에 관한 꾸준한 연구를 통해서만 가능하다. 감정평가관계법규에 관한 입법의 체계정당성을 갖추기 위해서는 미국·독일·日本 등과의 비교법적 연구가 필요하고, 헌법·행정법·민법·토지공법학 등 제 학회와 꾸준한 토론과 학회 참여를 통하여 합리적인 의견을 끌어내야만 한다. 이러한 참여는 법조계와 입법자와의 교류를 의미한다. 법제이사의 신설은 협회 내부의 회원 권익신장에 당연히 필요할 것이지만, 외부로부터 감정평가관계법규에 관한 토론요청에 즉각 응할 수 있음을 의미한다. 이러한 토론과 교류는 협회의 감정평가 전문성을 높이고, 부가적으로 바람직한 제도개선은 덤이 될 것이다. 조세에 관한 신고·신청·청구 등의 대리 등을 직무로 하는 세무사는 한국세무사회에 법제이사를 두고 있음을 유념할 필요가 있다.

Ⅲ. 회원가입 의무 등

1. 회원가입 의무

감정평가법인등과 그 소속 **감정평가사**는 협회에 회원으로 가입하여야 하며, 그 밖의 **감정평가사**는 협회의 회원으로 가입할 수 있다(법 제35조 제1항). **감정평가사** 등의 협회 가입은 의무 규정이다. 협회에 회원으로 가입한 **감정평가법인등**과 **감정평가사**는 회칙을 준수하여야 한다(법 제35조 제2항).

2. 직업윤리 규정

협회는 회원이 직무를 수행할 때 지켜야 할 직업윤리에 관한 규정을 제정하여야 한다(법 제36조 제1항). 회원은 이에 따른 직업윤리에 관한 규정을 준수하여야 한다(법 제36조 제2항).

3. 자문 등

국가등은 **감정평가사**의 직무(법 제4조)에 관한 사항에 대하여 협회에 업무를 자문하거나 위촉할 수 있다(법 제37조 제1항). 협회는 자문 또는 위촉을 요청받은 경우 그 회원으로 하여금 요청받은 업무를 수행하게 할 수 있다(법 제37조 제2항). 협회는 국가등에 대하여 필요한 경우 감정평가의 관리·감독·의뢰 등과 관련한 업무의 개선을 건의할 수 있다(법 제37조 제3항).

Ⅳ. 회원에 대한 교육·연수 등

협회는 다음 각 호 1. 회원, 2. 법 제17조에 따라 등록을 하려는 **감정평가사**, 3. 법 제24조에 따른 사무직원에 대하여 교육·연수를 실시하고 회원의 자체적인 교육·연수활동을 지도·관리한다(법 제38조 제1항).

교육·연수를 실시하기 위하여 협회에 연수원을 둘 수 있다(법 제38조 제2항). 교육·연수 및 지도·관리에 필요한 사항은 협회가 **국토교통부장관**의 승인을 얻어 정한다(법 제38조 제3항).

제4장 국가 감독처분

국토교통부장관은 국가감독권에 근거하여 **감정평가법인등**에 대하여 행정적 책임의 일환으로 징계처분을 할 수 있고, 업무정지처분을 하여야 하는 경우로서 그 업무정지처분이 「부동산가격공시법」 제3조에 따른 표준지공시지가의 공시 등의 업무를 정상적으로 수행하는 데에 지장을 초래하는 등 공익을 해칠 우려가 있는 경우에는 업무정지처분을 갈음하여 과징금처분을 할 수 있다.

제1절 │ 징계[153)]

I. 의의

일반적으로 징계는 특별권력관계 또는 공법상 특별한 감독관계의 규율·질서를 유지하기 위하여 징계사유에 해당하는 경우에 그 관계에 속하는 자에게 과하는 제재를 말한다. 따라서 「감정평가법」상 징계는 **감정평가법인등**의 의무위반에 대하여 국가가 **감정평가사** 개인에 대한 특별한 감독권 차원에서 질서를 유지하기 위하여 과하는 행정상 제재를 징계벌이라 한다. [154)] 한편, 「감정평가법」상 **감정평가사**에 대한 징계책임은 감정평가법인등의 의무위반에 대한 민·형사책임 이외에 행정적 책임의 하나로서 행정처분으로 행해지는 것을 말한다. 「감정평가법」상 행정적 책임은 징계 규정 이외에도 전술한 사무소의 개설신고 및 **감정평가법인**의 설립인가 취소와 업무정지 처분이 이에 해당한다.

---

153) 「감정평가법」상 제5장에 속한다.
154) 근로관계에서의 징계는 노동법의 영역이므로 논외로 한다.

「감정평가법」상 징계처분은 두 가지 검토 대상이 있다. 첫 번째는 「감정평가법」상 징계의 비교대상은 변호사·변리사·법무사·세무사 등과 같이 국가의 특별한 감독을 받는 자에 대해서 각각 법률로서 정한 징계제도가 검토 대상이다.[155)

두 번째는 징계벌도 고통 내지 불이익의 부과라는 점에서는 형벌과 다를 바가 없다. 그러나 그 목적과 불이익의 구체적인 내용에 있어서는 차이가 있다. 즉, ① 형벌은 국가와 일반사회공공의 질서유지를 목적으로 하나, 징계벌은 국가와 **감정평가법인등**간의 질서유지를 목적으로 하며, ② 형벌은 일반국민을 대상으로 하나, 징계벌은 **감정평가법인등**을 대상으로 하며, ③ 따라서 형벌은 **감정평가법인등**의 자격취소·등록취소 여하에 관계없이 언제나 적용대상이 되나, 징계벌은 자격취소·등록취소 후에는 문제되지 않는다. ④ 그리고 처벌의 내용도 징계벌은 형벌과 달리 **감정평가법인등**이라는 신분상 갖게 되는 이익의 박탈 내지 제한과 관련한다. 따라서 양자는 목적·내용 등에 있어서 상이하므로, 하나의 행위에 대하여 병과할 수 있다. 즉, 양자의 병과는 일사부재리의 원칙(헌법 제13조 제1항)에[156) 반하는 것이 아니다.[157) 그러나 징계처분에도 일사부재리의 원칙이 적용된다.

II. 징계의 사유

징계의 사유란 징계처분을 받게 되는 **감정평가사**의 법정 위반행위이다. 징계사유의 발생에 있어서는 행위자의 고의·과실의 유무와 관계없이 아래의 사유에 해당하기만 하면 성립할 것이나,[158) 아래 법 제39조 제1항 제11호에서는 과실범을 제외하고 있다. 그리고 최소한 고의·과실의 유무가 징계의 양정에 있어서의 고려사항은 된다고 보는 견해가 있다.[159)

국토교통부장관은 **감정평가사**가 다음 각 호 1. 법 제3조 제1항에 따른 표준지공시지가기준법

---

155) 특별권력관계에 있어서 그 질서유지 차원의 제재, ① 「국가공무원법」 및 「지방공무원법」의 직무상 의무위반 또는 직무태만 및 체면 또는 위신의 손상 등의 사유에 의한 징계처분, ② 법관·검사·교원 등과 같이 특히 강력한 신분보장이 요구되는 공무원에 대한 징계처분(법관징계법, 검사징계법, 교육공무원법·사립학교법), ③ 국회의원 및 지방의원에 대한 징계, ④ 학교·교도소·소년원 등의 영조물에 있어서도 학생·재감자(在監者)·피수용자(被收容者) 등에 대하여 행하는 징계들이 있다.

156) 「형사소송법」상으로는 어떤 사건에 대하여 유죄 또는 무죄의 실체적 판결 또는 면소(免訴)의 판결이 확정되었을 경우, 판결의 기관력(旣判力 : 판결의 구속력)의 효과로서 동일사건에 대하여 두 번 다시 공소의 제기를 허용하지 않는 원칙을 말한다. 「헌법」은 "동일한 범죄에 대하여 거듭 처벌받지 아니한다."고 규정하여 이 원칙을 명문화하고 있다.

157) 홍정선, 기본행정법, 박영사, 2013, 376면; 대법원 2001. 11. 9. 선고 2001두4184 판결.

158) 류지태·박종수, 행정법신론, 837면; 김동희, 행정법Ⅱ, 180면.

159) 김남진·김연태, 행정법Ⅱ, 266면.

원칙 감정평가기준을 위반하여 감정평가를 한 경우, 2. 법 제3조 제3항에 따른 감정평가준칙을 위반하여 감정평가를 한 경우, 3. 법 제6조에 따른 감정평가서의 작성·발급 등에 관한 사항을 위반한 경우, 4. 업무정지처분 기간에 법 제10조에 따른 **감정평가법인등**의 업무를 하거나 업무정지처분을 받은 소속 **감정평가사**에게 업무정지처분 기간에 법 제10조에 따른 업무를 하게 한 경우, 5. 법 제17조 제1항 또는 제2항에 따른 등록이나 갱신등록을 하지 아니하고 **감정평가법인등**의 업무를 수행한 경우, 6. 구비서류를 거짓으로 작성하는 등 부정한 방법으로 제17조 제1항 또는 제2항에 따른 등록이나 갱신등록을 한 경우, 7. 법 제21조에 따른 사무소개설신고 의무를 위반하여 감정평가업을 한 경우, 8. 법 제23조 제3항을 위반하여 수수료의 요율 및 실비에 관한 기준을 지키지 아니한 경우, 9. 법 제25조에 따른 성실 의무 등, 법 제26조에 따른 비밀누설금지 또는 법 제27조에 따른 자격증 명의대여 등의 금지를 위반한 경우, 10. 법 제47조에 따른 **국토교통부장관**의 지도와 감독 등에 관하여 다음 각 목 가. 업무에 관한 사항의 보고 또는 자료의 제출을 하지 아니하거나 거짓으로 보고 또는 제출한 경우, 나. 장부나 서류 등의 검사를 거부 또는 방해하거나 기피한 경우의 어느 하나에 해당하는 경우, 11. **감정평가사의 직무와 관련하여 금고 이상의 형을 2회 이상 선고받아 (집행유예를 선고받은 경우를 포함한다) 그 형이 확정**된 경우(다만, **과실범의 경우는 제외**한다), 12. 이 법에 따라 **업무정지 1년 이상의 징계처분을 2회 이상 받은 후 다시** 법 제39조 **제1항에 따른 징계사유가 있는 사람으로서 감정평가사의 직무를 수행하는 것이 현저히 부적당하다고 인정되는 경우**의 어느 하나에 해당하는 경우에는 법 제40조에 따른 감정평가관리·징계위원회의 의결에 따라 법 제39조 제2항 각 호의 어느 하나에 해당하는 징계를 할 수 있다.

다만, **자격의 취소에 따른 징계**는 제11호, 제12호를 위반한 경우 및 **법 제27조를 위반하여 다른 사람에게 자격증·등록증 또는 인가증을 양도 또는 대여한 경우에만** 할 수 있다(법 제39조 제1항).

Ⅲ. 징계의 유형

징계의 유형은 「감정평가법」에서 정하고 있는 법정 징계와 법정하고 있지 않는 비법정 징계 사항으로 분류할 수 있다.

1. 법정 징계

감정평가사에 대한 징계의 종류는 ① 자격취소, ② 등록취소, ③ 2년 이하의 업무정지, ④ 견책 (譴責)(법 제39조 제2항)으로서 4가지 유형이다.

기획재정부장관이 세무사에 대하여 행하는 징계의 종류는 ① 등록취소, ② 2년 이내의 직무정지, ③ 1천만 원 이하의 과태료, ④ 견책 4가지이다(세무사법 제17조 제2항). 특이한 것은 과태료 처분 을 징계처분에 포함한 것인데, 이는 행정질서벌이 별도로 없기 때문에 징계 종류에 포함하고 있다. 따라서 「감정평가법」상의 자격취소를 제외시킨 징계처분에 행정질서벌을 포함한 것이 세무사의 징 계 유형이다. 시사점은 「세무사법」에서는 자격취소의 징계는 없다는 점이다.

변호사에 대한 징계는 다음 ① 영구제명, ② 제명, ③ 3년 이하의 정직, ④ 3천만 원 이하의 과태 료, ⑤ 견책, 다섯 종류로 한다(변호사법 제90조). 여기서 영구제명은 대한변호사협회에서 회원자 격의 영원한 박탈이지 자격박탈이 아니다. 변호사의 징계는 대한변호사협회에 설치된 변호사징계 위원회가 하고(변호사법 제92조 제1항), 대한변호사협회장이 집행한다(변호사법 제98조의5 제1 항). 그리고 대한변호사협회와 법무부에 각각 변호사징계위원회를 두는데(변호사법 제92조 제2항), 법무부징계위원회는 변협징계위원회의 징계 결정에 대한 이의신청 사건을 심의한다(변호사법 제96 조). 따라서 변협징계위원회 징계결정은 원처분의 성격이다.[160]

日本의 경우는 우리나라 「감정평가법」 제25조 제1항에 해당하는 고의 또는 중대한 과실로 잘못 된 평가를 한 경우에 해당하는, 부동산감정사가 고의적으로 부당한 부동산의 감정평가를 행한 때, 1년 이내의 기간을 정하여 업무를 정지(禁止)하거나 등록을 취소(削除)할 수 있고,[161] 상당한 주의 를 게을리하여 부당한 감정평가를 행한 때에는 징계처분으로 견책(戒告)을[162] 하거나 1년 이하의 업무정지를 할 수 있다.[163]

---

160) 이 밖에도 **감정평가사**의 경우 협회에서 비법정 징계사항을 정하고 있다. 회칙 제6조에 따른 회원에 대한 징계양정 과 처분 등 징계 관련 기준 등의 절차에 관한 사항을 정하기 위하여 「징계양정 및 처분에 관한 규정」(이하 "징계규 정"이라 한다)을 두고 있다. 징계대상으로 징계위원회는 다음 각 호 1. 윤리·조정위원회로부터 「윤리·조정 및 지 도·점검에 관한 기준(이하 "윤리기준"이라 한다) 제10조, 제18조 규정 또는 제19조 단서 규정에 따라 징계 건의를 받은 경우, 2. 윤리·조정위원회로부터 윤리기준 제21조에 따라 징계 건의를 받은 경우, 3. **국토교통부장관**으로부터 "시정" 이상의 징계처분을 받은 경우의 어느 하나에 해당되는 경우에 한정하여 징계양정 및 처분을 심의·의결할 수 있다. **감정평가사** 회원에 대한 징계의 종류는 다음 각 호 1. 영구제명, 2. 제명, 3. 회원의 자격정지, 4. 감정평 가정보 이용 제한, 5. 법원(경매·소송)감정인의 선정·추천 제한, 6. 경고, 7. 주의와 같다(징계규정 제5조 제1항). **감정평가법인등** 회원에 대한 징계의 종류는 다음 각 호 1. 감정평가정보 이용 제한, 2. 법원(경매·소송)감정인 선 정·추천제한, 3. 협회 추천·배정물건의 추천제한 또는 배정제한, 4. 경고, 5. 주의와 같다(징계규정 제5조 제1항). 이러한 「징계규정」은 「변호사법」과는 달리 **국토교통부장관**에 대한 법정 징계처분이 있으므로, 이중적으로 제재를 정하고 있어 재론의 여지가 있다.
161) 日本은 우리나라의 등록의 취소를 등록의 삭제라 한다.
162) 日本의 계고(戒告)는 우리나라의 견책에 해당한다.

사견으로는 「세무사법」은 세무사 자격취소 규정을 두고 있지 않다는 점, 「변호사법」상의 영구제명은 변호사협회에서 제명된다는 점이고 감독기관(법무부장관)이 아닌 변협징계위원회에서 자율적으로 징계벌이 결정되는 점, 日本 不動産鑑定士의 경우 공적평가와 민간평가 모두를 부동산감정사가 수행하고 있는 상황인데 비하여 우리나라는 부동산가격공시 등 공적업무를 한국감정원에서 수행하고 있는 감정평가 3법과 비교법적으로 검토할 때, 「변호사법」·「세무사법」 등 상호 배타적인 비교집단 간의 불평등한 징계양정이 될 수 있어서 입법 개선의 여지가 있어 보인다.

2. 비법정 징계의 법적 근거 문제

(1) 위의 「감정평가법」에 따른 법정 징계 이외에도, 경고·주의 등 행정처분에 의한 징계가 행해지는 바, 이를 **편의상** 비법정 징계라 부르기로 한다.

「국가공무원복무·징계예규」 등에[164] 따르면 경고·주의[165] 등 처분의 종류 및 요건을 다음과 같이 정의하고 있다. 경고는 징계책임을 물을 정도에 이르지 아니한 사항이나 비위의 정도가 주의보다 중하여 해당 공무원에게 과오를 반성하도록 경고할 필요가 있는 경우, 시효의 완성으로 징계사유가 소멸되어 다른 조치가 곤란할 때, 주의 처분을 받은 자가 1년 이내에 동일 사유 또는 다른 비위 사유로 다시 주의에 해당되는 비위를 저질렀을 경우와 같이 엄중 경고할 필요가 있는 경우의 처분을 말한다. 주의는 비위의 정도가 경미하다고 판단되어 그 잘못을 반성하게 하고 앞으로는 그러한 행위를 다시 하지 않도록 해당 공무원을 지도할 필요가 있는 경우의 처분을 말한다.

「표준지공시지가 조사·평가를 위한 감정평가업자 선정에 관한 기준」 제2항 제9호에 따르면 선정기준일 이전 3년간 **국토교통부장관**으로부터 3회 이상의 주의를 받은 **감정평가사**는 표준지공시지가의 조사·평가를 수행할 수 없다.[166] 이 경우 경고 1회는 주의 2회로 본다. 이 밖에도 **감정평가법인등**은 경고·주의 등 처분에 의한 행정적 징계만으로도 많은 업무상 제한이 따른다.

(2) **감정평가사**가 「감정평가법」 제8장 벌칙 적용에서 공무원으로 의제되기는 하나, 경고·주의 등의 비법정 징계처분의 법적 근거는 모호하다. 가령 법 제47조에 따른 지도·감독권이나 법 제40

---

163) 日本 「鑑定評価法」 제40조 제1항 및 제2항.

164) 동 예규는 「국가공무원법」, 「공무원 징계령」(대통령령 제28890호) 및 「공무원 징계령 시행규칙」 등 공무원 징계관련 법령에서 위임한 사항 및 동 법령의 시행을 위하여 필요한 사항을 정한 것으로 인사혁신처 예규 제64호(2018. 12. 18.)로 제정되었다. 이 밖에도 부처별로 「국무조정실 및 국무총리비서실 "주의·경고" 처분에 관한 지침」(국무조정실지침 제117호), 「기획재정부 경고·주의 등 처분 지침」(기획재정부훈령 제346호)이 있다.

165) 日本은 우리나라의 경고를 훈고(訓告)라 한다.

166) 2018. 10. 23. 일부개정(시행 2018. 10. 29. 국토교통부고시 제2018-630호).

조 제1항 감정평가관리·징계위원회의 심의·의결사항으로 "그 밖에 감정평가와 관련하여 **국토교통부장관**이 부의하는 사항(제5호)"을 근거 규정으로 볼 수도 있을지? 그러나 **사견**은 「감정평가법」의 명시적 규정이 없는 **국토교통부장관**의 비법정 징계처분은 법률유보원칙에 위배될 수 있다. 그리고 경고·주의라는 징계벌은 국민의 권리와 이익을 침해하는 제재적 처분이므로 이를 구체적으로 정하지 않는 경우 법률 명확성 원칙에 배치될 수 있다.

3. 징계의 적정성 판단기준

징계양정의 적정성의 문제는 징계사유와 징계유형간의 상관관계, 즉, **감정평가법인등**의 비위행위에 대하여 가해지는 징계의 종류와 내용의 적정함을 의미한다. 판례는 징계처분의 선택재량은 원칙적으로 징계권자의 재량에 속한다 할 것이나, 이와 같은 재량은 징계권자의 자의에 맡겨져 있는 것이 아니라 징계사유와 징계처분 사이에 사회통념상 상당하다고 인정되는 균형이 요구되고, 가벼운 징계사유에 대하여 무거운 제재를 과하는 것은 징계권의 남용으로서 무효라고 일관되게 판단하고 있다.[167] 즉 당해 징계조치보다 가벼운 징계수단을 선택하여 징계의 목적을 달성할 수 있음에도 불구하고 보다 중한 징계 조치를 취하였다면 이는 징계권자가 징계에 관한 재량권을 남용한 경우로서 정당한 징계라 할 수 없게 되는 바, 외형상으로는 적법한 징계사유가 있다고 하더라도 그 징계가 반드시 정당한 것이라고 말할 수는 없게 되는 것이다.[168]

IV. 징계의 절차

1. 감정평가관리·징계위원회

가. 법적 성격

2008년 12월 31일 중앙정부의 행정기관위원회 운영의 민주성·투명성·효율성을 제고하기 위하여, 「행정기관 소속 위원회의 설치·운영에 관한 법률」(이하 "행정기관위원회법"이라 한다)을 제정하였다.[169]

---

167) 대법원 1998. 11. 10. 선고 97누18189 판결; 2008. 1. 31. 선고 2005두8269 판결; 대법원 2014. 6. 26. 선고 2014두35799 판결 등.
168) 김경태, "징계양정의 적정성 판단기준에 대한 검토", 법학논총 제31집 제4호, 2014, 312면.
169) 2017년 6월 현재, 법률과 **대통령령**에 근거한 행정기관위원회는 총 556개이다. 이 중 대통령, 국무총리 및 중앙행정

우리나라 행정기관위원회는 독임제 기관에 대응하는 개념으로써 위원회·심의회·협의회 등 명칭을 불문하고 행정기관 소관 사무에 관하여 자문에 응하거나 조정·협의·심의 또는 의결 등을 하기 위하여 복수의 구성원으로 이루어진 합의제 기관을 말한다. 이 위원회는 법령에 따라 설치된 것에 한정된다.[170] 법령에는 법률·명령 및 지방자치단체의 조례 및 규칙도 포함되고, 상위법령의 위임에 근거한 고시·훈령·지침 등의 행정규칙에 의한 위원회도 포함된다.[171] 감정평가관리·징계위원회는 자문위원회에 속한다.

나. 심의 또는 의결 사항

다음 각 호 1. 감정평가 관계 법령의 제정·개정에 관한 사항 중 **국토교통부장관**이 부의하는 사항, 2. 제14조에 따른 **감정평가사**시험에 관한 사항, 3. 제23조에 따른 수수료의 요율 및 실비의 범위에 관한 사항, 4. 제39조에 따른 징계에 관한 사항, 5. 그 밖에 감정평가와 관련하여 **국토교통부장관**이 부의하는 사항을 **심의 또는 의결**하기 위하여 국토교통부에 감정평가관리·징계위원회(이하 "위원회"라 한다)를 둔다(법 제40조 제1항).

기관에 설치된 행정위원회가 38개, 자문위원회가 518개이다(행정안전부, 2017년 행정기관위원회 현황, 1~8면).

170) 김종세, "중앙정부의 행정기관위원회의 현황과 개선방향", 한양법학 제27권 제2집(통권 제54집), 2016, 89면.

171) 행정기관위원회는 행정위원회와 자문위원회로 나뉜다. 전자의 예로는 대통령 소속의 개인정보보호위원회, 규제개혁위원회 2곳, 국무총리 소속으로 사행산업통합감독위원회 등 11곳, 중앙노동위원회 등 고용노동부 소속 3곳, 국사편찬위원회 등 교육부 소속 2곳, 국민권익위원회 소속의 중앙행정심판위원회 등 합계 38개의 위원회가 있다. 「정부조직법」 제5조는 행정기관에는 그 소관사무의 일부를 독립하여 수행할 필요가 있는 때에는 법률로 정하는 바에 따라 행정위원회 등 합의제행정기관을 둘 수 있도록 하여 행정위원회의 설치 근거를 명시하고 있다. 행정위원회는 법률에 의하여 행정기관 소관사무의 일부를 부여받아 독자적으로 그 권한을 행사하는데, 집단적 의사결정을 하며, 규칙을 제정하는 준입법적 활동 및 재결을 행하는 준사법적 활동을 수행하고, 독임제행정청에 비해 행정의 안정성의 확보에 기여한다. 또한 행정위원회는 산하에 보좌기관을 운용하는 경우가 많고, 법적 구속력이 있다(김종세, 앞의 논문, 90면). 후자의 예로는 대통령 소속의 문화융성위원회, 청년위원회 등 16곳을 비롯하여 국무총리 소속의 국토정책위원회, 새만금위원회, 문화다양성위원회 및 환경부 소속의 빛공해방지위원회 등 518개의 위원회가 있다. 「정부조직법」 제4조는 "행정기관에는 그 소관사무의 범위에서 필요한 때에는 자문기관 등을 둘 수 있다."고 규정함으로써 설치 근거를 명시하고 있다. 또한 「행정기관통칙」 제2조 4호에서는 "자문기관이라 함은 부속기관 중 행정기관의 자문에 응하여 행정기관에 전문적인 의견을 제공하거나, 자문을 구하는 사항에 관하여 심의·조정·협의하는 등 행정기관의 의사결정에 도움을 주는 행정기관을 말한다."고 규정하고, 「행정기관위원회법」은 위원회의 설치·구성·운영 등에 대한 내용을 담고 있으며 자문위원회 구성시에도 이에 따르도록 규정하고 있다. 자문위원회는 주로 행정기관의 자문에 응하여 전문적인 의견을 제공하거나, 자문을 구하는 사항에 관하여 심의·조정·협의하는 등 행정기관의 의사결정에 도움을 주는 기능을 한다. 자문위원회는 대부분 기존의 행정인력을 활용하고 있으며, **대통령령**에서 정한 사항을 제외하고는 별도의 사무국을 설치할 수 없으며, 일반적으로 법적 구속력을 가지고 있지 않다(김종세, 앞의 논문, 90~91면).

다. 구성과 운영

그 밖에 위원회의 구성과 운영 등에 필요한 사항은 **대통령령**으로 정한다(법 제40조 제2항).

(1) 감정평가관리·징계위원회의 구성

위원회는 위원장 1명과 부위원장 1명을 포함하여 13명의 위원으로 구성하며, 성별을 고려하여야 한다(영 제37조 제1항).

위원회의 위원장은 제3항 제2호 또는 제3호의 위원 중에서, 부위원장은 같은 항 제1호의 위원 중에서 **국토교통부장관**이 위촉하거나 지명하는 사람이 된다(영 제37조 제2항).

위원회의 위원은 다음 각 호 1. 국토교통부의 4급 이상 공무원 중에서 **국토교통부장관**이 지명하는 사람 3명, 2. 변호사 중에서 **국토교통부장관**이 위촉하는 사람 2명, 3. 「고등교육법」에 따른 대학에서 토지·주택 등에 관한 이론을 가르치는 조교수 이상으로 재직하고 있거나 재직하였던 사람 중에서 **국토교통부장관**이 위촉하는 사람 4명, 4. 협회의 장이 소속 상임임원 중에서 추천하여 **국토교통부장관**이 위촉하는 사람 1명, 5. 한국부동산원장이 소속 상임이사 중에서 추천하여 **국토교통부장관**이 위촉하는 사람 1명, 6. **감정평가사** 자격을 취득한 날부터 10년 이상 지난 **감정평가사** 중에서 **국토교통부장관**이 위촉하는 사람 2명의 사람이 된다(영 제37조 제3항). 영 제37조 제3항 제2호부터 제6호까지의 위원의 임기는 2년으로 하며, 한 차례만 연임할 수 있다(영 제37조 제4항).

(2) 위원의 제척·기피·회피

위원회 위원(이하 "위원"이라 한다)이 다음 각 호 1. 위원 또는 그 배우자나 배우자였던 사람이 해당 안건의 당사자가 되거나 그 안건의 당사자와 공동권리자 또는 공동의무자인 경우, 2. 위원이 해당 안건의 당사자와 친족이거나 친족이었던 경우, 3. 위원이 해당 안건에 대하여 증언, 진술, 자문, 연구, 용역 또는 감정을 한 경우, 4. 위원이나 위원이 속한 법인·단체 등이 해당 안건의 당사자의 대리인이거나 대리인이었던 경우, 5. 위원이 해당 안건의 당사자와 같은 **감정평가법인** 또는 **감정평가사**사무소에 소속된 경우의 어느 하나에 해당하는 경우에는 위원회의 심의·의결에서 제척(除斥)된다(영 제38조 제1항).

해당 안건의 당사자는 위원에게 공정한 심의·의결을 기대하기 어려운 사정이 있는 경우에는 위원회에 기피 신청을 할 수 있고, 위원회는 의결로 기피 여부를 결정한다. 이 경우 기피 신청의 대상인 위원은 그 의결에 참여할 수 없다(영 제38조 제2항). 위원이 제1항 각 호의 제척 사유에 해당하는 경우에는 스스로 해당 안건의 심의·의결에서 회피(回避)하여야 한다(영 제38조 제3항).

(3) 위원의 지명 철회·해촉

국토교통부장관은 제37조 각 호의 위원이 다음 각 호 1. 심신장애로 인하여 직무를 수행할 수 없게 된 경우, 2. 직무와 관련된 비위사실이 있는 경우, 3. 직무태만, 품위손상이나 그 밖의 사유로 인하여 위원으로 적합하지 아니하다고 인정되는 경우, 4. 제38조 제1항 각 호의 어느 하나에 해당하는 데에도 불구하고 회피하지 아니한 경우, 5. 위원 스스로 직무를 수행하는 것이 곤란하다고 의사를 밝히는 경우의 어느 하나에 해당하는 경우에는 해당 위원에 대한 지명을 철회하거나 해당 위원을 해촉(解囑)할 수 있다(영 제39조).

(4) 위원장의 직무

위원회의 위원장(이하 이 조에서 "위원장"이라 한다)은 위원회를 대표하고, 위원회의 업무를 총괄한다(영 제40조 제1항). 위원장은 위원회의 회의를 소집하고 그 의장이 된다(영 제40조 제2항). 위원장이 부득이한 사유로 직무를 수행할 수 없을 때에는 부위원장이 그 직무를 대행하며, 위원장 및 부위원장이 모두 부득이한 사유로 직무를 수행할 수 없는 때에는 위원장이 지명하는 위원이 그 직무를 대행한다. 다만, 불가피한 사유로 위원장이 직무를 대행할 위원을 지명하지 못할 경우에는 **국토교통부장관**이 지명하는 위원이 그 직무를 대행한다(영 제40조 제3항).

(5) 소위원회 구성

영 제34조 제1항에 따른 징계의결 요구 내용을 검토하기 위해 위원회에 소위원회를 둘 수 있다(영 제40조의2 제1항). 소위원회의 설치·운영에 필요한 사항은 위원회의 의결을 거쳐 위원회의 위원장이 정한다(영 제40조의2 제2항).

(6) 당사자의 출석 및 위원회의 의결

당사자는 위원회에 출석하여 구술 또는 서면으로 자기에게 유리한 사실을 진술하거나 필요한 증거를 제출할 수 있다(영 제41조). 위원회의 회의는 재적위원 과반수의 출석으로 개의(開議)하고, 출석위원 과반수의 찬성으로 의결한다(영 제42조).

2. 징계요구절차

협회는 **감정평가사**에게 법 제39조 제1항 각 호의 어느 하나에 해당하는 징계사유가 있다고 인정하는 경우에는 그 증거서류를 첨부하여 **국토교통부장관**에게 징계를 **요청**할 수 있다(법 제39조 제3항). 그러나 **감정평가사**에 대한 **징계의결의 요구는 국토교통부장관의 요구**에 따라 감정평가관리·징계위원회가 **의결**한다(법 제39조 제6항).

3. 자격증과 등록증의 반납 및 공고

자격이 취소된 사람은 자격증과 등록증을 **국토교통부장관**에게 반납하여야 하며, 등록이 취소되거나 업무가 정지된 사람은 등록증을 **국토교통부장관**에게 반납하여야 한다(법 제39조 제4항). 등록취소의 공고(법 제19조 제2항·제4항)에 관한 조항은 징계의 사유 및 종류(법 제39조 제1항과 제2항) 규정에 따라 자격 취소 또는 등록 취소를 하는 경우에 준용한다(법 제39조 제5항).

4. 징계의 시효

징계의결은 **국토교통부장관**의 요구에 따라 하며, 징계의결의 요구는 위반사유가 발생한 날부터 5년이 지나면 할 수 없다(법 제39조 제6항). 징계사유의 발생기산점은 비위행위가 종료된 때이며, 5년을 경과할 때의 계산은 위원회의 징계의결요구서가 **국토교통부장관**에게 도달(접수)된 때를 기준으로 한다는 견해가 있으나,[172] 처분의 상대방에게 도달한 때로 볼 수도 있다.

V. 징계에 대한 불복

징계는 처분에 해당하므로 행정쟁송을 통하여 다툴 수 있다. 징계사유가 발생한 경우, 어떠한 징계처분을 할 것인가 하는 것은 징계권자의 재량행위(특히, 선택재량)라는 것이[173] 통설·판례[174]이다.[175] 그러나 징계 양정에 관해 별도의 규정은 보이지 않는다.[176]

---

172) 김동희, 행정법Ⅱ, 180면.
173) 김남진·김연태, 행정법Ⅱ, 268면.
174) 대법원 2008. 10. 9. 선고 2006두13626 판결.
175) 김철용, 행정법(제6판), 824면.
176) 징계의 한 종류인 등록의 취소가 다투어진 사례로, 제4절 **감정평가법인등**의 권리와 의무 및 책임/7. 자격증 등의 부당한 사용 금지에서 대법원 2013. 10. 24. 선고 2013두3306 판결을 참고하라.

제2절 과징금[177]

Ⅰ. 과징금의 의의

과징금이란 행정법상의 의무위반자에 대하여 과하는 금전벌의 일종이라 할 수 있다. 과징금제도는 본래 행정법규의 위반자에게 경제적 이익이 발생한 경우 그 이익을 박탈함으로써 간접적으로 행정법상의 의무를 이행시키고자 하는 제도로 도입된 것으로 알려져 있다. 본래 부당이득금 박탈적 성격의 것으로서 도입된 과징금은 그 뒤 여타의 많은 법률에 도입되는 동시에, 그의 성격에도 변화가 일어났다. 즉, 다수국민이 이용하는 사업이나 국가·사회에 중대한 영향을 미치는 사업을 시행하는 자가 행정법규를 위반한 경우, 그 위반자에 대하여 영업정지 등 처분을 하게 한다면 국민에게 생활상 불편을 주는 경우 등 제재적 처분에 갈음하여 과하는 금전상의 제재로서 활용되는 경향으로 변화한 것이다. 부당이득금 박탈적 성격의 과징금이든 변형된 형태의 과징금이든, 과징금은 직접적으로는 과거의 의무위반에 대한 제재를 가하는 수단으로서 장래의 의무이행을 강제하는 것을 직접 목적으로 하는 이행강제금과는 구별된다.[178][179]

Ⅱ. 과징금의 부과

1. 의의

국토교통부장관은 **감정평가법인등**이 업무정지처분사유(법 제32조 제1항 각 호)에 해당되어 업무

---

178) 김연태, "건축법상 이행강제금 부과의 요건과 한계에 관한 고찰", 고려법학 제70호, 2013. 9., 161~162면.
179) 법제처는 구 「부감법」 제27조에 따라 **국토교통부장관**에게 **감정평가사**사무소의 개설신고를 하고 감정평가업을 영위하는 **감정평가법인등**에 대하여, **국토교통부장관**이 같은 법 제42조의3 제1항에 따라 업무정지처분을 갈음하여 부과한 과징금처분이 같은 법 제42조의2 제1항에 따른 징계처분에 해당하는지에 대한 법령해석에서, **국토교통부장관**이 구 「부감법」 제42조의3의 과징금제도는 **감정평가법인등**에 대한 업무정지처분을 갈음하여 과징금을 부과할 수 있도록 한 것으로서, 이와 같은 **과징금 제도**의 취지는 행정법규 위반에 대하여 업무정지를 명하여야 하는 경우 행정법규위반자인 사업자의 업무를 정지함으로써 시민 등이 더 큰 불편을 겪거나 국민경제에 적지 않은 피해를 주는 등 공익을 해할 우려가 있는 경우에 그 업무정지로 인하여 초래될 공익에 대한 침해 등의 문제를 고려하여 업무정지를 하지 않고 그 대신 그 업무로 인한 이익을 박탈하려는 제도로서 같은 법 제42조의2 제1항에 따른 **영업정지처분**과는 별개의 독립된 행정제재라고 할 것이라고 해석하였다(법제처 법령해석 사례, 민원인 - **감정평가법인등**에 대한 과징금 부과처분이 **감정평가사**에 대한 징계에 해당하는지(「부동산가격공시법」 제42조의3 등 관련), 안건번호 14-0499, 회신일자 2014. 8. 29.).

정지처분을 하여야 하는 경우로서 그 업무정지처분이 「부동산가격공시법」 제3조에 따른 표준지공시지가의 공시 등의 업무를 정상적으로 수행하는 데에 지장을 초래하는 등 공익을 해칠 우려가 있는 경우에는 업무정지처분을 갈음하여 5천만 원(**감정평가법인**인 경우는 5억 원) 이하의 과징금을 부과할 수 있다(법 제41조 제1항).

2. 부과기준

과징금의 부과기준 등에 필요한 사항은 **대통령령**으로 정한다(법 제41조 제4항). 법 제41조에 따른 과징금의 부과기준은 다음 각 호 1. 위반행위로 인한 [별표 3] 제2호의 개별기준에 따른 업무정지 기간이 1년 이상인 경우: 법 제41조 제1항에 따른 과징금최고액(이하 "과징금최고액"이라 한다)의 100분의 70 이상을 과징금으로 부과, 2. 위반행위로 인한 [별표 3] 제2호의 개별기준에 따른 업무정지 기간이 6개월 이상 1년 미만인 경우: 과징금최고액의 100분의 50 이상 100분의 70 미만을 과징금으로 부과, 3. 위반행위로 인한 [별표 3] 제2호의 개별기준에 따른 업무정지 기간이 6개월 미만인 경우: 과징금최고액의 100분의 20 이상 100분의 50 미만을 과징금으로 부과한다(영 제43조 제1항).

위반행위로 인한 개별기준	과징금 최고액에 대한 비율	비고
업무정지 기간이 1년 이상	100분의 70 이상	
업무정지 기간이 6개월 이상 1년 미만	100분의 50 이상 100분의 70 미만	
업무정지 기간이 6개월 미만	100분의 20 이상 100분의 50 미만	

국토교통부장관은 과징금을 부과하는 경우에는 다음 각 호 1. 위반행위의 내용과 정도, 2. 위반행위의 기간과 위반횟수, 3. 위반행위로 취득한 이익의 규모의 사항을 고려하여야 한다(법 제41조 제2항). 산정한 과징금의 금액은 법 제41조 제2항 각 호의 사항을 고려하여 그 금액의 2분의 1 범위에서 늘리거나 줄일 수 있다. 다만, 늘리는 경우에도 과징금의 총액은 과징금최고액을 초과할 수 없다(영 제43조 제2항).

3. 과징금납부 의무자의 승계

국토교통부장관은 이 법을 위반한 **감정평가법인**이 합병을 하는 경우 그 **감정평가법인**이 행한 위반행위는 합병 후 존속하거나 합병으로 신설된 **감정평가법인**이 행한 행위로 보아 과징금을 부과·징수할 수 있다(법 제41조 제3항).

4. 납부절차

국토교통부장관은 법 제41조에 따라 과징금을 부과하는 경우에는 위반행위의 종류와 과징금의 금액을 명시하여 서면으로 통지하여야 한다(영 제43조 제3항). 영 제43조 제3항에 따라 통지를 받은 자는 통지가 있은 날부터 60일 이내에 **국토교통부장관**이 정하는 수납기관에 과징금을 납부하여야 한다(영 제43조 제4항).

Ⅲ. 이의신청 및 행정소송

과징금의 부과에 이의가 있는 자는 이를 통보받은 날부터 30일 이내에 사유서를 갖추어 **국토교통부장관**에게 이의를 신청할 수 있다(법 제42조 제1항).

국토교통부장관은 이의신청에 대하여 30일 이내에 결정을 하여야 한다. 다만, 부득이한 사정으로 그 기간에 결정을 할 수 없을 때에는 30일의 범위에서 기간을 연장할 수 있다(법 제42조 제2항). **국토교통부장관**이 행한 이의신청에 대한 결정에 이의가 있는 자는 「행정심판법」에 따라 행정심판을 청구할 수 있다(법 제42조 제3항). 1998년 3월 1일부터 시행된 개정 「행정소송법」은 이전의 필요적 행정심판전치주의를 폐지하고 임의적 행정심판전치주의를 채택하였다. **국토교통부장관**이 행한 이의신청에 대한 결정에 이의가 있는 자는 행정심판을 거치지 않고 행정소송을 제기할 수 있다.

Ⅳ. 과징금 납부기한의 연장과 분할납부

1. 사유

국토교통부장관은 과징금납부 의무자가 다음 각 호 1. 재해 등으로 재산에 큰 손실을 입은 경우, 2. 과징금을 일시에 납부할 경우 자금사정에 큰 어려움이 예상되는 경우, 3. 그 밖에 제1호나 제2호에 준하는 사유가 있는 경우의 어느 하나에 해당하는 사유로 과징금의 전액을 일시에 납부하기 어렵다고 인정될 때에는 그 납부기한을 연장하거나 분할 납부하게 할 수 있다. 이 경우 필요하다고 인정할 때에는 담보를 제공하게 할 수 있다(법 제43조 제1항).

과징금 납부기한의 연장, 분할납부, 담보의 제공 등에 필요한 사항은 **대통령령**으로 정한다(법 제43조 제4항). 법 제43조 제1항에 따른 납부기한 연장은 납부기한의 다음 날부터 1년을 초과할 수 없다(영 제44조 제1항). 법 제43조 제1항에 따라 분할 납부를 하게 하는 경우 각 분할된 납부기한 간의 간격은 6개월 이내로 하며, 분할 횟수는 3회 이내로 한다(영 제44조 제2항).

과징금납부 의무자가 과징금 납부기한을 연장 받거나 분할 납부를 하려면 납부기한 10일 전까지 **국토교통부장관**에게 신청하여야 한다(법 제43조 제2항).

2. 납부기한 연장이나 분할납부 결정 취소사유

국토교통부장관은 납부기한이 연장되거나 분할납부가 허용된 과징금납부 의무자가 다음 각 호 1. 분할납부가 결정된 과징금을 그 납부기한 내에 납부하지 아니하였을 때, 2. 담보의 변경이나 담보 보전에 필요한 **국토교통부장관**의 명령을 이행하지 아니하였을 때, 3. 강제집행, 경매의 개시, 파산선고, 법인의 해산, 국세나 지방세의 체납처분을 받는 등 과징금의 전부나 나머지를 징수할 수 없다고 인정될 때, 4. 그 밖에 제1호부터 제3호까지에 준하는 사유가 있을 때의 어느 하나에 해당할 때에는 납부기한 연장이나 분할납부 결정을 취소하고 과징금을 일시에 징수할 수 있다(법 제43조 제3항).

V. 과징금의 징수와 체납처분

1. 가산금의 징수

국토교통부장관은 과징금납부 의무자가 납부기한 내에 과징금을 납부하지 아니한 경우에는 납부기한의 다음 날부터 과징금을 납부한 날의 전날까지의 기간에 대하여 **대통령령**으로 정하는 가산금을 징수할 수 있다(법 제44조 제1항). 법 제44조 제1항에서 "**대통령령**으로 정하는 가산금"이란 체납된 과징금액에 연 100분의 6을 곱하여 계산한 금액을 말한다. 이 경우 가산금을 징수하는 기간은 60개월을 초과할 수 없다(영 제45조).

2. 체납처분

국토교통부장관은 과징금납부 의무자가 납부기한 내에 과징금을 납부하지 아니하였을 때에는 기간을 정하여 독촉을 하고, 그 지정한 기간 내에 과징금이나 법 제44조 제1항에 따른 가산금을 납부하지 아니하였을 때에는 국세 체납처분의 예에 따라 징수할 수 있다(법 제44조 제2항).

과징금의 징수와 체납처분 절차 등에 필요한 사항은 **대통령령**으로 정한다(법 제44조 제3항). 법 제44조 제2항에 따른 독촉은 납부기한이 지난 후 15일 이내에 서면으로 하여야 한다(영 제46조 제1항). 독촉장을 발부하는 경우 체납된 과징금의 납부기한은 독촉장 발부일부터 10일 이내로 한다(영 제46조 제2항).

제5장 보칙 및 벌칙

제1절 보칙[180)

I. 보칙규정의 의의

입법기술의 관점에서 보칙규정은 법령의 본체를 이루는 실체(본칙)규정의 전제로서 그 전반에 걸쳐 공통적으로 적용되는 사항으로서 총칙규정에 두기에는 적합하지 않는 절차적·기술적인 사항은 벌칙에 앞서 보칙규정을 두는 것이 일반적이다. 이러한 규정은 법령이 장으로 구분되는 경우에는 "보칙"이라는 장명을 둔다. 즉, 해당 법률전체에 공통적인 사항 중 중요한 것은 총칙편에 두고 상대적으로 덜 중요한 사항이거나 몇 개의 장에만 관련되는 규정은 보칙으로 편제한다. 일반적으로 보칙규정으로, ① 보고 의무(자료제출의 요청), ② 출입검사 또는 조사, ③ 청문, ④ 수수료, ⑤ 권한의 위임·위탁, ⑥ 벌칙적용에 있어서의 공무원의제, ⑦ 관계행정기관의 협조·조정 등을 든다.[181)

II. 청문

국토교통부장관은 다음 각 호 1. 법 제13조 제1항에 따른 **감정평가사** 자격의 취소, 2. 법 제32조 제1항에 따른 **감정평가법인**의 설립인가 취소의 어느 하나에 해당하는 처분을 하려는 경우에는 청문을 실시하여야 한다(법 제45조).

---

180) 「감정평가법」상 제7장에 속한다.
181) 박영도, 입법학입문, 535면.

여기서 "청문"이란 행정청이 어떠한 처분을 하기 전에 당사자등의 의견을 직접 듣고 증거를 조사하는 절차를 말한다(행정절차법 제2조 제5호). 행정청이「행정절차법」제22조 제1항 제2호에 따라 처분에 대한 청문의 필요 여부를 결정할 때 그 처분이 인·허가 등의 취소, 신분·자격의 박탈, 법인이나 조합 등의 설립허가의 취소, 그 밖에 당사자 등의 권익을 심히 침해하거나 이해관계에 중대한 영향을 미치는 처분인 경우에는 청문을 실시하도록 적극 노력하여야 한다(동법 시행령 제13조의2). 청문의 진행 등에 관한 사항은「행정절차법」제28조 이하에서 상세하게 규율하고 있다.

Ⅲ. 업무의 위탁

1. 의의 및 위탁업무

여기서 "위탁"이란 법률에 규정된 행정기관의 장의 권한 중 일부를 다른 행정기관의 장에게 맡겨 그의 권한과 책임 아래 행사하도록 하는 것을 말한다(행정권한의 위임 및 위탁에 관한 규정 제2조 제2호).

이 법에 따른 **국토교통부장관**의 업무 중 다음 1. 법 제8조에 따른 감정평가 타당성조사와 관련하여 **대통령령**으로 정하는 업무, 2. 법 제14조에 따른 **감정평가사**시험의 관리, 3. 법 제17조에 따른 **감정평가사** 등록 및 등록 갱신, 4. 법 제21조의2에 따른 소속 **감정평가사** 또는 사무직원의 신고, 5. 그 밖에 **대통령령**으로 정하는 업무는「한국부동산원법」에 따른 한국부동산원,「한국산업인력공단법」에 따른 한국산업인력공단 또는 협회에 위탁할 수 있다. 다만, 제3호 및 제4호에 따른 업무는 협회에만 위탁할 수 있다(법 제46조 제1항).

업무를 위탁할 때에는 예산의 범위에서 필요한 경비를 보조할 수 있다(법 제46조 제2항).

2. 위탁 기관[182]

가. 한국부동산원

국토교통부장관은 법 제46조 제1항에 따라 다음 각 호 1. 법 제9조에 따른 감정평가 정보체계의

---

182) 상위 법률인 법 제46조 제1항에서 "위탁할 수 있다"는 입법 취지에 대하여 하위법인 시행령(대통령령) 제47조에서와 같이 업무를 특정하여 "위탁한다"고 제한하는 것이 법체계에 맞는 것인지 의문이다. 왜냐하면 협회의 경우 상위 법인 법 제46조 제1항에 따르면 제1호에서 4호까지 모든 업무의 위탁대상이 되고 한국감정원이나 한국산업인력공단의 경우 제3호를 제외한 업무만 위탁 받을 수 있어 협회가 위탁대상범위가 넓다. 그러나 하위법이 시행령에서 위탁대상범위를 특정하고 있다는 점이다. 이런 규정은 다른 법률에서도 많이 보인다.

구축·운영, 2. 영 제8조 제1항에 따른 타당성조사를 위한 기초자료 수집 및 감정평가 내용 분석, 3. 영 제49조에 따른 표본조사의 업무를 부동산원에 위탁한다(영 제47조 제1항).

나. 협회

국토교통부장관은 법 제46조 제1항에 따라 다음 각 호 1. 법 제6조 제3항 및 영 제6조에 따른 감정평가서의 원본과 관련 서류의 접수 및 보관, 2. 법 제17조에 따른 **감정평가사**의 등록 신청과 갱신등록 신청의 접수 및 영 제18조에 따른 갱신등록의 사전통지, 3. 법 제21조 및 영 제20조에 따른 **감정평가사**사무소의 개설신고, 변경신고, 휴업신고 또는 폐업신고의 접수, 3의2. 법 제21조의 2에 따른 소속 **감정평가사** 또는 사무직원의 고용 및 고용관계 종료 신고의 접수, 4. 영 제23조 제2항에 따른 보증보험 가입 통보의 접수의 업무를 협회에 위탁한다(영 제47조 제2항).

다. 한국산업인력공단

국토교통부장관은 법 제46조 제1항에 따라 법 제14조에 따른 **감정평가사**시험의 관리 업무를 「한국산업인력공단법」에 따른 한국산업인력공단에 위탁한다(영 제47조 제3항).

IV. 지도·감독

1. 보고 또는 자료의 제출, 그 밖에 필요한 명령권

국토교통부장관은 **감정평가법인등** 및 협회에 대하여 감독상 필요할 때에는 그 업무에 관한 보고 또는 자료의 제출, 그 밖에 필요한 명령을 할 수 있으며, 소속 공무원으로 하여금 그 사무소에 출입하여 장부·서류 등을 검사하게 할 수 있다(법 제47조 제1항). 출입·검사를 하는 공무원은 그 권한을 표시하는 증표를 지니고 이를 관계인에게 내보여야 한다(법 제47조 제2항).

2. 민감정보 및 고유식별정보의 처리

국토교통부장관(법 제46조에 따라 **국토교통부장관**의 업무를 위탁받은 자를 포함한다)은 다음 각 호 1. 법 제13조에 따른 **감정평가사**의 자격 취소에 관한 사무, 2. 법 제14조에 따른 **감정평가사**시험에 관한 사무, 3. 법 제17조 및 제18조에 따른 실무수습, 등록·갱신등록 및 그 거부에 관한 사무,

4. 법 제19조에 따른 **감정평가사**의 등록 취소에 관한 사무, 5. 법 제20조에 따른 외국**감정평가사**의 인가에 관한 사무, 5의2. 법 제21조의2에 따른 소속 **감정평가사** 또는 사무직원의 고용 및 고용관계 종료 신고에 관한 사무, 6. 법 제29조 및 제30조에 따른 **감정평가법인**의 설립, 정관인가, 합병 및 해산에 관한 사무, 7. 법 제33조에 따른 협회의 설립인가에 관한 사무, 8. 법 제38조에 따른 **감정평가사** 교육·연수에 관한 사무, 9. 법 제39조에 따른 징계에 관한 사무, 10. 영 제12조 제2항에 따른 **감정평가사** 자격증 발급에 관한 사무의 사무를 수행하기 위하여 불가피한 경우 「개인정보보호법 시행령」 제18조 제2호의 범죄경력자료에 해당하는 정보나 같은 영 제19조 제1호 또는 제4호의 주민등록번호 또는 외국인등록번호가 포함된 자료를 처리할 수 있다(영 제48조).

V. 벌칙 적용에서 공무원 의제

1. 의의 및 입법취지

다음 각 호의 어느 하나에 해당하는 사람은 「형법」 제129조부터 제132조까지의 규정을 적용할 때에는 공무원으로 본다(법 제48조).[183]

1. 법 제10조 제1호 및 제2호의 업무를 수행하는 **감정평가사**(제1호)

　가. 「부동산가격공시법」에 따라 **감정평가법인등**이 수행하는 업무

　나. 「부동산가격공시법」 제8조 제2호에 따른 지가의 산정목적을 위한 토지등의 감정평가

　　(1) 공공용지의 매수 및 토지의 수용·사용에 대한 보상

　　(2) 국유지·공유지의 취득 또는 처분

---

[183] 「형법」 제129조(수뢰, 사전수뢰) ①공무원 또는 중재인이 그 직무에 관하여 뇌물을 수수, 요구 또는 약속한 때에는 5년 이하의 징역 또는 10년 이하의 자격정지에 처한다. ②공무원 또는 중재인이 될 자가 그 담당할 직무에 관하여 청탁을 받고 뇌물을 수수, 요구 또는 약속한 후 공무원 또는 중재인이 된 때에는 3년 이하의 징역 또는 7년 이하의 자격정지에 처한다.
제130조(제삼자뇌물제공) 공무원 또는 중재인이 그 직무에 관하여 부정한 청탁을 받고 제3자에게 뇌물을 공여하게 하거나 공여를 요구 또는 약속한 때에는 5년 이하의 징역 또는 10년 이하의 자격정지에 처한다.
제131조(수뢰후부정처사, 사후수뢰) ①공무원 또는 중재인이 전2조의 죄를 범하여 부정한 행위를 한 때에는 1년 이상의 유기징역에 처한다. ②공무원 또는 중재인이 그 직무상 부정한 행위를 한 후 뇌물을 수수, 요구 또는 약속하거나 제삼자에게 이를 공여하게 하거나 공여를 요구 또는 약속한 때에도 전항의 형과 같다. ③공무원 또는 중재인이었던 자가 그 재직 중에 청탁을 받고 직무상 부정한 행위를 한 후 뇌물을 수수, 요구 또는 약속한 때에는 5년 이하의 징역 또는 10년 이하의 자격정지에 처한다. ④전3항의 경우에는 10년 이하의 자격정지를 병과할 수 있다.
제132조(알선수뢰) 공무원이 그 지위를 이용하여 다른 공무원의 직무에 속한 사항의 알선에 관하여 뇌물을 수수, 요구 또는 약속한 때에는 3년 이하의 징역 또는 7년 이하의 자격정지에 처한다.

(3) 그 밖에 **대통령령**으로 정하는 지가의 산정을 말하는데, 영 제13조 제2항에 따르면 법 제8조 제2호 다목에서 "**대통령령**으로 정하는 지가의 산정"이란 다음 각 호의 목적을 위한 지가의 산정을 말한다.

(가) 「국토계획법」 또는 그 밖의 법령에 따라 조성된 용지 등의 공급 또는 분양

(나) 다음 각 목의 어느 하나에 해당하는 사업을 위한 환지·체비지(替費地)의 매각 또는 환지신청

① 「도시개발법」 제2조 제1항 제2호에 따른 도시개발사업

② 「도시정비법」 제2조 제2호에 따른 정비사업

③ 「농어촌정비법」 제2조 제5호에 따른 농업생산기반 정비사업

(다) 토지의 관리·매입·매각·경매 또는 재평가

2. 제40조에 따른 위원회의 위원 중 **공무원이 아닌 위원**(제2호)

3. 제46조에 따른 위탁업무에 종사하는 **협회의 임직원**(제3호)

따라서 법문에 충실하자면 금융기관·보험회사·신탁회사 등 타인의 의뢰에 따른 토지등의 감정평가(법 제10조 제5호)와 법원에 계속 중인 소송을 위한 토지등의 감정평가(법 제10조 제4호)를 행하고 있는 **감정평가사**는 공무원으로 의제되지 않는다. 「형법」 제129조 내지 제132조는 뇌물죄에 관한 규정이며, 뇌물죄의 보호법익은 공무원의 직무집행의 공정과 그에 대한 사회의 신뢰 및 직무행위의 불가매수성으로 보고 있다.[184] 벌칙의 적용에 있어서 공무원으로 의제하는 규정을 두고 있는 법률은 「감정평가법」 외에도 여러 법률이 있는데, 이들 법률에서 두고 있는 의제 규정의 취지도 마찬가지로 공공적 성격을 띤 직무수행의 공정성·청렴성을 확보하기 위한 취지라 할 것이다.[185]

2. 「형법」상 뇌물죄의 요건[186]

감정평가법인등이 「감정평가법」 제48조 제1호 및 제2호에 따른 업무를 하는 경우 공무원으로 의제되어 범죄를 구성한다. 아래는 범죄의 구성요건이다. 설사 「형법」상 뇌물죄의 요건에 비껴갈 수 있을지라도, 후술하는 **감정평가법인등**의 업무(법 제10조)는 「청탁금지법」의 적용 대상에서 자유로울 수 없다.

---

184) 대법원 2014. 3. 27. 선고 2013도11357판결 등.
185) 이광훈, "도시정비법상 조합 임원에 대한 공무원 개념의 확장", 법률신문, 2017. 4. 19.
186) 오영근, 형법입문, 박영사, 2012, 568~569면.

(1) **뇌물과 직무관련성**: 뇌물은 직무와 관련한 불법한 이익이므로 뇌물은 직무와 관련성이 있어야 한다. 직무란 법령, 관례에 의해 공무원 등이 담당하는 일체의 사무를 말한다. 뇌물은 직무와 관련성이 있어야 하고, 직무와 무관한 이익은 뇌물이 될 수 없다. 「감정평가법」 제48조에서 직무관련성이 있는 사람을 예시하고 있다.

(2) **직무와의 대가관계**: 뇌물이 되기 위해서는 직무행위와 대가관계가 있어야 하는가에 대해 긍정설(다수설)과 부정설이 있다. 한편 대가관계를 요구하는 견해(긍정설)도 최근에는 대가관계의 개념을 넓게 해석하여 구체적·개별적이 아니라 일반적·포괄적 대가관계이면 족하다고 한다.

(3) **뇌물과 불법한 이익**: 뇌물은 직무에 관한 불법한 보수 또는 부당한 이익이다. 직무와 관련성이 있더라도 법령에 근거가 있는 봉급, 수당, 상여금, 여비, 수수료 등은 뇌물이 되지 않는다. 그러나 뇌물에는 물건뿐만 아니라 이익도 포함된다. 이익이란 수령자의 경제적·법적·인격적 지위를 유리하게 하여 주는 것으로 일체의 유형·무형의 이익이 포함된다. 이성간의 성행위도 뇌물에 포함된다. 사교적 의례에 속하는 물건 내지 이익이 뇌물이 되는가에 대해 판례는 "공무원이 그 직무의 대상이 되는 사람으로부터 금품 기타 이익을 받은 때에는 그것이 그 사람이 종전에 공무원으로부터 접대 또는 수수 받은 것을 갚는 것으로서 사회상규에 비추어 볼 때에 의례상의 대가에 불과한 것이라고 여겨지거나, 개인적인 친분관계가 있어서 교분상의 필요에 의한 것이라고 명백하게 인정할 수 있는 경우 등 특별한 사정이 없는 한 직무와의 관련성이 없는 것으로 볼 수 없고, 공무원의 직무와 관련하여 금품을 수수하였다면 비록 사교적 의례의 형식을 빌어 금품을 주고받았다 하더라도 그 수수한 금품은 뇌물이 된다고" 판시하였다.[187]

3. 「청탁금지법」의 적용

가. 입법취지와 규율관계

「부정청탁 및 금품등 수수의 금지에 관한 법률」(이하 "청탁금지법"이라 한다)상 금품 등의 수수행위에 대한 처벌은 「형법」상 뇌물죄와 유사하지만 대가성이 없어 뇌물죄로 처벌되기 어려운 행위들에 대한 처벌로 이해하고 그 행위 자체를 불법으로 정의하여 강력하게 금지하는 것 자체가 입법취지이다.

따라서, 「감정평가법」 제10조 제1호 및 제2호의 업무를 수행하는 **감정평가사**(법 제48조 제1호)는 공무원으로 의제되기 때문에 토지소유자 등에 대한 관계에서는 공직자 등의 지위에서(청탁금지

---

187) 대법원 2000. 1. 21. 선고 99도4940 판결.

법 제2조 제2호) 「청탁금지법」의 수범자가 되고, 부동산가격공시업무나 기타 손실보상 감정평가 의뢰처의 공무원에 대한 관계에서는 뇌물을 공여하는 지위에서 수범자가 될 수 있다.

나. 직무관련성 및 대가성

공직자등은 직무 관련 여부 및 기부·후원·증여 등 그 명목에 관계없이 동일인으로부터 1회에 100만 원 또는 매 회계연도에 300만 원을 초과하는 금품등을 받거나 요구 또는 약속해서는 아니 된다(청탁금지법 제8조 제1항).[188] 즉, 「형법」상 뇌물죄의 요건의 하나인 직무관련성이 없어도 위와 같은 규정이 적용된다.

공직자등은 직무와 관련하여 대가성 여부를 불문하고 제1항에서 정한 금액 이하의 금품등을 받거나 요구 또는 약속해서는 아니 된다(청탁금지법 제8조 제2항). 직무관련성은 상기 형법상 뇌물죄의 경우와 같다고 할 것이나, 국민권익위원회는 유권해석에서 "지방자치단체 공무원과 **감정평가사** 간에는 직무관련성이 인정된다고 판단"하였다.[189] 형법상 뇌물죄와 달리 「청탁금지법」의 입법취지가 대가성 여부를 불문하고 처벌의 대상으로 하므로, 감정평가자는 업무를 수행할 때 유의해야 할 특별형법으로 보아야 한다. 즉, 직무관련성이 있고, 대가성이 없더라도 상기 규정이 적용된다.

그러나 직무관련성이 있어도, 원활한 직무수행 또는 사교·의례 또는 부조의 목적으로 제공되는 음식물·경조사비·선물 등으로서 **대통령령**으로 정하는 가액 범위 안의 금품등에 해당하는 금품등의 경우에는 제1항 또는 제2항에서 수수를 금지하는 금품등에 해당하지 아니한다(청탁금지법 제8조 제3항 제2호).[190]

---

188) "공직자등"이란 다음 각 목 가. 「국가공무원법」 또는 「지방공무원법」에 따른 공무원과 그 밖에 다른 법률에 따라 그 자격·임용·교육훈련·복무·보수·신분보장 등에 있어서 공무원으로 인정된 사람, 나. 제1호나 목 및 다목에 따른 공직유관단체 및 기관의 장과 그 임직원, 다. 제1호 라목에 따른 각급 학교의 장과 교직원 및 학교법인의 임직원, 라. 제1호 마목에 따른 언론사의 대표자와 그 임직원의 어느 하나에 해당하는 공직자 또는 공적 업무 종사자를 말한다(청탁금지법 제2조 제2호).

189) 청탁금지해석과-406, 2017. 1. 19.

190) 이에 관해서는 배명호, "청탁금지법상 직무관련성과 원활한 직무수행 및 공무수행에 관하여- 특히 **감정평가사** 등을 중심으로 -", 청탁금지법연구 제1호(창간호), 2018.

제2절 벌칙[191]

Ⅰ. 벌칙 규정의 의의

벌칙규정이란 「감정평가법」이 규정하는 **감정평가법인등**의 의무의 위반이 있는 경우에 그 위반에 상당한 벌이 부과될 수 있음을 예고함과 아울러 현실적으로 그러한 위반이 발생한 경우에는 그 위반자에게 그 예정된 벌을 과하는 취지를 정하는 규정을 말한다.

제정 이유로는 법령의 실효성을 담보하는 수단이라는 점이다. 법령의 실체규정에 있어서 일정한 작위 또는 부작위의 의무를 부과한 경우에 그 위반이 있는 때 그 상태가 방치된다면 법령의 실효성을 확보할 수 없으며, 나아가 그 법령에 대한 신뢰를 상실케 하고 국민의 준법정신에 악영향을 미치는 등 여러 폐단이 발생할 가능성이 있다. 행정법관계의 특질 중의 하나로서 행정행위의 상대방이 행정행위에 의해 부과된 의무를 위반하는 경우에는 그에 대한 제재로서 행정벌(행정형벌 또는 행정질서벌)을 부과함으로써 강제력을 실현할 수 있으므로 그 법적 강제의 하나가 벌칙규정이다.[192]

「감정평가법」은 제8장에서 행정형벌과 행정질서벌이라는 벌칙규정을 두고 있는데, 이를 행정벌이라 한다. 행정벌이라 함은 행정법상의 의무위반, 즉, 행정법규에 의한 의무위반에 대한 제재로서 일반통치권에 근거하여 과하는 처벌을 말하며 이를 형사벌과 구별하여 행정벌이라 한다.[193] 「감정평가법」에서 벌칙규정은 **감정평가법인등**의 의무위반에 대한 제재로서 민사책임인 손해배상책임을 제외하고, 형사책임에 해당하는 행정형벌과 행정적 책임의 일부에 해당하는 행정질서벌을 말한다. 행정형벌은 「형법」에 형명(刑名)이 있는 형벌을 과하는 행정벌이며, 행정질서벌은 「형법」에 형명이 없는 과태료를 과하는 행정벌을 말한다.

---

191) 「감정평가법」상 제8장에 속한다.
192) 박영도, 입법학입문, 536면.
193) 신봉기, 행정법개론, 삼영사, 2016, 412면.

Ⅱ. 행정형벌

1. 의의

행정벌로서 형법에 정하여져 있는 형을 과하는 것을 행정형벌이라고 한다. 이에 대하여 원칙적으로 형법총칙이 적용되며, 과벌절차는 원칙적으로 형사소송절차에 의한다.

행정벌은 이론상 어떠한 의무위반에 대하여도 과할 수 있으므로 거의 대부분의 행정법규가 행정벌을 규정하고 있다. 다만 주의하여야 할 것은 행정벌은 행정명령의 이행확보수단으로서 최후적·보충적이어야 한다는 점이다. 행정형벌은 국민의 신체의 자유를 제한하거나 재산권의 침해를 그 내용으로 하는 것이며, 이는 곧 국민의 자유와 권리에 대한 중요한 영향을 미치므로, 특히 행정법규에 벌칙을 규정하는 경우에는 그 제재수단도 가능하다면 형벌이 아닌 행정질서벌 등의 간접적 강제수단으로서 법령의 실효성을 확보하는 것이 바람직하다.[194]

2. 3년 이하의 징역 또는 3천만 원 이하의 벌금

(1) 다음 각 호 1. 부정한 방법으로 **감정평가사**의 자격을 취득한 사람, 2. **감정평가법인등**이 아닌 자로서 감정평가업을 한 자, 3. 구비서류를 거짓으로 작성하는 등 부정한 방법으로 법 제17조에 따른 등록이나 갱신등록을 한 사람, 4. 법 제18조에 따라 등록 또는 갱신등록이 거부되거나 법 제13조, 법 제19조 또는 법 제39조에 따라 자격 또는 등록이 취소된 사람으로서 **감정평가법인등**의 업무(법 제10조)를 한 사람, 5. 법 제25조 제1항을 위반하여 **고의로 잘못된 평가를 한 자**, 6. **청렴의무**(법 제25조 제4항)을 위반하여 업무와 관련된 대가를 받거나 감정평가 수주의 대가로 금품 또는 재산상의 이익을 제공하거나 제공하기로 약속한 자, 7. 정관을 거짓으로 작성하는 등 부정한 방법으로 법 제29조에 따른 인가를 받은 자의 어느 하나에 해당하는 자는 3년 이하의 징역 또는 3천만 원 이하의 벌금에 처한다(법 제49조).[195]

(2) 日本의 경우, 우리나라 「감정평가법」 제49조 제2호 내지 4호의 경우에 한해서 1년 이하의 징역 또는 100만 엔 이하의 벌금에 처하거나, 이를 병과 할 수 있도록 규정하고 있는데,[196] 日本과

---

194) 헌재 1995. 3. 23. 92헌가14결정.
195) 종래 2년 이하의 징역 또는 3천만 원 이하의 벌금에 처하도록 하였으나, 2017. 11. 28. 개정(시행 2018. 5. 29., 법률 제15111호)을 하였는데, 법제처는 그 개정이유에서 징역형 대비 적정 벌금액의 일반기준인 "징역형 1년당 벌금형 1천만 원"에 따라 조정함으로써 법정형의 편차를 조정하고 형사처벌의 공정성을 기하려는 것이라고 하고 있다.
196) 日本 「鑑定評価法」 제56조.

비교해서 우리나라는 강한 처벌규정을 두고 있다.

3. 1년 이하의 징역 또는 1천만 원 이하의 벌금

(1) 다음 각 호 1. 법 제21조 제4항을 위반하여 둘 이상의 사무소를 설치한 사람, 2. 법 제21조 제5항 또는 제29조 제8항을 위반하여 소속 **감정평가사** 외의 사람에게 **감정평가법인등**의 업무(법 제10조)를 하게 한 자, 3. 토지등 매매업의 직접금지(법 제25조 제3항), 둘 이상의 **감정평가법인등**에 소속 금지 의무(법 제25조 제5항) 또는 비밀누설금지 의무(법 제26조)를 위반한 자, 4. 법 제27조 제1항을 위반하여 **감정평가사**의 자격증·등록증 또는 **감정평가법인**의 인가증을 다른 사람에게 양도 또는 대여한 자와 이를 양수 또는 대여 받은 자, 5. 명의대여 등의 금지를 위반하여 같은 조 제1항의 행위를 알선한 자(법 제27조 제2항)의 어느 하나에 해당하는 자는 1년 이하의 징역 또는 1천만 원 이하의 벌금에 처한다(법 제50조). 2020. 7. 8. 시행법(법률 제17219호, 2020. 4. 7. 개정)에서는 법 제27조 제2항 및 법 제50조 제5호의 신설로 무자격자의 감정평가로 인한 국민 혼란과 자격제도 근간의 훼손을 방지하기 위하여 **감정평가사** 자격증 등의 대여 등을 알선하는 행위를 한 자를 처벌할 수 있는 근거를 마련하였다.

(2) 日本의 경우, 우리나라 「감정평가법」 제49조 제2호 **감정평가법인등**이 아닌 자로서 감정평가업을 한 자, 법 제49조 제4호에 해당하거나, 제50조 제3호 법 제26조(비밀누설금지)를 위반한 자 등에 대하여 6개월 이하의 징역 또는 50만 엔 이하의 벌금에 처하거나, 이를 병과 할 수 있도록 규정하고 있는데,[197] 日本과 비교해서 우리나라는 강한 처벌규정을 두고 있다.

Ⅲ. 몰수·추징

1. 의의

몰수는 범죄반복의 방지나 범죄에 의한 이득의 금지를 목적으로 범죄행위와 관련된 재산을 박탈하는 것을 내용으로 하는 재산형이다(형법 제48조 제1항). 그러나 몰수는 형벌의 일종으로서 유죄판결을 함에 있어서 피고사건의 주형에 부가하여 선고하는 부가형이다.[198] 따라서 재산형의 일종

---

197) 日本 「鑑定評価法」 제57조.
198) 「형법」 제49조에 따르면, 몰수는 타형에 부가하여 과한다. 단, 행위자에게 유죄의 재판을 아니할 때에도 몰수의 요건이 있는 때에는 몰수만을 선고할 수 있다고 규정하고 있다. 이를 몰수의 부가성(후단은 예외문제)이라고 한다.

인 벌금, 과료 등과 구별된다.[199] 몰수대상인 물건을 몰수하기 불능한 때에는 그 가액을 추징한다 (형법 제48조 제2항).

일반적으로 "범죄수익 몰수"란 범죄로 인하여 발생한 재산을 범죄자로부터 박탈하여 국고에 귀속시키는 것을 말하고, 만약 이를 몰수할 수 없거나 몰수하는 것이 적절하지 않는 경우에는 범죄자에게 그 가액을 납부하도록 명령하는 추징제도를 보충적으로 두고 있다.[200]

2. 근거 규정

2018. 3. 20. 개정(시행 2018. 3. 20. 법률 제15514호)으로 **감정평가법인등**이 수수료와 실비 외 업무와 관련된 대가를 받거나(법 제49조 제6호), **감정평가사**의 자격증·등록증 또는 **감정평가법인**의 인가증을 다른 사람에게 양도 또는 대여한 행위(법 제50조 제4호)의 죄를 지은 자가 받은 금품이나 그 밖의 이익은 몰수한다. 이를 몰수할 수 없을 때에는 그 가액을 추징한다. 이와 같은 필요적 몰수·추징 규정을 마련하였다.

IV. 양벌규정

법인의 대표자나 법인 또는 개인의 대리인, 사용인, 그 밖의 종업원이 그 법인 또는 개인의 업무에 관하여 제49조 또는 제50조의 위반행위를 하면 그 행위자를 벌하는 외에 그 법인 또는 개인에게도 해당 조문의 벌금형을 부과한다. 다만, 법인 또는 개인이 그 위반행위를 방지하기 위하여 해당 업무에 상당한 주의와 감독을 게을리하지 아니한 경우에는 그러하지 아니하다(법 제51조).

V. 행정질서벌(과태료)

1. 의의

행정벌로서 과태료를 과하는 경우를 행정질서벌이라고 한다. 그런데 행정질서벌에 관해서는 형법총칙이 적용되지 않고 종래 통칙적 규정이 없어 행정질서벌의 대상이 되는 행위에 대하여 개개의

---

199) 이재상, 형법총론, 박영사, 2003, 540면.
200) 박찬걸, "성매매 수익에 대한 몰수 및 추징제도의 활성화방안", 저스티스 156, 2016. 10., 205면.

법률규정에 따라 판단할 수밖에 없었다. 이에 따라 행정질서벌의 대상이 되는 행위의 성립과 과태료 처분에 관한 법률규정의 불명확성으로 인하여 실무에서 적용하는데 어려움이 많았으며 국민의 권익이 침해될 우려도 적지 않았다. 그리하여 이러한 점들을 개선하여 과태료가 의무이행확보수단으로서의 기능을 효과적으로 수행할 수 있도록 하는 한편 국민의 권익을 보호하려는 목적으로 「질서위반행위규제법」이 제정되어 2008. 6. 22.부터 시행되고 있다. 동법에서는 국가에 의한 경우와 지방자치단체에 의한 경우로 구분되어 있던 과벌 절차를 일원화하고 있다.[201]

2. 500만 원 이하의 과태료

다음 각 호 1. 법 제6조 제3항을 위반하여 감정평가서의 원본과 그 관련 서류를 보존하지 아니한 자, 2. 법 제9조 제2항을 위반하여 감정평가 결과를 감정평가 정보체계에 등록하지 아니한 자, 3. 부정한 방법으로 **감정평가사**의 자격을 받은 경우의 자격취소(법 제13조 제3항), 일정한 사유에 의한 등록취소(법 제19조 제3항) 및 징계에 의한 자격취소 또는 등록취소나 업무정지(법 제39조 제4항)에 해당하여 자격증 또는 등록증을 반납하지 아니한 사람, 4. 법 제21조 제1항에 따른 개설신고 등을 하지 아니하고 감정평가업을 한 사람, 5. 법 제21조에 따라 신고한 **감정평가사**로서 제28조 제2항을 위반하여 보험 또는 협회가 운영하는 공제사업에의 가입 등 필요한 조치를 하지 아니한 사람, 6. 법 제22조 제1항을 위반하여 "**감정평가사**사무소" 또는 "**감정평가법인**"이라는 용어를 사용하지 아니하거나 같은 조 제2항을 위반하여 "**감정평가사**", "**감정평가사**사무소", "**감정평가법인**" 또는 이와 유사한 명칭을 사용한 자, 6의2. 사무직원의 결격사유(법 제24조 제1항)에 위반하여 사무직원을 둔 자, 7. 법 제47조에 따른 업무에 관한 보고, 자료 제출, 명령 또는 검사를 거부·방해 또는 기피하거나 **국토교통부장관**에게 거짓으로 보고한 자의 어느 하나에 해당하는 자에게는 500만 원 이하의 과태료를 부과한다(법 제52조 제1항). 日本의 경우 30만엔 이하의 벌금(三十万円以下の 罰金)에 처하도록 하고 있다.[202]

3. 부과·징수

과태료는 **대통령령**으로 정하는 바에 따라 **국토교통부장관**이 부과·징수한다(법 제52조 제2항). 법 제52조 제1항에 따른 과태료의 부과기준은 별표 4와 같다(영 제50조).

---

201) 김남진·김연태, 행정법 I, 법문사, 2017, 553면.
202) 日本 「鑑定評価法」 제58조.

과태료의 부과기준(제50조 관련) 영 [별표 4]

1. 일반기준

　가. 위반행위의 횟수에 따른 과태료의 부과기준은 최근 1년간 같은 위반행위로 과태료를 부과받은 경우에 적용한다. 이 경우 위반횟수는 같은 위반행위에 대하여 과태료를 부과받은 날과 그 부과처분 후에 다시 같은 위반행위로 적발된 날을 기준으로 하여 계산한다.

　나. **국토교통부장관**은 다음의 어느 하나에 해당하는 경우에는 제2호의 개별기준에 따른 과태료 금액의 2분의 1 범위에서 그 금액을 줄일 수 있다. 다만, 과태료를 체납하고 있는 위반행위자의 경우에는 그 금액을 줄일 수 없다.

　　1) 위반행위자가 「질서위반행위규제법 시행령」 제2조의2 제1항 각 호의 어느 하나에 해당하는 경우

　　2) 위반행위가 사소한 부주의나 오류로 인한 것으로 인정되는 경우

　　3) 위반행위자가 법 위반상태를 해소하기 위하여 노력하였다고 인정되는 경우

　　4) 그 밖에 위반행위의 동기와 결과, 위반정도 등을 고려하여 과태료 금액을 줄일 필요가 있다고 인정되는 경우

　다. **국토교통부장관**은 다음의 어느 하나에 해당하는 경우에는 제2호의 개별기준에 따른 과태료 부과금액의 2분의 1 범위에서 그 금액을 늘릴 수 있다. 다만, 법 제52조 제1항에 따른 과태료 금액의 상한을 넘을 수 없다.

　　1) 위반의 내용·정도가 중대하다고 인정되는 경우

　　2) 그 밖에 위반행위의 동기와 결과, 위반정도 등을 고려하여 과태료 금액을 늘릴 필요가 있다고 인정되는 경우

2. 개별기준

위반행위	해당 법조문	과태료 금액		
		1차 위반	2차 위반	3차 이상 위반
가. 법 제6조 제3항을 위반하여 감정평가서의 원본과 그 관련 서류를 보존하지 않은 경우	법 제52조 제1항 제1호	100만 원	200만 원	300만 원
나. 법 제9조 제2항을 위반하여 감정평가 결과를 감정평가 정보체계에 등록하지 않은 경우	법 제52조 제1항 제2호	50만 원	100만 원	150만 원
다. 법 제13조 제3항, 제19조 제3항 및 제39조 제4항을 위반하여 자격증 또는 등록증을 반납하지 않은 경우	법 제52조 제1항 제3호			
1) 반납하지 않은 기간이 1개월 미만인 경우		50만 원		
2) 반납하지 않은 기간이 1개월 이상 6개월 미만인 경우		100만 원		
3) 반납하지 않은 기간이 6개월 이상인 경우		150만 원		
라. 법 제21조 제1항에 따른 개설신고 등을 하지 않고 감정평가업을 한 경우	법 제52조 제1항 제4호			
1) 지연신고기간이 1개월 미만인 경우		100만 원		
2) 지연신고기간이 1개월 이상 6개월 미만인 경우		200만 원		
3) 지연신고기간이 6개월 이상인 경우		300만 원		
마. 법 제21조에 따라 신고한 **감정평가사**로서 법 제28조 제2항을 위반하여 보험 또는 협회가 운영하는 공제사업에의 가입 등 필요한 조치를 하지 않은 경우	법 제52조 제1항 제5호	200만 원	300만 원	400만 원
바. 법 제22조 제1항을 위반하여 "**감정평가사**사무소" 또는 "**감정평가법인**"이라는 용어를 사용하지 않거나 같은 조 제2항을 위반하여 "**감정평가사**", "**감정평가사**사무소", "**감정평가법인**" 또는 이와 유사한 명칭을 사용한 경우	법 제52조 제1항 제6호	500만 원		
사. 법 제24조 제1항을 위반하여 사무직원을 둔 경우	법 제52조 제1항 제6호의2	300만 원	400만 원	500만 원
아. 법 제47조에 따른 업무에 관한 보고, 자료 제출, 명령 또는 검사를 거부·방해 또는 기피하거나 **국토교통부장관**에게 거짓으로 보고한 경우	법 제52조 제1항 제7호	200만 원	300만 원	400만 원

제 2 편

부동산 가격공시에 관한 법률

Ⅰ. 「부동산가격공시법」의 의의

　이 법은[203] 부동산의 적정가격 공시에 관한 기본적인 사항과 부동산 시장·동향의 조사·관리에 필요한 사항을 규정함으로써 부동산의 적정한 가격형성과 각종 조세·부담금 등의 형평성을 도모하고 국민경제의 발전에 이바지함을 목적으로 한다(법 제1조). 부동산가격공시로 적정한 지가형성을 바라는 것은 日本의 「地価公示法」도 같으나(동법 제1조),[204] 日本은 여전히 지가형성 내지는 지가산정의 기준으로서 표준지공시가격에 대해서만 규율하고 있지만, 우리나라는 조세평등을 법 목적으로 명시하였다. 이는 과세표준으로서의 부동산공시가격의 역할에 중점을 두어 조세법의 영역에 상대적으로 가까워진 반면, 지가산정의 기준은 법 목적에서 삭제되었고, 「감정평가법」에서 감정평가기준을 정하고 있다. 법 목적을 분설하면 다음과 같다.

　첫 번째로 이법은 부동산공시가격은 "적정가격"의 공시에 관한 기본적인 사항을 정하는 것을 목적으로 한다(법 제1조). 여기서 적정가격(適正價格)이란 토지, 주택 및 비주거용 부동산에 대하여 통상적인 시장에서 정상적인 거래가 이루어지는 경우 성립될 가능성이 가장 높다고 인정되는 가격을 말한다(법 제2조 제5호). 종래 「감칙」(국토해양부령 제215호)에서는 정상가격으로 하였다가, 2012. 8. 2. 「감칙」의 전면개정(시행 2013. 1. 1. 국토해양부령 제508호)으로 시장가치로 개정하였다.[205] 법제처는 개정이유에서 국제표준에 일치시키기 위하여 정상가격이라는 개념을 국제적으로

---

203)　2020. 6. 9. 개정하여 2020. 12. 10. 시행되는 법률 제17459호를 기준으로 하였다.
204)　우리나라 「지가공시법」 제정에 영향을 준, 日本 「地価公示法」은 제1조 목적 규정에서, 이 밖에도 일반 토지거래의 지표를 제공하고 적정한 보상금액의 산정 등에 기여하는 것을 목적으로 한다고 하여 법률의 전체 규정을 압축한 목적 규정을 두고 있는 점이 주목할 만하다. 동법은 1969년(昭和四十四年法律第四十九号)에 제정되었고, 최종 개정은 2014년(平成二十六年五月三十日公布, 法律第四十二号)에 개정되었다.
205)　「감칙」 제2조 제1호에 따르면 "시장가치"란 감정평가의 대상이 되는 토지등이 통상적인 시장에서 충분한 기간 동

널리 쓰이는 시장가치(Market Value)라는 용어로 대체하고, 시장가치를 기준으로 감정평가하는 것을 원칙으로 하며, 시장가치 외의 가치로 감정평가를 하는 경우에는 그 이유 등을 감정평가서에 적도록 하는 것이 그 이유였다. 그렇다면 **국토교통부장관**이 조사·평가 의뢰하여 공시하는 표준지공시지가도 원칙적으로 시장가치를 원칙으로 하는 것이 체계적일 것이다. 그러나 상위법인「부동산가격공시법」은 적정가격을, 하위법인「감칙」에서는 시장가치기준을 원칙으로 하고 있는데, 표준지공시지가는 감정평가액이므로 양자는 같은 의미라 할 수 있을 것이나, 주택공시가격 등은 감정평가액이라 할 수 없으므로 양자의 의미가 같다고 할 수 없다. 그래서 제1편에서「감정평가법」과「부동산가격공시법」양 법률간의 비체계성을 지적하였다. 결국 표준지공시지가는 시장가치 내지 적정가격이고 이를 제외한 주택공시가격 등은 적정가격의 공시로 이해해야 할 것이다.

이 밖에도 이 법 제15조에 따라 **국토교통부장관**이 부동산의 적정가격 조사 등 부동산 정책의 수립 및 집행을 위하여 부동산 시장·동향의 조사·관리에 필요한 사항을 규정한 법이다(법 제1조).

두 번째로 이 법은 첫 번째를 규정함으로써 부동산의 적정한 가격형성을 목적으로 한다(법 제1조). 적정가격은 이 법에 따른 부동산가격공시이며, 적정한 부동산공시가격을 공시함으로써 일반인의 실거래가격이 부동산공시가격과 같게 형성되도록 하는 것을 지향한다는 의미가 된다. 부동산은 공공재의 성격이 있어 규제와 제한을 할 수 있지만, 국민 개개인에게는 사경제의 기반이 되는 자본재에 해당한다는 점에서 부동산가격의 형성은「헌법」제119조 제1항에 따른 "시장경제질서원리"에 바탕을 두고 자율적으로 형성되는 것을 존중하는 것이 헌법 원칙이다. 다만, 예외적으로「헌법」제119조 제2항의 규정에 따라 같은 조 제1항의 시장경제원리는 제약을 받을 수 있는 것이다.

이외에도 각종 조세·부담금 등의 형평을 도모하는 것을 목적으로 한다(법 제1조). 이러한 점에서 이 법은 광의로는 조세법의 영역이기도 하다. 먼저 조세법 전체를 지배하는 기본원칙으로 조세법률주의와 조세공평주의가 있다. 전자는 과세요건의 설정은 형식적인 법률의 규정에 의하여서만 가능하고, 후자는 그 법률의 내용은 모든 납세자에게 공평하게 세 부담을 분담시키는 내용이어야 한다는 것이다.[206] 조세공평주의는 헌법질서의 근본이 되고 있는 평등의 원칙 내지 불평등취급금지의 원칙(헌법 제11조 제1항)에 그 근거를 둔다. 평등의 개념은 그 개념이 시대와 국가에 따라 다소 상이할 수 있지만 통상 자의에 의한 차별금지를 의미하며, 그 실질적 내용은 현대의 자본주의 경제체제 아래에서는 특별히 배분적 정의의 모습으로 나타난다. 즉 동일한 경제력을 가진 자 상호간에

안 거래를 위하여 공개된 후 그 대상물건의 내용에 정통한 당사자 사이에 신중하고 자발적인 거래가 있을 경우 성립될 가능성이 가장 높다고 인정되는 대상물건의 가액(價額)을 말한다.

206) 임승순, 조세법, 박영사, 2013, 25면.

있어서 평균적 정의가 충족되어야 함은 당연한 일이나(수평적 공평), 자본주의의 구조적 모순으로 인하여 초래된 개인의 빈부의 차를 극복하여 사회정의를 실현할 책무를 지고 있는 현대의 복지국가에 있어서 경제적 부담에 대한 배분적 평등의 실현(수직적 공평)은 보다 중요하고 실질적 가치로 대두되고 있다. 수평적 공평은 과세함에 있어서 같은 상황에 있는 것은 같게, 다른 상황에 있는 것을 그 상황에 맞추어 다르게 취급되어야 할 것을 요구한다. 이에 반하여, 수직적 공평은 세 부담의 담세력에 맞추어 적정하게 배분될 것을 요구한다.[207) 가령, 우리나라 전체 부동산공시가격의 현실화율을 높이는 국토교통부의 정책은 수평적 공평에 근거한 것이며, 특히, 고가주택 공시가격을 현실화한 것이 바로 수직적 공평에 의한 것으로 이해한다. 日本의「地價公示法」에 의한 표준지공시가격은 조세목적으로 직접 적용하지 않는다(제1조 및 제3장 공시가격의 효력).

II.「부동산가격공시법」의 연혁

1.「지가공시법」의 제정 이전

「부동산가격공시법」에 의한 부동산가격공시제도의 연혁을 설명할 때 제1편「감정평가법」에 의한 감정평가제도의 연혁과 별개로 설명하기는 쉽지 않다. 왜냐하면 부동산가격공시제도의 도입목적은 **감정평가사**제도와 같기 때문이다.

따라서「부동산가격공시법」의 연혁은 제1편「감정평가법」의 연혁과 큰 흐름은 같으나, 오히려 **감정평가사**제도 전신의 하나에 해당하는 "토지평가사제도"와 가깝다.「지가공시법」에 의한 지가공시제도를 도입하기 이전에는 우리나라 지가의 조사·평가체계는 건설부의「국토이용관리법」에 의한 기준지가,[208) 내무부의「지방세법」에 의한 과세시가표준액, 국세청의 기준시가, 재무부의「감정평가에관한법률」에 의한 감정시가 등으로 각 부처의 사용목적과 기능에 따라 다양한 형태로 되어 있었다. 이는 무엇보다도 전국적으로 통일적인 토지가격이 산정되지 못하고 각 부서의 필요에 따라서 개별적으로 지가의 산정과 평가가 이루어져 오던 상황을 반영하고 있었다.

1972. 12. 30. 건설부는「국토이용관리법」을 제정(시행 1973. 3. 31. 법률 제2408호)하면서 **대통령령**으로 정하는 지역에 대하여는 기준지가를 고시하도록 하고, 지가를 평가하기 위한 토지평가사를 두도록 하였다.[209) 이에 따라 건설부장관은 지가의 부당한 변동을 억제하고 토지이용계획의 원

---

207) 임승순, 조세법, 39~40면.
208) 우리나라 지가공시지제도는「국토이용관리법」에서 처음 도입되었다.

활한 수행을 도모하기 위하여 지가가 현저히 변동될 우려가 있는 **대통령령**으로 정하는 일정한 지역 안의 토지의 지가를 조사·평가하여 이를 기준지가로 고시할 수 있었다(법 제29조 제1항). 당시 건설부의 기준지가는 토지평가사가 평가하며, 기준지가는 일반토지거래의 지표가 되고 공공시설용지의 매수·수용하는 경우의 보상액의 기준이 되었다.

한편 내무부의 「지방세법」에 의한 과세시가표준액은 취득세·등록세 및 재산세 등의 과세에서 과표로 이용되었다. 과세시가표준액은 토지평가사 또는 공인감정사가 평가하였는데, 비준지 및 개별필지의 경우에는 공무원이 산정할 수 있었다. 과세시가표준액은 다른 지가체계와 비교할 때 현실화율이 상당히 낮은 것으로 나타났다. 이는 조세저항을 피하기 위하여 정책적으로 낮게 책정했던 데서 그 원인을 찾을 수 있다.

그리고 국세청의 기준시가는 「소득세법」 등에 그 근거를 두고 있었다. 기준시가는 필지별 토지등급에 일정한 배율을 곱하는 방식으로 담당 공무원이 산정하였다.[210]

마지막으로 이와 별도로 재무부는 재산의 감정평가에 관하여 필요한 사항을 규정하여 그 경제적 가치를 정확하게 평가하기 위하여 1973. 12. 31. 「감정평가에관한법률」을 제정(시행 1974. 4. 1. 법률 제2663호)하였다. 그 이전에 1969년 공인감정사제도의 도입이 없이 「국유재산의 현물출자에 관한 법률」에 의한 정부출자기관으로 한국감정원을 설립하였다.[211] 한국감정원의 감정시가는 은행 등의 의뢰에 의하여 담보 및 자산재평가 등의 목적으로 재산가치를 감정하였다. 감정대상은 도시지역의 대지가 주를 이루었다.

이상과 같이 각 기관별로 토지등 재산에 대한 평가가 다르게 운영된 결과 허다한 문제점이 발생하였다. 우선 통일적인 평가 기준의 부재로 인하여 토지정책을 효율적으로 수행할 수 있는 기반이 미비하였다. 토지가격의 안정기에는 문제가 없었으나 산업화·도시화로 지가가 상승하고 또한 수용보상 수요가 발생 지역을 기준으로 정책실현의 기준이 되는 토지가격의 부재가 사회적 문제로 제기되었다.

먼저 건설부의 기준지가는 3년에 한 번씩 산정되는 결과 토지가격의 변동이 급격한 지역에서는 실거래가격과 많은 차이가 발생하였다. 그리고 특성상 도심지역보다는 도시외곽지역에 표준지가 많이 분포한 관계로 실제로 가격산정이 필요한 지역의 수요에 제대로 대응하지 못하였다. 그리고 표준지의 지가를 기준으로 기준지가고시 이외의 지역의 토지가격을 산정하는 방법 및 기준이 미비

---

209) 법제처 제정이유 참조.
210) 김광수, "감정평가제도와 헌법상 재산권 보장", 58면.
211) 한국감정원, 회사소개/설립목적 및 연혁/http://www.kab.co.kr/kab/home/introduce/setup_history.jsp

하였다.

내무부의 과세시가표준액은 시가의 20~50%를 반영하고 있어서 현실화율이 비교적 저조하였다. 그리고 지역간 그 현실화율의 격차가 컸다. 도시와 농촌간, 용도지역과 지목간 현실화율의 격차가 발생하였다. 또한 담당공무원들이 주관적으로 토지가격을 산정한 결과 국민들의 신뢰를 받을 수 없는 근본적인 문제점이 지적되었다.

국세청의 기준시가는 투기목적으로 고시되었기 때문에 특정지역 내에서 의미가 있었다. 즉, 공식적인 지가의 기준으로 활용될 수 있는 가능성은 낮았다. 그리고 공무원이 주관적인 가격을 정함으로써 국민들의 신뢰를 받을 수 없는 한계도 가지고 있었다.

감정시가는 의뢰인들의 요청에 의하여 산정하기 때문에 내부 자료이고 법적인 구속력이 없는 한계가 있었다. 이런 문제점으로 인하여 토지정책 수행에 차질을 빚게 되었다. 뿐만 아니라 토지를 평가하는 전문가들 간에도 갈등이 발생하였다.[212]

2. 「지가공시법」의 제정

건설부는 위와 같은 문제점을 해소하고 토지정책의 일관성과 효율성을 증진시키기 위하여 제도의 개선이 필요하였다. 즉, 제도개선의 목표는 첫 번째로 전국적으로 통일적이고 객관적인 토지가격을 산정하고 이를 공시할 수 있는 체계를 갖추는 것이며, 두 번째로는 이런 제도를 뒷받침할 수 있는 전문자격자제도를 만드는 것이었다.[213] 따라서 1989. 4. 1. 정부입법으로 「지가공시법」을 제정(법률 제4120호, 시행 1989. 7. 1.)하였다. 정부에서 조사·발표하는 지가에 대하여 국민의 신뢰도가 저하되고, 토지정책과 제도발전에 준거기준이 되는데 미흡한 실정이므로 정부가 매년 단일지가를 조사·공시하고 지가체계를 정비하여 관계기관이 이를 공동으로 활용할 수 있도록 공시지가제도를 도입하였다. 이로써 매년 전국의 토지 중에서 표준지를 선정하고 이에 대한 적정가격을 조사·평가 및 공시하여 각 관련기관에서 토지를 평가할 때에 이를 기준으로 하도록 함으로써 다원화되어 있는 토지평가제도를 체계화하는 데 있다. 그리고, 토지평가사와 공인감정사로 이원화되어 있는 제도는 그 업무의 본질이 감정평가라는 점에서는 근본적으로 같은 업무라고 할 수 있으나 그 근거법률과 소관부처가 달라 오랫동안 양 자격제도의 통합에 대한 필요성이 제기되어 **감정평가사**로 일원화함으로써 토지·건물·동산 등에 대한 감정평가제도를 효율화하려는 것이다.

주요내용으로, ① 건설부장관은 매년 토지이용상황·주위환경 기타 조건이 유사한 토지 중에서

---

212) 김광수, "감정평가제도와 헌법상 재산권 보장", 59면.
213) 김광수, "감정평가제도와 헌법상 재산권 보장", 60면.

표준지를 선정, 공시기준일 현재의 토지가격을 조사·평가하여 공시하도록 하며, ② 국가·지방자치단체 등이 공공용지의 매수 및 토지수용에 대한 보상, 국·공유토지의 취득 또는 처분등을 위하여 지가를 산정하는 경우에는 표준지의 공시지가를 기준으로 하되, 특수목적에 따라 가감하여 적용할 수 있도록 하고, ③ 표준지의 선정·관리, 표준지가의 조정, 감정평가준칙 등에 관한 사항을 심의하기 위하여 건설부에 토지평가위원회를 두도록 하며, ④ 건설부장관이 시행하는 시험에 합격하고 일정기간 실무수습을 거친 자에게 **감정평가사**의 자격을 부여하고, ⑤ **감정평가법인등**의 사무소의 개설등록 및 법인의 설립인가에 관한 요건·절차 등을 주요내용으로 한다.

　「지가공시법」의 도입은 日本의 지가공시제도를 받아들인 것이지만, 日本과 달리 매년 1월 1일을 공시기준일로 하는 공시지가로 통합하여 도입한 것이다. 日本은 여전히 다원적인 지가체계를 유지하면서 부처마다 그 목적에 맞게 지가를 공시하고 있다. 우리나라는 지가체계의 본질에 대하여 다원성을 부정하고 통일적 지가체계를 채택한 것이나, 日本은 지가체계의 다원성을 인정하고 있는 것으로 보인다. 상세한 사항은 각주의 〈표5〉를 참고하기 바란다.214)

---

214) 日本不動産鑑定士의 공적토지평가 개요(출처: 公益社団法人日本不動産鑑定士協会連合会, 公的評価と民間評価)

〈표 5〉

종류	地価公示価格	基準地 標準価格	相続税路線価	固定資産税評価額
주무관청	国土交通省 土地鑑定委員会	도도부현지사 (都道府県知事)	국세청장 (国税庁長)	시정촌장 (市町村長)
가격시점	매년 1월 1일	매년 7월 1일	매년 1월 1일	3년 마다 1월 1일
공표시기	매년3월 하순 경	매년 9월 하순경	매년 7월 상순경	기준년의 3월 경
구하는 가격	정상가격	적상가격	정상가격을 바탕으로 한 가격	정상가격을 바탕으로 한 가격
가격의 특색	개별적요인을 고려한 가격	개별적요인을 고려한 가격	개별적요인은 고려 않은 상정된 표준획지 가격	개별적요인을 고려한 가격
근거법	地価公示法 제2조	国土利用計画法 施行令 第9条	상속세법 제22조, 財産評価基本通達	지방세법 제388조 제1항, 固定資産評価基準
지점수(地点數)	26,000	全国47都道府県の全域(平成30年) 宅地 21,091 地点 林地 487 地点 計 21,578 地点		
비고	적정한 시가(원칙적 도시계획구역)	地価公示価格과 동일수준 (도시계획구역 밖은 포함)	地価公示価格의 80% 정도	地価公示価格의 70% 정도

地価公示価格을 우리나라에서는 표준지공시지가라고 하는데 日本에서는 도시계획구역 내에서만 공시한다. 지가공시가격은 日本「地価公示法」에 따라 매년 1월 1일의 표준지를 선정하여 "정상가격"을 판정해서 공시하는 것이다. 지가공시의 목적은 일반토지의 거래가격에 대한 지표를 제공하고, 공공용지 취득가격의 산정 등의 기준이 되며, 적정한 지가의 형성에 기여할 수 있다고 하여, 우리나라 「지가공시법」 도입에서도 영향을 받았다.
우리나라의 시·도지사에 해당하는 都道府県知事가 공시주체로서 표준지와 별개로 기준지를 별도로 선정한다. 도

3. 「부감법」으로 전면개정

그 후, 2005. 1. 14. 「지가공시법」을 전면개정(시행 2005. 1. 14. 법률 제7335호) 하면서 법률의 명칭을 「부동산 가격공시 및 감정평가에 관한 법률」(이하 "부감법"이라 한다)로 하였다. 세부담의 형평성을 제고하기 위하여 주택에 대한 토지·건물 통합 과세를 내용으로 하는 부동산 보유세제 개편에 따라 현행 공시지가제도 외에 토지와 건물의 적정가격을 통합평가하여 공시하는 주택가격공시제도를 도입하고, 각 중앙행정기관별로 분산되어 있는 부동산가격의 평가체계를 일원화하였는데 개정당시 지가공시와 별도로 단독주택 및 공동주택의 적정가격을 공시하는 주택가격공시제도를 신설(법 제16조 및 제17조)하였다. 日本의 경우는 전술한 바와 같이 단독주택의 공시에서 우리나라와 같이 토지건물을 일괄하여 통합평가하여 공시하지 않고, 종래와 같이 토지 및 물건별로 고정자산세 평가액을 공시하는데, 토지·건물·상각자산별로 「고정자산평가기준」을[215] 적용하여 공시한다.

도부현의 基準地標準価格(都道府県地価)은 "기준지가"라고도 불리며, 「国土利用計画法」에 의거하여 도도부현이 부동산감정사의 평가를 참고하여 조사하고, 매년 7월 1일 시점의 전국 토지가격을 말한다. 이것은 표준적인 토지(基準地)의 단위 면적당의 정상적인 가격이며 보통 토지의 수익성과 주변의 거래사례 등을 근거로 1㎡ 당 가격을 판정하는 것이다. 매년 9월 국토교통성이 정리하여 공표하고, 토지거래규제를 적정하고 원활하게 실시함과 동시에, 민간기업 등의 토지거래의 지표로 이용된다(표준지공시지가부터 반년 후 지가를 평가하는 것이기 때문에, 지가의 변동을 속보(速報)하고, 이를 보완하는 역할도 담당하고 있다).

相続税路線価는 상속세와 증여세를 산정할 때 기준이 되는 노선가이다. 국세청이 해마다 7월 상순경 노선가도 및 평가율표로 구성된 「재산평가기준서」에 의해서 그 해 1월 1일 시점의 가격을 공표한다. 노선가 방식은 택지가 접하는 도로(路線)에 설정된 표준적인 가격(路線価)을 기준으로 평가하는 방법으로, 1955년 국세청장 통달 「택지의 평가에 대해서」(동년 4월 30일 付直資43호)에 의해, 지금까지의 임대가격배수 방식을 대신해서 도입되었다. 현재 노선가는 지가공시가격의 80% 정도를 목표로 국세청장이 정하고 있다.

日本의 경우 우리나라의 「지방세법」상 재산세에 해당하는 것이, 日本 「地方税法」 제3장 시정촌보통세(市町村の普通税)에 속하는 제2절 固定資産税라 할 수 있는데, 고정자산세는 고정자산의 소유자에게 과세되는 지방세이다(日本 地方税法 第343条 第1項). 과세대상인 고정자산은 토지·가옥 및 상각자산을 대상으로 하며(같은 법 제341조 제1호), 固定資産税評価額은 고정자산세를 부과하기 위한 기준이 되는 평가금액이다. 고정자산세는 市町村이 매년 1월 1일 현재의 토지, 가옥 등의 소유자에게 그 고정자산평가액을 기초로 과세하는 세금이다. 여기서 토지는 논·밭·택지·염전·온천장·공원·지소(池沼)·산림·목장·원야(原野)·기타 토지를 말하고(같은 법 제341조 2호), 가옥은 주택(住家)·상점·공장(발전소 및 변전소 포함)·창고·기타 건물을 말하며(같은 법 같은 조 3호), 상각자산은 토지 및 가옥 이외의 사업의 용으로 제공할 수 있는 자산(광업권, 어업권, 특허권 기타의 무형감가상각자산을 제외)에서 그 감가상각액 또는 감가상각비가 「법인세법」 또는 「소득세법」의 규정에 의한 소득의 계산상 손금 또는 필요경비에 산입되는 것들 중 그 취득가액이 소액인 자산 기타 정령(政令)으로 정하는 자산 이외의 것(이와 유사한 자산으로 법인세 또는 소득세를 부과하는 자가 소유하는 것을 포함)을 말한다.

日本의 경우 원칙적으로 지가공시가격의 표준지 필지수(地価公示標準地数)는 都市計画区域 등에 있어서 全国 26,000필지(地点)를 대상으로 하나, 우리나라는 도시계획구역안팎 구분 없이 전국 50만 필지를 대상으로 한다.

215) 「固定資産評価基準」(제정 昭和三十八(1963)年十二月二十五日 自治省告示第五十八号, 最終改正：平成二十九(2017)年十一月二十二日 総務省告示第三百九十号)은 제1장 토지, 제2장 가옥, 제3장 상각자산으로 구성되어 있다. 특히 토지에서는 농경지·택지·광천지·池沼(유지)·산림·목장·잡종지 등지목별로 세분기준을 정하고 있고, 가옥은 木造家屋과 非木造家屋으로 구분하여 기준을 정하고 있다.

4. 현행 「부동산가격공시법」[216]

이 법은 제2장 지가의 공시, 제3장 주택가격의 공시, 제4장 비주거용부동산가격의 공시에 관한 사항으로 구성되어 있다. 주요내용으로 표준지공시지가를 조사·평가하는 경우 지가 변동이 미미한 지역에서는 1인의 **감정평가법인등**에게 의뢰할 수 있도록 하고(법 제3조 제5항 단서), 종전에 **감정평가사**들이 수행하던 표준주택·개별주택가격의 조사·산정 및 검증업무를 **부동산원**이 전담하게 됨에 따라 **부동산원**이 수행할 수 있도록 관련 절차·기준 등을 구체화하였다(법 제16조 제4항 및 제17조 제6항).

그리고 비주거용 부동산 가격공시와 관련된 세부 기준·절차 등을 신설하였다. 현재 국토교통부에서 가격산정방식, 적용범위 등 구체적 운영방안을 검토 중에 있으며, 도입근거가 마련된 만큼 관계부처와 협의하여 조속히 방안을 확정·도입할 수 있도록 전력을 다할 예정이라고(제5장) 하였으나,[217] 동 규정은 임의규정이며, 아직 시행이 이루어지지 않고 있는 상태이다.

〈표 6〉 법의 구성

제1장 총칙 제1조(목적) 제2조(정의) **제2장 지가의 공시** 제3조(표준지공시지가의 조사·평가 및 공시 등) 제4조(표준지공시지가의 조사협조) 제5조(표준지공시지가의 공시사항) 제6조(표준지공시지가의 열람 등) 제7조(표준지공시지가에 대한 이의신청) 제8조(표준지공시지가의 적용) 제9조(표준지공시지가의 효력) 제10조(개별공시지가의 결정·공시 등) 제11조(개별공시지가에 대한 이의신청) 제12조(개별공시지가의 정정)	제13조(타인토지에의 출입 등) 제14조(개별공시지가의 결정·공시 비용의 보조) 제15조(부동산 가격정보 등의 조사) **제3장 주택가격의 공시** 제16조(표준주택가격의 조사·산정 및 공시 등) 제17조(개별주택가격의 결정·공시 등) 제18조(공동주택가격의 조사·산정 및 공시 등) 제19조(주택가격 공시의 효력) **제4장 비주거용부동산가격의 공시** 제20조(비주거용 표준부동산가격의 조사·산정 및 공시 등) 제21조(비주거용 개별부동산가격의 결정·공시 등)	제22조(비주거용 집합부동산가격의 조사·산정 및 공시 등) 제23조(비주거용 부동산가격공시의 효력) **제5장 부동산가격공시위원회** 제24조(중앙부동산가격공시위원회) 제25조(시·군·구부동산가격공시위원회) **제6장 보칙** 제26조(공시보고서의 제출) 제27조(공시가격정보체계의 구축 및 관리) 제28조(업무위탁) 제29조(수수료 등) 제30조(벌칙 적용에서 공무원 의제) **부칙**

---

[216] 개정경과와 개정이유는 제1편 「감정평가법」을 참고하라.
[217] 국토교통부, "부동산 가격 조사·평가, 지금부터 달라집니다.", 「보도참고자료」, 부동산평가과, 2016.8.31., 3~4면 참고.

제2장 지가의 공시

공시지가는 표준지공시지가와 개별공시지가를 포함하는 개념인데, 지가공시의 근거법인 「부동산가격공시법」 제2장 지가공시에서도 제1절에서 표준지공시지가의 공시와 제2절에서 개별공시지가의 공시로 구분하여 정하고 있다. 공시지가는 지가정보의 제공과 토지거래의 지표 등으로 사용되므로 토지에 대한 정확한 조사·평가가 매우 중요하다.

우리나라의 토지는 약 3,847만 필지로 이루어져 있어 이들 필지를 모두 조사·평가할 경우 많은 인력, 예산, 시간이 소요되어 현실적으로 불가능한 실정이다. 따라서 **국토교통부장관**은 조세나 부담금의 부과대상인 사유지와 국·공유지 중 잡종지 등 지가산정이 필요한 전국 3,309만여 필지 중 대표성이 인정되는 50만 필지의 표준지를 선정하고, 그 가격을 조사·평가하여 표준지공시지가를 공시하며, 나머지 필지는 시·군·구청장이 국가가 공시한 표준지공시지가를 기준으로 해당 지역의 토지에 대한 개별공시지가를 조사·산정하여 공시한다.[218]

제1절 표준지공시지가의 공시

Ⅰ. 의의

현행 「부동산가격공시법」에서는 정의규정을 두고 있지 않으나, 구 「부감법」에서 "표준지공시지가"라 함은 이 법의 규정에 의한 절차에 따라 **국토교통부장관**이 조사·평가하여 공시한 표준지의 단위면적당 가격을 말한다(구법 제2조 제5호).

---

218) 국토교통부, 2018년도 부동산 가격공시에 관한 연차보고서, 2018. 8. 30면.

국토교통부장관은 토지이용상황이나 주변 환경, 그 밖의 자연적·사회적 조건이 일반적으로 유사하다고 인정되는 일단의 토지 중에서 선정한 표준지에 대하여 매년 공시기준일 현재의 단위면적당 적정가격을 조사·평가하고, 중앙부동산가격공시위원회의의 심의를 거쳐 이를 공시하여야 한다(법 제3조 제1항).

따라서 **국토교통부장관**은 **감정평가법인등**에게 의뢰하여 표준지공시지가를 조사·평가하고, 이에 대한 부동산가격공시위원회의의 심의를 거쳐, **국토교통부장관**이 공시한다. 조사·평가 및 공시의 절차를 거치면 당해 표준지공시지가는 일정한 효력을 지니게 된다.

II. 표준지공시지가의 조사·평가

1. 의의

법 제3조 제1항만을 놓고 법문에 충실하자면 우리나라 표준지공시지가의 조사·평가권자는 **국토교통부장관**이다. 그러나 법률은 홀로 독립하여 존재하는 것이 아니라 여러 공법체계가 유기적으로 정당한 관련성을 갖는 입법원리의 지배를 받는다. 「감정평가법」에 의하면 토지등의 감정평가를 업으로 행하는 것은 **감정평가법인등**이 하도록 하고(같은 법 제2조 제3호), 국가 등은 토지등의 관리 등을 위하여 토지등을 감정평가하려는 경우에는 **감정평가법인등**에게 의뢰하도록 하고 있다(같은 법 제5조 제1항). 「감정평가법」에서는 **감정평가법인등**의 업무에 대해서 규정하고, 그 중에서 「부동산가격공시법」에 따라 **감정평가법인등**이 수행하는 업무를 **감정평가법인등**의 업무로 정하고 있다. **국토교통부장관**은 표준지공시지가를 조사·평가할 때에는 **감정평가법인등**에게 이를 의뢰하여야 하므로 표준지공시지가 조사·평가업무가 「부동산가격공시법」에 따라 **감정평가법인등**이 수행하는 업무에 해당하고, 따라서 동 업무는 **감정평가법인등**의 업무이며, 감정평가영역이라고 제1편「감정평가법」에서 언급하였다. 이외에도 개별공시지가의 검증업무도 감정평가업무영역에 해당한다(법 제10조 제5항). 그러나 주택가격(제3장)·비주거용부동산가격(제4장)의 조사·산정업무는 **감정평가법인등**의 업무가 아니고 **한국부동산원**의 업무라 할 수 있다(**한국부동산원**법 제12조 및 같은 법 시행령 제13조).

국토교통부장관은 표준지의 선정 또는 표준지공시지가의 조사·평가를 위하여 필요한 경우에는 관계 행정기관에 해당 토지의 인·허가 내용, 개별법에 따른 등록사항 등 **대통령령**으로 정하는 관련 자료[1. 「건축법」에 따른 건축물대장(현황도면을 포함한다), 2. 「공간정보관리법」에 따른 지적도, 임야도, 정사영상지도(正射映像地圖), 토지대장 및 임야대장, 3. 「토지이용규제 기본법」에 따른 토지이용계획확인서(확인도면을 포함한다), 4. 「국토계획법」에 따른 도시·군관리계획 지형도면(전자지도를 포함한다), 5. 행정구역별 개발사업 인·허가 현황, 6. 표준지 소유자의 성명 및 주소, 7. 그 밖에 표준지의 선정 또는 표준지 적정가격의 조사·평가에 필요한 자료로서 **국토교통부령**으로 정하는 자료(영 제9조)]의 열람 또는 제출을 요구할 수 있다. 이 경우 관계 행정기관은 정당한 사유가 없으면 이에 응하여야 한다(법 제4조).

감정평가법인등에 의한 표준지의 적정가격 조사·평가는 영 제2조 제2항에 따른 「표준지의 선정 및 관리지침」에서 정한 지역분석 등을 실시한 후에 일반적으로 다음 각 호 1. 표준지 선정을 위한 공부조사와 실지조사, 2. 가격자료의 수집 및 정리, 3. 사정보정 및 시점수정, 4. 지역요인 및 개별요인의 비교, 5. 평가가격의 결정 및 표시, 6. 경계지역 간 가격균형 여부 검토, 7. 표준지 소유자의 의견청취, 8. 시장·군수·구청장의 의견청취, 9. 조사·평가보고서의 작성의 절차에 따라 실시한다 (조사·평가 기준 제4조). **국토교통부장관**이 표준지공시지가 조사·평가 및 공시를 위해서 **감정평가법인등**에게 조사·평가를 의뢰하면 **감정평가법인등**은 먼저 표준지를 선정하고 그 후 표준지 가격의 조사·평가를 수행한다.

2. 국토교통부장관의 조사·평가의뢰

가. 둘 이상의 감정평가법인등에게 의뢰

국토교통부장관이 표준지공시지가를 조사·평가할 때에는 업무실적, 신인도(信認度) 등을 고려하여 둘 이상의 「감정평가법」에 따른 **감정평가법인등**에게 이를 의뢰하여야 한다(법 제3조 제5항 본문).

나. 하나의 감정평가법인등에게 의뢰

다만, 지가 변동이 작은 경우 등 **대통령령**으로 정하는 기준에 해당하는 표준지에 대해서는 하나의 **감정평가법인등**에 의뢰할 수 있다(법 제3조 제5항 단서). 법 제3조 제5항 단서에서 "지가 변동이 작은 경우 등 **대통령령**으로 정하는 기준에 해당하는 표준지"란 다음 각 호 1. 최근 1년간 읍·면·동별 지가변동률이 전국 평균 지가변동률 이하인 지역, 2. 개발사업이 시행되거나 「국토계획법」 제2조 제15호에 따른 용도지역 또는 같은 조 제16호에 따른 용도지구가 변경되는 등의 사유가 없는 지역의 요건을 모두 갖춘 지역의 표준지를 말한다(영 제7조 제4항).

다. 감정평가법인등의 선정기준

국토교통부장관은 표준지공시지가 조사·평가를 의뢰받은 감정평가업자가[219] 공정하고 객관적으로 해당 업무를 수행할 수 있도록 하여야 한다(법 제3조 제6항). 법 제3조 제5항에 따른 **감정평가법인등**의 선정기준 및 업무범위는 **대통령령**으로 정한다(법 제3조 제7항). **국토교통부장관**은 법 제3조 제5항에 따라 다음 각 호 1. 표준지공시지가 조사·평가 의뢰일부터 30일 이전이 되는 날(이하 "선정기준일"이라 한다)을 기준으로 하여 직전 1년간의 업무실적이 표준지 적정가격 조사·평가업무를 수행하기에 적정한 수준일 것, 2. 회계감사절차 또는 감정평가서의 심사체계가 적정할 것, 3. 「감정평가법」에 따른 업무정지처분, 과태료 또는 소속 **감정평가사**에 대한 징계처분 등이 다음 각 목 가. 선정기준일부터 직전 2년간 업무정지처분을 3회 이상 받은 경우, 나. 선정기준일부터 직전 1년간 과태료처분을 3회 이상 받은 경우, 다. 선정기준일부터 직전 1년간 징계를 받은 소속 **감정평가사**의 비율이 선정기준일 현재 소속 전체 **감정평가사**의 10퍼센트 이상인 경우, 라. 선정기준일 현재 업무정지기간이 만료된 날부터 1년이 지나지 아니한 경우의 기준 어느 하나에도 해당하지 아니할 것의 요건을 모두 갖춘 **감정평가법인등**(「감정평가법」 제2조 제4호에 따른 **감정평가법인등**을 말한다) 중에서 표준지공시지가 조사·평가를 의뢰할 자를 선정해야 한다(영 제7조 제1항). 영 제7조 제1항 각 호의 요건에 관한 세부기준은 **국토교통부장관**이 정하여 고시한다(영 제7조 제2항).

법 제3조 제5항 및 영 제7조 제5항에 따라 표준지 적정가격의 조사·평가를 의뢰하는 **감정평가법인등**을 선정하기 위한 세부사항을 행정규칙의 형식으로 규정한 것이 「표준지공시지가 조사·평가를 위한 **감정평가법인등** 선정에 관한 기준」(이하 "**감정평가법인등**의 선정기준"이라 한다) 이다.[220]

국토교통부장관은 선정한 **감정평가법인등**별로 조사·평가물량을 배정할 때에는 선정된 전체 **감정평가법인등** 소속 **감정평가사**(조사·평가에 참여할 수 있는 **감정평가사**를 말한다) 중 개별 **감정평가법인등** 소속 **감정평가사**(조사·평가에 참여할 수 있는 **감정평가사**를 말한다)가 차지하는 비율을 기준으로 비례적으로 배정하여야 한다. 다만, **감정평가법인등**의 신인도, 종전 표준지공시지가 조사·평가에서의 성실도 및 소속 **감정평가사**의 징계 여부에 따라 배정물량을 조정할 수 있다(영 제7조 제3항).

감정평가법인등 선정 및 표준지 적정가격 조사·평가 물량 배정 등에 필요한 세부기준은 **국토교통부장관**이 정하여 고시한다(영 제7조 제5항). 이의 세부기준도 전술한 「감정평가업자의 선정기준」이다.

---

219) 2020. 4. 7. 개정을 하면서 "**감정평가법인등**"으로 개정하여야 할 것을 놓친 것으로 보인다.
220) 2020. 7. 28. 일부개정(시행 2020. 7. 28. 국토교통부고시 제2020-529호).

3. 표준지의 선정

가. 의의

국토교통부장관은 토지이용상황이나 주변 환경, 그 밖의 자연적·사회적 조건이 일반적으로 유사하다고 인정되는 일단의 토지 중에서 표준지를 선정하며(법 제3조 제1항), 법 제3조 제1항에 따라 표준지를 선정할 때에는 일단(一團)의 토지 중에서 해당 일단의 토지를 대표할 수 있는 필지의 토지를 선정하여야 한다(영 제2조 제1항). 이러한 표준지의 선정에 필요한 사항은 **대통령령**으로 정한다(법 제3조 제3항).

법 제3조 제1항에 따른 표준지 선정 및 관리에 필요한 세부기준은 중앙부동산가격공시위원회의 심의를 거쳐 **국토교통부장관**이 정한다(영 제2조 제2항). 법 제3조 제3항 및 영 제2조 제2항의 위임에 따라 표준지의 선정 및 관리 등에 관하여 필요한 사항을 정한 것이 「표준지의 선정 및 관리지침」이다.[221] 동 지침에서는 아래와 같이 표준지의 선정기준을 정하고 있다.

나. 표준지의 선정기준

(1) 여기서 표준지 선정 기준은 대상 토지를 감정평가할 때 여러 표준지 중에서 비교대상 표준지를 선정하는 기준이 아니라, 표준지자체의 적정가격을 조사·평가할 때 여러 개별필지 중에서 선정하는 기준이다.

첫째, 일반적인 기준은 다음과 같다(동 지침 제10조 제1항).

1. 지가의 대표성: 표준지선정단위구역 내에서 지가수준을 대표할 수 있는 토지 중 인근지역 내 가격의 층화를 반영할 수 있는 표준적인 토지

2. 토지특성의 중용성: 표준지선정단위구역 내에서 개별토지의 토지이용상황·면적·지형지세·도로조건·주위환경 및 공적규제 등이 동일 또는 유사한 토지 중 토지특성빈도가 가장 높은 표준적인 토지

3. 토지용도의 안정성: 표준지선정단위구역 내에서 개별토지의 주변이용상황으로 보아 그 이용상황이 안정적이고 장래 상당기간 동일 용도로 활용될 수 있는 표준적인 토지

4. 토지구별의 확정성: 표준지선정단위구역 내에서 다른 토지와 구분이 용이하고 위치를 쉽게 확인할 수 있는 표준적인 토지

둘째, 특수토지 또는 용도상 불가분의 관계를 형성하고 있는 비교적 대규모의 필지를 일단지로

---

221) 2017. 10. 25. 일부개정(시행 2017. 10. 25. 국토교통부훈령 제926호).

평가할 필요가 있는 경우에는 표준지로 선정하여 개별공시지가의 산정기준으로 활용될 수 있도록 하되, 토지형상·위치 등이 표준적인 토지를 선정한다(동 지침 제10조 제2항).

셋째, 표준지는 과세대상필지를 대상으로 선정하므로 국·공유의 토지는 표준지로 선정하지 아니한다. 다만, 국가 및 지방자치단체에서 행정목적상 필요하여 표준지를 선정하여 줄 것을 요청한 특정지역이나 토지에 대해서는 지역특성을 고려하여 타당하다고 인정하는 경우에는 표준지를 선정할 수 있다(동 지침 제12조 제1항). 한 필지가 둘 이상의 용도로 이용되고 있는 토지는 표준지로 선정하지 아니한다. 다만, 부수적인 용도의 면적과 토지의 효용가치가 경미한 경우에는 비교표준지로의 활용목적을 고려하여 표준지로 선정할 수 있다(동 지침 제12조 제2항).

(2) 이렇게 선정된 기존 표준지는 특별한 사유가 없는 한 교체하지 아니한다(동 지침 제11조 제1항). 표준지가 다음 각 호 1. 도시·군계획사항의 변경, 토지이용상황의 변경, 개발사업의 시행 등으로 인하여 제10조 제1항의 선정기준에 부합되지 아니하는 경우, 2. 형질변경이나 지번, 지목, 면적 등 지적사항 등의 변경, 3. 개별공시지가의 산정 시에 비교표준지로의 활용성이 낮아 실질적으로 기준성을 상실한 경우의 어느 하나에 해당되는 경우에는 이를 인근의 다른 토지로 교체하거나 삭제할 수 있다(동 지침 제11조 제2항).

4. 표준지공시지가의 조사·평가 및 기준

가. 평가방법

(1) 의의: **국토교통부장관**이 표준지공시지가를 조사·평가하는 경우에는 인근 유사토지의 거래가격·임대료 및 해당 토지와 유사한 이용가치를 지닌다고 인정되는 토지의 조성에 필요한 비용추정액, 인근지역 및 다른 지역과의 형평성·특수성, 표준지공시지가 변동의 예측 가능성 등 제반사항을 종합적으로 참작하여야 한다(법 제3조 제4항). 이를 거래사례비교법, 수익환원법 및 원가법이라 하고 감정평가이론에서는 평가3방식이라 한다. 이는 표준지공시지가 조사·평가의 기준이기도 하다.

표준지의 조사·평가 기준 등에 필요한 사항은 **대통령령**으로 정한다(법 제3조 제3항). 법 제3조 제4항에 따라 **국토교통부장관**이 표준지공시지가를 조사·평가하는 경우 참작하여야 하는 사항의 기준은 다음 각 호 1. 인근 유사토지의 거래가격 또는 임대료의 경우: 해당 거래 또는 임대차가 당사자의 특수한 사정에 의하여 이루어지거나 토지거래 또는 임대차에 대한 지식의 부족으로 인하여 이루어진 경우에는 그러한 사정이 없었을 때에 이루어졌을 거래가격 또는 임대료를 기준으로 할 것, 2. 해당 토지와 유사한 이용가치를 지닌다고 인정되는 토지의 조성에 필요한 비용추정액의 경

우: 공시기준일 현재 해당 토지를 조성하기 위한 표준적인 조성비와 일반적인 부대비용으로 할 것과 같다(영 제6조 제1항).

(2) 가격자료의 수집 및 정리

표준지의 적정가격을 조사·평가할 때에는 인근지역 및 동일수급권 안의 유사지역에 있는 거래사례, 평가선례, 보상선례, 조성사례, 분양사례, 수익사례 등과 세평가격 등 가격결정에 참고가 되는 자료(이하 "가격자료"라 한다)를 수집하여 이를 정리한다(조사·평가 기준 제7조 제1항).

가격자료는 다음 각 호 1. 최근 3년 이내의 자료인 것, 2. 사정보정이 가능한 것, 3. 지역요인 및 개별요인의 비교가 가능한 것, 4. 위법 또는 부당한 거래 등이 아닌 것, 5. 토지 및 그 지상건물이 일체로 거래된 경우에는 배분법의 적용이 합리적으로 가능한 것의 요건을 갖춘 것으로 한다(조사·평가 기준 제7조 제2항).

(3) 사정보정 및 시점수정: 수집된 거래사례 등에 거래당사자의 특수한 사정 또는 개별적인 동기가 개재되어 있거나 평가선례 등에 특수한 평가조건 등이 반영되어 있는 경우에는 그러한 사정이나 조건 등이 없는 상태로 이를 적정하게 보정한다(조사·평가 기준 제8조 제1항).

가격자료의 거래시점 등이 공시기준일과 다른 경우에는 「부동산거래신고법」제19조에 따라 **국토교통부장관**이 조사한 지가변동률로서 가격자료가 소재한 시·군·구의 같은 용도지역 지가변동률로 시점수정을 행한다. 다만, 다음 각 호 1. 같은 용도지역의 지가변동률을 적용하는 것이 불가능하거나 적절하지 아니하다고 판단되는 경우에는 공법상 제한이 같거나 비슷한 용도지역의 지가변동률, 이용상황별 지가변동률 또는 해당 시·군·구의 평균지가변동률로 시점수정, 2. 지가변동률을 적용하는 것이 불가능하거나 적절하지 아니한 경우에는 「한국은행법」제86조에 따라 한국은행이 조사·발표하는 생산자물가지수에 따라 산정된 생산자물가상승률 등으로 시점수정의 경우에는 그러하지 아니하다(조사·평가기준 제8조 제2항).

(4) 지역요인 및 개별요인의 비교: 수집·정리된 거래사례 등의 토지가 표준지의 인근지역에 있는 경우에는 개별요인만을 비교하고, 동일수급권 안의 유사지역에 있는 경우에는 지역요인 및 개별요인을 비교한다(조사·평가 기준 제9조 제1항).

(5) 평가가격의 결정 및 표시: 거래사례비교법 등에 따라 표준지의 가격을 산정한 때에는 인근지역 또는 동일수급권 안의 유사지역에 있는 유사용도 표준지의 평가가격과 비교하여 그 적정여부를 검토한 후 평가가격을 결정하되, 유사용도 표준지의 평가가격과 균형이 유지되도록 하여야 한다

(조사·평가 기준 제10조 제1항).

표준지로 선정된 1필지의 토지가 둘 이상의 용도로 이용되는 경우에는 용도별 면적비율에 의한 평균가격으로 평가가격을 결정한다. 다만, 다음 각 호 1. 다른 용도로 이용되는 부분이 일시적인 이용상황으로 인정되는 경우, 2. 다른 용도로 이용되는 부분이 주된 용도와 가치가 유사하거나 면적비율이 현저하게 낮아 주된 용도의 가격을 기준으로 거래되는 관행이 있는 경우의 어느 하나에 해당되는 경우에는 주된 용도의 가격으로 평가가격을 결정할 수 있다(조사·평가 기준 제10조 제2항).

표준지의 평가가격은 제곱미터당 가격으로 표시하되, 유효숫자 두 자리로 표시함을 원칙으로 한다. 다만, 그 평가가격이 10만 원 이상인 경우에는 유효숫자 세 자리까지 표시할 수 있다(조사·평가 기준 제10조 제3항).

「조사·평가 기준」 제10조 3항에도 불구하고 표준지 이의신청에 따른 평가가격 또는 「부동산가격공시법」 제3조 제5항 단서에 따라 하나의 **감정평가법인등**에게 의뢰하여 표준지공시지가를 평가하는 경우의 평가가격의 유효숫자 제한은 **국토교통부장관**이 별도로 정할 수 있다(조사·평가 기준 제10조 제4항).

나. 나지상정평가

표준지에 건물 또는 그 밖의 정착물이 있거나 지상권 또는 그 밖의 토지의 사용·수익을 제한하는 권리가 설정되어 있을 때에는 그 정착물 또는 권리가 존재하지 아니하는 것으로 보고 표준지공시지가를 평가하여야 한다(영 제6조 제2항).

다. 표준지가격 조사·평가에 필요한 세부기준

표준지공시지가의 조사·평가에 필요한 세부기준은 **국토교통부장관**이 정한다(영 제6조 제3항). 이에 따라 「부동산가격공시법」 제3조에서 규정하고 있는 표준지 공시지가의 공시를 위하여 같은 법 제3조 제4항 및 같은 법 시행령 제6조 제3항의 위임에 따라 표준지의 적정가격 조사·평가에 필요한 세부기준과 절차 등을 정함을 목적으로 「표준지공시지가 조사·평가 기준」을 제정하였다.[222]

---

222) 2019. 10. 23. 일부개정(시행 2019. 10. 23. 국토교통부훈령 제1235호).

5. 표준지가격에 대한 가격균형 협의

가격균형 협의의 법적 근거는 표준지의 조사·평가 기준 등에 필요한 사항은 **대통령령**으로 정한다(법 제3조 제3항). 영 제6조 제3항에서는 표준지공시지가의 조사·평가에 필요한 세부기준은 **국토교통부장관**이 정하도록 하고 있다. 이에 따라 국토교통부 훈령으로 제정한 것이 「표준지공시지가 조사·평가 기준」인데 동 기준 제11조 제1항에서 인근 시·군·구의 유사용도 표준지의 평가가격과 비교하여 그 가격의 균형여부를 검토하도록 하고 있다.

따라서 가격균형 협의는 시·군·구내, 시·군·구간 가격균형협의로 나뉘고, 이 밖에도 표준지가격에 관한 시·도간 가격균형협의, 전국 가격균형협의로 나뉜다.

이 밖에도 가격균형여부의 검토는 용도지역·용도지대 및 토지이용상황별 지가수준을 비교하는 것 외에 특수토지 및 경계지역 부분에 있는 유사용도 표준지에 대하여 개별필지별로 행하되, 필요한 경우에는 인근 시·군·구의 가격자료 등을 활용하여 평가가격을 조정함으로써 상호 균형이 유지되도록 하여야 한다(조사·평가 기준 제11조 제2항).

6. 표준지공시지가(안)에 대한 의견청취

가. 표준지 소유자

국토교통부장관은 표준지공시지가를 공시하기 위하여 표준지의 가격을 조사·평가할 때에는 **대통령령**으로 정하는 바에 따라 해당 토지소유자의 의견을 들어야 한다(법 제3조 제2항). 공시 전(前) **토지소유자만**을 대상으로 한 의견청취 절차이다.

국토교통부장관은 법 제3조 제2항에 따라 표준지 **소유자의 의견**을 들으려는 경우에는 부동산공시가격시스템에 다음 각 호 1. 공시대상, 열람기간 및 방법, 2. 의견제출기간 및 의견제출방법, 3. 법 제3조 제5항에 따라 **감정평가법인등**이 평가한 공시 예정가격의 사항을 **20일 이상 게시**하여야 한다(영 제5조 제1항). **국토교통부장관**은 제1항에 따른 **게시사실**을 표준지 소유자에게 개별 통지하여야 한다(영 제5조 제2항). 게시된 가격에 이의가 있는 표준지 소유자는 의견제출기간에 의견을 제출할 수 있다(영 제5조 제3항).

영 제5조 제3항에 따라 표준지 소유자가 표준지의 평가가격에 대하여 의견을 제시한 때에는 그 평가가격의 적정여부를 재검토하고 표준지 소유자가 제시한 의견이 객관적으로 타당하다고 인정되는 경우에는 이를 반영하여 평가가격을 조정하여야 한다(조사·평가 기준 제12조).

표준지의 가격을 조사·평가하면서 **공시하기 전**에는 **표준지 소유자에 한해서** 의견을 들으면 된다(법 제3조 제2항). 그러나 **공시 이후**에는 일정한 기간 내에 **표준지공시지가에 이의가 있는 자 모두** 이의신청할 수 있다(법 제7조 제1항).

나. 시장·군수·구청장

감정평가법인등은 **조사·평가보고서를 작성하는 경우**에는 미리 해당 표준지를 관할하는 **시장·군수 또는 구청장**(자치구의 구청장을 말한다)의 의견을 들어야 한다(영 제8조 제2항).

시장·군수 또는 구청장은 의견 제시 요청을 받은 경우에는 요청받은 날부터 20일 이내에 의견을 제시하여야 한다. 이 경우 법 제25조에 따른 시·군·구부동산가격공시위원회의 심의를 거쳐야 한다(영 제8조 제3항).

영 제8조 제2항에 따라 **시장·군수 또는 구청장**(필요한 경우 특별시장·광역시장 또는 도지사를 포함한다)의 의견을 듣고자 할 때에는 표준지의 필지별 가격 및 가격변동률, 용도지역별·지목별 최고·최저지가, 전년대비 가격변동이 현저한 표준지의 내역 및 변동사유, 표준지 위치표시도면 등 표준지의 평가가격 검토에 필요한 자료를 제출하여야 한다(조사·평가 기준 제13조 제1항). **시장·군수 또는 구청장**으로부터 특정한 표준지에 대하여 평가가격의 조정의견이 제시된 때에는 그 평가가격의 적정여부를 재검토하고 그 의견이 객관적으로 타당하다고 인정되는 경우에는 이를 반영하여 평가가격을 조정하여야 한다(조사·평가 기준 제13조 제2항).

7. 조사·평가보고서의 작성 및 제출

가. 조사·평가보고서의 법적 성격

감정평가법인등은 선정된 표준지에 대하여 공시지가를 조사·평가하는 일련의 과정을 거친 후 조사·평가보고서를 작성하여 **국토교통부장관**에게 제출하는데 조사·평가보고서의 법적 성격에 대하여, 대법원은 "표준지공시지가의 결정절차 및 그 효력과 기능 등에 비추어 보면, 표준지공시지가는 당해 토지뿐 아니라 인근 유사토지의 가격을 결정하는 데에 전제적·표준적 기능을 수행하는 것이어서 특히 그 가격의 적정성이 엄격하게 요구된다. 이를 위해서는 무엇보다도 적정가격 결정의 근거가 되는 **감정평가법인등**의 평가액 산정이 적정하게 이루어졌음이 담보될 수 있어야 하므로, 그 **감정평가서**에는 평가원인을 구체적으로 특정하여 명시함과 아울러 각 요인별 참작 내용과 정도가 객관적으로 납득이 갈 수 있을 정도로 설명됨으로써, 그 평가액이 당해 토지의 적정가격을 평가한 것임을 인정할 수 있어야 한다."고 하여 표준지공시지가 조사·평가보고서를 감정평가서로 보고 있

다.223)

따라서 판례가 표준지공시지가 조사·평가보고서의 법적 성격을 감정평가서로 본 것이나, 표준주택가격 조사·산정보고서의 법적 성격을 어떻게 볼지 귀추가 주목된다. 우리나라의 판례와 같이, 日本의「地價公示法」제5조에서도 표준지의 감정평가를 행한 부동산감정사는 土地鑑定委員會에 감정평가서를 제출하도록 하고 있다.

나. 조사·평가보고서의 작성 및 제출

(1) 법 제3조 제5항에 따라 표준지공시지가 조사·평가를 의뢰받은 **감정평가법인등**은 표준지공시지가 및 그 밖에 **국토교통부령**으로 정하는 사항[다음 각 호 1. 토지의 소재지, 면적 및 공부상 지목, 2. 지리적 위치, 3. 토지 이용 상황, 4.「국토계획법」제2조 제15호에 따른 용도지역, 5. 주위 환경, 6. 도로 및 교통 환경, 7. 토지 형상 및 지세(地勢)의 사항을 말한다(칙 제3조 제1항)]을 조사·평가한 후 **국토교통부령**으로 정하는 바에 따라 조사·평가보고서를 작성하여 **국토교통부장관**에게 제출하여야 한다(영 제8조 제1항). 표준지공시지가 조사·평가를 의뢰받은 **감정평가법인등**은 법정한 서식의 조사·평가보고서에 다음 각 호 1. 지역분석조서, 2. 표준지별로 작성한 표준지 조사사항 및 가격평가의견서, 3. 의견청취결과서(영 제8조 제2항 및 제3항에 따라 시장·군수 또는 자치구의 구청장의 의견을 들은 결과를 기재한다), 4. 표준지의 위치를 표시한 도면, 5. 그 밖에 사실 확인에 필요한 서류의 서류를 첨부하여 **국토교통부장관**에게 제출하여야 한다(칙 제3조 제2항).

(2) **감정평가법인등**은 영 제8조 제1항에 따라 조사·평가보고서를 작성하는 경우에는 미리 해당 표준지를 관할하는 **시장·군수 또는 구청장**(자치구의 구청장을 말한다)의 의견을 들어야 한다(영 제8조 제2항). **시장·군수 또는 구청장**은 영 제8조 제2항에 따라 의견 제시 요청을 받은 경우에는 요청받은 날부터 20일 이내에 의견을 제시하여야 한다. 이 경우 시·군·구부동산가격공시위원회의 심의를 거쳐야 한다(영 제8조 제3항).

(3) 표준지공시지가는 조사·평가보고서에 따른 조사·평가액의 산술평균치를 기준으로 한다(영 제8조 제4항).

---

223) 이 사건은 원고 토지소유자가 2006. 2. 28. 서울 중구 ○○동 (지번 1 생략) 대 70.1㎡에 대하여 피고(**국토교통부장관**)가 결정·공고한 2006년도 공시지가확정처분의 취소를 구하는 1심판결에서 표준지 평가방식인 거래사례비교법, 원가법, 수익환원법 중 어느 하나의 방식을 채택하여 평가가격을 산정하지 아니한 채 세평가격만을 참작하여 감정평가를 하였다. 평가서에 이러한 평가방법을 적용하지 아니한 합리적인 사유의 설시도 없다고 판시하였다(대법원 2009. 12. 10. 선고 2007두20140 판결).

다. 조사·평가보고서의 적정성 검토

(1) **국토교통부장관**은 제출된 표준지공시지가 조사·평가보고서에 대하여 「부동산거래신고법」 제3조에 따라 신고한 실제 매매가격(이하 "실거래신고가격"이라 한다) 및 「감정평가법」 제9조에 따른 감정평가 정보체계(이하 "감정평가 정보체계"라 한다) 등을 활용하여 그 적정성 여부를 검토할 수 있고(영 제8조 제5항), 만약 **국토교통부장관**이 전항에 따라 검토 결과 부적정하다고 판단되거나, **조사·평가액 중 최고평가액이 최저평가액의 1.3배를 초과**하는 경우에는 해당 **감정평가법인등에게 보고서를 시정하여 다시 제출**하게 할 수 있다(영 제8조 제6항).[224]

영 제8조 제5항 및 같은 조 제6항 전단에 근거한 조사·평가보고서의 적정성 검토는 조사·평가보고서가 감정평가서의 성격이고, 적정성 검토는 제1편 「감정평가법」 제2장 감정평가 Ⅵ. 감정평가 타당성조사에서 설명한 바와 같이 「감정평가법」 제8조에 따른 감정평가 타당성조사와 동일한 법적 문제가 있다고 생각된다.

(2) **국토교통부장관**은 제출된 보고서의 조사·평가가 **관계 법령을 위반하여 수행되었다고 인정되는 경우**에는 해당 **감정평가법인등**에게 그 사유를 통보하고, **다른 감정평가법인등 2인에게 대상 표준지공시지가의 조사·평가를 다시 의뢰**해야 한다. 이 경우 표준지 적정가격은 다시 조사·평가한 가액의 산술평균치를 기준으로 한다(영 제8조 제7항).

(3) 조사·평가보고서상의 표준지가격 구체적 산출근거의 기재정도에 대하여 판례는 "건설교통부장관이 2개의 감정평가법인에 토지의 적정가격에 대한 평가를 의뢰하여 그 평가액을 산술평균한 금액을 그 토지의 적정가격으로 결정·공시하였으나, 감정평가서에 거래선례나 평가선례, 거래사례비교법, 원가법 및 수익환원법 등을 모두 공란으로 둔 채, 그 토지의 전년도 공시지가와 세평가격 및 인근 표준지의 감정가격만을 참고가격으로 삼으면서 그러한 참고가격이 평가액 산정에 어떻게 참작되었는지에 관한 별다른 설명 없이 평가의견을 추상적으로만 기재한 사안에서, 평가요인별 참작 내용과 정도가 평가액 산정의 적정성을 알아볼 수 있을 만큼 객관적으로 설명되어 있다고 보기

---

224) 그리고 영 제8조 제6항 후단을 반대해석 할 경우 조사·평가액 중 최고평가액이 최저평가액의 1.3배 이내인 경우 재제출하지 않아도 된다는 의미가 되는데, 동 규정은 오류가 있어 보인다. 동 규정의 연혁은 1996. 6. 29. 「지가공시법 시행령」을 개정(대통령령 제15093호)하면서 도입된 규정이다. 동 조항의 도입취지를 법제처 개정이유에서 밝히고 있지 않아 알 수 없지만, 추정컨대, 당초 「토지보상법 시행규칙」 제17조(재평가 등) 제2항 제2호에 따르면 평가액 중 최고평가액이 최저평가액의 130퍼센트를 초과하는 경우 재평가 의뢰할 수 있도록 한 규정의 영향을 받아 개정한 것으로 추정된다. 그러나 「토지보상법 시행규칙」 제17조 제2항 제2호는 그 후 2006. 3. 17. 개정(시행 2006. 3. 17. 건설교통부령 제504호)되어 평가액 중 최고평가액이 최저평가액의 110퍼센트를 초과하는 경우 다른 2인 이상의 **감정평가법인등**에게 대상물건의 평가를 재의뢰할 수 있도록 개정되었는데도 불구하고, 영 제8조 제6항 은 개정되지 않고 현행 규정에 이르고 있는 것으로 보인다.

어려워, 이러한 감정평가액을 근거로 한 표준지공시지가 결정은 그 토지의 적정가격을 반영한 것이라고 인정하기 어려워 위법하다고" 판시한 이후,[225] 실무에서 거래사례비교법, 원가법 및 수익환원법을 적용하여 조사·평가보고서를 작성하도록 하였다.

8. 감정평가법인등 업무와 표준지공시지가 조사·평가의 법적 문제

감정평가법인등의 업무 중의 하나로 ""「부동산가격공시법」"에 따라 **감정평가법인등**이 수행하는 업무"를 규정하고 있으며(법 제10조 제1호), 이에 따라 **감정평가법인등**은 「부동산가격공시법」 제3조 제5항에 근거하여 **국토교통부장관**의 의뢰를 받아 표준지공시지가의 조사·평가업무를 수행하고 있다.

최근, 「부동산가격공시법」 제3조 제1항에 따른 "**국토교통부장관**의 표준지공시지가 조사·평가의 결정 권한에 대하여" 논란이 있었다.[226] 이러한 논란을 규명하기 위해서는 제1편 「감정평가법」에서 정하고 있는 감정평가업이 무엇인지 이해할 필요가 있다. 다음으로, 「부동산가격공시법」에 따른 표준지공시지가 조사·평가의 내용을 정확이 이해하는 것이 필요하다. 「부동산가격공시법」 제3조 제1항 자체의 법문에 충실하자면, 국토교통부장관을 표준지공시지가 조사·평가의 최종 주체로 볼 여지가 있다. 그럼에도 일각에 이러한 논란을 제기하는 것은 「감정평가법」과 「부동산가격공시법」 법규범 간에 통일적인 체계의 정당성이 결여되어 양 법규범 사이에 불일치 내지는 모순이 존재하기 때문인 것으로 보인다.

그렇다면 이와 같은 부조화에 이르게 된 배경에 대해서 연혁적·비교법적 검토를 통하여 입법론을 찾아야 할 것이다. 상세한 내용은 후술하기로 한다.

---

225) 대법원 2009. 12. 10. 선고 2007두20140 판결.
226) 조선일보, 국토부 "공시價 개입은 정당 권한"… 법조계 "재량권 넘어선 직권남용", 2019. 1. 5. 언론보도에 대하여, 국토교통부는 **국토교통부장관**이 「부동산가격공시법」 제3조에 따라 표준지공시지가 조사·평가 및 최종 공시 주체임을 밝혔다. 그러나 「부감법」 제9조 제1항 제1호 등 위헌소원 사건에서 관계기관에 해당하는 국토해양부장관은 표준지공시지가는 전국의 약 3,700만 필지 중 대표성이 있는 50만 필지를 선정하여 **감정평가사**가 평가한 적정가격이라고 의견을 제시하였고, 헌법재판소도 이를 인용하였다. (헌재 2009. 11. 26. 2009헌바141).

Ⅲ. 부동산가격공시위원회의 심의

1. 의의

표준지공시지가 조사·평가를 의뢰받은 **감정평가법인등**은 표준지공시지가 조사·평가보고서를 작성하는 경우에는 미리 해당 표준지를 관할하는 시장·군수·구청장의 의견을 들어야 하는데, 이 경우 법 제25조에 따른 시·군·구부동산가격공시위원회의 심의를 거쳐야 한다(영 제8조 제3항). 그리고 법 제3조에 따라 조사·평가된 표준지공시지가는 **국토교통부장관** 소속의 중앙부동산가격공시위원회 심의를 거쳐야 한다(법 제3조 제1항).

이와 같은 부동산가격평가위원회의 법적 성격은 조사·평가된 표준지의 공시가격을 변동시킬 수 있는 의결기관이 아니라 자문기관이라고 보아야 한다.

2. 시·군·구 부동산가격공시위원회

표준지공시지가 조사·평가를 의뢰받은 **감정평가법인등**은 표준지공시지가 조사·평가보고서를 작성한 후, **국토교통부장관**에게 제출하기 전에, 시장·군수·구청장의 의견을 들어야 하는데 **시장·군수 또는 구청장**은 의견 제시 요청을 받은 경우에는 요청받은 날부터 20일 이내에 의견을 제시하며, 이 경우 법 제25조에 따른 시·군·구부동산가격공시위원회의 심의를 거쳐야 한다(영 제8조 제3항).

법률에서는 심의사항만을 정하고(법 제25조 제1항), 시·군·구부동산가격공시위원회의 조직 및 운영에 필요한 사항은 **대통령령**에 위임하였으며(법 제25조 제2항), 시·군·구부동산가격공시위원회의 구성·운영에 필요한 사항은 해당 시·군·구의 조례에서 정하도록 위임하고 있다(영 제74조 제5항).

따라서 법 제25조 제1항의 심의사항에서 **감정평가법인등**의 표준지공시지가의 결정에 관한 사항 및 **한국부동산원**의 표준주택가격 조사·산정에 관한 사항에 관해서는 시·군·구부동산가격공시위원회의 심의사항이 아닌 것으로 하고 있다. 그러나 법 제25조 제1항에 따른 시·군·구부동산가격공시위원회의 심의 사항에 이를 명시하는 것이 옳을 것으로 보인다. 이에 관한 법적 문제는 제6장 제1절 부동산가격공시위원회에서 설명하기로 한다.

3. 중앙부동산가격공시위원회[227]

국토교통부장관은 표준지공시지가를 공시하기 전에 제출된 표준지공시지가 조사·평가보고서의 조사·평가된 가격 등을 심의하기 위하여 **국토교통부장관** 소속하에 학자, 법률가, 공무원 등으로 구성된 중앙부동산가격공시위원회를 두고 있다(법 제24조 제1항 제3호).

중앙부동산가격공시위원회는 20인 이내로 구성되며(법 제24조 제2항), 국토교통부제1차관을 위원장으로(법 제24조 제3항), 위원은 **대통령령**이 정하는 **중앙행정기관의 장**이 임명하는 6인 이내의 공무원과 대학교수, 판사·검사 및 지가공시 또는 감정평가에 관한 학식과 경험이 풍부한 자로서 **국토교통부장관**이 위촉한다(법 제24조 제4항).

IV. 표준지공시지가의 공시

1. 공시권자 및 공시기준일

표준지공시지가의 공시권자는 **국토교통부장관**이다(법 제3조 제1항). 표준지공시지가의 공시기준일, 공시의 시기 등 필요한 사항은 **대통령령**으로 정하도록 하고 있다(법 제3조 제3항). 그러나 공시의 시기에 관해 구체적 위임 조항은 보이지 않는다. 표준지공시지가의 공시기준일은 1월 1일로 한다. 다만, **국토교통부장관**은 표준지공시지가 조사·평가인력 등을 고려하여 부득이하다고 인정하는 경우에는 일부 지역을 지정하여 해당 지역에 대한 공시기준일을 따로 정할 수 있다(영 제3조).

	공시기준일	공시시한	비고
표준지공시지가	1월 1일(영3조)		
개별공시지가	1월 1일(법 제10조 제8항 근거 규정 불명확), 7월 1일(영 제16조 제2항)	매년 5월 31일 또는 10월 31까지 (영 제21조 제1항)	
표준주택가격	1월 1일(영 제27조)		
개별주택가격	1월 1일(법 제17조 제1항)	매년 4월 30일까지(영 제38조 제1항)	
공동주택가격	1월 1일(영 제40조)	매년 4월 30일까지(영 제43조 제1항)	
비주거용표준부동산가격	1월 1일(영 제49조)		
비주거용 개별부동산가격		매년 4월 30일까지(영 제62조 제1항)	
비주거용집합부동산가격	1월 1일(영 제63조)	매년 4월 30일까지(영 제64조 제1항)	

---

227) 자세한 사항은 제6장 보칙/제1절 부동산가격공시위원회에서 후술한다.

2. 공시사항 및 공시방법

(1) 표준지공시지가의 공시에는 다음 각 호 1. 표준지의 지번, 2. 표준지의 단위면적당 가격[단위 면적은 1제곱미터로 한다(영 제10조 제1항)], 3. 표준지의 면적 및 형상, 4. 표준지 및 주변토지의 이용상 황, 5. 그 밖에 **대통령령**으로 정하는 사항[1. 지목, 2. 용도지역, 3. 도로 상황, 4. 그 밖에 표준지공시지가 공시 에 필요한 사항(영 제10조 제2항)]이 포함되어야 한다(법 제5조).

(2) 표준지 공시절차 등에 필요한 사항은 **대통령령**으로 정한다(법 제3조 제3항). 법률이 공시절 차 등에 관하여 **대통령령**에 위임하고 있으나 어느 범위까지가 공시절차인지 명확해 보이지 않는다. **국토교통부장관**은 법 제3조 제1항에 따라 표준지공시지가를 공시할 때에는 다음 각 호 1. 공시사항 (법 제5조 각 호)의 개요, 2. 표준지공시지가의 열람방법, 3. 이의신청의 기간·절차 및 방법의 사항 을 관보에 공고하고, 표준지공시지가를 국토교통부가 운영하는 부동산공시가격시스템(이하 "부동 산공시가격시스템"이라 한다)에 게시하여야 한다(영 제4조 제1항).

표준지공시지가를 공시할 때에는 **국토교통부장관**은 필요하다고 인정하는 경우에는 표준지공시지 가와 이의신청의 기간·절차 및 방법을 표준지 소유자(소유자가 여러 명인 경우에는 각 소유자를 말한다)에게 **개별 통지**할 수 있으며(영 제4조 제2항), 이는 재량규정이므로 소유자에게 개별 통지 하는 것이 의무사항은 아니다. **국토교통부장관**은 영 제4조 제2항에 따른 **통지**를 하지 아니하는 경 우에는 영 제4조 제1항에 따른 **공고** 및 **게시사실을 방송·신문 등을 통하여 알려** 표준지 소유자가 표준지공시지가를 열람하고 필요한 경우에는 이의신청을 할 수 있도록 하여야 한다(영 제4조 제3 항).

3. 표준지공시지가의 공시 이후 조치

가. 토지가격비준표의 공급 및 법적 성격

(1) **국토교통부장관**은 법 제10조에 따른 개별공시지가의 산정을 위하여 필요하다고 인정하는 경 우에는 표준지와 산정대상 개별 토지의 가격형성요인에 관한 표준적인 비교표(이하 "토지가격비준 표"라 한다)를 작성하여 **시장·군수 또는 구청장**에게 제공하여야 한다(법 제3조 제8항). 법 제3조 제8항의 규정과 달리, 구「부감법」제9조 제2항에서는 "국토해양부장관은 법 제9조 제1항의 목적 을 위한 지가산정을 위하여 필요하다고 인정하는 경우에는 토지가격비준표(표준지와 지가산정대상 토지의 지가형성요인에 관한 표준적인 비교표)를 작성하여 관계행정기관 등에 제공하여야 하며, 관계행정기관 등은 이를 사용하여 지가를 산정하여야 한다."라고 정하고 있었다.

(2) 이에 대하여 판례는 구「부감법」제9조 제2항에 따르면 "국토해양부장관은 지가산정을 위하여 필요하다고 인정하는 경우에는 표준지와 지가산정 대상 토지의 지가형성요인에 관한 표준적인 비교표를 작성하여 관계 행정기관 등에 제공하여야 하고, 관계 행정기관 등은 이를 사용하여 지가를 산정하여야 한다."고 규정하고 있으므로, 국토해양부장관이 위 규정에 따라 작성하여 제공하는 토지가격비준표는「부감법 시행령」제16조 제1항에 따라 국토해양부장관이 정하는「개별공시지가의 조사·산정지침」과 더불어 법률 보충적인 역할을 하는 법규적 성질을 가진다고 할 것"이라고,[228] 판시하였다.

주의할 것은 토지가격비준표가 모든 경우에 법규적 성질을 가지는 것이 아니라 법 제10조에 따라 개별공시지가를 산정하거나, 법 제8조에 따라 특정한 지가 산정의 주체가 특정한 지가 산정의 목적을 위하여 지가를 산정하는 경우이거나,「토지보상법」제68조 단서에 의하여 사업시행자가 **국토교통부령**으로 토지가격비준표를 사용하여 직접 보상액을 산정하도록 기준을 정하는 경우에 비로소 법적 구속력을 발휘할 것이다.

(3) 그러나 다음 판례에서는 "건설교통부장관이 작성하여 관계 행정기관에 제공하는 토지가격비준표는 개별공시지가를 산정하기 위한 자료로 제공되는 것으로, 토지수용에 따른 보상액 산정의 기준이 되는 것은 아니고 단지 참작자료에 불과할 뿐"이라고[229] 판시하였으며, 이는 감정평가 의뢰에 의하여 **감정평가법인등**이 토지의 수용·사용에 따른 보상액을 평가함에 있어서는 관계 법령에서 들고 있는 모든 산정요인을 구체적·종합적으로 참작하여 그 각 요인들을 모두 반영하되 비교표준지와 수용대상토지에 대한 지역요인 및 개별요인 등 품등비교에 있어서는 토지가격비준표의 격차율은 단지 참작자료에 불과할 뿐이라는 것이다.

나. 표준지공시지가의 열람 등

국토교통부장관은 법 제3조에 따라 표준지공시지가를 공시한 때에는 그 내용을 특별시장·광역시장 또는 도지사를 거쳐 **시장·군수 또는 구청장**(지방자치단체인 구의 구청장에 한정한다)에게 **송부**하여 일반인이 **열람**할 수 있게 하고, **대통령령**으로 정하는 바에 따라 이를 도서·도표 등으로 작성하여 관계 행정기관 등에 **공급**하여야 한다(법 제6조). 법 제6조에 따라 **국토교통부장관**이 관계 행정기관 등에 공급하는 도서·도표 등에는 법 제5조 각 호의 사항이 포함되어야 한다(영 제11조

---

228) 대법원 1998. 5. 26. 선고 96누17103 판결; 대법원 2013. 5. 9. 선고 2011두30496 판결.
229) 서울행정법원 2005. 6. 3. 선고 2003구합23820 판결(1심), 서울고등법원 2006. 5. 24. 선고 2005누14990 판결(원심), 대법원 2007. 7. 12. 선고 2006두11507 판결; 대법원 1999. 1. 29. 선고 98두4641 판결.

제1항). **국토교통부장관**은 제1항에 따른 도서·도표 등을 전자기록 등 특수매체기록으로 작성·공급할 수 있다(영 제11조 제1항).

V. 표준지공시지가의 적용 및 효력[230)

1. 법적 쟁점

「부동산가격공시법」 제2장 지가의 공시라는 제목아래 제8조 및 제9조에서는 "표준지공시지가의 적용 및 효력"을 연이어 두고 있는데, 특히 주목할 것이 법 제8조 표준지공시지가의 적용에 관한 규정이다. 따라서 본서에서 제기한 쟁점은 ① 법 제8조 "표준지공시지가의 적용"은 국가 등이 공익목적을 위하여 감정평가를 의뢰하지 않고 자신이 직접산정 할 수 있는 근거 규정이고, 동 조항의 규범력을 뒷받침하기 위하여 법 제9조에서 별도의 조항까지 두면서 표준지공시지가가 국가 등에 의한 직접 산정의 기준이 된다고 하고 있다. 그렇다면 법 제8조에 근거하여 실질적으로 법집행자인 국가 등이 표준지공시지가를 적용하는지 의문이고, 이 같은 적용에 따라 수범자도 동 규정의 규범력에 구속을 받는 등 행정법규로서 규범력을 인정하는 규정인지가 의문스럽다. ② 설령 국가 등이 직접 산정하였거나 또는 **감정평가법인등**에게 감정평가를 의뢰하여 산정된 지가에 대하여, 또 다시 법 제8조의 단서 규정에 의하여 국가 등이 최종적으로 가감(加減) 조정하여 적용할 수 있도록 한 재량규정의 실효성도 의문이다. 나아가 가감 조정 적용의 기준이나 방법을 구체적으로 정하고 있지 않은 현행법에서 어떻게 가감 적용할 것인지도 모호할 뿐이다. ③ 이에 더하여 **감정평가법인등**의 감정평가액을 두고 비전문가인 국가 등이 공익목적이라고 해서 가감 조정하는 것이 과연 현실성이 있는 규정인지도 의문이다. 이는 목적의 공익성에서 정당성이 인정될지라도 수단의 적합성에서 헌법 제37조 제2항 비례원칙 위반의 여지가 있다. 이를 염두에 두면서 「부동산가격공시법」상 표준지공시지가의 적용 및 효력에 관하여 연혁적·비교법적으로 검토를 한 후 법적 문제를 논하기로 한다.

---

230) 아래 글은 한국토지공법학회 토지공법연구 제86집(2019)에 게재된, 졸고 "「부동산가격공시법」상 표준지공시지가의 적용 및 효력에 관한 법적 문제"를 바탕으로 하였다.

2. 법적 근거

가. 표준지공시지가의 적용

(1) 법 제8조 및 제9조에서 표준지공시지가의 적용 및 효력 규정을 두고 있다. 국가 등이라는 제한된 산정주체(법 제8조 제1호 각 목)가 제한된 법정 산정목적(법 제8조 제2호 각 목)을 위하여 지가를 산정할 때에는 감정평가의뢰 없이 표준지공시지가를 기준으로 토지가격비준표를[231] 사용하여 개별공시지가의 산정방식처럼 직접 산정할 수 있고, 이에 더하여 지가 산정의 주체가 필요하다고 인정할 때에는 자신이 직접 산정한 지가와 **감정평가법인등**에게 감정평가를 의뢰하여 산정된 지가에 대해서도 또다시 국가 등이라는 제한된 산정주체가 필요하다고 인정할 때에는 제한된 법정 산정목적에 따라 가감 조정하여 적용할 수 있다는 것이다.

아래와 같은 지가 산정의 주체(법 제8조 제1호 각 목의 자)가 아래와 같은 지가 산정의 목적(법 제8조 제2호 각 목의 목적)을 위하여 지가를 산정할 때에는 그 토지와 이용가치가 비슷하다고 인정되는 하나 또는 둘 이상의 표준지공시지가를 기준으로 토지가격비준표를 사용하여 지가를 **직접 산정**하거나, **감정평가법인등**에게 **감정평가를 의뢰하여 산정**할 수 있다. 다만, 필요하다고 인정할 때에는 산정된 지가를 제2호 각 목의 목적에 따라 **가감(加減) 조정**하여 적용할 수 있다(법 제8조).

(가) **"지가 산정의 주체"**에 대한 제한은 다음과 같다(법 제8조 제1호).

가. 국가 또는 지방자치단체, 나. 「공공기관운영법」에 따른 공공기관,[232] ③ 그 밖에 **대통령령으**

---

231) 표준지와 산정대상 개별 토지의 가격형성요인에 관한 표준적인 비교표를 말한다(법 제3조 제8항 괄호).
232) 「공공기관운영법」 제4조(공공기관) ① 기획재정부장관은 국가·지방자치단체가 아닌 법인·단체 또는 기관(이하 "기관"이라 한다)으로서 다음 각 호의 어느 하나에 해당하는 기관을 공공기관으로 지정할 수 있다.
1. 다른 법률에 따라 직접 설립되고 정부가 출연한 기관
2. 정부지원액(법령에 따라 직접 정부의 업무를 위탁받거나 독점적 사업권을 부여받은 기관의 경우에는 그 위탁업무나 독점적 사업으로 인한 수입액을 포함한다. 이하 같다)이 총수입액의 2분의 1을 초과하는 기관
3. 정부가 100분의 50 이상의 지분을 가지고 있거나 100분의 30 이상의 지분을 가지고 임원 임명권한 행사 등을 통하여 당해 기관의 정책 결정에 사실상 지배력을 확보하고 있는 기관
4. 정부와 제1호 내지 제3호의 어느 하나에 해당하는 기관이 합하여 100분의 50 이상의 지분을 가지고 있거나 100분의 30 이상의 지분을 가지고 임원 임명권한 행사 등을 통하여 당해 기관의 정책 결정에 사실상 지배력을 확보하고 있는 기관
5. 제1호 내지 제4호의 어느 하나에 해당하는 기관이 단독으로 또는 두개 이상의 기관이 합하여 100분의 50 이상의 지분을 가지고 있거나 100분의 30 이상의 지분을 가지고 임원 임명권한 행사 등을 통하여 당해 기관의 정책 결정에 사실상 지배력을 확보하고 있는 기관
6. 제1호 내지 제4호의 어느 하나에 해당하는 기관이 설립하고, 정부 또는 설립 기관이 출연한 기관
② 제1항의 규정에 불구하고 기획재정부장관은 다음 각 호의 어느 하나에 해당하는 기관을 공공기관으로 지정할 수 없다.
1. 구성원 상호 간의 상호부조·복리증진·권익향상 또는 영업질서 유지 등을 목적으로 설립된 기관
2. 지방자치단체가 설립하고, 그 운영에 관여하는 기관
3. 「방송법」에 따른 한국방송공사와 「한국교육방송공사법」에 따른 한국교육방송공사

로 정하는 공공단체, 법 제8조 제1호 다목에서 "대통령령으로 정하는 공공단체"란 다음 각 호 1. 「산림조합법」에 따른 산림조합 및 산림조합중앙회, 2. 「농업협동조합법」에 따른 조합 및 농업협동조합중앙회, 3. 「수산업협동조합법」에 따른 수산업협동조합 및 수산업협동조합중앙회, 4. 「한국농어촌공사 및 농지관리기금법」에 따른 한국농어촌공사, 5. 「중소기업진흥에 관한 법률」에 따른 중소벤처기업진흥공단, 6. 「산업집적활성화 및 공장설립에 관한 법률」에 따른 산업단지관리공단의 기관 또는 단체를 말한다(영 제13조 제1항).

(나) "지가 산정의 목적"에 대한 제한은 다음과 같다(법 제8조 제2호).

가. 공공용지의 매수 및 토지의 수용·사용에 대한 보상, 나. 국유지·공유지의 취득 또는 처분, 다. 그 밖에 대통령령으로 정하는 지가의 산정으로 법 제8조 제2호 다목에서 "대통령령으로 정하는 지가의 산정"이란 다음 각 호 1. 「국토계획법」 또는 그 밖의 법령에 따라 조성된 용지 등의 공급 또는 분양, 2. 다음 각 목 가. 「도시개발법」 제2조 제1항 제2호에 따른 도시개발사업, 나. 「도시정비법」 제2조 제2호에 따른 정비사업, 다. 「농어촌정비법」 제2조 제5호에 따른 농업생산기반 정비사업의 어느 하나에 해당하는 사업을 위한 환지·체비지(替費地)의 매각 또는 환지신청, 3. 토지의 관리·매입·매각·경매 또는 재평가의 목적을 위한 지가의 산정을 말한다(영 제13조 제2항).

(2) 구 「부감법」 제9조 제2항에 따르면 "국토해양부장관은 토지가격비준표를 작성하여 관계 행정기관 등에 제공하여야 하고, 관계 행정기관 등은 이를 사용하여 지가를 산정하여야 한다."고 규정하고 있었으나, 현행법 제3조 제8항에 따르면 국토교통부장관은 제10조에 따른 개별공시지가의 산정을 위하여 필요하다고 인정하는 경우에는 토지가격비준표를 작성하여 시장·군수 또는 구청장에게 제공하여야 한다. 따라서 시장·군수 또는 구청장이 아닌 공공기관이나 공공단체 등의 지가 산정의 주체가 지가를 산정하려고 하는 경우, 개별공시지가 산정 목적이 아니고 시장·군수 또는 구청장이 아니라는 점에서, 표준지공시지가를 기준으로 토지가격비준표를 사용하여 직접 산정하고 싶어도, 법 제3조 제8항에 따른 국토교통부장관으로부터 토지가격비준표를 제공받을 근거가 없다. 따라서 국가 또는 시장·군수·구청장이 아닌 자가 직접 산정을 위해서는 토지가격비준표를 제공받을 근거가 필요하다.

나. 표준지공시지가의 효력

표준지공시지가는 토지시장에 지가정보를 제공하고 일반적인 토지거래의 지표가 되며, 국가·지

---

③ 제1항 제2호의 규정에 따른 정부지원액과 총수입액의 산정 기준·방법 및 동항 제3호 내지 제5호의 규정에 따른 사실상 지배력 확보의 기준에 관하여 필요한 사항은 대통령령으로 정한다.

방자치단체 등이 그 업무와 관련하여 지가를 산정하거나 **감정평가법인등**이 개별적으로 토지감정평 가를 하는 경우에 기준이 된다(법 제9조). 법적 문제는 후술하기로 한다.

3. 연혁

가. 1983년 국토이용관리법

법 제8조 표준지공시지가의 적용 규정은 기준지가의 조사·평가 법리에서 태동한 것으로 추론된 다. 1972. 12. 30. 건설부는 「국토이용관리법」을 제정(시행 1973. 3. 31. 법률 제2408호)하면서 **대통령령**으로 정하는 지역에 대하여는 기준지가를 고시하도록 하였다. 이에 따라 건설부장관은 지 가의 부당한 변동을 억제하고 토지이용계획의 원활한 수행을 도모하기 위하여 지가가 현저히 변동 될 우려가 있는 **대통령령**으로 정하는 일정한 지역안의 토지의 지가를 조사·평가하여 이를 기준지 가로 고시할 수 있었다(법 제29조 제1항).

1983. 12. 31. 「국토이용관리법」을 개정하면서(시행 1984. 4. 1. 법률 제3707호) "기준지가의 적용"의 규정에서 "국가·지방자치단체와 **대통령령**이 정하는 정부투자기관이 기준지가가 고시된 지 역안에서 지가를 산정하거나 평가자가 조사·평가할 때에는 기준지가를 기준으로 하되, **대통령령**이 정하는 바에 따라 지가산정 및 조사·평가의 목적별로 이를 가감하여 적용할 수 있도록" 규정하였는 데, 동 조항은 현행 「부동산가격공시법」 제8조의 기본 골격에 해당한다.

나. 1989년 「지가공시법」 등

1989. 4. 1. 「지가공시법」이 제정되면서 같은 법 제10조에서 "공시지가의 적용"이라는 규정으로 이어져 왔는데, 법 제10조 제1항에 따르면 "국가·지방자치단체 등이 공공용지의 매수 및 토지의 수용·사용보상, 국·공유토지의 취득 또는 처분 등 기타 **대통령령**이 정하는 지가산정을 하는 경우에 는 표준지공시지가를 기준으로 하고, 다만, 필요하다고 인정하는 때에 산정된 지가에 대하여 법정 목적에 따라 가감 조정하여 적용할 수 있다고" 하였다.

1983년 「국토이용관리법」과 달리 지가산정의 주체에 대한 제한 이외에도 지가산정의 목적을 다 소 구체화하였지만, **감정평가법인등**의 감정평가액에 대하여 가감 조정하여 적용하는 내용을 삭제하 였다.[233] 문제는 이 규정의 해석을 두고, 국가 등이라는 특정 산정의 주체가 토지의 수용·사용보상

---

[233] 이를 특수목적에 따라 가감 조정하여 적용할 수 있다고 하고 있다.

또는 국·공유지 취득·처분 등의 특정 산정의 목적을 위해 **국토교통부장관**이 공시하여 생산된 표준지공시지가를 국가 등이 활용할 수 있는 근거 규정으로 해석을 하고 있는데, 이는 문법적 해석에 맞지 않다. 왜냐하면 동 규정은 전문인력·시간·예산상의 제약 때문에 비전문가인 시·군·구 공무원에 의해 간이한 방법에 따라 대량적으로 산정하는 개별공시지가와 같은 방법으로, 국가 등의 공무원이 지가를 직접산정 할 수 있는 근거 규정이라 할 수 있다.[234] 이에 더하여 법 제3조에 따라 표준지공시지가는 국가 등에 의한 지가산정의 기준이 된다는 공시지가의 효력 규정을 두었는데, 이 같은 입법 태도는 현행법과 같은 틀을 갖추었다고 할 수 있다.

그 후, 「부감법」 제9조와 제10조에서 나란히 두게 되었으며, 내용적으로는 「지가공시법」과 동일하다.

다. 국토교통위원회 대안(代案)의 개정 및 「부동산가격공시법」의 제정

한편, 감정평가 3개 법안이 제·개정되었는데, 법안은 전술한 5개 법률안이 국회에 발의되었으나, 2015. 12월 제337회 국회(정기회) 제8차 국토교통위원회(2015. 12. 4)는 위 5건의 법률안을 심사한 결과 이를 본회의에 부의하지 아니하기로 하고 「국회법」 제51조에 따라 위원회 대안으로 제안하기로 하였으며, 동 대안은 2015. 12. 28. 국회본회의 심의를 거쳐 원안가결 되어 2016. 1. 19. 공포되었으며, 표준지공시지가의 적용 및 효력은 「부동산가격공시법」 제8조 및 제9조에 두게 되었다.

전술한 「부동산가격공시법」의 연혁은 위와 같으나, 감정평가 3법의 제·개정과정에서 국회 국토교통위원회·법제사법위원회·국회본회의의 심의과정은 다음과 같다. 위 5건의 회부된 법률안의 현행법 제8조의 표준지공시지가의 적용은 당초 「지가공시법」 제10조(공시지가의 적용) 및 「부감법」 제9조(표준지공시지가의 적용)에서와 같은 "…. 표준지의 공시지가를 기준으로 하여 그 토지의 가격과 표준지공시지가가 균형을 유지하도록 하여야 한다. 다만, 필요하다고 인정할 때에는 산정된 지가를 가감(加減) 조정하여 적용할 수 있도록" 하는 안으로 발의되었다. 그러나 국회 국토교통위원회에서 대안을 제출하는 과정에서 다음과 같이 "…. 표준지공시지가를 기준으로 토지가격비준표를 사용하여 지가를 직접 산정(算定)하거나, **감정평가법인등**에게 감정평가를 의뢰하여 산정할 수 있다. 다만, 필요하다고 인정할 때에는 산정된 지가를 가감 조정하여 적용할 수 있도록" 하는 안으로 수정되어 국토교통위원회 대안(代案)으로 마련되었다. 동 대안은 2015. 12. 4. 제337회 국회(정기회) 제8차 국토교통위원회 전체회의에 상정되어 소위원회심사보고와 찬반토론을 거쳐 별다른 이견

---

234) 헌재 2009. 11. 26. 2009헌바141.

없이 원안가결되어 입안되었다.[235] 이후 입안된 대안은 2015. 12. 21. 법제사법위원회의 체계·자구심사를 거쳐,[236] 국토교통위원장 명의로 국회의장에게 제출되었다. 동 대안은 2015. 12. 28. 국회본회의 심의를 거쳐 원안가결, 2016. 1. 19. 공포되었다.[237]

이 밖에도 1983년 「국토이용관리법」의 기준지가 적용 규정과 2005년 「부감법」 제9조 제1항·제2항의 표준공시지가의 적용 규정에 대해서도 법문에 충실하자면, 국가 등이 **감정평가법인등**에게 감정평가의뢰를 하지 않고도 자신이 직접 산정할 수 있는 근거 규정이 이미 마련되었다고 볼 수 있다. 그럼에도 「부동산가격공시법」 제8조의 개정에 따른 변화는 국가 등이 지가 산정을 직접 할 수 있도록 명시적으로 구체화 한 것은 물론이거니와, 이에 더하여 1989년 「지가공시법」의 제정으로 삭제되었던 **감정평가법인등**에게 감정평가를 의뢰하여 지가를 산정할 수 있는 내용을 추가하였다. 이와 같이 두 가지 방법으로 산정된 지가에 대하여, 국가 등이 필요하다고 인정할 때에는 특정목적에 따라, 국가 등이 직접 산정한 지가와 감정평가의뢰 하여 산정한 지가 모두에 대하여, 가감 조정하여 적용할 수 있도록 하여 가감조정 적용의 근거를 1983년 「국토이용관리법」에서 보다 구체화하였다는 점이 바뀐 내용이다.

라. 소결

법 제8조의 연혁은 1983. 12. 31. 「국토이용관리법」을 개정(시행 1984. 4. 1. 법률 제3707호)하면서 "기준지가의 적용"이라는 법률 조문의 제목으로 도입되어, 현재까지 약 36년 동안 본칙의 핵심규정으로 비추어지고 있는 것이 입법 태도이다. 그러나 실질은 사문화 내지 실효성이 없는 규정이고 동 규정은 입법의 실효성 내지는 규범력에 대한 충분한 검토 없이 제정된 것이라는 점이다. 법적 문제는 다음과 같다.

4. 표준지공시지가의 적용 및 효력에 관한 법적 문제

가. 국가 등에 의한 직접 산정의 법적 문제

국가 등이 **감정평가법인등**에 의한 감정평가액에 의하지 않고 다음과 같이 표준지공시지가를 기준으로 토지가격비준표를 사용하여 직접 산정하는 경우 어떠한 법적 문제가 있는가? 동 규정의 제

---

235) 국회사무처, 제337회 국회(정기회) 국토교통위원회회의록 제8호 참조.
236) 국회사무처, 제338회 국회(임시회) 법제사법위원회회의록 제1호 참조.
237) 국회사무처, 제338회 국회(임시회) 국회본회의회의록 제1호 참조.

정 계기는 전술한 바와 같이 1972년 건설부장관 자신이 지가를 조사·평가하여 이를 기준지가로 고시할 수 있도록 한「국토이용관리법」제29조 제1항의 법리에서 비롯된 것이다. 그리고 국가 등에 의한 직접산정은「부동산가격공시법」제8조 이 외에도「공익사업을 위한 토지 등의 취득 및 보상에 관한 법률」(이하 "토지보상법"이라 한다)에서도 발견되고 있다. 「토지보상법」제68조 단서에서 **감정평가법인등**에게 의뢰하지 않고 사업시행자가 건설교통부령이 정하는 기준에 따라 직접 보상액을 산정할 수 있도록 하였다. 그러나 2002년「토지보상법」제정 이래 **국토교통부령**에서 직접 보상액을 산정할 수 있는 기준을 마련하고 있지 않아, 같은 법 제68조 단서 규정도 사문화된 규정이라 할 수 있다. 국가 등이 감정평가를 의뢰하지 않고 법정한 방법으로 직접산정 한다는 것은, 표준지공시지가를 기준으로 토지가격비준표를 사용하여 지가를 산정하는 방법으로, 결국「부동산 가격공시법」제10조 제4항에 따른 **시장·군수 또는 구청장**에 의한 개별공시지가를 산정하는 방법과 같은 것을 의미한다. 그러나 시·군·구청장이 개별공시지가를 결정·공시하기 위해서는 표준지공시지가를 기준으로 토지가격비준표를 사용하여 개별토지가격을 산정한 후, 그 타당성에 대하여 **감정평가법인등**의 검증을 받아야 하는 점에서(법 제10조 제5항 본문 전단), 국가 등에 의해 직접 산정한 결과도 **감정평가법인등**의 검증을 받아야 하는 문제로 귀결된다. 따라서 국가 등에 의한 직접 산정은 시·군·구청장에 의한 개별공시지가의 산정방법과 같기 때문에 개별공시지가의 산정에 따른 법리로부터 문제점을 추론할 수 있고, 더욱이 국가 등에 의한 직접 산정은 행정실무에서 거의 행해지지 않는다는 점에서 행정법규로서의 규범력과 실효성이 없는 것으로 논증될 수 있다. 日本의「地價公示法」에서도 이러한 규정을 두고 있지 않다.

나. 표준지공시지가 효력의 법적 문제

전항의 표준지공시지가 적용의 법적 문제점인 국가 등에 의한 직접산정의 문제가 표준지공시지가의 효력 규정에도 여과 없이 현행법에 입법되었다. 국가·지방자치단체 등이 그 업무와 관련하여 지가를 산정하는 경우에 표준지공시지가를 기준으로 산정하는 것에 대하여 마치 **감정평가법인등**에 의한 토지의 감정평가액 결정 이외에도 국가 등이 표준지공시지가를 기준으로 토지가격비준표를 사용하여 **감정평가법인등**의 감정평가를 대신하여 직접 산정하는 경우가 일반화되어 있는 것처럼 표준지공시지가를 기준으로 지가를 직접산정의 산정하는 법적 효력을 가지는 것으로 입법되었다는 점이다. 日本의「地價公示法」은 제3장 공시가격의 효력에서 3개 조항(제8조 내지 제11조)을 두고, 부동산감정사의 토지감정평가준칙(제8조), 토지수용법 등 기타 법률에 의한 토지취득 및 수용보상액 산정의 준칙이 될 뿐(제9조 내지 제11조), 국가 등이 지가를 산정할 때 공시가격을 기준으로 한다는 규정을 두고 있지 않다.

다. 소결

일선 행정실무에서 법 제8조에 근거하여 법집행자인 국가 등에 속한 공무원에 의하여 표준지공시지가를 적용하여 직접적으로 지가를 산정하지는 않는다. 그리고 「토지보상법」 제68조 제1항 단서에서도 사업시행자가 **감정평가법인등**의 감정평가액에 의하지 않고 **국토교통부령**이 정하는 기준에 따라 직접 보상액을 산정할 수 있도록 하였음에도 「토지보상법」 제정 이래 현재까지 위임을 받은 하위법령에서 기준을 구체적으로 정하고 있지 않다. 따라서 같은 법 제68조 단서 규정도 사문화(死文化)된 규정이다. 단지 공공용지의 매수 및 수용·사용을 위한 손실보상액의 산정은 각 **감정평가법인등**의 평가액 산술평균치를 기준으로 할 뿐이다(토지보상법 시행규칙 제16조 제6항). 이와 같이 법집행자와 정부입법자가 법집행과 입법을 주저하는 이유는 동 규정의 적용만으로도 국민의 재산권 보장을 침해할 수 있는 위헌의 소지가 있기 때문이다. 그리고 법 제8조의 단서 규정에 의하여 국가 등이 직접 산정하거나 감정평가액으로 산정한 지가에 대하여 최종적으로 가감 조정하여 적용하지도 않는다. 또한 지가산정의 전문가인 **감정평가법인등**의 감정평가액을 두고 비전문가인 국가 등에 속한 공무원이 가감 조정하여 적용하지도 않는다. 연혁적 검토에서 1983년 국가에 의한 직접 산정이 도입된 이후 현재까지 약 36년이라는 연혁을 갖는 동안 본칙의 핵심규정이지만 실질은 사문화 내지 실효성이 없는 규정이다.

비교법적으로도 日本의 「地價公示法」은 감정평가의뢰에 의하지 않고 표준지공시가격(標準地公示價格)을 기준으로 국가 등이 직접 산정하는 규정을 두고 있지 않다. 한편, 법치주의라는 헌법원리에서 입법자의 광범위한 입법 형성의 자유가 적정한 지가가형성이나 과세형평이라는 「부동산가격공시법」의 입법목적의 충실을 기하기 위해서 발휘되어야 한다. 입법과정에서 입법자가 입법의 명분으로 내세운 공익들에 대해서는 공익간의 제대로 된 비교형량이 요구되는 시점이다. 다양한 입법의 수단 가운데서 자의에 의해 선택하는 입법재량이 입법기술로 변질되거나 입법과오가 될 수 있음을 주시해야 하며, 이러한 규정들로 보이는 표준지공시지가의 적용 및 효력에 관한 법적 문제나 이에 파생된 제반 문제점들에 대해서 입법자는 법률 개정을 통하여 보다 더 헌법합치적으로 법률개선의무를 다하기를 기대한다.

VI. 표준지공시지가에 대한 권리구제

1. 법적 성질

표준지공시지가의 법적 성질에 관하여 다음과 같은 견해가 대립하고 있다. 이러한 표준지공시지가의 법적 성질 논의는 개별공시지가의 산정의 기준이 되는 표준지로서의 법적 성질이며 예외적으로 표준지공시지가 자체가 개별공시지가로 인정되는 경우에는 개별공시지가의 법적 성질의 문제가 된다.

가. 학설 및 판례

(1) 행정입법(입법행위)설: 표준지공시지가는 법률의 수권에 의해 정해지며 개별공시지가결정 등 행정처분의 구속력 있는 기준이 되고 표준지공시지가가 위법한 경우 당해 표준지공시지가를 기준으로 행해진 처분도 위법하다고 보아야 하므로 법규명령의 성질을 가지는 고시에 준하는 것으로 보아야 한다(행정규칙 형식의 법규명령).[238] 공시지가는 지가정책의 집행을 위한 활동기준으로서 그 활동기준은 일반적·추상적으로 정해지는 것으로 행정규칙의 성질을 가지는 것으로 보는 견해도 있다.[239] 이밖에도 법규명령인지 행정규칙인지 구별 없이 국민의 권리·의무를 발생시키는 것이 아니기 때문에 행정입법의 성질을 가진다는 견해도 있다.[240]

(2) 행정계획설: 표준지공시지가를 내부적 효력만을 갖는 구속력 없는 행정계획으로 보는 견해이다. 이 견해의 논거는 다음과 같다. ① 표준지공시지가는 개별공시지가결정에 있어서 그대로 적용되는 것이 아니라 그 목적에 따라 가감하여 적용 가능한 것이므로 그 구속력을 인정할 수 없다. ② 표준지공시지가결정에 의해 바로 당사자의 권리·의무에 영향을 미치지 않는다.[241]

(3) 사실행위설: 이 설은 공시지가(표준지공시지가)는 현실적으로 존재하는 정상지가를 조사하여 공시함으로써 지가정보를 제공하는 의사작용을 요소로 하는 사실행위로서 그 자체로서는 어떠한 법적 효과도 발생하지 아니한다고 본다.[242]

(4) 행정행위설: 표준지공시지가를 행정행위로 보는 견해의 논거는 다음과 같다. ① 표준지공시지가는 개발부담금 등의 산정기준이 되므로 국민의 구체적인 권리·의무에 직접 영향을 미친다. ②

---

238) 박균성, 행정법론(하), 박영사, 2017, 793면.
239) 석종현, 신토지공법론(제11판), 삼영사, 2016, 651면; 김남철, 행정법강론, 박영사, 2016, 1270면.
240) 홍정선, 행정법원론(하), 박영사, 2015, 716면.
241) 정하중, 행정법개론, 법문사, 2018, 1331면; 류지태·박종수, 행정법신론, 박영사, 2011, 1163면.
242) 이춘섭, "[判例評釋] 公示地價, 個別地價는 行政訴訟의 對象인가?(下)", 사법행정 제33권 제12호, 1992. 12., 62면.

「부동산가격공시법」이 표준지공시지가에 대하여 이의신청(행정심판)을 할 수 있다고 규정하고 있다.[243][244] 판례도 표준지공시지가에 대하여 항고소송의 대상이 되는 것으로 보고 있다.[245]

(5) **개별검토설:** 먼저 표준지의 소유자에게 표준지공시지가는 동시에 개별공시지가의 성질을 아울러 가지는 것이므로(부동산가격공시법 제10조 제2항 후문), 그것은 행정소송의 대상으로서의 처분성이 인정된다.[246] 표준지공시지가가 일반적인 토지거래의 지표로서의 의미를 가지는 한에서는 그 처분성을 인정할 여지가 없다.[247] 그리고 표준지공시지가가 개별공시지가의 기준이 되거나 토지수용시 보상액산정의 기준이 되는 경우 등에는 처분성이 인정된다는 견해이다.[248]

나. 검토

표준지공시지가의 법적 성질에 대하여 판례와 달리 처분성을 부인하는 것이 다수설이며 대체로 다음과 같이 정리된다. 현행 「행정소송법」상 처분개념은 항고소송의 본질에 비추어 국민의 권리·의무를 직접 구체적으로 발생시키는 공권력 행사에 한정될 수밖에 없다는 견지에서 표준지공시지가를 처분이 아니라고 한다.[249] 그러면서 표준지공시지가는 원칙적으로 토지거래의 지표가 되고 토지감정평가의 기준이 되는 것이므로 행정내부적인 일반적·추상적 규율을 의미하는 행정입법(행정규칙 내지는 법규명령)으로 보는 견해가 우세하다. 그리고 필자도 그 외 처분성을 부인하는 견해의 논거로 표준지공시지가는 중간적 처분에 불과하고 사건도 성숙되지 않았다는 점, 표준지공시지가 이후에 이루어지는 후속처분을 다투는 것이 실효성이 있다는 점, 표준지공시지가를 다투도록 함으로써 법률관계를 조기에 확정하는 것이 오히려 국민에게 도움이 되지 않는다는 점 등에서 처분성을 부정한다.[250]

---

243) 조용호, "개별토지가격결정의 행정처분성과 이에 관한 쟁송", 인권과 정의, 1993. 11. 84면.

244) 이 밖에도 처분이라고 보는 견해의 논거로 ① 굳이 후속처분인 과세처분 등을 기다릴 필요 없이 표준지공시지가결정에 처분성을 인정하여 다툴 수 있도록 함이 분쟁 또는 법률관계의 조기확정을 기함과 아울러 법적 안정성을 확보하는 데 이로우므로 이를 항고소송의 대상으로 인정할 필요가 있다는 점, ③ 재판절차상의 번잡을 피하기 위하여 사법정책적 고려에서 당해 분쟁을 소송의 대상으로 하는 것이 가장 실효적인 해결수단이 될 수 있다면 이를 행정소송의 대상으로 인정하는 것이 타당하다는 점 등이 처분성을 인정하는 징표로 들어지고 있다(임영호, "비교표준지공시지가결정의 하자와 수용재결의 위법성", 대법원판례해설, 2008년 하반기(통권 제78호), 16면).

245) 「지가공시법」 제4조 제1항에 의하여 표준지공시지가에 대하여 불복을 하기 위하여는 같은 법 제8조 제1항 소정의 이의절차를 거쳐 처분청인 건설부장관을 피고로 하여 위 공시지가 결정의 취소를 구하는 행정소송을 제기하여야 한다(대법원 1994. 3. 8. 선고 93누10828 판결); 대법원 1994. 12. 13. 선고 94누5083 판결.

246) 박윤흔·정형근, 최신행정법강의(하), 박영사, 2009, 661면; 김남진·김연태, 행정법Ⅱ, 법문사, 2017, 548면; 김동희, 행정법Ⅱ, 박영사, 2015, 490면.

247) 박윤흔·정형근, 최신행정법강의(하), 661면; 김남진·김연태, 행정법Ⅱ, 548면; 김동희, 행정법Ⅱ, 490면.

248) 김동희, 행정법Ⅱ, 491면.

249) 홍정선, 행정법원론(하), 716면.

한편, 표준지로 선정된 토지에 대하여는 해당 토지의 표준지공시지가를 개별공시지가로 보는 경우(법 제10조 2항 후문)에는 개별공시지가의 법적 성질의 문제이며, 이때 학설도 대체로 처분으로 본다. [251]

2. 표준지공시지가에 대한 이의신청

(1) 표준지공시지가에 이의가 있는 자는 그 공시일부터 30일 이내에 서면(전자문서를 포함)으로 **국토교통부장관**에게 이의를 신청할 수 있다(법 제7조 제1항). **국토교통부장관**은 이의신청 기간이 만료된 날부터 30일 이내에 이의신청을 심사하여 그 결과를 신청인에게 서면으로 통지하여야 한다. 이 경우 **국토교통부장관**은 이의신청의 내용이 타당하다고 인정될 때에는 해당 표준지공시지가를 조정하여 다시 공시하여야 한다(법 제7조 제2항). 이 밖에 규정한 것 외에 이의신청 및 처리절차 등에 필요한 사항은 **대통령령**으로 정한다(법 제7조 제3항). 표준지공시지가에 대한 이의신청을 하려는 자는 이의신청서에 이의신청 사유를 증명하는 서류를 첨부하여 **국토교통부장관**에게 제출하여야 한다(영 제12조).

동 규정의 연혁은 구「국토이용관리법」1982. 12. 31. 개정(시행 1983. 2. 1. 법률 제3642호) 하면서 신설되었는데, 같은 법 제29조 제6항에 따르면 "기준지가에 이의가 있는 자는 기준지가의 고시일로부터 6월 이내에 건설부장관에게 이의를 신청할 수 있다. 이 경우 건설부장관은 이를 심사하여 타당하다고 인정될 때에는 조정하여 고시하도록 하였다." 헌법재판소는 "구「지가공시법」제8조 제1항이 표준지공시지가에 관하여 그 이의신청기간을 '공시일로부터 60일 이내'의[252] 기간으로 규정하고 있는 것은 표준지공시지가의 특성상 이를 조속히 그리고 이해관계인 모두에 대하여 일률적으로 확정할 합리적인 필요에 기인하는 것으로서 입법권자에게 허용된 입법재량의 범위 내에서 공공복리 등을 위한 합리적 제한이므로, 재판청구권이나 평등권을 침해하는 조항이라 할 수 없다."고 하였다. [253]

(2) 이러한 이의신청의 법적 성격은 **국토교통부장관**의 공시지가결정에 대한 행정심판절차로서의 성격을 가진다. 이의신청에 대한 **국토교통부장관**의 결정에 대하여 불복이 있는 때에는 행정소송을 제기하여 공시지가결정의 취소를 구할 수 있다. [254] 대법원은 표준지로 선정된 토지의 공시지가에

---

250) 임영호, "비교표준지공시지가결정의 하자와 수용재결의 위법성", 16면.

251) 박균성, 행정법론(하), 793면; 정하중, 행정법개론, 1331면.

252) 1995. 12. 29. 개정(시행 1996. 6. 30. 법률 제5108호)으로 공시지가의 공시일부터 30일 이내로 이의신청기간을 변경하였다.

253) 헌재 1996. 10. 4. 선고 95헌바11 결정.

불복하기 위해서는 「지가공시법」(1995. 12. 29. 법률 제5108호로 개정되기 전의 것) 제8조 제1항 소정의 이의절차를 거쳐 처분청인 건설부장관을 상대로 그 공시지가 결정의 취소를 구하는 행정소송을 제기하여야 하는 것이라 하여 필요적 전치절차로 보았으나,[255] 행정심판이 임의적 전치절차로 바뀐 지금 판례는 이러한 입장을 변경한 것으로 보인다.[256]

(3) 이와 같이 이의신청을 행정심판으로 보는 견해에 대한 반론으로, 법 제7조 표준지공시지가에 대한 이의신청은 공시지가를 일반인으로 하여금 열람하게 한 후(법 제6조), 표준지공시지가에 이의가 있는 자에 해당하는 모든 국민에게 인정되는 것으로, 그것은 권리구제절차인 행정쟁송절차로 보기 어렵고, 일반인의 의견을 듣는 행정절차의 한 형태로서 의견청취절차로 이해하는 견해가 있다.[257]

위와 같은 반론에 대하여 재반론의 견지에서 **사견**은 첫 번째, 반론에서 이의신청이 때로는 원망의 표시 등 단순한 민원해결차원이나 행정청의 적법·타당한 행정수행을 위한 개선요구 등의 의견청취절차일 수 있다고 하였는데, 그와 같은 제도는 법 제7조의 이의신청을 하기 이전에 같은 법 제3조 제2항, 법 제3조 제5항에 따라 **감정평가법인등**이 조사·평가한 표준지공시 예정가격에 대하여 소유자의 의견청취절차를 이미 마련하고 있다. 두 번째, 이의신청의 청구인적격이 모든 국민이라 하여 행정심판으로 볼 수 없는 것이 아니고, 단지 청구인적격에서 처분의 취소 또는 변경을 구할 법률상 이익이 있는 자(행정심판법 제13조 제1항)에 한정하지 않고, 모든 국민까지로 확대한 것이다. 따라서 「부동산가격공시법」 제7조의 이의신청은 행정심판의 성격이라 할 수 있다.

3. 표준지공시지가에 대한 행정소송

판례와 같이 표준지공시지가의 처분성을 인정하는 입장에서는, 항고소송의 대상이 된다. 따라서 이의신청의 재결에 대하여 불복하는 자는 행정소송의 제기할 수 있다.

254) 김동희, 행정법Ⅱ, 487면; 대법원 1994. 3. 8. 선고 93누10828 판결.
255) 대법원 1997. 2. 28. 선고 96누10225 판결; 1998년 3월 1일부터 시행된 개정 「행정소송법」은 이전의 필요적 행정심판전치주의를 폐지하고 임의적 행정심판전치주의를 채택하였다.
256) 대법원 2010. 1. 28. 선고 2008두19987 판결, 후술하는 개별공시지가에 대한 이의신청에서 보라.
257) 박윤흔·정형근, 최신행정법강의(하), 661면; 정하중, 행정법개론, 1332면.

4. 하자승계

가. 문제의 의의

선행처분인 표준지공시지가와 후행처분(개별공시지가결정, 과세 및 부담금부과처분, 수용재결)의 하자승계의 문제에 대하여는 우선 선행처분에 존재하는 하자를 후행처분에서 다툴 수 있는지에 관한 전통적인 이론인 하자승계론 또는 선행처분의 후행처분에 대한 구속력이론(규준력 또는 기결력)에 관한 것인지 검토 해 볼 수 있다.[258]

우선 하자승계론에 대해서는 그 전제조건으로 ① 선행행위와 후행행위가 모두 처분일 것, ② 선행처분에 무효가 아닌 취소사유인 하자가 존재할 것, ③ 후행처분에 고유한 하자가 없을 것, ④ 선행처분에 불가쟁력이 발생하였을 것 등이 전제조건으로 요구된다.

다수설은 하자의 승계여부를 선행처분과 후행처분이 결합하여 하나의 효과를 완성하는 것인 경우에는 선행처분의 하자가 후행처분에 승계됨에 반해, 선행처분과 후행처분이 서로 독립하여 별개의 효과를 발생시키는 경우에는 선행처분이 당연 무효가 아닌 한 그 하자가 후행처분에 승계되지 않는다고 보는 것이 통설적 견해이다. 전자의 예로는 조세체납처분에 있어서 독촉·압류·매각·청산의 각 행위 사이, 행정대집행의 계고·대집행영장의 통지·대집행 실행·비용징수의 각 행위 사이 등을 들고 있으며, 후자의 예로는 과세처분과 체납처분 사이 등을 들고 있다.[259]

소수설은 독일의 일부 주장을 받아들여 하자승계의 문제를 불가쟁력이 발생한 선행처분의 후행처분에 대한 구속력의 문제로서 파악하고 있다. 즉, 선행처분과 후행처분이 동일한 법적 효과를 추구하는 경우에 불가쟁력이 생긴 선행처분은 후행처분에 대하여 일정한 범위(한계)에서 "규준력" 또는 "기결력"이 생겨 그 범위 안에서는 선행처분의 효과와 다른 주장을 할 수 없다는 것이다. 즉, 선행처분의 하자를 이유로 후행처분을 다툴 수 없게 된다. 다만, 그 구속력이 미치기 위해서는, ① 양 행위가 동일한 목적을 추구하며 그 법적 효과가 일치될 것(사물적 한계), ② 양 행위의 당사자가 일치될 것(대인적 한계), ③ 선행처분의 기초를 이루는 사실 및 법상태가 후행처분에서도 동일성을 유지할 것(시간적 한계), ④ 선행처분의 후행처분에 대한 구속력을 인정하는 것이 개인에게 지나치게 가혹하며, 선행처분의 결과가 예측가능하지 않은 경우에는 구속력의 효력이 차단된다(예측가능성과 수인가능성이 없는 경우). 가령 구속력의 범위(한계)를 넘어 예측가능성과 수인가능성이 없는 경우에는 선행처분의 하자를 이유로 후행처분을 다툴 수 있다.[260] 다음은 양 입장의 판례를 유형화

---

258) 이승훈, 앞의 논문, 26면.
259) 김남진·김연태, 행정법 I, 329면.
260) 김남진·김연태, 행정법 I, 333면; 김철용, 행정법(제6판), 213면; 박균성, 행정법론(상), 434면.

하여 검토하기로 한다.

나. 하자승계론의 입장에서 판례

(1) 제1유형: 표준지공시지가의 위법성을 개별공시지가소송에서 다툴 수 있는지 (소극)

표준지공시지가에 불복하기 위하여는 구「지가공시법」(1995. 12. 29. 법률 제5108호로 개정되기 전의 것) 제8조 제1항 소정의 이의절차를 거쳐 처분청을 상대로 그 공시지가결정의 취소를 구하는 행정소송을 제기하여야 하는 것이고, 그러한 절차를 밟지 아니한 채 개별공시지가결정의 효력을 다투는 소송에서 그 개별공시지가산정의 기초가 된 표준지공시지가의 위법성을 다툴 수 없다.[261] 판례는 표준지공시지가와 개별공시지가처분간의 하자승계를 부정한 것이다.

(2) 제2유형: 표준지공시지가의 위법성을 조세소송에서 다툴 수 있는지(소극)

(가) 대법원의 판시사항은 "이 사건 토지초과이득세 부과처분 대상토지가 표준지이고, 이와 같이 표준지로 선정된 토지의 공시지가에 대하여는 「지가공시법」(1995. 12. 29. 법률 제5108호로 개정되기 전의 것) 제8조 제1항 소정의 이의절차를 거쳐 처분청을 상대로 그 공시지가결정의 위법성을 다툴 수 있을 뿐 그러한 절차를 밟지 아니한 채 이 사건 대지에 대한 토지초과이득세 부과처분의 취소를 구하는 조세소송에서 그 공시지가결정의 위법성을 다툴 수는 없다."[262]

(나) 그 후 대법원은 "표준지공시지가에 대하여는 「지가공시법」 제8조 제1항 소정의 이의절차를 거쳐 처분청을 상대로 그 공시지가결정의 위법성을 다툴 수 있을 뿐 그러한 절차를 밟지 아니한 채 조세소송에서 그 공시지가결정의 위법성을 다툴 수는 없다."고 하였고, 그 논거로 "개별토지가격에 대한 불복방법과는 달리 표준지의 공시지가에 대한 불복방법을 위와 같이 제한하고 있는 것은 표준지공시지가와 개별공시지가는 그 목적·대상·결정기관·결정절차·금액 등 여러 가지 면에서 서로 다른 성질의 것이라는 점을 고려한 것이므로, 이러한 차이점에 근거하여 표준지공시지가에 대한 불복방법을 개별공시지가에 대한 불복방법과 달리 인정한다고 하여 그것이 헌법상 평등의 원칙, 재판권 보장의 원칙에 위반된다고 볼 수는 없다."고 하였다.[263] 동 판례 표준지공시지가와 개별공

---

261) 대법원 1995. 3. 28. 선고 94누12920 판결; 1996. 5. 10. 선고 95누9808 판결; 1996. 9. 20. 선고 95누11931 판결; 대법원 1998. 3. 24. 선고 96누6851 판결; 2001. 9. 25. 선고 2000두4651 판결 등.
262) 대법원 1995. 3. 28. 선고 94누12920 판결; 대법원 1995. 11. 10. 선고 93누16468 판결; 대법원 1997. 2. 28. 선고 96누10225 판결; 대법원 1997. 4. 11. 선고 96누8895 판결.
263) 대법원 1997. 9. 26. 선고 96누7649 판결.

시지가 간에 상이한 불복방법을 채택한 것이 합헌적 규정이라는 의미이기도 하다.[264]

(다) 판례는 표준지공시지가와 과세처분 간의 하자승계를 부정한다.

다. 선행처분의 후행처분에 대한 구속력입장에서 판례

(1) 대법원은 전통적인 하자승계론의 입장에서 표준지공시지가와 개별공시지가 및 조세부과처분 간에 하자승계를 부정하다가, 표준지공시지가결정과정에서 이해관계 있는 자들이 절차적으로나 실제적으로 배제되어 있어서 이를 다투는 것이 사실상 불가능한 현실을 감안하여,[265] 개별공시지가와 이에 근거한 과세처분 또는 개발부담금부과처분과의 관계에서 적용한 수인한도론을[266] 표준지공시지가와 수용재결과의 관계에도 적용하였다.[267] 선행처분에 하자가 있더라도 불가쟁의 상태에 이른 경우 다툴 수 없고 오히려 후행처분에 대해서는 구속력이 발생하나, 대상판결은 별개의 법적 효과를 가져오는 경우에도 예측가능성과 수인가능성이 없는 경우에는 구속력이 예외적으로 배제되는 경우로 보아 선행 표준지공시지가의 위법을 후행 수용재결취소처분에서 다툴 수 있다고 판시한 것이다.

(2) 즉, "표준지공시지가결정은 이를 기초로 한 수용재결 등과는 별개의 독립된 처분으로서 서로 독립하여 별개의 법률효과를 목적으로 하지만, ① 표준지공시지가는 이를 인근 토지의 소유자나

---

264) 신봉기, 행정법개론, 삼영사, 2016, 922면.

265) 「감정평가법」 제3조 제2항에 따르면 표준지공시지가를 공시하기 전에 해당 토지 소유자의 의견을 듣도록 하고 있을 뿐, 이해관계인은 의견청취의 대상이 아니다.

266) 후술하지만, 원래는 개별공시지가결정과 이에 기초한 과세처분 간의 하자승계에 관한 판례를 먼저 검토하는 것이 바람직하다는 측면에서 각주에 판시 내용을 소개한다. 개별공시지가결정은 이를 기초로 한 과세처분 등과는 별개의 독립된 처분으로서 서로 독립하여 별개의 법률효과를 목적으로 하는 것이나, 개별공시지가는 이를 토지소유자나 이해관계인에게 개별적으로 고지하도록 되어 있는 것이 아니어서 토지소유자 등이 개별공시지가결정 내용을 알고 있었다고 전제하기도 곤란할 뿐만 아니라 결정된 개별공시지가가 자신에게 유리하게 작용될 것인지 또는 불이익하게 작용될 것인지 여부를 쉽사리 예견할 수 있는 것도 아니며, 더욱이 장차 어떠한 과세처분 등 구체적인 불이익이 현실적으로 나타나게 되었을 경우에 비로소 권리구제의 길을 찾는 것이 우리 국민의 권리의식임을 감안하여 볼 때 토지소유자 등으로 하여금 결정된 개별공시지가를 기초로 하여 장차 과세처분 등이 이루어질 것에 대비하여 항상 토지의 가격을 주시하고 개별공시지가결정이 잘못된 경우 정해진 시정절차를 통하여 이를 시정하도록 요구하는 것은 부당하게 높은 주의의무를 지우는 것이라고 아니할 수 없고, 위법한 개별공시지가결정에 대하여 그 정해진 시정절차를 통하여 시정하도록 요구하지 아니하였다는 이유로 위법한 개별공시지가를 기초로 한 과세처분 등 후행 행정처분에서 개별공시지가결정의 위법을 주장할 수 없도록 하는 것은 **수인한도**를 넘는 불이익을 강요하는 것으로서 국민의 재산권과 재판받을 권리를 보장한 헌법의 이념에도 부합하는 것이 아니라고 할 것이므로, 개별공시지가결정에 위법이 있는 경우에는 그 자체를 행정소송의 대상이 되는 행정처분으로 보아 그 위법 여부를 다툴 수 있음은 물론 이를 기초로 한 과세처분 등 행정처분의 취소를 구하는 행정소송에서도 선행처분인 개별공시지가결정의 위법을 독립된 위법사유로 주장할 수 있다고 해석함이 타당하다(대법원 1994. 1. 25. 선고 93누8542 판결).

267) 임영호, "비교표준지공시지가결정의 하자와 수용재결의 위법성", 22면; 김중권, 판례평석 표준지 공시지가결정과 수용재결간의 하자 승계인정 의의, 법률신문, 2010. 9. 9.

기타 이해관계인에게 개별적으로 고지하도록 되어 있는 것이 아니어서 인근 토지의 소유자 등이 표준지공시지가결정 내용을 알고 있었다고 전제하기가 곤란한 점, ② 결정된 표준지공시지가가 공시될 당시 보상금 산정의 기준이 되는 표준지의 인근 토지를 함께 공시하는 것이 아니어서 인근 토지 소유자는 보상금 산정의 기준이 되는 표준지가 어느 토지인지를 알 수 없으므로, 인근 토지 소유자가 표준지의 공시지가가 확정되기 전에 이를 다투는 것은 불가능한 점, ③ 더욱이 장차 어떠한 수용재결 등 구체적인 불이익이 현실적으로 나타나게 되었을 경우에 비로소 권리구제의 길을 찾는 것이 우리 국민의 권리의식임을 감안하여 볼 때, 인근 토지소유자 등으로 하여금 결정된 표준지공시지가를 기초로 하여 장차 토지보상 등이 이루어질 것에 대비하여 항상 토지의 가격을 주시하고 표준지공시지가결정이 잘못된 경우 정해진 시정절차를 통하여 이를 시정하도록 요구하는 것은 부당하게 높은 주의의무를 지우는 것인 점 등 때문이다.

따라서 표준지공시지가와 수용재결과의 관계에서도 수인한도론을 적용하여 표준지공시지가의 하자가 수용재결에 승계된다고 해석하는 것이 타당하다.

이러한 검토결과를 바탕으로 대상판결에서는 표준지공시지가의 하자가 수용재결에 승계된다고 판시하였다. 즉 위법한 표준지공시지가결정에 대하여 그 정해진 시정절차를 통하여 시정하도록 요구하지 않았다는 이유로 위법한 표준지공시지가를 기초로 한 수용재결 등 후행 행정처분에서 표준지공시지가결정의 위법을 주장할 수 없도록 하는 것은 수인한도를 넘는 불이익을 강요하는 것으로서 국민의 재산권과 재판받을 권리를 보장한 헌법의 이념에도 부합하는 것이 아니다.

따라서 표준지공시지가결정이 위법한 경우에는 그 자체를 행정소송의 대상이 되는 행정처분으로 보아 그 위법 여부를 다툴 수 있음은 물론, 수용보상금의 증액을 구하는 소송에서도 선행처분으로서 그 수용대상 토지 가격 산정의 기초가 된 비교표준지공시지가결정의 위법을 독립한 사유로 주장할 수 있다."[268]

---

[268] 대법원 2008.8.21. 선고 2007두13845 판결; 다만, 대상판결은 원심이 수용보상금의 증액을 구하는 소송에서 그 수용대상토지 가격 산정의 기초가 된 비교표준지공시지가의 위법성을 다툴 수 없다고 판단한 데 대하여 그 판단이 잘못되었음을 지적하였을 뿐, 원고의 청구를 기각한 원심을 그대로 수긍하였다. 이는 대상판결에서도 언급하고 있듯이 원고가 원심에 이르기까지 표준지공시지가가 낮게 책정되었다고만 주장하였을 뿐 이 사건 비교표준지공시지가결정의 하자의 승계를 인정하지 않는다면 수인한도를 넘는 불이익이 있다거나 이 사건 비교표준지공시지가의 구체적인 위법사유에 대하여 아무런 주장도 하지 않고 있는데다가 이와 같은 사유를 인정할 만한 증거도 없었기 때문이었다. 만약 원고가 위와 같은 사항을 주장·입증하였더라면 원고가 승소할 수도 있었을 것으로 보인다(임영호, "비교표준지공시지가결정의 하자와 수용재결의 위법성", 22면).

라. 검토

(1) 대법원 2007두13845 판결은 1994년 개별공시지가와 이에 근거한 과세처분 또는 개발부담금 부과처분과의 관계에서 적용한 수인한도론을 적용하여 선고한 이래, 2008년 표준지공시지가결정과 수용재결처분과의 관계에도 이를 적용하여 판시한 것은 국민의 권리구제의 지평을 넓혔다는 긍정적으로 평가하고 있다.[269]

(2) 그렇다면, 전통적인 하자승계론의 입장에서, 제1유형: 표준지공시지가결정 ⇒ 개별공시지가 결정 간의 하자승계 부정,[270] 제2유형: 표준지공시지가결정 ⇒ 조세부과처분 간의 하자승계의 부정에 대하여,[271] 대법원 2007두13845 판결에서는 기왕의 판례들을 폐기하지 않았기 때문에, 어떻게 보아야 하는 것인지가 검토할 필요가 있다. 이에 대하여 ① 박균성 교수는 대상판결이 전원합의체 판결이 아니지만 표준지공시지가의 하자승계를 부정하던 종전의 판례가 확고함에도 이와 다른 취지의 판결을 한 것은 실질적으로 종전의 판례를 변경하고자 한 것으로 보고 있다.[272] ② 임영호 판사는 대상판결로 인하여 위 제1·2유형 판결 모두들에 대하여 사실상 폐기되었다고 보았다.[273] ③ 그리고 김중권 교수도 제1유형의 판례에 대해서는 폐기되었다고 보면서, 제2유형의 판례에 대해서는 다음과 같이 조심스럽게 논지를 펴고 있다. 즉 표준공시지가결정 ⇒ 개별공시지가결정 ⇒ 조세부과처분의 일련의 흐름을 전제하면, 전통적인 하자승계론이 갖고 있는 치명적인 약점의 하나는 바로 동일한 목적과 효과를 지향한다고 인정되면 몇 단계 선행한 행위로부터도 하자승계를 인정할 것인지 여부이다. 일반적으로 대집행절차를 4단계(계고-대집행영장에 의한 통지-대집행실행행위-비용징수)로 보는데, 대상판결의 기조를 확대하여 반영한다면 계고처분상의 하자가 최종단계인 비용징수처분에 그대로 승계될 수 있을 법하다. 특히 수인한도성의 논거를 여기서도 대입한다면 그 같은 논증이 전혀 불가능하진 않으리라 보고 있다. 그러면서 과거 권리구제확대를 기치로 대법원 1993. 1. 15. 선고 92누12407 판결 등을 통해 개별공시지가결정의 처분성이, 대법원 1994. 3. 8. 선고 93누10828 판결을 통해 표준지공시지가결정의 처분성이 인정되었다. 그러나 2007두13845 판결과 93누8542 판결(개별공시지가결정과 후행 과세처분 간의 하자승계를 인정한)로 인해 국민으로선 굳이 표준지공시지가결정을 비롯한 개별공시지가결정을 별도로 다툴 필요성을 느끼지 않고 후행처분

---

269) 임영호, "비교표준지공시지가결정의 하자와 수용재결의 위법성", 16면.
270) 대법원 1994. 12. 13. 선고 94누5083 판결; 1996. 5. 10. 선고 95누9808 판결; 1996. 9. 20. 선고 95누11931 판결; 2001. 9. 25. 선고 2000두4651 판결 등.
271) 대법원 1995. 3. 28. 선고 94누12920 판결; 대법원 1995. 11. 10. 선고 93누16468 판결; 대법원 1997. 2. 28. 선고 96누10225 판결; 대법원 1997. 4. 11. 선고 96누8895 판결; 대법원 1997. 9. 26. 선고 96누7649 판결.
272) 박균성, 행정법론(하), 799면.
273) 임영호, "비교표준지공시지가결정의 하자와 수용재결의 위법성", 16면.

의 단계에서 선행처분인 이들 공시지가결정을 다투면 될 것이기 때문이다. 즉 이들 결정의 처분성 인정은 별반 의미를 지니지 못한다.[274]

제2절 개별공시지가의 공시

I. 개별공시지가의 의의

시장·군수 또는 구청장은 국세·지방세 등 각종 세금의 부과, 그 밖의 다른 법령에서 정하는 목적을 위한 지가산정에 사용되도록 하기 위하여 법 제25조에 따른 시·군·구부동산가격공시위원회의 심의를 거쳐 매년 공시지가의 공시기준일 현재 관할 구역 안의 개별토지의 단위면적당 가격을 결정·공시하고, 이를 관계 행정기관 등에 제공하여야 하는데(법 제10조 제1항), 법 제10조 제1항에 따른 단위면적은 1제곱미터로 한다(영 제14조 제1항). 여기서의 개별토지의 단위면적당 가격을 개별공시지가라 한다.

시장 등이 개별공시지가를 결정·공시함에 있어서는 당해 토지와 유사한 이용가치를 지닌다고 인정되는 하나 또는 둘 이상의 표준지의 공시지가를 기준으로 간이한 토지가격비준표를 활용하여 지가를 산정하되, 당해 토지의 가격과 표준지공시지가가 균형을 유지하도록 되어 있으나 전문인력, 시간, 예산상의 제약 때문에 비전문가인 시·군·구 공무원에 의해 간이한 방법에 따라 대량적으로 산정되고 있다. 이러한 이유로 인해 개별공시지가에 대하여 이의가 있는 자는 개별공시지가의 결정·공시일부터 30일 이내에 서면으로 시장 등에게 이의를 신청할 수 있고(법 제11조 제1항), 행정소송의 대상이 되므로 행정심판이나 행정소송을 통하여 그 지가를 다투고 시정을 구할 수 있도록 하고 있다. 위와 같이 대량적이고 간이한 지가 결정·공시체계를 채택하고 있는 개별공시지가와 전문적 감정평가방식에 따른 표준지공시지가는 목적, 산정주체, 산정방법에 있어서 차이가 있다. 개별공시지가도 통계적 분석에 의한 것으로서 어느 정도 객관성과 합리성을 확보하고 있지만 표준지공시지가보다 정밀성이 떨어진다. 뿐만 아니라 국가가 직접 적정가격을 조사·감정하여 결정·고시하는 표준지공시지가와는 달리 개별공시지가는 관계되는 개별 행정기관이 토지가격비준표를 활용하여 간이한 방법에 의해 대량적으로 산정하는 것이므로 당해 토지의 시가나 실제 거래가격과 정확하게 부합하는 것도 아니다.[275]

---

274) 김중권, 판례평석 표준지 공시지가결정과 수용재결 간의 하자 승계인정 의의, 법률신문, 2010. 9. 9.

개별공시지가의 결정·공시에 이르는 절차는 **시장·군수 또는 구청장**이 개별공시지가를 먼저 조사·산정하는데 이를 산정개별공시지가라 하고, **감정평가법인등**에 의한 개별공시지가의 검증을 받은 후, 토지소유자 등의 의견을 듣는데 이를 의견개별공시지가라 할 수 있으며, **시장·군수 또는 구청장**은 시·군·구부동산가격공시위원회의 심의를 거쳐 개별공시지가를 결정·공시한다.

Ⅱ. 개별공시지가의 결정·공시

1. 시장·군수 또는 구청장의 조사·산정

시장·군수 또는 구청장이 개별공시지가를 결정·공시하는 경우에는 해당 토지와 유사한 이용가치를 지닌다고 인정되는 하나 또는 둘 이상의 표준지의 공시지가를 기준으로 토지가격비준표를 사용하여 지가를 산정하되, 해당 토지의 가격과 표준지공시지가가 균형을 유지하도록 하여야 한다(법 제10조 제4항). 개별공시지가의 조사·산정에 의한 결정 및 공시권자는 **시장·군수 또는 구청장**이다.

개별공시지가의 산정, 검증 및 결정, 공시기준일, 공시의 시기, 조사·산정의 기준, 이해관계인의 의견청취, **감정평가법인등**의 지정 및 공시절차 등에 필요한 사항은 **대통령령**으로 정한다(법 제10조 제8항).

국토교통부장관은 개별공시지가 조사·산정의 기준을 정하여 **시장·군수 또는 구청장**에게 통보하여야 하며, **시장·군수 또는 구청장**은 그 기준에 따라 개별공시지가를 조사·산정하여야 한다(영 제17조 제1항). 조사·산정의 기준에는 다음 각 호 1. 지가형성에 영향을 미치는 토지 특성조사에 관한 사항, 2. 비교표준지의 선정에 관한 사항, 3. 토지가격비준표의 사용에 관한 사항, 4. 그 밖에 개별공시지가의 조사·산정에 필요한 사항이 포함되어야 한다(영 제17조 제2항).

2. 개별공시지가의 검증

가. 검증의뢰 및 검증 생략

(1) **시장·군수 또는 구청장**은 개별공시지가를 결정·공시하기 위하여 개별토지의 가격을 산정할 때에는 그 타당성에 대하여 **감정평가법인등**의 검증을 받아야 한다(법 제10조 제5항 본문). **시장·군**

---

275) 헌재 2009. 11. 26. 2009헌바141.

수 또는 구청장이 검증을 받으려는 때에는 해당 지역의 표준지의 공시지가를 조사·평가한 **감정평가법인등** 또는 **대통령령**으로 정하는 감정평가실적 등이 우수한 **감정평가법인등**에게 의뢰하여야 한다(법 제10조 제6항). 개별공시지가의 검증에 대한 **감정평가법인등**의 지정 등에 필요한 사항은 **대통령령**으로 정한다(법 제10조 제8항). 법 제10조 제6항에서 "**대통령령으로 정하는 감정평가실적 등이 우수한 감정평가법인등**"이란 표준지공시지가 조사·평가의 의뢰 **감정평가법인등**의 요건을(영 제7조 제1항 각 호) 모두 갖춘 **감정평가법인등**을 말한다(영 제20조). 검증을 실시할 수 있는 **감정평가법인등**의 요건은 표준지공시지가 조사·평가의 의뢰를 받을 수 있는 **감정평가법인등**의 요건과 같다.

시장·군수 또는 구청장은 법 제10조 제5항 본문에 따라 개별토지가격의 타당성에 대한 검증을 의뢰하는 경우에는 같은 조 제4항에 따라 산정한 전체 개별토지가격에 대한 지가현황도면 및 지가조사자료를 제공하여야 한다(영 제18조 제1항). 지가현황도면이란 해당 연도의 산정지가, 전년도의 개별공시지가 및 해당 연도의 표준지공시지가가 필지별로 기재된 도면을 말한다(칙 제6조 제1항). 지가조사자료란 개별토지가격의 산정조서 및 그 밖에 토지이용계획에 관한 자료를 말한다(칙 제6조 제2항).

(2) **시장·군수 또는 구청장**은 **감정평가법인등**의 검증이 필요 없다고 인정되는 때에는 지가의 변동상황 등 **대통령령**으로 정하는 사항을 고려하여 **감정평가법인등**의 검증을 생략할 수 있다(법 제10조 제5항 단서). **시장·군수 또는 구청장**은 법 제10조 제5항 단서에 따라 **감정평가법인등**의 검증을 생략할 때에는 개별토지의 지가변동률과 해당 토지가 있는 읍·면·동의 연평균 지가변동률(**국토교통부장관**이 조사·공표하는 연평균 지가변동률을 말한다) 간의 차이가 작은 순으로 대상 토지를 선정하여야 한다. 다만, 개발사업이 시행되거나 용도지역·용도지구가 변경되는 등의 사유가 있는 토지는 검증 생략 대상 토지로 선정해서는 아니 된다(영 제18조 제3항).

영 제18조 제1항부터 제3항까지에서 규정한 사항 외에 개별토지 가격의 검증에 필요한 세부적인 사항은 **국토교통부장관**이 정한다(영 제18조 제4항 전단). 이의 위임에 따라 제정한 행정규칙이 「개별공시지가의 검증업무 처리지침」(이하 "검증지침"이라 한다)이다.[276]

나. 감정평가법인등의 검증

(1) "검증"이란 시장·군수·구청장이 표준지 공시지가를 기준으로 토지가격비준표를 사용하여 산정한 지가에 대하여 **감정평가법인등**이 비교표준지의 선정, 토지특성조사의 내용 및 토지가격비준표

---

[276] 2019. 10. 23. 일부개정(시행 2019. 10. 23. 국토교통부훈령 제1230호).

적용 등의 타당성을 검토하여 산정지가의 적정성을 판별하고, 표준지공시지가, 인근개별공시지가 및 전년도 개별공시지가와의 균형유지, 지가변동률 등을 종합적으로 참작하여 적정한 가격을 제시하는 것을 말한다(검증지침 제2조).

(2) 검증은 다음 각 호와 같이 구분한다(검증지침 제3조). "산정지가검증"이란 시장·군수·구청장이 산정한 지가에 대하여 지가현황도면 및 지가조사자료를 기준으로 「부동산가격공시법」 제10조 제5항 및 「부동산가격공시법 시행령」 제18조 제1항·제2항에 따라 실시하는 검증을 말한다(제1호). "의견제출지가검증"이란 시장·군수·구청장이 산정한 지가에 대하여 법 제10조 제5항 및 영 제19조에 따른 토지소유자 및 그 밖의 이해관계인(이하 "개별토지소유자등"이라 한다)이 지가열람 및 의견제출기간 중에 의견을 제출한 경우에 실시하는 검증을 말한다(제2호). "이의신청지가검증"이란 시장·군수·구청장이 개별공시지가를 결정·공시한 후 법 제11조 및 영 제22조에 따라 개별공시지가에 이의가 있는 자가 이의신청을 제기한 경우에 실시하는 검증을 말한다(제3호).

(3) 법 제10조 제5항 본문에 따라 검증을 의뢰받은 **감정평가법인등**은 다음 각 호 1. 비교표준지 선정의 적정성에 관한 사항, 2. 개별토지가격 산정의 적정성에 관한 사항, 3. 산정한 개별토지가격과 표준지공시지가의 균형 유지에 관한 사항, 4. 산정한 개별토지가격과 인근토지의 지가 및 전년도 지가와의 균형 유지에 관한 사항, 5. 그 밖에 **시장·군수 또는 구청장**이 검토를 의뢰한 사항을 검토·확인하고 의견을 제시하여야 한다(영 제18조 제2항).

3. 토지소유자 등의 의견청취

가. 의의

(1) **시장·군수 또는 구청장**은 개별공시지가를 결정·공시하기 위하여 개별토지의 가격을 산정할 때에는 그 타당성에 대하여 **감정평가법인등의 검증을 받고 토지소유자, 그 밖의 이해관계인의 의견을 들어야** 한다(법 제10조 제5항 본문). 표준지공시지가는 토지소유자에 한해서 의견청취절차를 두고 있으나(법 제3조 제2항), 개별공시지가의 결정·공시에 대해서는 토지소유자 이외에도 그 밖의 이해관계인의 의견을 듣도록 하고 있다. 여기서 이해관계인(利害關係人)의 범위를 특정하지 않아 어디까지가 이해관계인에 해당하는지는 논란이 될 수 있다.[277] 이해관계인이란 특정한 사실(개별공시지가의 결정·공시)에 관하여 법률상의 이해를 가진 자를 말한다. 즉, 개별공시지가의 결

---

277) 가령 「산지관리법」 제18조의5, 「상가건물 임대차보호법 시행령」 제3조의2 등에서는 이해관계인의 범위를 특정하고 있음을 주목할 필요가 있다.

정·공시에 따라 자기의 권리·의무에 직접적인 영향을 받는 자일 것이다. 여기에는 토지소유자의 배우자와 상속인 등을 말하고, 이에 비하여 친족이나, 채권자·채무자와 같은 거래관계의 상대방이란 것만으로는 일반적으로 여기서의 법률상의 이해관계인이 될 수 없다. 왜냐하면 거래관계의 상대방이라도 개별공시지가 결정·공시로 자기의 권리행사나 의무이행을 아무런 지장 없이 행할 수 있기 때문이다. 그러나 **사견**으로는 토지소유자의 채권자에 대해서는 이해관계인인지의 여부가 논란이 있을 수 있다. 개별공시지가의 결정·공시에 따른 지가의 변동이 채권자의 권리·이익에 영향을 미칠 수 있어서 이해관계인의 범위에 해당할 여지도 있기 때문이다. 그리고 단순한 이웃이나 친구는 사실상일지라도 법률상 이해관계인은 아니다.

〈표 7〉 소유자 의견청취 및 이의신청 비교

물건	공시 전 의견청취		공시 후 이의신청	
	의견청취자	법적 근거	이의신청인	법적 근거
표준지공시지가	**토지소유자**	법 제3조 제2항	이의가 있는 자	법 제7조
개별공시지가	토지소유자, 이해관계인	법 제10조 제5항	이의가 있는 자	법 제11조
표준주택	**토지소유자**	법 제16조 제7항	이의가 있는 자	법 제16조 제7항
개별주택	토지소유자, 이해관계인	법 제17조 제6항	이의가 있는 자	법 제17조 제8항
공동주택	공동주택소유자와 이해관계인	법 제18조 제2항	이의가 있는 자	법 제18조 제8항
비주거용 표준부동산	**비주거용 표준부동산소유자**	법 제20조 제7항	이의가 있는 자	법 제20조 제7항
비주거용 개별부동산	비주거용 개별부동산소유자와 이해관계인	법 제21조 제6항	이의가 있는 자	법 제21조 제8항
비주거용 집합부동산	비주거용 집합부동산소유자와 이해관계인	법 제22조 제3항	이의가 있는 자	법 제22조 제9항

(2) 개별공시지가의 이해관계인의 의견청취 등에 필요한 사항은 **대통령령**으로 정한다(법 제10조 제8항).

시장·군수 또는 구청장은 법 제10조 제5항에 따라 개별토지의 가격 산정에 관하여 토지소유자 및 그 밖의 이해관계인(이하 "개별토지소유자등"이라 한다)의 의견을 들으려는 경우에는 개별토지가격 열람부를 갖추어 놓고 해당 시·군 또는 구(자치구를 말한다)의 게시판 또는 인터넷 홈페이지에 다음 각 호 1. 열람기간 및 열람장소, 2. 의견제출기간 및 의견제출방법의 사항을 20일 이상 게시하여 개별토지소유자등이 개별토지가격을 열람할 수 있도록 하여야 한다(영 제19조 제1항).

열람한 개별토지가격에 의견이 있는 개별토지소유자등은 의견제출기간에 해당 **시장·군수 또는 구청장**에게 의견을 제출할 수 있다(영 제19조 제2항).

시장·군수 또는 구청장은 의견을 제출받은 경우에는 의견제출기간 만료일부터 30일 이내에 심사하여 그 결과를 의견제출인에게 통지하여야 한다(영 제19조 제3항). **시장·군수 또는 구청장**은 제3항에 따라 심사를 할 때에는 현지조사와 검증을 할 수 있다(영 제19조 제4항). 이에 따른 검증이 의견제출지가에 대한 검증이다.

개별토지소유자 등의 의견청취에 관한 규정은 개별주택 소유자 등(영 제37조), 비주거용 일반부동산 소유자 등의 의견청취(영 제61조)에도 준용된다.

나. 의견청취절차 하자의 효력

대법원은 "국가·지방자치단체 등 행정기관이 토지가격을 조사함에 있어서 관계행정기관의 합동작업체계와 가격결정절차 등에 관하여 필요한 사항을 정함을 목적으로 한 개별토지가격합동조사지침(1990. 4. 14.자 국무총리훈령 제241호로 제정되어 1991. 4. 2.자 국무총리훈령 제248호로 개정된 것) 제6조는 개별토지가격결정절차를 규정하고 있으면서 그 중 제3호에서 산정된 지가의 공개·열람 및 토지소유자 또는 이해관계인의 의견접수를 그 절차의 하나로 규정하고 있는바, 위 지침은 「지가공시법」 제10조의 시행을 위한 집행명령으로서 법률보충적인 구실을 하는 법규적 성질을 가지고 있는 것으로 보아야 할 것이므로 위 지침에 규정된 절차에 위배하여 이루어진 지가결정은 위법하다고 할 것이지만, 한편 위와 같은 이해관계인에게의 의견진술 기회부여라는 절차는 위 지침 제6조 제5, 6호에서 그 밖에 토지평가위원회의 심의와 건설부장관의 확인 등 지가결정의 정당성을 담보하기 위한 다른 절차를 두고 있는 점에 비추어 지가결정행위의 정당성을 확보하기 위해 필수불가결한 절차로는 보여지지 아니하므로 그와 같은 절차위반의 하자가 있다 하여 지가결정처분 자체가 당연무효가 되는 것은 아니라 할 것이다."[278]

4. 시·군·구부동산가격공시위원회의 심의

시·군·구부동산가격공시위원회의 심의를 거쳐 매년 공시지가의 공시기준일 현재 개별공시지가를 결정·공시하여야 한다(법 제10조 제1항). 후술하는 바와 같이 개별공시지가의 정정사유가 발생할 때도 심의를 거쳐야 한다(영 제23조).

---

278) 대법원 1994. 2. 8. 선고 93누111 판결.

5. 개별공시지가의 결정 및 공시

가. 시장·군수 또는 구청장의 결정·공시

(1) 표준지공시지가(영 제10조), 표준주택가격(영 제29조), 개별주택가격(영 제33조), 비주거용 표준부동산가격의 공시사항(영 제51조)과 달리 공시사항에 대하여 별도로 규정하고 있지 않다. 개별공시지가의 결정, 공시의 시기 등에 필요한 사항은 **대통령령**으로 정한다(법 제10조 제8항). 이에 따라 **시장·군수 또는 구청장**은 매년 5월 31일까지 개별공시지가를 결정·공시하여야 한다. 다만, 영 제16조 제2항 제1호의 경우에는 그 해 10월 31일까지, 같은 항 제2호의 경우에는 다음 해 5월 31일까지 결정·공시하여야 한다(영 제21조 제1항).

시장·군수 또는 구청장은 개별공시지가를 공시할 때에는 1. 조사기준일, 공시필지의 수 및 개별공시지가의 열람방법 등 개별공시지가의 결정에 관한 사항, 2. 이의신청의 기간·절차 및 방법의 사항을 해당 시·군 또는 구의 게시판 또는 인터넷 홈페이지에 게시하여야 한다(영 제21조 제2항).

개별공시지가 및 이의신청기간 등의 통지에 관하여는 표준지공시지가 및 이의신청기간 등의 통지(영 제4조 제2항 및 제3항)를 준용한다(영 제21조 제3항). **시장·군수 또는 구청장**은 필요하다고 인정하는 경우에는 개별공시지가와 이의신청의 기간·절차 및 방법을 개별지 소유자에게 개별 통지할 수 있다(영 제4조 제2항). **시장·군수 또는 구청장**은 통지를 하지 아니하는 경우에는 공고 및 게시사실을 방송·신문 등을 통하여 알려 토지 소유자가 개별공시지가를 열람하고 필요한 경우에는 이의신청을 할 수 있도록 하여야 한다(영 제4조 제3항).

(2) 토지 소유자에게 개별공시지가의 결정·공시를 요구할 법규상 또는 조리상 권리가 있는지 여부(소극)에 대하여 하급심인 대구고등법원은 "「지가공시법」 제1조, 제10조, 제10조의2, 제10조의3, 같은법 시행령 제11조, 제12조, 제12조의2, 제12조의5, 제12조의10 등 관련 법령의 규정을 종합하여 보면, 토지에 대한 개별공시지가의 결정·공시제도는 국가, 지방자치단체, 정부투자기관 기타 **대통령령**이 정하는 공공단체가 공공용지의 매수 및 토지의 수용·사용에 대한 보상, 국·공유토지의 취득 및 처분, 택지초과소유부담금·개발부담금의 부과, 국세 및 지방세의 부과 등 관련 법령에 규정된 목적을 위하여 토지의 가격을 산정하여야 하는 경우, 당해 토지의 적정가격을 평가·공시하여 지가산정의 기준을 제시하려는 제도로서 **시장·군수 또는 구청장**이 토지의 개별공시지가를 결정·공시함에 있어 사전에 그 소유자 기타 이해관계인의 의견을 들어야 하고, 사후에 결정·공시된 개별공시지가에 대하여 이의가 있으면 일정한 기간 내에 서면으로 **시장·군수 또는 구청장**에게 이의를 신청할 수 있는 것으로 규정하고 있을 뿐이기 때문에, 당해 토지의 소유자 등이 자기의 권리 또는

법률상의 이익을 위하여 **시장·군수 또는 구청장**에게 당해 토지의 개별공시지가를 결정·공시하여 달라고 적극적으로 요구할 수 있는 법규상 또는 조리상의 권리가 있다고 할 수 없다고" 판시했다.[279]

나. 개별공시지가를 결정·공시하지 아니할 수 있는 토지

시장·군수 또는 구청장은 1. 표준지로 선정된 토지, 2. 농지보전부담금 또는 개발부담금 등의 부과대상이 아닌 토지, 3. 국세 또는 지방세 부과대상이 아닌 토지(국공유지의 경우에는 공공용 토지만 해당한다)에 대하여는 개별공시지가를 결정·공시하지 아니할 수 있다(법 제10조 제2항 전단 및 영 제15조 제1항). 이 경우 표준지로 선정된 토지에 대하여는 해당 토지의 표준지공시지가를 개별공시지가로 본다(법 제10조 제2항 후단).

그러나 이에도 불구하고 **시장·군수 또는 구청장**은 관계 법령에 따라 지가 산정 등에 개별공시지가를 적용하도록 규정되어 있는 토지, **시장·군수 또는 구청장**이 관계 행정기관의 장과 협의하여 개별공시지가를 결정·공시하기로 한 토지의 어느 하나에 해당하는 토지에 대해서는 개별공시지가를 결정·공시하여야 한다(영 제15조 제2항).

---

279) 위 사건의 기초사실관계는 다음과 같다.
  가. 건설부장관은 1989. 12. 29. 건설부고시 제821호로 대구 달서구 대곡동, 도원동 일대의 토지 932,000㎡를 대구대 곡택지개발예정지구(이하 이 사건 택지개발지구라 한다)로 지정·고시하고, 소외 대한주택공사(이하 소외 공사라 한다)를 이 사건 택지개발지구에 대한 택지개발사업의 시행자로 지정하였다.
  나. 이에 소외 공사는 1992. 12. 28. 건설부장관으로부터 위 택지개발사업에 대한 개발계획승인을 받고, 그 무렵 이 사건 택지개발지구에 대한 대지조성공사 등 택지개발사업을 시작하여 1997. 6. 5.경 이를 마쳤는데, 1995. 6. 2.부터 그 해 9. 18.까지 사이에 위 택지개발사업시행구역 내의 별지 부동산 목록 기재 토지 9필지(이하 이 사건 각 토지라 한다)를 해당 원고 등에게 각 분양하였다.
  다. 이 사건 각 토지는 분양 당시 필지 간의 경계가 불분명하였기 때문에 분양을 위한 가지번만 부여되었다가, 1996. 1. 10. 현지번이 부여되고, 1997. 6. 11. 택지개발사업의 완료에 따른 지적(지적)이 확정되었다.
  라. 원고들은 이 사건 각 토지를 소외 공사로부터 분양받거나 그 수분양자로부터 전득한 자들로서, 1997. 6. 2. 피고에 게 "이 사건 각 토지의 1995년 개별공시지가(공시기준일 1995. 1. 1.)를 결정·공시하여 달라."는 내용의 신청을 하였는데, 피고는 그 달 4.과 1998. 9. 10. "이 사건 각 토지가 1995. 1. 1. 당시 택지개발사업의 시행 중에 있어서 필지구분이 불가능하였기 때문에 위 택지개발사업시행 전의 구 지번을 기준으로 1995년 개별공시지가를 결정·공시하였다."는 이유로 원고들에게 이 사건 각 토지의 1995년 개별공시지가결정·공시를 거부하는 취지의 회신을 하였다.
  이에 원고들은 전항의 사실을 기초로 하여, 피고가 이 사건 각 토지의 1995년도 개별공시지가를 결정·공시하지 아니한 것은 위법한 부작위에 해당하므로, 이 사건 소로써 그 부작위위법확인을 구한다고 주장하였다(대구고등법 원 1998. 10. 15. 선고 97구11646 판결).

다. 개별공시지가 공시기준일

개별공시지가의 공시기준일, 공시의 시기 등에 필요한 사항은 **대통령령**으로 위임하였으나(법 제10조 제8항), 시행령에 이에 대한 명시적인 규정은 없다. 개별공시지가 공시기준일에 대하여 명시적으로 규정하고 있지 않으나, 다만, 법 제10조 제1항에 따르면 매년 공시지가의 공시기준일 현재 개별공시지가를 결정·공시한다는 규정에 비추어 보면 개별공시지가의 공시기준일은 매년 1월 1일이다.

라. 공시기준일을 다르게 할 수 있는 토지

시장·군수 또는 구청장은 공시기준일 이후에 분할·합병 등이 발생한 토지에 대하여는 **대통령령으로 정하는 날**을 기준으로 하여 개별공시지가를 결정·공시하여야 한다(법 제10조 제3항).

공시기준일 이후에 법 제10조 제3항에 따라 개별공시지가 공시기준일을 다르게 할 수 있는 토지는 다음 각 호 1. 「공간정보관리법」에 따라 **분할 또는 합병**된 토지, 2. 공유수면 매립 등으로 「공간정보관리법」에 따른 **신규등록**이 된 토지, 3. 토지의 형질변경 또는 용도변경으로 「공간정보관리법」에 따른 **지목변경**이 된 토지, 4. **국유·공유에서 매각 등에 따라 사유(   )로 된 토지로서 개별공시지가가 없는 토지**로 한다(영 제16조 제1항). 법 제10조 제3항에 따른 "**대통령령으로 정하는 날**"이란 개별공시지가의 공시기준일을 말하는 것인데, 1월 1일부터 6월 30일까지의 사이에 영 제16조 제1항 각 호의 사유가 발생한 토지는 그 해 7월 1일, 7월 1일부터 12월 31일까지의 사이에 영 제16조 제1항 각 호의 사유가 발생한 토지는 다음 해 1월 1일을 공시기준일로 한다(영 제16조 제2항).

마. 개별공시지가 확인서의 발급

법 제10조에 따라 결정·공시된 개별공시지가의 확인을 받으려는 사람은 해당 **시장·군수 또는 구청장**에게 개별공시지가의 확인을 신청(전자문서에 의한 신청을 포함한다)할 수 있고(칙 제5조 제1항), **시장·군수 또는 구청장**은 신청인에게 확인서를 발급하여야 한다(칙 제5조 제2항). **시장·군수 또는 구청장**은 개별공시지가 확인서를 발급하는 경우에는 해당 시·군 또는 구(자치구인 구를 말한다)의 조례로 정하는 바에 따라 신청인으로부터 수수료를 받을 수 있다(칙 제5조 제4항).

6. 개별공시지가의 정정 결정·공시

시장·군수 또는 구청장은 개별공시지가에 틀린 계산, 오기, **표준지 선정의 착오**, 기타 **대통령령**으로 정하는 명백한 오류[1. 법 제10조에 따른 **공시절차를 완전하게 이행하지 아니한 경우**, 2. **용도지역·용도지구 등 토지가격에 영향을 미치는 주요 요인의 조사를 잘못**한 경우, 3. **토지가격비준표의 적용에 오류**(영 제23조 제1항)]가 있음을 발견한 때에는 지체 없이 이를 정정하여야 한다(법 제12조). **시장·군수 또는 구청장**은 법 제12조에 따라 개별공시지가의 오류를 정정하려는 경우에는 시·군·구부동산가격공시위원회의 심의를 거쳐 정정사항을 결정·공시하여야 한다. 다만, 틀린 계산 또는 오기(誤記)의 경우에는 시·군·구부동산가격공시위원회의 심의를 거치지 아니할 수 있다(영 제23조 제2항).

동 규정의 근거 조항이 있기 전 판례는 "개별토지에 대한 가격결정도 행정처분에 해당하며, 원래 행정처분을 한 처분청은 그 행위에 하자가 있는 경우에는 원칙적으로 별도의 법적 근거가 없더라도 스스로 이를 직권으로 취소할 수 있는 것이고, 행정처분에 대한 법정의 불복기간이 지나면 직권으로도 취소할 수 없게 되는 것은 아니므로, 처분청은 토지에 대한 개별토지가격의 산정에 명백한 잘못이 있다면 이를 직권으로 취소할 수 있으며, 「개별토지가격합동조사지침」 제12조의3에서 토지특성조사의 착오 또는 위산·오기 등 지가산정에 명백한 잘못이 있는 경우에 경정결정이 가능한 것으로 예시하고 있는 것처럼, 비교표준지 선정의 잘못으로 인하여 개별토지가격의 산정이 명백히 잘못된 경우도 「개별토지가격합동조사지침」 제12조의3의 규정에 의하여 개별토지의 가격결정에 대한 직권취소가 가능하다고"[280] 판시하였으며 현행법은 그 법적 근거를 명확히 하고 있다. 또 「개별토지가격합동조사지침」(1991. 3. 29. 국무총리훈령 제248호로 개정된 것) 제12조의3은 행정청이 개별토지가격결정에 위산·오기 등 명백한 오류가 있음을 발견한 경우 직권으로 이를 경정하도록 한 규정으로서 토지소유자 등 이해관계인이 그 경정결정을 신청할 수 있는 권리를 인정하고 있지 아니하므로, 토지소유자 등의 토지에 대한 개별공시지가 조정신청을 재조사청구가 아닌 경정결정 신청으로 본다고 할지라도, 이는 행정청에 대하여 직권발동을 촉구하는 의미밖에 없으므로, 행정청이 위 조정신청에 대하여 정정불가 결정 통지를 한 것은 이른바 관념의 통지에 불과할 뿐 항고소송의 대상이 되는 처분이 아니다.[281]

판례는 "개별공시지가가 감정가액이나 실제 거래가격을 초과한다는 사유만으로 가격 결정이 위법한지 여부(소극)에 대한 판시에서 개별공시지가 결정이 관련 법령이 정하는 절차와 방법에 따라 이루어진 것인지에 의하여 결정될 것이지 당해 토지의 시가나 실제 거래가격과 직접적인 관련이

---

280) 대법원 1995. 9. 15. 선고 95누6311 판결.
281) 대법원 2002. 2. 5. 선고 2000두5043 판결.

있는 것은 아니므로, 단지 그 공시지가가 감정가액이나 실제 거래가격을 초과한다는 사유만으로 그것이 현저하게 불합리한 가격이어서 그 가격 결정이 위법하다고 단정할 수는 없다고" 판시하였다.[282]

7. 국토교통부장관의 지도·감독

국토교통부장관은 지가공시 행정의 합리적인 발전을 도모하고 표준지공시지가와 개별공시지가와의 균형유지 등 적정한 지가형성을 위하여 필요하다고 인정하는 경우에는 개별공시지가의 결정·공시 등에 관하여 **시장·군수 또는 구청장**을 지도·감독할 수 있다(법 제10조 제7항).

8. 개별공시지가의 결정·공시비용의 보조

법 제10조에 따른 개별공시지가의 결정·공시에 소요되는 비용은 개별공시지가의 결정·공시에 드는 비용의 50퍼센트 이내에서 그 일부를 국고에서 보조할 수 있다(법 제14조 및 영 제24조).

Ⅲ. 개별공시지가의 적용 및 효력

1. 법적 근거

결정·공시된 개별공시지가를 행정청이 어떠한 행정목적에 적용되고 그 적용에 따라 국민의 권리·이익에 어떠한 영향을 미치는지가 매우 중요하다. 「부동산가격공시법」은 표준지공시지가의 적용(법 제8조)과 효력(법 제9조), 표준주택가격과 개별주택가격 및 공동주택가격의 효력(법 제19조 제1항 및 제2항), 비주거용 표준부동산가격과 비주거용 개별부동산가격 및 비주거용 집합부동산가격(법 제23조 제1항 및 제2항)의 효력에 대해서는 명시적으로 규정하고 있다.

그러나 개별공시지가의 적용 내지는 효력에 관해서는 명시적인 조항을 두고 있지 않다. 다만, 국세·지방세 등 각종 세금의 부과, 그 밖의 다른 법령에서 정하는 목적을 위한 지가산정에 사용되도록 하기 위해서라 규정하고 있고(법 제10조 제1항),[283] 구체적인 내용은 아래와 같은 개별법에 의존하고 있다.

---

282) 대법원 2013. 10. 11. 선고 2013두6138 판결.
283) 국토해양부, 2011년 적용 개별공시지가 조사·산정지침, 2010. 11, 7면.

그리고 보다 분명한 것은 **감정평가법인둥**이 개별적으로 토지를 감정평가하는 경우에 기준으로 사용하는 표준지공시지가와는 다르다.

〈표 8〉 개별공시지가의 적용

구분	세목	적용범위	법적근거	적용 개시일
국세	양도소득세	양도가액 산정을 위한 기준시가	「소득세법」 제99조 제1항	'90.5.1
	상속세	상속·증여재산가액 산정을 위한 기준시가	「상속세 및 증여세법」 제61조 제1항	'90.5.1
	종합부동산세	과세표준액 결정자료	「종합부동산세법」 제13조	'05.1.5
지방세	재산세	과세표준액 결정자료	「지방세법」 제110조 제1항 및 제4조 제1항	'96.1.1
	취득세	과세표준액 결정자료	「지방세법」 제10조 제2항 및 제4조 제1항, 시행령 제2조	'96.1.1
	등록면허세	과세표준액 결정자료	「지방세법」 제27조 제2항 및 제4조 제1항, 시행령 제2조	'96.1.1
기타	개발부담금	개발사업 종료시점지가 개시시점지가, 산정	「개발이익법」 제10조 제1항 및 제3항	'93.8.11
	개발제한구역 보전부담금	개발제한구역 보전 부담금 산정기준	「개발제한구역법」 제24조 제1항	'00.7.1
	개발제한구역내 토지매수	개발제한구역내 매수 대상토지 판정기준	「개발제한구역법」 제17조 제3항, 같은 법 시행령 제28조	'00.7.1
	국·공유재산의 대부료·사용료	대부료·사용료 산정을 위한 토지가액	「국유재산법」 제32조 제1항, 같은 법 시행령 제29조 제2항 제1호	'90.6.30
	공직자재산 등록	공직자의 재산등록 시 등록할 토지의 개별공시지가	「공직자윤리법」 제4조 제3항 등	
	건강보험료	지역가입자의 부과표준소득 파악 시 재산세의 부과대상이 되는 주택의 재산세 과세표준금액을 기준으로 재산의 등급별 점수를 산정하여 반영	「국민건강보험법」 제72조 및 같은 법 시행령 제42조 제3항 제1호([별표] 4 보험료부과점수의 산정방법)	
	근로장려금의 신청자격	무주택자 또는 토지·건물·자동차·예금 등 **대통령령**으로 정하는 재산이 1억 원 미만인 보유자	「조세특례제한법」 제100조의3 및 같은 법 시행령 제100조의4	

2. 판례

개별공시지가는 그 산정 목적인 개발부담금의 부과, 토지 관련 조세 부과 등 다른 법령이 정하는 목적을 위해 지가를 산정하는 경우에 그 산정 기준이 되는 범위 내에서는 납세자인 국민 등의 재산상 권리·의무에 직접적인 영향을 미칠 수 있지만, 이에 더 나아가 개별공시지가가 당해 토지의 거래 또는 담보제공을 받음에 있어 그 실제 거래가액 또는 담보가치를 보장한다거나 어떠한 구속력을 미친다고 할 수는 없다. 그럼에도 개개 토지에 관한 개별공시지가를 기준으로 거래하거나 담보제공을 받았다가 당해 토지의 실제 거래가액 또는 담보가치가 개별공시지가에 미치지 못함으로 인해 발생할 수 있는 손해에 대해서까지 그 개별공시지가를 결정·공시하는 지방자치단체에 손해배상책임을 부담시키게 된다면, 개개 거래당사자들 사이에 이루어지는 다양한 거래관계와 관련하여 발생한 손해에 대하여 무차별적으로 책임을 추궁당하게 되고, 그 거래관계를 둘러싼 분쟁에 끌려들어가 많은 노력과 비용을 지출하는 결과가 초래되게 된다. 이는 결과발생에 대한 예견가능성의 범위를 넘어서는 것임은 물론이고, 행정기관이 사용하는 지가를 일원화하여 일정한 행정목적을 위한 기준으로 삼음으로써 국토의 효율적인 이용과 국민경제의 발전에 기여하려는 구 부동산 가격공시 및 감정평가에 관한 법률(2008. 2. 29. 법률 제8852호로 개정되기 전의 것)의 목적과 기능, 그 보호법익의 보호범위를 넘어서는 것이다.[284]

Ⅳ. 개별공시지가에 대한 불복

1. 법적 성질

표준지공시지가의 법적 성질과 마찬가지로 개별공시지가에서도 다음과 같은 견해가 대립하고 있다.

가. 학설 및 판례

(1) 행정입법(입법행위)설: 개별공시지가는 개발부담금 등의 부과의 전제가 되는 법적인 것이지만, 개별공시지가의 결정·공시 그 자체는 사인의 권리·의무를 발생시키는 구체적 사실입법에 대한 법집행행위로 보기 어려운 바, 「행정소송법」상 처분개념으로 보기 곤란하여, 행정입법의 성질을

---

284) 대법원 2010. 7. 22. 선고 2010다13527 판결.

가진다는 견해가 있다.[285] 이 밖에도 법규명령의 성질을 갖는 고시에 준하는 성질을 갖는 것으로 보는 견해가 있는데 그 근거로 개별공시지가의 결정은 국민의 권리의무에 직접 영향이 미치지만 어떠한 구체적인 법적 효과(권리의무관계의 변동)가 발생하지 않기 때문이라고 한다.[286]

(2) **행정계획설**: 개별공시지가 공시는 대내적으로 행정주체에 대하여 법적 의무를 부과하는 구속적 행정계획이라는 설이다.[287]

(3) **사실행위설**: 이 설은 개별공시지가는 현실적으로 존재하는 정상지가를 조사하여 공시함으로써 지가정보를 제공하는 의사작용을 요소로 하는 사실행위라고 본다.[288]

(4) **행정행위설**: 행정행위설에도 통상의 행정행위로 보는 견해와 물적 행정행위로 보거나 이에 더하여 일반처분으로 보는 견해가 있다.

먼저 행정행위로 보는 견해는, 「부동산가격공시법」 제10조 제5항에 따른 토지소유자, 그 밖의 이해관계인의 의견청취 및 같은 법 제11조에 따른 이의신청 및 처리절차와 이의제기기간의 제한 등을 규정하고 있는 바, 이는 개별공시지가결정이 행정처분임을 전제로 한 것이라고 볼 수 있고, 더욱이 조세부과 등의 행정처분을 함에 있어서 통상적으로 개별공시지가에 기속된다는 점에서 국민의 권리·의무에 직접 영향을 미치는 행위라고 볼 수 있으므로 행정처분으로 보아야 할 것이다.[289] 그리고 개별공시지가는 개별토지의 단위면적당 가격을 공시하는 것으로 법령에서 토지가격의 산정을 개별공시지가에 의하도록 한 경우에는 후속행위(과세처분)에 대하여 개별공시지가는 법적 구속력을 가지면, 그 가격대로 과세표준 등을 정하여 후속 처분을 하게 된다. 이러한 경우에는 분쟁의 조기 확정 내지 법률관계의 조기 안정을 위하여 굳이 후속처분을 기다릴 필요 없이 개별공시지가 그 자체에 대하여 처분을 인정하여 행정소송으로 다툴 수 있게 하여야 한다.[290]

두 번째로 개별공시지가가 그 성질상 단순한 기준으로서 작용하는 것이므로 일반적이고 추상적인 규율을 의미하게 되고 이에 따라 개별성과 구체성을 결여한다는 논거에 대하여는, 행정행위 개념의 특징으로 인정되는 개별성과 구체성은 그 대상의 인적 범위의 특정성과 관련된 것이며, 개별공시지가는 사람을 대상으로 하는 것이 아니라 개별토지의 성질이나 상태에 대한 규율의 성질을 띠고 있는 것이므로 이때에는 인적범위의 특정성 유무는 의미를 갖지 못하게 된다. 따라서 물적

285) 홍정신, 행정법원론(하), 박영사, 2015, 719면.
286) 박균성, 행정법론(하), 박영사, 2017, 798면.
287) 강교식·임호정, "공시지가 및 개별공시지가의 결정이 행정소송의 대상인지", 감정평가논집 제9호, 1999. 2., 15면.
288) 이춘섭, "[判例評釋] 公示地價, 個別地價는 行政訴訟의 對象인가?(下)", 사법행정 제33권 제12호, 1992. 12., 62면.
289) 김연태, 행정법사례연습, 913면; 김남철, 행정법강론, 1273면.
290) 박윤흔·정형근, 최신행정법강의(하), 664면.

행정행위는 직접적으로는 물건의 성질이나 상태에 관한 규율을 내용으로 하는 것이고 간접적으로는 이와 관련되는 당사자의 권리·의무관계 영향을 미치는 행위로서 그 체계상 일반처분에 속하는 것으로 개별공시지가는 물적 행정행위로서 일반처분이라는 견해이다.[291] 이에 대하여 개별공시지가는 개별토지에 대하여 결정되는 것이라는 점에서 물적 행정행위라는 점을 인정하면서도, 그 법적 효과는 각 토지 및 그 소유자에 대하여 개별적으로 발생하는 것이라는 점에서 일반처분으로 보기 어렵다고 한다.[292]

판례도 "**시장·군수 또는 구청장**의 개별토지가격결정은 관계법령에 의한 토지초과이득세, 택지초과소유부담금 또는 개발부담금 산정의 기준이 되어 국민의 권리나 의무 또는 법률상 이익에 직접적으로 관계되는 것으로서 「행정소송법」 제2조 제1항 제1호 소정의 행정청이 행하는 구체적 사실에 관한 법집행으로서의 공권력행사이므로 항고소송의 대상이 되는 행정처분에 해당한다고" 하고 있다.[293]

나. 검토

시장, 군수, 구청장이 결정·공시한 개별공시지가의 결정은 토지초과이득세, 택지초과소유부담금 또는 개발부담금 산정 등의 기준이 되어 국민의 권리, 의무 내지 법률상 이익에 직접적으로 관계된다고 할 것이고, 따라서 이는 「행정소송법」 제2조 제1항 제1호 소정의 행정청이 행하는 구체적 사실에 관한 법집행으로서의 공권력행사이어서 행정소송의 대상이 되는 행정처분으로 보아야 할 것이다.[294]

---

291) 류지태·박종수, 행정법신론, 1167면; 정하중 교수는 개별공시지가는 일정한 공과금의 납부의무 등 비록 직접적으로 개인에 대하여 의무를 부과하지는 않으나 개별토지의 단위면적당 가격으로서 부담금 등 공과금의 액수에 반영되어 간접적으로 개인의 재산권에 영향을 주는 이른바 물적 행정행위의 성격을 갖는다고 한다(정하중, 행정법개론, 1333면); 박윤흔 교수는 물적 행정행위라고 하면서도 개별공시지가결정행위의 효과가 미치는 범위가 불특정다수인인 경우이며, 다만, 각 개인의 권리·의무관계에 구체적인 영향을 미친다고 하여 그 효과가 구체적이다. 따라서 수범자는 개별적이 아닌 일반적이고 그 행위의 효과가 구체적이라는 점에서 일반처분으로 보고 있다(박윤흔·정형근, 최신행정법강의(하), 664면); 석종현, 신토지공법론(제11판), 삼영사, 2016, 667면.

292) 김동희, 행정법Ⅱ, 박영사, 2015, 495면.

293) 대법원 1993. 1. 15. 선고 92누12407 판결; 대법원 1993. 6. 11. 선고 92누16706 판결; 대법원 1994. 2. 8. 선고 93누111 판결.

294) 대법원 1993. 1. 15. 선고 92누12407 판결.

2. 개별공시지가에 대한 이의신청[295]

가. 의의 및 연혁

(1) 개별공시지가 결정의 위법성이 인정되면 통상적인 방법에 의한 권리구제가 가능하다. 그래서 「부동산가격공시법」은 개별공시지가에 이의가 있는 자는 그 결정·공시일부터 30일 이내에 서면으로 **시장·군수 또는 구청장**에게 이의를 신청할 수 있도록 하는 행정심판으로서의 성질을 갖는 규정을 두고 있다(법 제11조 제1항). 따라서 우선 행정소송을 제기하기 전에 당사자는 선택적으로 행정심판을 제기할 수 있다(행정소송법 제18조 제1항).

(2) 동 규정에 관해서 1989. 4. 1. 제정(시행 1989. 7. 1. 법률 제4120호) 「지가공시법」에서는 개별공시지가에 대한 이의신청절차를 두지 않았었다. 이에 1991. 4. 2. 국무총리훈령인 「개별토지가격합동조사지침」(국무총리훈령 제248호)의 개정(시행 1991. 4. 2.)으로 제12조의2에서 지가의 재조사 청구 조항을 신설하였다. 이와 관련하여 종전의 판례는 국무총리 훈령인 「개별토지가격합동조사지침」 제12조의2 제1항의 지가재조사청구절차를 행정심판으로 보아 별도로 「행정심판법」에 의한 행정심판제기를 요하지 않는 것으로 보고 있었다. 판시사항은 다음과 같다. 개별토지가격에 대하여 이의가 있는 토지소유자 및 이해관계인은 「개별토지가격합동조사지침」에 기한 재조사청구나 「행정심판법」에 따른 행정심판 중 하나만을 거쳐 곧바로 행정소송을 제기하는 것이 가능함은 물론 위 재조사청구를 하여 그 결과통지를 받은 후에 다시 「행정심판법」에 따른 행정심판을 제기하여 그 행정심판의 재결을 거쳐 행정소송을 제기하는 것도 가능하다.[296] 이 당시에는 행정심판전치주의가 적용되던 시절이었다. 그러나 이러한 판례에 대하여 훈령의 형식으로 행정심판의 제기를 인정하는 것은 「행정심판법」과의 관계에 비추어 타당하지 못하며, 판례와는 달리 지가재조사청구절차는 행정심판이 아니며, 단순한 내부적인 절차라는 비판도 있다.[297]

나. 행정심판전치주의

1998년 3월 1일부터 시행된 개정 「행정소송법」은 이전의 필요적 행정심판전치주의를 폐지하고 임의적 행정심판전치주의를 채택하였다.

이에 대법원은 "「부감법」 제12조, 「행정소송법」 제20조 제1항, 「행정심판법」 제3조 제1항의 규

---

295) 서울고등법원 2008. 10. 16. 선고 2008누14748 판결.
296) 대법원 1993. 12. 24. 선고 92누17204 판결; 대법원 1995. 9. 26. 선고 94누11514 판결.
297) 류지태·박종수, 행정법신론, 1171면.

정 내용 및 취지와 아울러 「부감법」에 행정심판의 제기를 배제하는 명시적인 규정이 없고 「부감법」에 따른 이의신청과 행정심판은 그 절차 및 담당 기관에 차이가 있는 점을 종합하면, 「부감법」이 이의신청에 관하여 규정하고 있다고 하여 이를 「행정심판법」 제3조 제1항에서 행정심판의 제기를 배제하는 '다른 법률에 특별한 규정이 있는 경우'에 해당한다고 볼 수 없으므로, 개별공시지가에 대하여 이의가 있는 자는 곧바로 행정소송을 제기하거나 「부감법」에 따른 이의신청과 「행정심판법」에 따른 행정심판청구 중 어느 하나만을 거쳐 행정소송을 제기할 수 있을 뿐 아니라, **이의신청을 하여 그 결과 통지를 받은 후 다시 행정심판을 거쳐 행정소송을 제기할 수도 있다고 보아야 하고**, 이 경우 행정소송의 제소기간은 그 행정심판 재결서 정본을 송달받은 날부터 기산한다고" 판시했다.[298]

다. 이의신청의 절차

시장·군수 또는 구청장은 이의신청 기간이 만료된 날부터 30일 이내에 이의신청을 심사하여 그 결과를 신청인에게 서면으로 통지하여야 한다. 이 경우 **시장·군수 또는 구청장**은 이의신청의 내용이 타당하다고 인정될 때에는 해당 개별공시지가를 조정하여 다시 결정·공시하여야 한다(법 제11조 제2항).

법 제11조 제1항 및 제2항에서 규정한 것 외에 이의신청 및 처리절차 등에 필요한 사항은 **대통령령**으로 정한다(법 제11조 제3항). 법 제11조 제1항에 따라 개별공시지가에 대하여 이의신청을 하려는 자는 이의신청서에 이의신청 사유를 증명하는 서류를 첨부하여 해당 **시장·군수 또는 구청장**에게 제출하여야 한다(영 제22조 제1항). **시장·군수 또는 구청장**은 제1항에 따라 제출된 이의신청을 심사하기 위하여 필요할 때에는 **감정평가법인등**에게 검증을 의뢰할 수 있다(영 제22조 제2항).

판례는 당초의 개별공시지가 결정처분을 취소하고 그것을 하향조정하라는 취지의 재결이 있은 후에도 처분청이 다시 당초 처분과 동일한 액수로 개별공시지가를 결정한 처분은 재결청의 재결에 위배되는 것으로서 위법하다고 판시하였다.[299]

3. 개별공시지가에 대한 행정소송

판례와 같이 개별공시지가의 처분성을 인정하는 입장에서는, 항고소송의 대상이 된다. 따라서

---

298) 대법원 2010. 1. 28. 선고 2008두19987 판결.
299) 대법원 1997. 3. 14. 선고 95누18482 판결.

이의신청의 재결에 대하여 불복하는 자는 행정소송을 제기할 수 있다.

4. 하자승계

가. 문제의 의의[300)]

대법원은 일찍이 개별공시지가와 과세처분 간에 선행처분과 후행처분이 서로 독립하여 별개의 법률효과를 목적으로 하는 때에는 선행처분에 불가쟁력이 생겨 그 효력을 다툴 수 없게 된 경우에는 선행처분의 하자가 중대하고 명백하여 당연무효인 경우를 제외하고는 선행처분의 하자를 이유로 후행처분의 효력을 다툴 수 없는 것이 원칙이나, 선행처분과 후행처분이 서로 독립하여 별개의 효과를 목적으로 하는 경우에도 선행처분의 불가쟁력이나 구속력이 그로 인하여 불이익을 입게 되는 자에게 수인한도를 넘는 가혹함을 가져오며, 그 결과가 당사자에게 예측가능한 것이 아닌 경우에는 국민의 재판받을 권리를 보장하고 있는 헌법의 이념에 비추어 선행처분의 후행처분에 대한 구속력은 인정될 수 없다.[301)]

나. 선행처분의 후행처분에 대한 구속력 입장에서 판례

대법원은 "과세처분 등 행정처분의 취소를 구하는 행정소송에서 선행처분인 개별공시지가결정의 위법을 독립된 위법사유로 주장할 수 있는지 여부에 대한 판시에서, 개별공시지가결정은 이를 기초로 한 과세처분 등과는 별개의 독립된 처분으로서 서로 독립하여 별개의 법률효과를 목적으로 하는 것이나, ① 개별공시지가는 이를 토지소유자나 이해관계인에게 개별적으로 고지하도록 되어 있는 것이 아니어서 토지소유자 등이 개별공시지가결정 내용을 알고 있었다고 전제하기도 곤란할 뿐만 아니라는 점, ② 결정된 개별공시지가가 자신에게 유리하게 작용될 것인지 또는 불이익하게 작용될 것인지 여부를 쉽사리 예견할 수 있는 것도 아닌 점, ③ 더욱이 장차 어떠한 과세처분 등 구체적인 불이익이 현실적으로 나타나게 되었을 경우에 비로소 권리구제의 길을 찾는 것이 우리 국민의 권리의식임을 감안하여 볼 때, 토지소유자 등으로 하여금 결정된 개별공시지가를 기초로 하여 장차 과세처분 등이 이루어질 것에 대비하여 항상 토지의 가격을 주시하고 개별공시지가결정이 잘못된 경우 정해진 시정절차를 통하여 이를 시정하도록 요구하는 것은 부당하게 높은 주의의무를 지우는 것인 점 등 때문이다.

---

300) 기본이론은 표준지공시지가의 하자승계와 같다.
301) 대법원 1994. 1. 25. 선고 93누8542 판결.

따라서 위법한 개별공시지가결정에 대하여 그 정해진 시정절차를 통하여 시정하도록 요구하지 아니하였다는 이유로 위법한 개별공시지가를 기초로 한 과세처분 등 후행 행정처분에서 개별공시지가결정의 위법을 주장할 수 없도록 하는 것은 수인한도를 넘는 불이익을 강요하는 것으로서 국민의 재산권과 재판받을 권리를 보장한 헌법의 이념에도 부합하는 것이 아니라고 할 것이다.

이러한 검토결과를 바탕으로, 개별공시지가결정에 위법이 있는 경우에는 그 자체를 행정소송의 대상이 되는 행정처분으로 보아 그 위법 여부를 다툴 수 있음은 물론, 이를 기초로 한 과세처분 등 행정처분의 취소를 구하는 행정소송에서도 선행처분인 개별공시지가결정의 위법을 독립된 위법사유로 주장할 수 있다고 해석함이 타당하다고" 판시하였다.[302]

다. 검토

개별공시지가와 이에 근거한 과세처분 또는 개발부담금부과처분과의 관계에서 적용한 수인한도론의 동 판결은 그 후 대법원 2007두13845 판결에서 표준지공시지가결정과 수용재결처분과의 관계에도 이를 적용함으로써, 국민의 권리구제의 길을 넓혔다고 할 수 있다. 결론적으로 판례가 하자승계를 긍정한 표준지공시지가공시와 수용재결, 개별공시지가결정과 과세처분사이에서는 선행처분이 후행처분의 바탕이 되기는 하지만 예측가능성과 수인가능성이 없기 때문에 구속력(규준력 또는 기결력)을 인정할 수 없다.[303]

제3절 타인토지에의 출입

관계 공무원 또는 부동산가격공시업무를 의뢰받은 자(이하 "관계공무원등"이라 한다)는 법 제3조 제4항에 따른 표준지가격의 조사·평가 또는 제10조 제4항에 따른 개별공시지가의 산정을 위하여 필요한 때에는 타인의 토지에 출입할 수 있다(법 제13조 제1항).

관계공무원등이 택지 또는 담장이나 울타리로 둘러싸인 타인의 토지에 출입하고자 할 때에는 **시장·군수 또는 구청장**의 허가(부동산가격공시업무를 의뢰 받은 자에 한정한다)를 받아 출입할 날의 3일 전에 그 점유자에게 일시와 장소를 통지하여야 한다. 다만, 점유자를 알 수 없거나 부득이한 사유가 있는 경우에는 그러하지 아니하다(법 제13조 제2항). 출입을 하고자 하는 자는 그 권한

---

302) 대법원 1994. 1. 25. 선고 93누8542 판결.
303) 박균성, 행정법론(상), 435면.

을 표시하는 증표와 허가증을 지니고 이를 관계인에게 내보여야 한다(법 제13조 제4항). 증표와 허가증에 필요한 사항은 **국토교통부령**으로 정한다(법 제13조 제5항).

일출 전·일몰 후에는 그 토지의 점유자의 승인 없이 택지 또는 담장이나 울타리로 둘러싸인 타인의 토지에 출입할 수 없다(법 제13조 제3항).

제3장 주택가격의 공시[304)]

I. 주택의 의의

여기서 "주택"이란 「주택법」 제2조 제1호에 따른 주택을 말한다(법 제2조 제1호). 「주택법」 제2조 제1호에 따르면 "주택"이란 세대(世帶)의 구성원이 장기간 독립된 주거생활을 할 수 있는 구조로 된 건축물의 전부 또는 일부 및 그 부속토지를 말하며, 단독주택과 공동주택으로 구분한다. 우리나라 총 주택 수는 2018년 약 1,708만호며, 이 중 단독주택은 약 419만호, 공동주택(아파트, 연립, 다세대)은 약 1,289만호다. [305)]

"단독주택"이란 1세대가 하나의 건축물 안에서 독립된 주거생활을 할 수 있는 구조로 된 주택을 말하며(「주택법」 제2조 제2호), 단독주택의 종류와 범위는 다음 각 호 1. 「단독주택, 2. 다중주택, 3. 다가구주택을 말한다(주택법 시행령 제2조).

"공동주택"이란 건축물의 벽·복도·계단이나 그 밖의 설비 등의 전부 또는 일부를 공동으로 사용하는 각 세대가 하나의 건축물 안에서 각각 독립된 주거생활을 할 수 있는 구조로 된 주택을 말하며(「주택법」 제2조 제3호), 공동주택의 종류와 범위는 다음 각 호 1. 아파트, 2. 연립주택, 3. 다세대주택을 말한다(주택법 시행령 제3조).

제3장 주택가격의 공시에 관한 업무는, 「부동산가격공시법」에 따라 **감정평가법인등**이 수행하는

---

304) 주택가격의 공시에 관한 규정은 공법학의 연구대상으로는 중요해 보이나, **감정평가법인등**의 업무가 아니라는 점에서, **감정평가사** 1·2차 시험과목에 속하는 것이 타당한 것인지는 의문이다.

305) 국토교통부, 2018년도 부동산 가격공시에 관한 연차보고서, 38면.

업무(법 제10조 제1호)가 아니고, **한국부동산원**의 업무이다.

Ⅱ. 주택가격 공시제도의 도입배경[306]

1989년 「지가공시법」의 제정을 계기로 토지에 대한 모든 공적평가는 "공시지가"로 일원화되었으나, 건물평가는 활용목적과 담당기관에 따라 다르게 조사·산정되었다. 즉 국세청은 양도소득세 부과를 목적으로 건물신축단가에 기초하여 "기준시가"를 산정하였고, 행정안전부에서는 재산세 부과를 위해 기준시가와 유사한 방식으로 "시가표준액"을 산정하였다.

그러나 건물신축단가를 기초로 건물을 평가하는 이러한 원가방식은 실제 시장가격 수준을 제대로 반영하지 못하는 문제점이 있었다. 즉, 평가된 과세가격(기준시가, 과세시가표준액)이 시장가격 수준과 큰 차이를 보였으며, 더불어 인근 부동산과의 가격균형도 이루어지지 않았다.

통상적으로 토지와 건물이 일체로 거래되는 시장상황에서 토지와 건물을 상이한 평가방식(거래사례 비교방식, 원가방식)에 따라 각각 평가함으로 인해 시장가격과 크게 괴리된 별도의 평가가격들이 도출되었고, 이는 궁극적으로 과세 불평등을 초래하는 원인이 되었다. 또한, 2000년 이후 급격한 부동산가격 상승을 계기로 부동산시장 안정화를 위해 다양한 세제개편(보유세 강화, 거래세 인하, 종합부동산세 도입)을 추진하게 되었고, 이 과정에서 정책실효성 제고를 위해 기존 평가체계의 개편이 필요하게 되었다.

기존 부동산 평가체계 자체의 본질적인 문제점과 세제개편에 따른 정책 실효성 제고 차원에서 2003년부터 평가체계 개편 논의가 본격적으로 대두되기 시작하였다. 평가체계 개편의 주요 방향은 토지와 건물을 일괄로 평가하되, 시장가치에 기초한 평가가 이루어지도록 하는 것이었다.[307] 이에 정부는 2004년 9월 토지와 건물을 통합 평가하는 방식으로 평가체계 개편을 결정하였다. 다만 전면적인 체계개편에 따른 부작용을 최소화하기 위하여 그 대상을 주택(단독주택, 공동주택)으로 한정하였다.

---

306) 국토교통부, 2018년도 부동산 가격공시에 관한 연차보고서, 36~37면.
307) 구법에서는 **감정평가사**의 감정평가에 기초한 것이므로 시장가치에 기초한 평가는 표현이 적당할지 모르나, 현행 법에서는 조사·산정이라는 법률용어를 사용하면서 평가와 혼용하여 사용하고 있어 적절해 보이지 않는다.

〈표 9〉 주택가격 공시제도 도입·추진 경위

구 분	일 시	주 요 내 용
도입 단계	2004. 9.	◦ 토지건물 통합평가 및 통합과세 방안 추진 결정-국민경제자문회의
	2004. 10.	◦ 단독주택 평가방안 검토 및 결정 • 공동주택: 전수조사 • 단독주택: 표준주택, 비준표 활용 대량 산정
	2004. 12.	◦ 근거법령 개정: 「지가공시법」 ➡ 「부감법」 ➡ 「부동산가격공시법」
시행 단계	2004. 11. ~2005. 1.	◦ 주택가격조사 실시 • 공동주택: 국토교통부(구 건교부)(한국감정원) • 단독주택 - 표준주택: 국토교통부(구 건교부)(한국감정평가사협회) - 개별주택: 시장·군수·구청장
	2005. 1.	◦ 표준주택(13만5천호) 가격공시
	2005. 2.	◦ 개별주택 • 주택가격비준표 작성/자동산정프로그램(HPAS) 개발 • 개별주택가격 산정지침 작성 ◦ 공동주택: 전수조사 실시
	2005. 4.	◦ 개별주택 및 공동주택(연립·다세대) 가격 공시: 2005년에 한해 공동주택 중 아파트·대형연립은 국세청에서 기준시가로 고시
	2006~	◦ 전국의 모든 단독 및 공동주택에 대한 가격 공시

출처: 국토교통부, 2018년도 부동산 가격공시에 관한 연차보고서

Ⅲ. 주택가격 공시의 조사대상

　　주택가격의 공시는 단독주택가격공시와 공동주택가격공시로 나뉘고 단독주택가격의 공시는 표준주택가격공시와 개별주택가격공시로 나누어진다.

　　토지와 건물을 통합 평가하여 가격을 공시하는 "주택가격 공시제도"의 대상이 되는 총 주택 수는 2018년 약 1,708만호이며, 이 중 단독주택은 약 419만호, 공동주택(아파트, 연립, 다세대)은 약 1,289만호이다.

제2절　단독주택가격의 공시

제1항 의의

　여기서 "단독주택"이란 공동주택을 제외한 주택이지만(법 제2조 제3호), 「주택법」 제2조 제2호에 따르면 1세대가 하나의 건축물 안에서 독립된 주거생활을 할 수 있는 구조로 된 주택으로, 단독주택의 형태를 갖춘 가정어린이집·공동생활가정·지역아동센터 및 노인복지시설(노인복지주택은 제외한다)을 포함하여 단독주택은 1. 단독주택, 2. 다중주택, 3. 다가구주택 4. 공관으로 구분된다(주택법 시행령 제2조).

　이중에서 제2호의 다중주택은 다음 가. 학생 또는 직장인 등 여러 사람이 장기간 거주할 수 있는 구조로 되어 있는 것, 나. 독립된 주거의 형태를 갖추지 아니한 것(각 실별로 욕실은 설치할 수 있으나, 취사시설은 설치하지 아니한 것을 말한다), 다. 1개 동의 주택으로 쓰이는 바닥면적의 합계가 330제곱미터 이하이고 주택으로 쓰는 지하층은 제외한 층수가 3개 층 이하일 것의 요건을 모두 갖춘 주택을 말한다. 제3호의 다가구주택은 다음 가. 주택으로 쓰는 지하층은 제외한 층수가 3개 층 이하일 것. 다만, 1층의 전부 또는 일부를 필로티 구조로 하여 주차장으로 사용하고 나머지 부분을 주택 외의 용도로 쓰는 경우에는 해당 층을 주택의 층수에서 제외한다. 나. 1개 동의 주택으로 쓰이는 바닥면적(부설 주차장 면적은 제외한다. 이하 같다)의 합계가 660제곱미터 이하일 것, 다. 19세대(대지 내 동별 세대수를 합한 세대를 말한다) 이하가 거주할 수 있을 것의 요건을 모두 갖춘 주택으로서 공동주택에 해당하지 아니하는 것을 말한다.[308]

　단독주택가격의 공시는 표준주택가격의 공시와 개별주택가격의 공시로 나뉜다. 조사대상은 단독

---

308) 주택법 제2조 제2호 및 시행령 제2조

〈표 10〉 단독주택의 종류와 범위

종류	요건	비고
1. 단독주택		
2. 다중주택	학생 또는 직장인 등 여러 사람이 장기간 거주할 수 있는 구조	
	독립된 주거의 형태를 갖추지 아니한 것	
	바닥면적의 합계기 330제곱미터 이하, 지하층은 제외한 층수가 3개 층 이하	
3. 다가구주택	층수가 3개 층 이하	
	1개 동의 주택으로 쓰이는 바닥면적(부설 주차장 면적은 제외)의 합계가 660제곱미터 이하	
	대지 내 동별 세대수를 합하여 19세대 이하	
4.공관		

주택 419만호 중, 우선 대표성이 인정되는 22만호를 표준주택으로 선정하여 적정가격을 조사·산정하여 **국토교통부장관**이 공시하고, 그 외 개별주택 약 397만호는 시장·군수·구청장이 **국토교통부장관**이 공시한 표준주택가격을 기준으로 개별주택가격을 조사·산정하여 공시한다.[309] 아파트 1,030만호, 연립주택 50만호, 다세대주택 209만호 등 공동주택 1,289만호는 **한국부동산원**에서 전수 조사하여 **국토교통부장관**이 가격을 공시한다.[310]

제2항 표준주택가격의 공시

I. 표준주택가격의 의의

표준주택가격이라 함은 **국토교통부장관**이 용도지역, 건물구조 등이 일반적으로 유사하다고 인정되는 일단의 단독주택 중에서 선정한 표준주택에 대하여 매년 공시기준일 현재의 적정가격을 조사·산정 및 공시한 것을 말한다(법 제16조 제1항).

국토교통부장관이 **감정평가법인등**에 의뢰하여 표준지공시지가를 조사·평가하는 방법과 유사하게 표준주택가격에 대해서는 **감정평가법인등**이 아닌 **부동산원**에 의뢰하여 표준주택가격을 조사·산정하게 하고, 이에 대한 중앙부동산가격공시위원회의 심의를 거쳐, **국토교통부장관**이 공시하는 절차로 나아간다. **부동산원**의 조사·산정 및 국토교동부장관의 공시절차를 거치면, 당해 표준주택가격도 일정한 효력을 지니게 된다(법 제19조).

II. 표준주택가격의 조사·산정 및 심의

1. 의의 및 조사·산정의 법적 성격

표준주택가격은 **국토교통부장관**이 의뢰한 **부동산원**이 주택특성 조사, 가격자료 수집, 지역분석과 시·군·구/시·도/전국 가격균형협의와 소유자/시·군·구의 의견청취 결과를 바탕으로 적정가격을 조사·산정하고 이를 중앙부동산가격공시위원회의 심의를 거쳐 공시한다.[311]

표준지공시지가의 조사·평가업무가 **감정평가법인등**의 업무에 속하고, 그 보고서도 판례에 의하

---

309) 국토교통부, 앞의 부동산 가격공시에 관한 연차보고서, 38면.
310) 국토교통부, 2018년도 부동산 가격공시에 관한 연차보고서, 38면.
311) 국토교통부, 위 보고서, 38면.

면 감정평가서이다. 표준주택가격의 조사·산정업무는 **감정평가법인등**의 업무가 아니며, 「부동산가격공시법」·「**한국부동산원**법」에 따라 **부동산원**의 업무에 속한다. 그렇지만 표준주택가격의 조사·산정의 법적 성질은 표준지공시지가의 조사·평가와 달리 볼 이유가 없어 보인다.

국토교통부장관은 표준주택의 선정 또는 표준주택가격의 조사·산정을 위하여 필요한 경우에는 관계 행정기관에 해당 토지의 인·허가 내용, 개별법에 따른 등록사항 등 **대통령령**으로 정하는 관련 자료의 열람 또는 제출을 요구할 수 있다. 이 경우 관계 행정기관은 정당한 사유가 없으면 이에 응하여야 한다는 법 제4조 표준지공시지가의 조사협조에 대한 규정은 표준주택가격의 공시에 준용한다(법 제16조 제7항).

2. 표준주택가격의 조사·산정 의뢰

국토교통부장관은 표준주택가격을 조사·산정하고자 할 때에는 「**한국부동산원**법」에 따른 **한국부동산원**(이하 "부동산원"이라 한다)에 의뢰한다(법 제16조 제4항). 표준주택가격 조사·산정을 의뢰받은 **부동산원**은 표준주택가격 및 그 밖에 **국토교통부령으로 정하는 사항**을 조사·산정한 후 **국토교통부령으로 정하는 바에 따라** 표준주택가격 조사·산정보고서를 작성하여 **국토교통부장관**에게 제출하여야 한다(영 제30조 제1항). 영 제30조 제1항에서 "**국토교통부령으로 정하는 사항**"이란 다음 각 호 1. 주택의 소재지, 공부상 지목 및 대지면적, 2. 주택 대지의 용도지역, 3. 도로접면, 4. 대지 형상, 5. 주건물 구조 및 층수, 6. 「건축법」 제22조에 따른 사용승인연도, 7. 주위 환경의 사항을 말한다(칙 제11조 제1항). 법 제16조 제4항에 따라 표준주택가격 조사·산정을 의뢰받은 **부동산원**은 영 제30조 제1항에 따라 별지 제11호 서식의 **조사·산정보고서**에 다음 각 호 1. **지역분석조서**, 2. 별지 제12호 서식에 따라 **표준주택별로 작성한 표준주택 조사사항 및 가격산정의견서**, 3. 별지 제13호 서식에 따라 작성한 **의견청취결과서**(영 제30조 제2항 및 제3항에 따라 **시장·군수 또는 구청장**의 의견을 들은 결과를 기재한다), 4. **표준주택의 위치를 표시한 도면**, 5. **그 밖에 사실 확인에 필요한 서류**를 첨부하여 **국토교통부장관**에게 제출하여야 한다(칙 제11조 제2항).

표준주택가격은 「부감법」을 전면개정하면서 세부담의 형평성을 제고하기 위하여 주택에 대한 토지·건물 통합 과세를 내용으로 하는 부동산 보유세제 개편에 따라 현행 공시지가제도 외에 토지와 건물의 적정가격을 통합평가하여 공시하는 주택가격공시제도를 도입하면서, 당초 표준주택가격의 적정가격을 조사·평가하고자 할 때에는 둘 이상의 **감정평가법인등**에게 이를 의뢰(부감법 제5조 제3항 및 제16조 제8항)하였던 것을, 2016. 1. 19. 「부동산가격공시법」으로 전면개정되면서 **감정평**

가법인등의 조사·평가에서 **부동산원**의 조사·산정의뢰로 바뀌었다(법 제16조 제4항). 부동산가격공시업무의 의뢰 객체(조사주체)가 바뀌면서 업무의 성격이 조사·평가에서 조사·산정업무로 변경되었고 단지 부동산가격공시제도의 적정성 제고 차원에서 입법자의 재량영역이라 할 것이다.

3. 표준주택의 선정

가. 의의

표준주택의 선정 등에 필요한 사항은 **대통령령**으로 정한다(법 제16조 제3항). 이와 같은 위임규정에 따라 **국토교통부장관**은 법 제16조 제1항에 따라 표준주택을 선정할 때에는 일반적으로 유사하다고 인정되는 일단의 단독주택 중에서 해당 일단의 단독주택을 대표할 수 있는 주택을 선정하여야 한다(영 제26조 제1항). 표준주택은 전체 단독주택 약 420만호 중에서 표준주택 선정기준에 따라 22만호(약 5%)를 주건물구조, 용도지역 등을 고려하여 균형 있게 선정하여 산정한다.

법 제16조 제1항에 따른 표준주택 선정 및 관리에 필요한 세부기준은 중앙부동산가격공시위원회의 심의를 거쳐 **국토교통부장관**이 정한다(법 제24조 제5호 및 영 제26조 제2항). 「표준주택의 선정 및 관리지침」은[312] 법 제16조 제1항 및 영 제26조 제2항에 따라 표준주택의 선정 및 관리 등에 관하여 필요한 사항을 정함을 목적으로 한다.

나. 표준주택의 선정기준

다음 각 호의 일반적인 기준을 종합적으로 반영하여 선정하여야 한다(표준주택의 선정 및 관리지침 제10조 제1항).

(1) 토지

가. 지가의 대표성: 표준주택선정단위구역 내에서 지가수준을 대표할 수 있는 토지 중 인근지역 내 가격의 층화를 반영할 수 있는 표준적인 토지

나. 토지특성의 중용성: 표준주택선정단위구역 내에서 개별토지의 토지이용상황·대지면적·지형지세·도로조건·주위환경 및 공적규제 등이 동일 또는 유사한 토지 중 토지특성빈도가 가장 높은 표준적인 토지

---

312) 2017. 10. 25. 일부개정(시행 2017. 10. 25. 국토교통부훈령 제928호).

다. 토지용도의 안정성: 표준주택선정단위구역 내에서 개별토지의 주변이용상황으로 보아 그 이용상황이 안정적이고 장래 상당기간 동일 용도로 활용될 수 있는 표준적인 토지

라. 토지구별의 확정성: 표준주택선정단위구역 내에서 다른 토지와 구분이 용이하고 위치를 쉽게 확인할 수 있는 표준적인 토지

(2) 건물

가. 건물가격의 대표성: 표준주택선정단위구역 내에서 건물가격수준을 대표할 수 있는 건물 중 인근지역 내 가격의 층화를 반영할 수 있는 표준적인 건물

나. 건물특성의 중용성: 표준주택선정단위구역 내에서 개별건물의 구조·용도·연면적 등이 동일 또는 유사한 건물 중 건물특성빈도가 가장 높은 표준적인 건물

다. 건물용도의 안정성: 표준주택선정단위구역 내에서 개별건물의 주변이용상황으로 보아 건물로서의 용도가 안정적이고 장래 상당기간 동일 용도로 활용될 수 있는 표준적인 건물

라. 외관구별의 확정성: 표준주택선정단위구역 내에서 다른 건물과 외관구분이 용이하고 위치를 쉽게 확인할 수 있는 표준적인 건물

국가 및 지방자치단체에서 행정목적상 필요하여 표준주택을 선정하여 줄 것을 요청한 특정지역이나 단독주택에 대해서는 지역특성을 고려하여 타당하다고 인정하는 경우에는 표준주택을 선정할 수 있다(표준주택의 선정 및 관리지침 제10조 제2항).

다. 표준주택의 선정 제외기준

다음 각 호의 선정 제외기준을 고려하여 선정하여야 한다(표준주택의 선정 및 관리지침 제11조 제1항).

(1) 필수적 제외

가. 공시지가 표준지

나. 무허가건물(다만, 개별주택가격산정을 위하여 시·군·구에서 요청한 경우는 제외한다)

다. 개·보수, 파손 등으로 감가수정 시 관찰감가를 요하는 단독주택

(2) 임의적 제외

가. 토지·건물 소유자가 상이한 주택

나. 주택부지가 둘 이상의 용도지역으로 구분되어 있는 경우

다. 2개동 이상의 건물을 주건물로 이용 중인 주택

제1항 제2호 가목의 토지·건물 소유자가 상이한 주택을 표준주택으로 선정한 경우에는 토지·건물 소유자가 동일한 것을 전제로 하여 산정가격을 결정하여야 한다(표준주택의 선정 및 관리지침 제11조 제2항).

4. 표준주택가격의 조사·산정의 기준

국토교통부장관이 표준주택가격을 조사·산정하는 경우에는 인근 유사 단독주택의 거래가격·임대료 및 해당 단독주택과 유사한 이용가치를 지닌다고 인정되는 단독주택의 건설에 필요한 비용추정액, 인근지역 및 다른 지역과의 형평성·특수성, 표준주택가격 변동의 예측 가능성 등 제반사항을 종합적으로 참작하여야 한다(법 제16조 제5항).

법 제16조 제5항에 따라 **국토교통부장관**이 표준주택가격을 조사·산정하는 경우 참작하여야 하는 사항의 기준은 다음 각 호 1. 인근 유사 단독주택의 거래가격 또는 임대료의 경우: 해당 거래 또는 임대차가 당사자의 특수한 사정에 의하여 이루어지거나 단독주택거래 또는 임대차에 대한 지식의 부족으로 인하여 이루어진 경우에는 그러한 사정이 없었을 때에 이루어졌을 거래가격 또는 임대료를 기준으로 할 것, 2. 해당 단독주택과 유사한 이용가치를 지닌다고 인정되는 단독주택의 건축에 필요한 비용추정액의 경우: 공시기준일 현재 해당 단독주택을 건축하기 위한 표준적인 건축비와 일반적인 부대비용으로 할 것과 같다(영 제31조 제1항). 이 밖에도 표준주택에 전세권 또는 그 밖에 단독주택의 사용·수익을 제한하는 권리가 설정되어 있을 때에는 그 권리가 존재하지 아니하는 것으로 보고 적정가격을 산정하여야 한다(영 제31조 제2항).

표준주택의 조사·산정 기준 및 공시절차 등에 필요한 사항은 **대통령령**으로 정한다(법 제16조 제3항). 영 제31조 제1항 및 제2항에서 규정한 사항 외에 표준주택가격의 조사·산정에 필요한 세부기준은 **국토교통부장관**이 정한다(영 제31조 제3항). 「표준주택가격 조사·산정 기준」은 「부동산가격공시법」 제16조 및 같은 법 시행령 제31조에 따른 표준주택가격의 조사·산정을 위한 세부기준과 절차 등을 정함을 목적으로 한다(표준주택가격 조사·산정 기준 제1조).[313]

---

313) 2016. 9. 1. 일부개정(시행 2016. 9. 1. 국토교통부훈령 제750호).

표준주택의 산정가격은 해당 표준주택에 대하여 통상적인 시장에서 정상적인 거래가 이루어지는 경우 성립될 가능성이 가장 높다고 인정되는 적정가격으로 결정하되, 시장에서 형성되는 가격자료를 충분히 조사하여 표준주택의 객관적인 시장가치를 산정한다(표준주택가격 조사·산정 기준 제4조). 시장성이 있는 표준주택은 [별표 1]의 거래유형에 따른 인근 유사 단독주택의 거래가격 등을 고려하여 토지와 건물 일체의 가격으로 산정한다(표준주택가격 조사·산정 기준 제10조 제1항).

5. 가격균형 협의

가격균형 협의의 법적 근거로는 표준주택의 조사·평가 기준 등에 필요한 사항은 **대통령령**으로 정한다(법 제16조 제3항). 법 제16조 제3항에 따라 표준주택가격의 조사·산정에 필요한 세부기준은 **국토교통부장관**이 정하도록 하고 있다(영 제31조 제3항). 이에 따라 국토교통부 훈령으로 제정한 것이「표준주택가격 조사·산정 기준」인데, 거래사례비교법 등에 따라 표준주택의 가격을 산정한 때에는 인근지역 또는 동일수급권 안의 유사지역에 있는 표준주택의 가격과 가격균형 여부를 검토하여야 한다(동 기준 제18조 제1항). 가격균형여부 검토는 시·군·구내, 시·군·구간, 시·도간, 전국 순으로 검토하도록 하고 있다(동 기준 제18조 제2항).

6. 의견청취

가. 표준주택 소유자의 의견청취

법 제3조 제2항의 토지소유자의 의견청취 조항은 표준주택가격의 공시에 준용한다(법 제16조 제7항). **국토교통부장관**은 표준주택가격을 공시하기 위하여 표준주택의 가격을 조사·산정할 때에는 **대통령령**으로 정하는 바에 따라 해당 주택 소유자의 의견을 들어야 한다(법 제3조 제2항).

국토교통부장관은 법 제3조 제2항에 따라 표준주택 소유자의 의견을 들으려는 경우에는 부동산공시가격시스템에 다음 각 호 1. 공시대상, 열람기간 및 방법, 2. 의견제출기간 및 의견제출방법, 3. 법 제16조 제4항에 따라 **부동산원**이 산정한 공시 예정가격을 20일 이상 게시하여야 한다(영 제5조 제1항). **국토교통부장관**은 영 제5조 제1항에 따른 게시사실을 표준주택 소유자에게 개별 통지해야 한다(영 제5조 제2항). 게시된 가격에 이의가 있는 표준주택 소유자는 의견제출기간에 의견을 제출할 수 있다(영 제5조 제3항). 법 제16조 제7항에 따라 해당 소유자가 표준주택의 산정가격에 대하여 의견을 제시한 때에는 그 산정가격의 적정여부를 재검토하고, 표준주택 소유자가 제시한 의견이 객관적으로 타당하다고 인정되는 경우에는 반영하여 산정가격을 조정하여야 한다(표준주택가격 조사·산정 기준 제20조).

표준주택가격을 조사·산정하면서 **공시하기 전**에는 **표준주택 소유자에 한해서** 의견을 들으면 된다(법 제16조 제7항 및 법 제3조 제2항). 그러나 **공시 이후**에는 일정한 기간 내에 표준주택가격에 **이의가 있는 자 모두 이의신청**할 수 있다(법 제16조 제7항 및 법 제7조 제1항).

나. 시장·군수·구청장의 의견청취

표준주택의 공시절차 등에 필요한 사항은 **대통령령**으로 정한다(법 제16조 제3항). 이의 위임에 따라 **부동산원**은 조사·산정보고서를 작성하는 경우에는 미리 해당 표준주택 소재지를 관할하는 **시장·군수 또는 구청장**의 의견을 들어야 한다(영 제30조 제2항). **시장·군수 또는 구청장**은 의견 제시 요청을 받은 경우에는 요청받은 날부터 20일 이내에 의견을 제시하여야 한다. 이 경우 시·군·구부동산가격공시위원회의 심의를 거쳐야 한다(영 제30조 제3항).

영 제30조 제2항에 따라 **시장·군수 또는 구청장**(필요한 경우 특별시장·광역시장 또는 도지사를 포함한다)의 의견을 듣고자 할 때에는 표준주택의 호별 가격 및 가격변동률, 용도지역·건물구조별 최고·최저가격, 전년대비 가격변동이 현저한 표준주택의 내역 및 변동사유 등 표준주택의 산정가격 검토에 필요한 자료를 제출하여야 한다(표준주택가격 조사·산정 기준 제21조 제1항). **시장·군수 또는 구청장**으로부터 특정한 표준주택에 대하여 산정가격의 조정의견이 제시된 때에는 그 산정가격의 적정여부를 재검토하고 그 의견이 객관적으로 타당하다고 인정되는 경우에는 반영하여 산정가격을 조정하여야 한다(표준주택가격 조사·산정 기준 제21조 제2항).

7. 조사·산정보고서의 제출

가. 조사·산정보고서의 법적 성격

표준주택가격 조사·산정보고서는 감정평가서인지 여부에 관해서 법원에서 다투어진 바 없어 어떠한 성질로 보아야 하는지는 의문시되지만, 법 규정이 조사·평가가 아니고 조사·산정이라는 점, **감정평가법인등**의 조사·평가가 아니고 **부동산원**의 조사·산정이라는 점에서 감정평가서가 아니라는 주장이 있을 수 있겠지만, **사견**으로는 표준지공시지가가 조사·평가와 동일한 절차에 의해 이루어지고, 조사·평가와 조사·산정의 기준이 실질적으로 같으며, 더욱이 법적 효력에 있어서도 양자가 유사하고, 특히 표준지공시지가 조사·평가보고서와 국민의 권리·이익에 미치는 영향이 같다는 점에서 감정평가서의 성질로 보아야 한다.

나. 조사·산정보고서의 제출

법 제16조 제4항에 따라 표준주택가격 조사·산정을 의뢰받은 **부동산원**은 표준주택가격 및 그 밖에 **국토교통부령**으로 정하는 사항을 조사·산정한 후 **국토교통부령**으로 정하는 바에 따라 표준주택가격 조사·산정보고서를 작성하여 **국토교통부장관**에게 제출하여야 한다(영 제30조 제1항).

다. 조사·산정보고서의 적정성 검토

국토교통부장관은 제출된 보고서에 대하여 실거래신고가격 및 감정평가 정보체계 등을 활용하여 그 적정성 여부를 검토할 수 있다(영 제30조 제4항). **국토교통부장관**은 제4항에 따른 검토 결과 부적정하다고 판단되거나 표준주택가격의 조사·산정이 관계 법령을 위반하여 수행되었다고 인정되는 경우에는 **부동산원**에 보고서를 시정하여 다시 제출하게 할 수 있다(영 제30조 제5항).

8. 부동산가격공시위원회의 심의

부동산원은 조사·산정보고서를 작성하는 경우에는 미리 해당 표준주택 소재지를 관할하는 **시장·군수 또는 구청장**의 의견을 들어야 한다(영 제30조 제2항). **시장·군수 또는 구청장**은 영 제30조 제2항에 따라 의견 제시 요청을 받은 경우에는 요청받은 날부터 20일 이내에 의견을 제시하여야 한다. 이 경우 시·군·구부동산가격공시위원회의 심의를 거쳐야 한다(영 제30조 제3항). 법 제25조 제1항에 따른 시·군·구부동산가격공시위원회의 심의 사항은 이를 명시하지 않고 있으나 이를 명시하는 것이 옳을 것으로 보인다.

그리고 법 제16조에 따라 조사·산정된 표준주택가격에 대하여 **국토교통부장관** 소속의 중앙부동산가격공시위원회 심의를 거쳐야 한다(법 제24조 제1항 제6호). 이와 같은 부동산가격평가위원회의 법적 성격은 조사·평가된 표준지의 공시가격을 변동시킬 수 있는 의결기관이 아니라 자문기관이라고 보아야 한다.

III. 표준주택가격의 공시

1. 공시권자 및 공시기준일

국토교통부장관이 조사·산정 및 공시권자이다. 표준주택의 공시기준일, 공시의 시기 및 공시절차 등에 필요한 사항은 **대통령령**으로 정한다(법 제16조 제3항). 법 제16조 제1항에 따른 표준주택가격의 공시기준일은 1월 1일로 한다. 다만, **국토교통부장관**은 표준주택가격 조사·산정인력 및 표준주택 수 등을 고려하여 부득이하다고 인정하는 경우에는 일부 지역을 지정하여 해당 지역에 대한 공시기준일을 따로 정할 수 있다(영 제27조).

2. 공시사항

표준주택의 공시에는 다음 각 호 1. 표준주택의 지번, 2. 표준주택가격, 3. 표준주택의 대지면적 및 형상, 4. 표준주택의 용도, 연면적, 구조 및 사용승인일(임시사용승인일을 포함한다), 5. 그 밖에 **대통령령**으로 정하는 사항[1. 지목, 2. 용도지역, 3. 도로 상황, 4. 그 밖에 표준주택가격 공시에 필요한 사항(영 제29조)]이 포함되어야 한다(법 제16조 제2항).

3. 표준주택가격의 공시방법

국토교통부장관은 법 제16조 제1항에 따라 표준주택가격을 공시할 때에는 다음 각 호 1. 법 제16조 제2항 각 호의 사항의 개요, 2. 표준주택가격의 열람방법, 3. 이의신청의 기간·절차 및 방법의 사항을 관보에 공고하고, 표준주택가격을 부동산공시가격시스템에 게시하여야 한다(영 제28조 제1항).

표준주택가격 및 이의신청기간 등의 통지에 관하여는 표준지공시지가 및 이의신청기간 등의 통지에 관한 공시방법(영 제4조 제2항 및 제3항)을 준용한다(영 제28조 제2항).

4. 표준주택가격의 공시 이후의 조치

가. 주택가격비준표의 공급

국토교통부장관은 제17조에 따른 개별주택가격의 산정을 위하여 필요하다고 인정하는 경우에는 표준주택과 산정대상 개별주택의 가격형성요인에 관한 표준적인 비교표(이하 "주택가격비준표"라 한다)를 작성하여 **시장·군수 또는 구청장**에게 제공하여야 한다(법 제16조 제6항).

나. 표준주택가격의 열람 등

법 제6조(표준지공시지가의 열람 등)는 법 제16조 제1항에 따른 표준주택가격의 공시에 준용한다(법 제16조 제7항). 즉 **국토교통부장관**은 표준주택가격을 공시한 때에는 그 내용을 특별시장·광역시장 또는 도지사를 거쳐 **시장·군수 또는 구청장**(지방자치단체인 구의 구청장에 한정한다)에게 **송부**하여 일반인이 **열람**할 수 있게 하고, **대통령령**으로 정하는 바에 따라 이를 도서·도표 등으로 작성하여 관계 행정기관 등에 **공급**하여야 한다(법 제6조).

Ⅳ. 표준주택가격 공시의 효력

표준주택가격은 국가·지방자치단체 등이 그 업무와 관련하여 개별주택가격을 산정하는 경우에 그 기준이 된다(법 제19조 제1항).

Ⅴ. 표준주택가격에 대한 권리구제

1. 법적 성질

표준주택가격의 법적 성질에 관해서는 표준지공시지가와 유사한 성질을 갖는다는 견해가 많다.[314] 그러나 표준지공시지가와 법적 효력이 같지 않아서 같게 볼 수는 없다.

2. 표준주택가격의 공시에 대한 행정쟁송

가. 이의신청 표준지공시지가에 대한 이의신청(법 제7조)은 표준주택가격의 공시에 준용한다. 표준주택가격의 공시에 이의가 있는 자는 그 공시일부터 30일 이내에 서면(전자문서를 포함한다. 이하 같다)으로 **국토교통부장관**에게 이의를 신청할 수 있다(법 제16조 제7항 및 제7조 제1항). **국토교통부장관**은 이의신청 기간이 만료된 날부터 30일 이내에 이의신청을 심사하여 그 결과를 신청인에게 서면으로 통지하여야 한다. 이 경우 **국토교통부장관**은 이의신청의 내용이 타당하다고 인정될 때에는 표준주택을 조정하여 다시 공시하여야 한다(법 제16조 제7항). 따라서 표준주택가격에 대해 이의가 있는 자는 표준주택가격을 공시한 날부터 30일 이내에 **국토교통부장관**에게 이의를 신청(이의신청서 또는 인터넷 제출) 할 수 있다.[315]

---

314) 박균성, 행정법론(하), 박영사, 2017, 801면; 박윤흔·정형근, 최신행정법강의(하), 667면; 류지태·박종수, 행정법신론, 1174면.

나. 행정소송 표준주택가격의 공시에 대한 행정소송에 관해서는 표준지공시지가와 유사하다.[316]

Ⅵ. 타인토지에의 출입

법 제13조(타인토지에의 출입 등)는 표준주택가격의 공시에 준용한다. 이에 따라 관계 공무원 또는 부동산가격공시업무를 의뢰받은 자(이하 "관계공무원등"이라 한다)는 법 제3조 제4항에 따른 표준지가격의 조사·평가 또는 제10조 제4항에 따른 토지가격의 산정을 위하여 필요한 때에는 타인의 토지에 출입할 수 있다(법 제13조 제1항).

관계공무원등이 제1항에 따라 택지 또는 담장이나 울타리로 둘러싸인 타인의 토지에 출입하고자 할 때에는 **시장·군수 또는 구청장**의 허가(부동산가격공시업무를 의뢰받은 자에 한정한다)를 받아 출입할 날의 3일 전에 그 점유자에게 일시와 장소를 통지하여야 한다. 다만, 점유자를 알 수 없거나 부득이한 사유가 있는 경우에는 그러하지 아니하다(법 제13조 제2항). 출입을 하고자 하는 자는 그 권한을 표시하는 증표와 허가증을 지니고 이를 관계인에게 내보여야 한다(법 제13조 제4항). 증표와 허가증에 필요한 사항은 **국토교통부령**으로 정한다(법 제13조 제5항).

일출 전·일몰 후에는 그 토지의 점유자의 승인 없이 택지 또는 담장이나 울타리로 둘러싸인 타인의 토지에 출입할 수 없다(법 제13조 제3항).

제3항 개별주택가격의 공시

Ⅰ. 개별주택가격의 의의

개별주택가격은 **국토교통부장관**이 매년 공시하는 표준주택가격을 기준으로 시장·군수·구청장이 조사한 개별주택의 특성과 비교표준주택의 특성을 비교하여 **국토교통부장관**이 작성·공급한 주택가격비준표상의 주택특성 차이에 따른 가격배율을 산출하고 이를 표준주택가격에 곱하여 산정한 후 **부동산원**의 검증을 받아 주택소유자 등의 의견수렴과 시·군·구 부동산가격공시위원회 심의 등의

---

315) 표준주택을 공시하기 전에 공시예정가격이 결정된 때에는 이를 소유자에게 통지하고 소유자가 제출한 의견이 타당할 경우에는 공시예정가격을 조정하여 사전에 주택소유자 등의 권리구제이다(법 제3조 제2항 및 제16조 제7항).
316) 박균성, 행정법론(하), 박영사, 2017, 802면; 박윤흔·정형근, 최신행정법강의(하), 667면.

절차를 거쳐 시장·군수·구청장이 결정·공시하는 것을 말한다.

개별주택가격의 결정·공시에 이르는 절차는 **시장·군수 또는 구청장**이 개별주택가격을 먼저 조사·산정하는데 이를 산정개별주택이라 하고, 법 제25조에 따른 시·군·구부동산가격공시위원회의 심의를 거쳐 매년 표준주택가격의 공시기준일 현재 관할 구역 안의 개별주택의 가격을 결정·공시하고, 이를 관계 행정기관 등에 제공하여야 한다(법 제17조 제1항).

Ⅱ. 개별주택가격의 결정·공시

개별주택가격은 시·군·구청장이 주택가격비준표를 이용하여 지방자치단체 공무원이 직접 조사한 개별주택의 특성을 상호 비교하여 가격을 산정한 후, 그 결과의 적정성을 확보하기 위해 **부동산원**의 검증과 시·군·구 부동산가격공시위원회의 심의를 거쳐 공시한다.

1. 시장·군수 또는 구청장의 개별주택가격 조사·산정

시장·군수 또는 구청장이 개별주택가격을 결정·공시하는 경우에는 해당 주택과 유사한 이용가치를 지닌다고 인정되는 표준주택가격을 기준으로 주택가격비준표를 사용하여 가격을 산정하되, 해당 주택의 가격과 표준주택가격이 균형을 유지하도록 하여야 한다(법 제17조 제5항).

개별주택가격의 조사·산정의 기준 등에 필요한 사항은 **대통령령**으로 정한다(법 제17조 제9항). **국토교통부장관**은 법 제17조 제5항에 따른 개별주택가격 조사·산정의 기준을 정하여 **시장·군수 또는 구청장**에게 통보하여야 하며, **시장·군수 또는 구청장**은 그 기준에 따라 개별주택가격을 조사·산정하여야 한다(영 제35조 제1항). 조사·산정의 기준에는 다음 각 호 1. 주택가격형성에 영향을 미치는 주택특성 조사에 관한 사항, 2. 비교표준주택의 선정에 관한 사항, 3. 법 제16조 제6항에 따른 주택가격비준표(이하 "주택가격비준표"라 한다)의 사용에 관한 사항, 4. 그 밖에 개별주택가격의 조사·산정에 필요한 사항이 포함되어야 한다(영 제35조 제2항).

2. 산정개별주택가격에 대한 부동산원의 검증

시장·군수 또는 구청장은 개별주택가격을 결정·공시하기 위하여 개별주택의 가격을 산정할 때에는 표준주택가격과의 균형 등 그 타당성에 대하여 **대통령령**으로 정하는 바에 따라 **부동산원**의 검증을 받고 토지소유자, 그 밖의 이해관계인의 의견을 들어야 한다. 다만, **시장·군수 또는 구청장**은 **부동산원**의 검증이 필요 없다고 인정되는 때에는 주택가격의 변동상황 등 **대통령령**으로 정하는 사항을 고려하여 **부동산원**의 검증을 생략할 수 있다(법 제17조 제6항). 개별주택가격의 검증 및 이해관계인의 의견청취 등에 필요한 사항은 **대통령령**으로 정한다(법 제17조 제9항).

시장·군수 또는 구청장은 법 제17조 제6항 본문에 따라 **부동산원**에 개별주택가격의 타당성에 대한 검증을 의뢰하는 경우에는 같은 조 제1항에 따라 산정한 전체 개별주택가격에 대한 가격현황 도면 및 가격조사자료를 제공하여야 한다(영 제36조 제1항).

법 제17조 제6항 본문에 따라 검증을 의뢰받은 **부동산원**은 다음 각 호 1. 비교표준주택 선정의 적정성에 관한 사항, 2. 개별주택가격 산정의 적정성에 관한 사항, 3. 산정한 개별주택가격과 표준주택가격의 균형 유지에 관한 사항, 4. 산정한 개별주택가격과 인근주택의 개별주택가격 및 전년도 개별주택가격과의 균형 유지에 관한 사항, 5. 그 밖에 **시장·군수 또는 구청장**이 검토를 의뢰한 사항을 검토·확인하고 의견을 제시하여야 한다(영 제36조 제2항).

시장·군수 또는 구청장은 법 제17조 제6항 단서에 따라 **부동산원**의 검증을 생략할 때에는 개별 주택가격의 변동률과 해당 단독주택이 있는 시·군 또는 구의 연평균 주택가격변동률(**국토교통부장관**이 조사·공표하는 연평균 주택가격변동률을 말한다) 간의 차이가 작은 순으로 대상 주택을 선정하여야 한다. 다만, 개발사업이 시행되거나 용도지역·용도지구가 변경되는 등의 사유가 있는 주택은 검증 생략 대상 주택으로 선정해서는 아니 된다(영 제36조 제3항).

영 제36조 제1항부터 제3항까지에서 규정한 사항 외에 개별주택가격의 검증에 필요한 세부적인 사항은 **국토교통부장관**이 정한다. 이 경우 검증의 생략에 대해서는 관계 **중앙행정기관의 장**과 미리 협의하여야 한다(영 제36조 제4항).

3. 개별주택 소유자 등의 의견청취

시장·군수 또는 구청장은 개별주택가격을 결정·공시하기 위하여 개별주택의 가격을 산정할 때에는 표준주택가격과의 균형 등 그 타당성에 대하여 **대통령령**으로 정하는 바에 따라 **부동산원의 검증을 받고 토지소유자, 그 밖의 이해관계인의 의견을 들어야** 한다(법 제17조 제6항 본문). 법 제17조 제6항 본문에 따른 의견청취에 관하여는 영 제19조(개별토지 소유자 등의 의견청취)를 준용한다(영 제37조).

4. 시·군·구부동산가격공시위원회의 심의

시·군·구부동산가격공시위원회의 심의를 거쳐 매년 개별주택의 공시기준일 현재 개별주택을 결정·공시하여야 한다(법 제17조 제1항). 후술하는 바와 같이 개별공시지가의 정정사유가 발생할 때도 심의를 거쳐야 한다(영 제23조 제2항).

5. 개별주택가격의 결정 및 공시

가. 결정·공시시한 및 공시방법

개별주택가격의 결정, 공시기준일, 공시의 시기 및 공시절차 등에 필요한 사항은 **대통령령**으로 정한다(법 제17조 제9항). **시장·군수 또는 구청장**은 매년 4월 30일까지 개별주택가격을 결정·공시하여야 한다. 다만, 공시기준일을 다르게 할 수 있는 사유와 공시시한에 관해서는 후술한다.

시장·군수 또는 구청장은 개별주택가격을 공시할 때에는 다음 각 호 1. 조사기준일 및 개별주택가격의 열람방법 등 개별주택가격의 결정에 관한 사항, 2. 이의신청의 기간·절차 및 방법의 사항을 해당 시·군 또는 구의 게시판 또는 인터넷 홈페이지에 게시하여야 한다(영 제38조 제2항).

개별주택가격의 공시방법 및 통지에 관하여는 영 제4조 제2항 및 제3항을 준용한다(영 제38조 제3항).

나. 공시 사항

개별주택가격의 공시에는 다음 각 호 1. 개별주택의 지번, 2. 개별주택가격, 3. 그 밖에 **대통령령**으로 정하는 사항[1. 개별주택의 용도 및 면적, 2. 그 밖에 개별주택가격 공시에 필요한 사항(영 제33조)]이 포함되어야 한다(법 제17조 제3항).

다. 개별주택가격을 결정·공시하지 아니할 수 있는 단독주택

표준주택으로 선정된 단독주택, 그 밖에 **대통령령**으로 정하는 단독주택[국세 또는 지방세 부과대상이 아닌 단독주택(영 제32조 제1항)]에 대하여는 개별주택가격을 결정·공시하지 아니할 수 있다. 이 경우 표준주택으로 선정된 주택에 대하여는 해당 주택의 표준주택가격을 개별주택가격으로 본다(법 제17조 제2항).

그러나 **시장·군수 또는 구청장**은 다음 각 호 1. 관계 법령에 따라 단독주택의 가격 산정 등에

217

개별주택가격을 적용하도록 규정되어 있는 단독주택, 2. **시장·군수 또는 구청장**이 관계 행정기관의 장과 협의하여 개별주택가격을 결정·공시하기로 한 단독주택의 어느 하나에 해당하는 단독주택에 대해서는 개별주택가격을 결정·공시하여야 한다(영 제32조 제2항).

라. 개별주택가격 공시기준일을 다르게 할 수 있는 단독주택

시장·군수 또는 구청장은 매년 4월 30일까지 개별주택가격을 결정·공시하여야 한다. **시장·군수 또는 구청장**은 공시기준일 이후에 토지의 분할·합병이나 건축물의 신축 등이 발생한 경우에는 **대통령령으로 정하는 날**을 기준으로 하여 개별주택가격을 결정·공시하여야 한다(법 제17조 제4항).

법 제17조 제4항에 따라 개별주택가격 공시기준일을 다르게 할 수 있는 단독주택은 다음 각 호 1. 「공간정보관리법」에 따라 그 대지가 **분할 또는 합병**된 단독주택, 2. 「건축법」에 따른 **건축·대수선 또는 용도변경**이 된 단독주택, 3. **국유·공유에서 매각 등에 따라 사유로 된 단독주택으로서 개별주택가격이 없는 단독주택**의 어느 하나에 해당하는 단독주택으로 한다(영 제34조 제1항).

법 제17조 제4항에서 **"대통령령으로 정하는 날"**이란 다음 각 호 1. 1월 1일부터 5월 31일까지의 사이에 제1항 각 호의 사유가 발생한 단독주택: 그 해 6월 1일, 2. 6월 1일부터 12월 31일까지의 사이에 제1항 각 호의 사유가 발생한 단독주택: 다음 해 1월 1일의 구분에 따른 날을 말한다(영 제34조 제2항). 다만, 영 제34조 제2항 제1호의 경우에는 그 해 9월 30일까지, 같은 항 제2호의 경우에는 다음 해 4월 30일까지 결정·공시하여야 한다(영 제38조 제1항).

6. 개별주택가격의 정정결정·공시

개별주택가격의 정정에 대하여는 법 제12조에 따른 개별공시지가의 정정을 준용한다(법 제17조 제8항).

7. 국토교통부장관의 지도·감독

국토교통부장관은 공시행정의 합리적인 발전을 도모하고 표준주택가격과 개별주택가격과의 균형유지 등 적정한 가격형성을 위하여 필요하다고 인정하는 경우에는 개별주택가격의 결정·공시 등에 관하여 **시장·군수 또는 구청장**을 지도·감독할 수 있다(법 제17조 제7항).

8. 개별주택가격 결정·공시비용의 보조

개별주택가격 결정·공시비용의 보조에 관하여는 영 제24조(국고에서 보조할 수 있는 비용은 개별공시지가의 결정·공시에 드는 비용의 50퍼센트 이내)를 준용한다(영 제39조).

Ⅲ. 개별주택가격의 적용 및 효력

개별주택가격은 주택시장의 가격정보를 제공하고, 국가·지방자치단체 등의 기관이 국세·지방세 등 각종 세금의 부과, 그 밖의 다른 법령에서 정하는 목적과 관련하여 주택의 가격을 산정하는 경우에 그 기준으로 활용될 수 있다(법 제19조 제2항).[317]

〈표 11〉 개별주택의 적용

구 분	활용분야 및 근거법
국세	종합부동산세〔종합부동산세법 제8조, 동법 시행령 제2조의4〕
	양도소득세 과표〔소득세법 제99조 제1항〕
	상속·증여재산가액 산정을 위한 기준시가〔상속세 및 증여세법 제61조〕
지방세	재산세〔「지방세법」 제110조 제1항 및 제4조 제1항〕
	취득세〔「지방세법」 제10조 제2항 및 제4조 제1항, 시행령 제2조〕
	등록면허세〔「지방세법」 제27조 제2항 및 제4조 제1항, 시행령 제2조〕
재건축부담금	재건축 초과이익 환수에 관한 법률에 근거하여 초과이익산정을 위한 주택가액 적용〔재건축 초과이익 환수에 관한 법률 제9조〕
청약가점제 무주택자 분류	입주자모집공고일 현재 60㎡ 이하의 주택으로서 주택가격이 8천만 원(수도권은 1억 3천만 원) 이하인 주택 1호〔주택공급에 관한 규칙 제2조 제8호(별표1)〕
국민주택채권	등기시 국민주택채권 매입가의 기준이 됨(시가표준액) [주택도시기금법 제8조]
주택자금 소득공제	주택기준시가 5천만 원, 3억 원 이하 - 주택마련저축불입액〔조세특례제한법 제87조〕, 장기주택저당차입금 이자상환액〔소득세법 제52조〕
기초연금	기초연금 수급권자 분류를 위한 소득인정액 산출의 기초가 되는 재산 가액으로 활용〔기초연금법 시행규칙 제2조 내지 제4조 등〕
공직자 재산등록	공직자의 재산등록시 등록할 주택공시가격〔공직자윤리법 제4조 등〕

---

317) 국토해양부, 2011년 적용 개별공시지가 조사·산정지침, 2010.11, 7면.

구 분	활용분야 및 근거법
건강보험료	지역가입자의 부과표준소득 파악 시 재산세의 부과대상이 되는 주택의 재산세과세표준금액을 기준으로 재산의 등급별 점수를 산정, 반영〔국민건강보험법 시행령 제42조(별표 4)〕
기초생활보장	기초생활보장 수급권자 판단기준〔국민기초생활 보장법 제6조의3〕
사전채무조정제도	보유자산가액이 10억 원 이하 해당〔신용회복지원협약 제31조〕
근로장려세제	무주택자 또는 주택 1채 소유, 재산의 합계액이 1억 4천만 원 미만〔조세특례제한법 제100조의3, 시행령 100조의4〕

출처: 2018년도 적용 개별주택가격 조사·산정지침

Ⅳ. 개별주택가격에 대한 불복

1. 법적 성질

개별주택가격의 법적 성질에 관해서는 개별공시지가와 유사한 성질을 갖는다.[318]

2. 개별주택가격에 대한 행정쟁송

가. 이의신청: 개별주택가격의 결정에 대한 이의신청은 법 제11조에 따른 개별공시지가에 대한 이의신청을 준용한다. 이 경우 제11조 제2항 후단 중 "제10조"는 "제17조"로 본다. 개별주택가격에 대하여 이의가 있는 자는 개별주택가격이 결정·공시된 날로부터 30일 이내에 시장·군수·구청장에게 이의를 신청할 수 있으며(법 제17조 제8항), 시장·군수·구청장은 이의신청기간이 만료된 날부터 30일 이내에 이의신청을 심사하여 그 결과를 이의신청인에게 서면으로 통지하여야 한다. 이 경우 시장·군수·구청장은 이의신청의 내용이 타당하다고 인정될 때에는 당해 개별주택가격을 조정하여 다시 결정·공시하여야 한다(법 제17조 제8항). 이의신청인은 이에 불복 시 행정심판 또는 행정소송 제기가 가능하다.

나. 행정소송: 개별주택가격의 결정에 대한 행정소송에 관해서는 개별공시지가와 유사하다.[319]

---

318) 박균성, 행정법론(하), 803면; 박윤흔·정형근, 최신행정법강의(하), 667면; 류지태·박종수, 행정법신론, 1174면.
319) 박균성, 행정법론(하), 박영사, 2017, 802면; 박윤흔·정형근, 최신행정법강의(하), 667면.

제3절 공동주택가격의 공시

Ⅰ. 공동주택가격의 의의

여기서 "**공동주택**"이란 「주택법」 제2조 제3호에 따른 주택을 말한다(법 제2조 제2호).[320] 이에 따른 "공동주택"이란 건축물의 벽·복도·계단이나 그 밖의 설비 등의 전부 또는 일부를 공동으로 사용하는 각 세대가 하나의 건축물 안에서 각각 독립된 주거생활을 할 수 있는 구조로 된 주택을 말하며, 그 종류와 범위는 1. 아파트, 2. 연립주택, 3 다세대주택이며 그 범위는 아래 각주와 같다 (주택법 시행령 제3조). 우리나라 아파트 1,030만호, 연립 50만호, 다세대 209만호 등 공동주택 1,289만호는 **부동산원**에서 전수조사하여 **국토교통부장관**이 가격을 공시한다.[321]

"공동주택가격"이란 **국토교통부장관**이 공동주택에 대하여 매년 공시기준일 현재의 적정가격을 조사·산정하여 공시하는 가격을 말하는데, **국토교통부장관**은 공동주택에 대하여 매년 공시기준일 현재의 적정가격을 조사·산정하여 법 제24조에 따른 중앙부동산가격공시위원회의 심의를 거쳐 공시한 것을 말하고, 이를 관계 행정기관 등에 제공하여야 한다(법 제18조 제1항 본문). 공동주택가격의 조사·산정 및 공시권자는 **국토교통부장관**이다.

---

320) 2005년도까지 국세청에서 고시하였던 아파트 및 165㎡ 이상의 연립주택도 2006년부터는 국토교통부에서 결정·공시한다.

〈표 12〉 공동주택의 종류

• 아 파 트	주택으로 쓰는 층수가 5개 층 이상인 주택
• 연립주택	주택으로 쓰는 1개 동의 바닥면적(2개 이상의 동을 지하주차장으로 연결하는 경우에는 각각의 동으로 본다) 합계가 660제곱미터를 초과하고, 층수가 4개 층 이하인 주택
• 다세대주택	주택으로 쓰는 1개 동의 바닥면적 합계가 660제곱미터 이하이고, 층수가 4개 층 이하인 주택(2개 이상의 동을 지하주차장으로 연결하는 경우에는 각각의 동으로 본다)

321) 국토교통부, 2018년도 부동산 가격공시에 관한 연차보고서, 38면; 전수조사는 전체조사(全體調査)·완전계수법(完全計數法) 등으로도 불리며 모집단 내의 일부만을 조사하여 전체를 추정하는 표본조사(sampling survey)와 대비된다.

Ⅱ. 공동주택가격의 조사·산정

1. 의의

공동주택가격은 **부동산원**이 현장조사(주택특성조사, 가격자료 수집 등), 가격형성 요인 및 지역분석 등을 통해 적정가격을 산정하며, 소유자 등의 열람 및 의견을 청취하고, 제출된 의견에 대한 재조사·산정을 실시한 후 중앙부동산가격공시위원회 심의를 거쳐 공시한다.

국토교통부장관은 공동주택의 조사·산정의 대상의 선정 또는 공동주택가격의 조사·산정을 위하여 필요한 경우에는 관계 행정기관에 해당 토지의 인·허가 내용, 개별법에 따른 등록사항 등 **대통령령**으로 정하는 관련 자료의 열람 또는 제출을 요구할 수 있다. 이 경우 관계 행정기관은 정당한 사유가 없으면 이에 응하여야 한다는 법 제4조 표준지공시지가의 조사협조에 대한 규정은 공동주택가격의 공시에 준용한다(법 제16조 제7항).

그리고 공동주택의 조사대상의 선정, 공시기준일, 공시의 시기, 공시사항, 조사·산정 기준 및 공시절차 등에 필요한 사항은 **대통령령**으로 정한다(법 제18조 제3항).

〈그림 1〉 공동주택가격의 조사·산정 절차

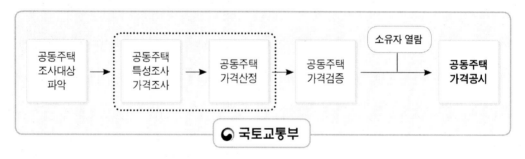

출처: 국토교통부, 2018년도 부동산 가격공시에 관한 연차보고서

2. 조사·산정의 의뢰

국토교통부장관이 제1항에 따라 공동주택가격을 조사·산정하고자 할 때에는 **부동산원**에 의뢰한다(법 제18조 제6항).

3. 조사·산정의 대상 및 제외대상

공동주택의 조사대상의 선정은 **대통령령**으로 정한다(법 제18조 제3항). 영 제45조 제3항의 위임에 따라 **국토교통부장관**의 훈령인 「공동주택가격 조사·산정 기준」에 규정되어 있다.

집합건축물대장의 전유부분의 용도가 「부동산가격공시법」 제2조 제2호에 따른 공동주택에 해당하고 실제용도가 공동주택인 경우를 조사·산정대상으로 한다(공동주택가격 조사·산정 기준 제4조). 공시대상 공동주택은 적법한 공동주택을 그 대상으로 하며, 적법성 판단은 집합건축물대장의 등재여부에 의한다.

공동주택가격을 조사·산정하지 아니하는 경우는 다음 각 호 1. 집합건축물대장에 등재되지 아니한 경우, 2. 국·공유재산인 경우, 3. 물리적 멸실 또는 공부상 멸실이 이루어진 경우, 4. 전유부분의 실제용도가 공동주택이 아닌 경우, 5. 전유부분의 실제용도가 공동주택 외의 용도에 50%를 초과하여 겸용되는 경우와 같다. 다만, 관계법령에 따라 공동주택가격을 적용하도록 규정되어 있는 공동주택과 **국토교통부장관**이 관계행정기관의 장과 협의하여 공동주택가격을 결정·공시하기로 한 경우는 제외한다(공동주택가격 조사·산정 기준 제5조).

4. 조사·산정의 기준

국토교통부장관이 제1항에 따라 공동주택가격을 조사·산정하는 경우에는 인근 유사 공동주택의 거래가격·임대료 및 해당 공동주택과 유사한 이용가치를 지닌다고 인정되는 공동주택의 건설에 필요한 비용추정액, 인근지역 및 다른 지역과의 형평성·특수성, 공동주택가격 변동의 예측 가능성 등 제반사항을 종합적으로 참작하여야 한다(법 제18조 제5항).

공동주택의 조사·산정 기준 등에 필요한 사항은 **대통령령**으로 정한다(법 제18조 제3항). 법 제18조 제5항에 따라 **국토교통부장관**이 공동주택가격을 조사·산정하는 경우 참작하여야 하는 사항의 기준은 다음 각 호 1. 인근 유사 공동주택의 거래가격 또는 임대료의 경우: 해당 거래 또는 임대차가 당사자의 특수한 사정에 의하여 이루어지거나 공동주택거래 또는 임대차에 대한 지식의 부족으로 인하여 이루어진 경우에는 그러한 사정이 없었을 때에 이루어졌을 거래가격 또는 임대료를 기준으로 할 것, 2. 해당 공동주택과 유사한 이용가치를 지닌다고 인정되는 공동주택의 건설에 필요한 비용추정액의 경우: 공시기준일 현재 해당 공동주택을 건축하기 위한 표준적인 건축비와 일반적인 부대비용으로 할 것과 같다(영 제45조 제1항).

공동주택에 전세권 또는 그 밖에 공동주택의 사용·수익을 제한하는 권리가 설정되어 있을 때에는 그 권리가 존재하지 아니하는 것으로 보고 적정가격을 산정하여야 한다(영 제45조 제2항).

영 제45조 제1항 및 제2항에서 규정한 사항 외에 공동주택가격의 조사·산정에 필요한 세부기준은 **국토교통부장관**이 정한다(영 제45조 제3항). 법 제18조 및 영 제45조 제3항의 위임에 따라 제정된 「공동주택가격 조사·산정 기준」은 공동주택가격을 조사·산정하기 위한 세부적인 기준과 절차 등을 정함을 목적으로 한다. [322]

5. 공동주택소유자와 그 밖의 이해관계인의 의견청취

국토교통부장관은 공동주택가격을 공시하기 위하여 그 가격을 산정할 때에는 **대통령령**으로 정하는 바에 따라 **공동주택소유자와 그 밖의 이해관계인**의 **의견을 들어야** 한다(법 제18조 제2항). 법 제18조 제2항에 따른 의견청취에 관하여는 영 제5조 제1항 및 제3항을 준용한다(영 제42조). **국토교통부장관**은 법 제18조 제2항에 따라 공동주택소유자와 그 밖의 이해관계인의 의견을 들으려는 경우에는 부동산공시가격시스템에 다음 각 호 1. 공시대상, 열람기간 및 방법, 2. 의견제출기간 및 의견제출방법, 3. 법 제18조 제6항에 따라 **부동산원**이 조사·산정한 공시 예정가격을 20일 이상 게시하여야 한다(영 제42조 및 영 제5조 제1항). 영 제5조 제1항에 따라 게시된 가격에 이의가 있는 공동주택 소유자 등은 의견제출기간에 의견을 제출할 수 있다(영 제42조 및 영 제5조 제3항).

그러나 우리나라 공동주택 세대수가 1,289만호인 점을 감안하여 영 제42조에서 영 제5조 제2항 (**국토교통부장관**은 필요하다고 인정하는 경우에는 공동주택가격과 이의신청의 기간·절차 및 방법을 표준지 소유자에게 개별 통지할 수 있는 재량규정)을 준용하고 있지 않다.

6. 조사·산정보고서의 작성 및 제출

법 제18조 제6항에 따라 공동주택가격 조사·산정을 의뢰받은 **부동산원**은 공동주택가격 및 그밖에 **국토교통부령**으로 정하는 사항[다음 각 호 1. 공동주택의 소재지, 단지명, 동명 및 호명, 2. 공동주택의 면적 및 공시가격, 3. 그 밖에 공동주택가격 조사·산정에 필요한 사항을 말한다(칙 제19조 제1항)]을 조사·산정한 후 **국토교통부령**으로 정하는 바에 따라 공동주택가격 조사·산정보고서를 작성하여 **국토교통부장관**에게 제출하여야 한다(영 제46조 제1항). 공동주택가격 조사·산정보고서의 법적 성질은 표준주택가격 조사·산정보고서와 같은 문제이다.

법 제18조 제6항에 따라 공동주택가격 조사·산정을 의뢰받은 **부동산원**은 영 제46조 제1항에 따라 개별 공동주택가격 외에 다음 각 호 1. 공동주택 분포현황, 2. 공동주택가격 변동률, 3. 공동주택가격 총액 및 면적당 단가·평균가격, 4. 공동주택가격 상위·하위 현황, 5. 의견제출 및 이의신청

---

322) 2016. 9. 1. 일부개정(시행 2016. 9. 1. 국토교통부훈령 제753호).

접수현황 및 처리현황, 6. 그 밖에 공동주택가격에 관한 사항이 포함된 조사·산정보고서를 책자 또는 전자정보의 형태로 **국토교통부장관**에게 제출하여야 한다(칙 제19조 제2항).

　국토교통부장관은 제1항에 따라 보고서를 제출받으면 다음 각 호 1. 행정안전부장관, 2. 국세청장, 3. 특별시장·광역시장·특별자치시장·도지사 또는 특별자치도지사(이하 "시·도지사"라 한다), 4. **시장·군수 또는 구청장**의 자에게 해당 보고서를 제공하여야 한다(영 제46조 제2항).

　보고서를 제공받은 자는 **국토교통부장관**에게 보고서에 대한 적정성 검토를 요청할 수 있다(영 제46조 제3항). 제출된 보고서에 대한 적정성 여부 검토 및 보고서 시정에 관하여는 영 제30조 제4항 및 제5항(표준주택가격의 조사·산정보고서 검토)을 준용한다(영 제46조 제4항). 즉 **국토교통부장관**은 영 제46조 제1항에 따라 제출된 보고서에 대하여 실거래신고가격 및 감정평가 정보체계 등을 활용하여 그 적정성 여부를 검토할 수 있다(영 제46조 제4항 및 영 제30조 제4항). **국토교통부장관**은 영 제46조 제4항에 따른 검토 결과 부적정하다고 판단되거나 공동주택가격의 조사·산정이 관계 법령을 위반하여 수행되었다고 인정되는 경우에는 **부동산원**에 보고서를 시정하여 다시 제출하게 할 수 있다(영 제46조 제4항 및 영 제30조 제5항).

Ⅲ. 공동주택가격의 공시

1. 공시권자 및 공시기준일

　국토교통부장관이 공시권자이다. 공동주택의 공시기준일은 **대통령령**으로 정한다(법 제18조 제3항). 공동주택가격의 공시기준일은 1월 1일로 한다. 다만, **국토교통부장관**은 공동주택가격 조사·산정인력 및 공동주택의 수 등을 고려하여 부득이하다고 인정하는 경우에는 일부 지역을 지정하여 해당 지역에 대한 공시기준일을 따로 정할 수 있다(영 제40조).

2. 공시시한, 공시사항, 공시방법 및 공동주택가격의 통지

　가. 공시시한: 공동주택의 공시의 시기, 공시사항 등에 필요한 사항은 **대통령령**으로 정한다(법 제18조 제3항). **국토교통부장관**은 매년 4월 30일까지 공동주택가격을 산정·공시하여야 한다(영 제43조 제1항 본문).

　나. 공시사항: 법 제18조 제1항에 따른 공동주택가격의 공시에는 다음 각 호 1. 공동주택의 소

재지·명칭·동·호수, 2. 공동주택가격, 3. 공동주택의 면적, 4. 그 밖에 공동주택가격 공시에 필요한 사항이 포함되어야 한다(영 제43조 제2항).

다. 공시방법 및 공동주택가격의 통지: 국토교통부장관은 법 제18조 제1항 본문에 따라 공동주택가격을 공시할 때에는 다음 각 호 1. 영 제43조 제2항 각 호의 사항의 개요, 2. 공동주택가격의 열람방법, 3. 이의신청의 기간·절차 및 방법의 사항을 관보에 공고하고, 공동주택가격을 부동산공시가격시스템에 게시하여야 한다. 이 경우 공동주택가격의 통지에 관하여는 영 제4조 제2항 및 제3항을 준용한다(영 제43조 제3항). **국토교통부장관**은 필요하다고 인정하는 경우에는 공동주택가격과 이의신청의 기간·절차 및 방법을 공동주택 소유자에게 개별 통지할 수 있다(영 제4조 제2항). **국토교통부장관**은 영 제4조 제2항에 따른 통지를 하지 아니하는 경우에는 제1항에 따른 공고 및 게시사실을 방송·신문 등을 통하여 알려 공동주택 소유자가 공동주택가격을 열람하고 필요한 경우에는 이의신청을 할 수 있도록 하여야 한다(영 제4조 제3항).

3. 공동주택가격 공시기준일을 다르게 할 수 있는 공동주택

국토교통부장관은 공시기준일 이후에 토지의 분할·합병이나 건축물의 신축 등이 발생한 경우에는 **대통령령으로 정하는 날**을 기준으로 하여 공동주택가격을 결정·공시하여야 한다(법 제18조 제4항). 법 제18조 제4항에 따라 공동주택가격 공시기준일을 다르게 할 수 있는 공동주택은 다음 각 호 1. 「공간정보관리법」에 따라 그 대지가 분할 또는 합병된 공동주택, 2. 「건축법」에 따른 건축·대수선 또는 용도변경이 된 공동주택, 3. 국유·공유에서 매각 등에 따라 사유로 된 공동주택으로서 공동주택가격이 없는 주택의 어느 하나에 해당하는 공동주택으로 한다(영 제44조 제1항).

법 제18조 제4항에서 "**대통령령으로 정하는 날**"이란 다음 각 호 1. **1월 1일부터 5월 31일까지**의 사이에 제1항 각 호의 사유가 발생한 공동주택: **그 해 6월 1일**, 2. 6월 1일부터 12월 31일까지의 사이에 제1항 각 호의 사유가 발생한 공동주택: 다음 해 1월 1일의 구분에 따른 날을 말한다(영 제44조 제2항). 다만, 영 제44조 제2항 제1호의 경우에는 **그 해 9월 30일까지**, 같은 항 제2호의 경우에는 다음 해 4월 30일까지 공시하여야 한다(영 제43조 제1항 단서).

4. 국세청장이 별도로 결정·고시하는 공동주택가격

국토교통부장관이 공동주택가격의 원칙적인 조사·산정 및 공시권자이지만(법 제18조 제1항 본문), 예외적으로 **국토교통부장관**에 의한 공동주택가격의 조사·산정 및 공시 이외에 **대통령령**으로 정하는 바에 따라 국세청장이 **국토교통부장관**과 협의하여 공동주택가격을 별도로 결정·고시하는 경우가 있다(법 제18조 제1항 단서). 법 제18조 제1항 단서에 따라 국세청장이 공동주택가격을 별도로 결정·고시하는 경우는 국세청장이 그 시기·대상 등에 대하여 **국토교통부장관**과의 협의를 거쳐 「소득세법」 제99조 제1항 제1호 라목 단서 및 「상속세 및 증여세법」 제61조 제1항 제4호 각목 외의 부분 단서에 따라 다음 각 호 1. 아파트, 2. 건축 연면적 165제곱미터 이상의 연립주택의 어느 하나에 해당하는 공동주택의 기준시가를 결정·고시하는 경우로 한다(영 제41조). 공동주택가격의 조사·산정·공시는 **국토교통부장관**이 행하나 가격 변동이 심한 일부 지역의 공동주택에 대해서는 양도소득세 부과 등 특별히 필요한 경우에는 국세청장이 별도로 결정·고시할 수 있도록 했다.

5. 공동주택가격의 정정공시

국토교통부장관은 법 제18조 제1항 또는 제4항에 따라 공시한 가격에 틀린 계산, 오기, 그 밖에 **대통령령**으로 정하는 명백한 오류[다음 각 호 1. 법 제18조에 따른 공시절차를 완전하게 이행하지 아니한 경우, 2. 공동주택가격에 영향을 미치는 동·호수 및 층의 표시 등 주요 요인의 조사를 잘못한 경우의 어느 하나에 해당하는 경우를 말한다(영 제47조 제1항)]가 있음을 발견한 때에는 지체 없이 이를 정정하여야 한다(법 제18조 제7항).

국토교통부장관은 법 제18조 제7항에 따라 공동주택가격의 오류를 정정하려는 경우에는 중앙부동산가격공시위원회의 심의를 거쳐 정정사항을 결정·공시하여야 한다. 다만, 틀린 계산 또는 오기의 경우에는 중앙부동산가격공시위원회의 심의를 거치지 아니할 수 있다(영 제47조 제2항).

6. 공동주택가격공시 이후의 조치

가. 공동주택가격의 공급

국토교통부장관은 법 제18조 제1항 본문에 따라 공동주택가격 공시사항을 제3항에 따른 공고일부터 10일 이내에 다음 각 호 1. 행정안전부장관, 2. 국세청장, 3. **시장·군수 또는 구청장**에게 제공하여야 한다(영 제43조 제4항).

나. 공동주택가격의 열람 등

법 제6조(열람 등)는 공동주택가격의 공시에 준용한다(법 제18조 제8항). **국토교통부장관**은 공동주택가격을 공시한 때에는 그 내용을 특별시장·광역시장 또는 도지사를 거쳐 **시장·군수 또는 구청장**(지방자치단체인 구의 구청장에 한정한다)에게 송부하여 일반인이 열람할 수 있게 하고, **대통령령**으로 정하는 바에 따라 이를 도서·도표 등으로 작성하여 관계 행정기관 등에 공급하여야 한다(법 제6조).

IV. 공동주택가격 공시의 효력

공동주택가격은 개별주택가격과 같이 주택시장의 가격정보를 제공하고, 국가·지방자치단체 등이 과세 등의 업무와 관련하여 주택의 가격을 산정하는 경우에 그 기준으로 활용될 수 있다(법 제19조 제2항).

V. 공동주택가격에 대한 권리구제

1. 법적 성질

공동주택가격은 표준주택가격보다 개별주택가격과 유사한 법적 성질을 갖는다.[323] 그러나 **토지**나 **단독주택**은 개별 토지·주택에 대하여 이들을 대표하는 **표준지**나 **표준주택**을 선정하여 **감정평가** 내지 **조사·산정**을 한 후 시·군·구청장이 이들을 기준으로 토지가격비준표를 사용하여 산정하지만, 공동주택가격은 이들 전체를 대상으로 개별공동주택으로 산정한 후 **국토교통부장관**이 공시하기 때문에 법적 성질에 관하여 당연히 같다고 할 수 없고, 공동주택이 토지나 단독주택에 비하여 국민이 재산권으로 차지하는 영향이 큰 데 비하여 공시가격산정의 방법 및 절차와 이의신청의 절차 등에 비하여 국민의 권리구제에 미흡한 것으로 보인다.

---

323) 박균성, 행정법론(하), 804면; 박윤흔·정형근, 최신행정법강의(하), 668면; 류지태·박종수, 행정법신론, 1176면.

2. 공동주택가격에 대한 행정쟁송

가. 이의신청: 표준지공시지가에 대한 이의신청(법 제7조)을 공동주택가격의 공시에 준용하며(법 제18조 제8항),[324] 이의신청은 공동주택가격의 결정·공시 후 공동주택가격에 대해 의견을 듣는 절차로서, 국민의 사후적 권리 구제를 위한 절차이다.

공동주택가격에 대하여 이의가 있는 자는 그 공시일부터 30일 이내에 서면(전자문서를 포함한다)으로 **국토교통부장관**에게 이의를 신청할 수 있다(법 제18조 제8항 및 제7조 제1항). 공동주택가격의 법적 성질이 개별주택가격과 유사하다고 할 수 있으나 개별주택과 달리 공시권자가 **국토교통부장관**이므로 처분청을 대상으로 이의신청을 하여야 한다.

국토교통부장관은 이의신청 기간이 만료된 날부터 30일 이내에 이의신청을 심사하여 그 결과를 신청인에게 서면으로 통지하여야 한다. 이 경우 **국토교통부장관**은 이의신청의 내용이 타당하다고 인정될 때에는 해당 공동주택가격을 조정하여 다시 공시하여야 한다(법 제18조 제8항 및 제7조 제2항). 이의신청 및 처리절차 등에 필요한 사항은 **대통령령**으로 정한다(법 제7조 제3항). 이의신청인은 이에 불복 시 행정심판 또는 행정소송의 제기가 가능하다.

나. 행정소송: 개별주택가격의 결정에 대한 행정소송에 관해서는 개별공시지가와 유사하다.[325]

VI. 타인토지에의 출입

법 제13조(타인토지에의 출입 등)는 공동주택가격의 공시에 준용한다(법 제18조 제8항). 관계 공무원 또는 부동산가격공시업무를 의뢰받은 자(이하 "관계공무원등"이라 한다)는 법 제3조 제4항에 따른 표준지가격의 조사·평가 또는 제10조 제4항에 따른 토지가격의 산정을 위하여 필요한 때에는 타인의 토지에 출입할 수 있다(법 제13조 제1항). 사전통지, 증표의 휴대, 일출 전·일몰 후 출입금지 등도 같다.

---

324) 공동주택가격의 공시에 대한 이의신청을 표준지공시지가에 대한 이의신청(법 제7조)에 준용한다고 하고 있으므로(법 제18조 제8항), 이의신청의 따른 제 절차가 준용되어야 한다. 가령 공동주택가격의 고저에 이의가 있는 경우 당초 **부동산원**이 조사·산정하였다면 이의신청 절차에서는 제3의 기관에서 감정평가는 것이 타당할 것으로 보인다. 왜냐하면 개별공시지가의 이의신청에서는 당초 검증기관에서 의하지 않고 다른 기관에서 검증을 하기 때문이다.

325) 박균성, 행정법론(하), 802면; 박윤흔·정형근, 최신행정법강의(하), 667면.

제4장

비주거용 부동산가격의 공시

제1절 의의

여기서 "비주거용 부동산"이란 주택을 제외한 건축물이나 건축물과 그 토지의 전부 또는 일부를 말하며 다음 가. 비주거용 집합부동산: 「집합건물법」에 따라 구분소유되는 비주거용 부동산, 나. 비주거용 일반부동산: 가목을 제외한 비주거용 부동산으로 구분한다(법 제2조 제4호).

비주거용 일반부동산은 비주거용 표준부동산과 비주거용 개별부동산으로 나뉜다. 따라서 비주거용 부동산가격의 공시는 비주거용 표준부동산가격의 공시, 비주거용 개별부동산가격의 공시, 비주거용 집합부동산가격의 공시로 나누어 설명한다. 비주거용 부동산의 공시는 공시권자가 공시할 수도 있다고 하여 **임의규정**으로 되어 있다(법 제20조 내지 제22조).326)

제2절 비주거용 표준부동산가격의 공시

I. 비주거용 표준부동산가격의 공시의 의의

국토교통부장관은 용도지역, 이용상황, 건물구조 등이 일반적으로 유사하다고 인정되는 일단의 비주거용 일반부동산 중에서 선정한 비주거용 표준부동산에 대하여 매년 공시기준일 현재의 적정가격을 조사·산정한 것을 비주거용 표준부동산가격이라 하고, **국토교통부장관**은 법 제24조에 따른

---

326) 신봉기, 행정법개론, 삼영사, 2016, 918면.

중앙부동산가격공시위원회의 심의를 거쳐 이를 공시할 수 있다(법 제20조 제1항). 2020. 1. 1. 현재 공시기준일은 공시하고 있지 않다.

Ⅱ. 비주거용 표준부동산가격의 조사·산정

비주거용 표준부동산의 선정, 공시기준일, 공시의 시기, 조사·산정 기준 및 공시절차 등에 필요한 사항은 **대통령령**으로 정한다(법 제20조 제3항). 위임의 대상인 공시의 시기와 공시절차 등의 의미가 명확하지 않다.

1. 조사·산정의 의뢰

국토교통부장관은 제1항에 따라 비주거용 표준부동산가격을 조사·산정하려는 경우 **감정평가법인인 등** 또는 **대통령령**으로 정하는 부동산 가격의 조사·산정에 관한 전문성이 있는 자에게 의뢰한다(법 제20조 제4항). 법 제20조 제4항에서 "**대통령령**으로 정하는 부동산 가격의 조사·산정에 관한 전문성이 있는 자"란 **부동산원**을 말한다(영 제52조).

2. 비주거용 표준부동산의 선정

비주거용 표준부동산의 선정 등에 필요한 사항은 **대통령령**으로 정한다(법 제20조 제3항). **국토교통부장관**은 법 제20조 제1항에 따라 비주거용 표준부동산을 선정할 때에는 일단의 비주거용 일반부동산 중에서 해당 일단의 비주거용 일반부동산을 대표할 수 있는 부동산을 선정하여야 한다. 이 경우 미리 해당 비주거용 표준부동산이 소재하는 시·도지사 및 시장·군수·구청장의 의견을 들어야 한다(영 제48조 제1항).

법 제20조 제1항에 따른 비주거용 표준부동산의 선정 및 관리에 필요한 세부기준은 중앙부동산가격공시위원회의 심의를 거쳐 **국토교통부장관**이 정한다(영 제48조 제2항). 아직 위임된 세부기준은 없다.

3. 비주거용 표준부동산가격의 조사·산정

법 제20조 제4항에 따라 비주거용 표준부동산가격의 조사·산정을 의뢰받은 자(이하 "비주거용 표준부동산가격 조사·산정기관"이라 한다)는 비주거용 표준부동산가격 및 그 밖에 **국토교통부령**으로 정하는 사항을 조사·산정한 후 **국토교통부령**으로 정하는 바에 따라 비주거용 표준부동산가격 조사·산정보고서를 작성하여 **국토교통부장관**에게 제출하여야 한다(영 제53조 제1항).

비주거용 표준부동산가격 조사·산정기관은 제1항에 따라 조사·산정보고서를 작성하는 경우에는 미리 해당 부동산 소재지를 관할하는 시·도지사 및 시장·군수·구청장의 의견을 들어야 한다(영 제53조 제2항).

시·도지사 및 시장·군수·구청장은 제2항에 따라 의견 제시 요청을 받은 경우에는 요청받은 날부터 20일 이내에 의견을 제시하여야 한다. 이 경우 **시장·군수 또는 구청장**은 시·군·구부동산가격공시위원회의 심의를 거쳐 의견을 제시하여야 한다(영 제53조 제3항).

제1항에 따른 비주거용 표준부동산가격 조사·산정보고서의 적정성 검토 및 보고서 시정에 관하여는 제30조 제4항 및 제5항을 준용한다(영 제53조 제4항).

4. 조사·산정의 기준

국토교통부장관이 비주거용 표준부동산가격을 조사·산정하는 경우에는 인근 유사 비주거용 일반부동산의 거래가격·임대료 및 해당 비주거용 일반부동산과 유사한 이용가치를 지닌다고 인정되는 비주거용 일반부동산의 건설에 필요한 비용추정액 등을 종합적으로 참작하여야 한다(법 제20조 제5항). 비주거용 표준부동산의 조사·산정 기준 등에 필요한 사항은 **대통령령**으로 정한다(법 제20조 제3항). 따라서 법 제20조 제5항에 따라 **국토교통부장관**이 비주거용 표준부동산가격을 조사·산정하는 경우 참작하여야 하는 사항의 기준은 다음 각 호 1. 인근 유사 비주거용 일반부동산의 거래가격 또는 임대료의 경우: 해당 거래 또는 임대차가 당사자의 특수한 사정에 의하여 이루어지거나 비주거용 일반부동산거래 또는 임대차에 대한 지식의 부족으로 인하여 이루어진 경우에는 그러한 사정이 없었을 때에 이루어졌을 거래가격 또는 임대료를 기준으로 할 것, 2. 해당 비주거용 일반부동산과 유사한 이용가치를 지닌다고 인정되는 비주거용 일반부동산의 건설에 필요한 비용추정액의 경우: 공시기준일 현재 해당 비주거용 일반부동산을 건설하기 위한 표준적인 건설비와 일반적인 부대비용으로 할 것과 같다(영 제54조 제1항). 비주거용 일반부동산에 전세권 또는 그 밖에 비주거용 일반부동산의 사용·수익을 제한하는 권리가 설정되어 있을 때에는 그 권리가 존재하지 아니하는 것으로 보고 적정가격을 조사·산정하여야 한다(영 제54조 제2항). 제1항 및 제2항에서 규정한 사항 외에 비주거용 표준부동산가격의 조사·산정에 필요한 세부기준은 **국토교통부장관**이 정한다 (영 제54조 제3항).

Ⅲ. 비주거용 표준부동산가격의 공시

1. 공시권자 및 공시기준일

국토교통부장관이 조사·산정 및 공시권자이다. 비주거용 표준부동산의 공시기준일 등에 필요한 사항은 **대통령령**으로 정한다(법 제20조 제3항). 비주거용 표준부동산가격의 공시기준일은 1월 1일로 한다. 다만, **국토교통부장관**은 비주거용 표준부동산가격 조사·산정인력 및 비주거용 표준부동산의 수 등을 고려하여 부득이하다고 인정하는 경우에는 일부 지역을 지정하여 해당 지역에 대한 공시기준일을 따로 정하여 고시할 수 있다(영 제49조).

2. 공시사항

법 제20조 제1항에 따른 비주거용 표준부동산가격의 공시에는 다음 각 호 1. 비주거용 표준부동산의 지번, 2. 비주거용 표준부동산가격, 3. 비주거용 표준부동산의 대지면적 및 형상, 4. 비주거용 표준부동산의 용도, 연면적, 구조 및 사용승인일(임시사용승인일을 포함한다), 5. 그 밖에 **대통령령**으로 정하는 사항[1. 지목, 2. 용도지역, 3. 도로 상황, 4. 그 밖에 비주거용 표준부동산가격 공시에 필요한 사항(영 제51조)]이 포함되어야 한다(법 제20조 제2항).

3. 비주거용 표준부동산가격의 공시방법

국토교통부장관은 법 제20조 제1항에 따라 비주거용 표준부동산가격을 공시할 때에는 다음 각 호 1. 법 제20조 제2항 각 호의 사항의 개요, 2. 비주거용 표준부동산가격의 열람방법, 3. 이의신청의 기간·절차 및 방법의 사항을 관보에 공고하고, 비주거용 표준부동산가격을 부동산공시가격시스템에 게시하여야 한다(영 제50조 제1항). 비주거용 표준부동산가격 및 이의신청기간 등의 통지에 관하여는 법 제4조 제2항 및 제3항을 준용한다(영 제50조 제2항).

4. 비주거용 부동산가격비준표의 공급

국토교통부장관은 제21조에 따른 비주거용 개별부동산가격의 산정을 위하여 필요하다고 인정하는 경우에는 비주거용 표준부동산과 산정대상 비주거용 개별부동산의 가격형성요인에 관한 표준적인 비교표(이하 "비주거용 부동산가격비준표"라 한다)를 작성하여 **시장·군수 또는 구청장**에게 제공하여야 한다(법 제20조 제6항).

5. 준용 규정

법 제3조 제2항(토지소유자의 의견청취)·제4조(관계 행정기관의 조사협조)·제6조(열람 등)·제7조(이의신청) 및 제13조(타인토지에의 출입 등)는 제1항에 따른 표준주택가격의 공시에 준용한다. **국토교통부장관**은 이의신청 기간이 만료된 날부터 30일 이내에 이의신청을 심사하여 그 결과를 신청인에게 서면으로 통지하여야 한다. 이 경우 **국토교통부장관**은 이의신청의 내용이 타당하다고 인정될 때에는 제20조에 따라 해당 비주거용 표준부동산의 가격을 조정하여 다시 공시하여야 한다(법 제20조 제7항).

Ⅳ. 비주거용 표준부동산가격에 대한 권리구제

1. 법적 성질

비주거용 표준부동산가격의 법적 성질에 관해서는 표준지공시지가 및 표준주택가격과 유사하다.

2. 비주거용 표준부동산가격의 공시에 대한 행정쟁송

가. 이의신청: 표준지공시지가의 공시에 대한 이의신청(법 제7조)은 비주거용 표준부동산가격의 공시에 준용한다(법 제20조 제7항). 비주거용 표준부동산가격의 공시에 이의가 있는 자는 그 공시일부터 30일 이내에 서면(전자문서를 포함한다)으로 **국토교통부장관**에게 이의를 신청할 수 있다(법 제20조 제7항 및 제7조 제1항). **국토교통부장관**은 이의신청 기간이 만료된 날부터 30일 이내에 이의신청을 심사하여 그 결과를 신청인에게 서면으로 통지하여야 한다. 이 경우 **국토교통부장관**은 이의신청의 내용이 타당하다고 인정될 때에는 비주거용 표준부동산가격을 조정하여 다시 공시하여야 한다(법 제20조 제7항). 따라서 비주거용 표준부동산가격에 대해 이의가 있는 자는 비주거용

표준부동산가격을 공시한 날부터 30일 이내에 **국토교통부장관**에게 이의를 신청(이의신청서 또는 인터넷 제출)할 수 있다.[327]

나. 행정소송: 비주거용 표준부동산가격의 공시에 대한 행정소송에 관해서는 표준지공시지가와 유사하다.

제3절 | 비주거용 개별부동산가격의 공시

Ⅰ. 비주거용 개별부동산가격의 공시의 의의

시장·군수 또는 구청장은 제25조에 따른 시·군·구부동산가격공시위원회의 심의를 거쳐 매년 비주거용 표준부동산가격의 공시기준일 현재 관할 구역 안의 비주거용 개별부동산의 가격을 결정·공시할 수 있다(법 제21조 제1항 본문). 따라서 공시권자가 공시하지 않을 수도 있어 임의 규정에 해당한다.

Ⅱ. 비주거용 개별부동산가격의 조사·산정

비주거용 개별부동산가격의 산정, 검증 및 결정, 공시기준일, 공시의 시기, 조사·산정의 기준, 이해관계인의 의견청취 및 공시절차 등에 필요한 사항은 **대통령령**으로 정한다(법 제21조 제9항).

1. 시장·군수 또는 구청장의 비주거용 개별부동산가격의 산정

시장·군수 또는 구청장이 비주거용 개별부동산가격을 결정·공시하는 경우에는 해당 비주거용 일반부동산과 유사한 이용가치를 지닌다고 인정되는 비주거용 표준부동산가격을 기준으로 비주거용 부동산가격비준표를 사용하여 가격을 산정하되, 해당 비주거용 일반부동산의 가격과 비주거용 표준부동산가격이 균형을 유지하도록 하여야 한다(법 제21조 제5항).

---

[327] 비주거용 표준부동산가격을 공시하기 전에 공시예정가격이 결정된 때에는 이를 소유자에게 통지하고 소유자가 제출한 의견이 타당할 경우에는 공시예정가격을 조정하여 사전에 비주거용 표준부동산소유자 등의 권리의 구제를 위한 절차이다(법 제3조 제2항 및 제20조 제7항).

2. 조사·산정의 절차 및 기준

국토교통부장관은 법 제21조 제5항에 따른 비주거용 개별부동산가격 조사·산정의 기준을 정하여 **시장·군수 또는 구청장**에게 통보하여야 하며, **시장·군수 또는 구청장**은 그 기준에 따라 비주거용 개별부동산가격을 조사·산정하여야 한다(영 제59조 제1항).

조사·산정의 기준에는 다음 각 호 1. 비주거용 일반부동산가격의 형성에 영향을 미치는 비주거용 일반부동산 특성조사에 관한 사항, 2. 비주거용 개별부동산가격의 산정기준이 되는 비주거용 표준부동산(이하 "비주거용 비교표준부동산"이라 한다)의 선정에 관한 사항, 3. 법 제20조 제6항에 따른 비주거용 부동산가격비준표의 사용에 관한 사항, 4. 그 밖에 비주거용 개별부동산가격의 조사·산정에 필요한 사항의 사항이 포함되어야 한다(영 제59조 제2항).

3. 산정된 비주거용 개별부동산가격의 검증 및 소유자 등의 의견청취

시장·군수 또는 구청장은 비주거용 개별부동산가격을 결정·공시하기 위하여 비주거용 일반부동산의 가격을 산정할 때에는 비주거용 표준부동산가격과의 균형 등 그 타당성에 대하여 제20조에 따른 비주거용 표준부동산가격의 조사·산정을 의뢰 받은 자 등 **대통령령**으로 정하는 자의 검증을 받고 비주거용 일반부동산의 소유자와 그 밖의 이해관계인의 의견을 들어야 한다. 다만, **시장·군수 또는 구청장**은 비주거용 개별부동산가격에 대한 검증이 필요 없다고 인정하는 때에는 비주거용 부동산가격의 변동상황 등 **대통령령**으로 정하는 사항을 고려하여 검증을 생략할 수 있다(법 제21조 제6항).

시장·군수 또는 구청장은 법 제21조 제6항 본문에 따라 비주거용 개별부동산가격에 대한 검증을 의뢰할 때에는 같은 조 제1항에 따라 산정한 전체 비주거용 개별부동산가격에 대한 가격현황도면 및 가격조사자료를 제공하여야 한다(영 제60조 제1항).

법 제21조 제6항 본문에서 "제20조에 따른 비주거용 표준부동산가격의 조사·산정을 의뢰받은 자 등 **대통령령**으로 정하는 자"란 다음 각 호 1. **감정평가법인등**, 2. **부동산원**의 어느 하나에 해당하는 자를 말한다(영 제60조 제2항).

법 제21조 제6항 본문에 따라 검증을 의뢰받은 자는 다음 각 호 1. 비주거용 비교표준부동산 선정의 적정성에 관한 사항, 2. 비주거용 개별부동산가격 산정의 적정성에 관한 사항, 3. 산정한 비주거용 개별부동산가격과 비주거용 표준부동산가격의 균형 유지에 관한 사항, 4. 산정한 비주거용 개별부동산가격과 인근 비주거용 일반부동산의 비주거용 개별부동산가격 및 전년도 비주거용 개별부동산가격과의 균형 유지에 관한 사항, 5. 그 밖에 **시장·군수 또는 구청장**이 검토를 의뢰한 사항을 검토·확인하고 의견을 제시하여야 한다(영 제60조 제3항).

시장·군수 또는 구청장은 법 제21조 제6항 단서에 따라 검증을 생략할 때에는 비주거용 개별부동산가격의 변동률과 해당 비주거용 일반부동산이 있는 시·군 또는 구의 연평균 비주거용 개별부동산가격변동률(**국토교통부장관**이 조사·공표하는 연평균 비주거용 개별부동산가격변동률을 말한다)의 차이가 작은 순으로 대상 비주거용 일반부동산을 선정하여야 한다. 다만, 개발사업이 시행되거나 용도지역·용도지구가 변경되는 등의 사유가 있는 비주거용 일반부동산은 검증 생략 대상 부동산으로 선정해서는 아니 된다(영 제60조 제4항).

제1항부터 제4항까지에서 규정한 사항 외에 비주거용 개별부동산가격의 검증에 필요한 세부적인 사항은 **국토교통부장관**이 정한다. 아직 세부적인 기준은 없다. 이 경우 검증의 생략에 대해서는 관계 **중앙행정기관의 장**과 미리 협의하여야 한다(영 제60조 제5항).

4. 소유자 등의 의견청취

법 제21조 제6항 본문에 따른 의견청취에 관하여는 영 제19조(개별토지 소유자 등의 의견청취)를 준용한다(영 제61조).

Ⅲ. 비주거용 개별부동산가격의 결정 및 공시

1. 시장·군수 또는 구청장의 결정·공시

비주거용 개별부동산가격의 결정, 공시기준일, 공시의 시기 등에 필요한 사항은 **대통령령**으로 정한다(법 제21조 제9항). **시장·군수 또는 구청장**은 비주거용 개별부동산가격을 결정·공시하려는 경우에는 매년 4월 30일까지 비주거용 개별부동산가격을 결정·공시하여야 한다. 다만, 제58조 제2항 제1호의 경우에는 그 해 9월 30일까지, 같은 항 제2호의 경우에는 다음 해 4월 30일까지 결정·공시하여야 한다(영 제62조 제1항).

비주거용 개별부동산가격을 공시하는 **시장·군수 또는 구청장**은 다음 각 호 1. 조사기준일, 비주거용 개별부동산의 수 및 비주거용 개별부동산가격의 열람방법 등 비주거용 개별부동산가격의 결정에 관한 사항, 2. 이의신청의 기간·절차 및 방법의 사항을 비주거용 개별부동산 소유자에게 개별

통지하여야 한다(영 제62조 제2항).

2. 공시사항

비주거용 개별부동산가격의 공시에는 다음 각 호 1. 비주거용 부동산의 지번, 2. 비주거용 부동산가격, 3. 그 밖에 **대통령령**으로 정하는 사항이 포함되어야 한다(법 제21조 제3항).

3. 비주거용 개별부동산가격 공시기준일을 다르게 할 수 있는 비주거용 일반부동산

시장·군수 또는 구청장은 공시기준일 이후에 토지의 분할·합병이나 건축물의 신축 등이 발생한 경우에는 **대통령령**으로 정하는 날을 기준으로 하여 비주거용 개별부동산가격을 결정·공시하여야 한다(법 제21조 제4항). 법 제21조 제4항에 따라 비주거용 개별부동산가격 공시기준일을 다르게 할 수 있는 비주거용 일반부동산은 다음 각 호 1. 「공간정보관리법」에 따라 그 대지가 분할 또는 합병된 비주거용 일반부동산, 2. 「건축법」에 따른 건축·대수선 또는 용도변경이 된 비주거용 일반부동산, 3. 국유·공유에서 매각 등에 따라 사유로 된 비주거용 일반부동산으로서 비주거용 개별부동산가격이 없는 비주거용 일반부동산의 어느 하나에 해당하는 부동산으로 한다(영 제58조 제1항).

법 제21조 제4항에서 "**대통령령**으로 정하는 날"이란 다음 각 호 1. 1월 1일부터 5월 31일까지의 사이에 제1항 각 호의 사유가 발생한 비주거용 일반부동산: 그 해 6월 1일, 2. 6월 1일부터 12월 31일까지의 사이에 제1항 각 호의 사유가 발생한 비주거용 일반부동산: 다음 해 1월 1일의 구분에 따른 날을 말한다(영 제58조 제2항).

4. 비주거용 개별부동산가격을 결정·고시하지 아니할 수 있는 경우

가. 행정안전부장관·국세청장이 비주거용 개별부동산가격 결정·고시하는 경우

다만, **대통령령**으로 정하는 바에 따라 행정안전부장관 또는 국세청장이 **국토교통부장관**과 협의하여 비주거용 개별부동산의 가격을 별도로 결정·고시하는 경우는 제외한다(법 제21조 제1항 단서). 영 제55조(행정안전부장관 또는 국세청장이 비주거용 개별부동산가격을 결정·고시하는 경우)는 법 제21조 제1항 단서에 따라 행정안전부장관 또는 국세청장이 같은 항 본문에 따른 비주거용 개별부동산가격(이하 "비주거용 개별부동산가격"이라 한다)을 별도로 결정·고시하는 경우는 행정안전부장관 또는 국세청장이 그 대상·시기 등에 대하여 미리 **국토교통부장관**과 협의한 후 비주거용 개별부동산가격을 별도로 결정·고시하는 경우로 한다고 규정하고 있다.

나. 비주거용 개별부동산가격을 공시하지 아니할 수 있는 비주거용 일반부동산

법 제21조 제1항에도 불구하고 비주거용 표준부동산으로 선정된 비주거용 일반부동산 등 **대통령령**으로 정하는 비주거용 일반부동산에 대하여는 비주거용 개별부동산가격을 결정·공시하지 아니할 수 있다. 이 경우 비주거용 표준부동산으로 선정된 비주거용 일반부동산에 대하여는 해당 비주거용 표준부동산가격을 비주거용 개별부동산가격으로 본다(법 제21조 제2항). **시장·군수 또는 구청장**은 법 제21조제2항 전단에 따라 다음 각 호 1. 비주거용 표준부동산으로 선정된 비주거용 일반부동산, 2. 국세 또는 지방세 부과대상이 아닌 비주거용 일반부동산, 3. 그 밖에 **국토교통부장관**이 정하는 비주거용 일반부동산의 어느 하나에 해당하는 비주거용 일반부동산에 대해서는 비주거용 개별부동산가격을 결정·공시하지 아니할 수 있다(영 제56조 제1항).

영 제56조 제1항에도 불구하고 **시장·군수 또는 구청장**은 다음 각 호 1. 관계 법령에 따라 비주거용 일반부동산의 가격산정 등에 비주거용 개별부동산가격을 적용하도록 규정되어 있는 비주거용 일반부동산, 2. **시장·군수 또는 구청장**이 관계 행정기관의 장과 협의하여 비주거용 개별부동산가격을 결정·공시하기로 한 비주거용 일반부동산의 어느 하나에 해당하는 비주거용 일반부동산에 대해서는 비주거용 개별부동산가격을 공시한다(영 제56조 제2항).

5. 국토교통부장관의 지도·감독

국토교통부장관은 공시행정의 합리적인 발전을 도모하고 비주거용 표준부동산가격과 비주거용 개별부동산가격과의 균형유지 등 적정한 가격형성을 위하여 필요하다고 인정하는 경우에는 비주거용 개별부동산가격의 결정·공시 등에 관하여 **시장·군수 또는 구청장**을 지도·감독할 수 있다(법 제21조 제7항).

6. 비주거용 개별부동산가격의 정정결정·공시

비주거용 개별부동산가격에 대한 이의신청 및 비주거용 개별부동산가격의 정정에 대하여는 제11조(개별공시지가에 대한 이의신청) 및 제12조(개별공시지가의 정정)를 각각 준용한다. 이 경우 제11조 제2항 후단 중 "제10조"는 "제21조"로 본다(법 제21조 제8항).

Ⅳ. 비주거용 개별부동산가격에 대한 권리구제

1. 법적 성질

비주거용 개별부동산가격의 법적 성질에 관해서는 개별공시지가 및 개별주택가격과 유사한 성질을 갖는다.

2. 비주거용 개별부동산가격에 대한 행정쟁송

가. 이의신청 비주거용 개별부동산가격에 대한 이의신청은 개별공시지가에 대한 이의신청(법 제11조)을 준용한다. 비주거용 개별부동산가격에 대하여 이의가 있는 자는 비주거용 개별부동산가격이 결정·공시된 날로부터 30일 이내에 시장·군수·구청장에게 이의를 신청할 수 있으며(법 제21조 제9항), 시장·군수·구청장은 이의신청기간이 만료된 날부터 30일 이내에 이의신청을 심사하여 그 결과를 이의신청인에게 서면으로 통지하여야 한다.

이 경우 시장·군수·구청장은 이의신청의 내용이 타당하다고 인정될 때에는 당해 비주거용 개별부동산가격을 조정하여 다시 결정·공시하여야 한다(법 제21조 제9항). 이의신청인은 이에 불복 시 행정심판 또는 행정소송 제기가 가능하다.

나. 행정소송 비주거용 개별부동산가격의 결정에 대한 행정소송에 관해서는 개별공시지가 및 개별주택가격과 유사하다.

제4절 비주거용 집합부동산가격의 공시

Ⅰ. 비주거용 집합부동산가격의 공시의 의의

비주거용 집합부동산이라 「집합건물법」에 따라 구분소유되는 비주거용 부동산(법 제2조 제4호 가목)을 말하는데, **국토교통부장관**은 비주거용 집합부동산에 대하여 매년 공시기준일 현재의 적정가격을 조사·산정한 것을 비주거용 집합부동산가격이라 하고, 중앙부동산가격공시위원회의 심의를 거쳐 공시할 수 있다. 따라서 공시권자가 공시하지 않을 수도 있어 임의 규정에 해당한다.

이 경우 **시장·군수 또는 구청장**은 비주거용 집합부동산가격을 결정·공시한 경우에는 이를 관계 행정기관 등에 제공하여야 한다(법 제22조 제1항).

　　대통령령으로 정하는 바에 따라 행정안전부장관 또는 국세청장이 **국토교통부장관**과 협의하여 비주거용 집합부동산의 가격을 별도로 결정·고시하는 경우에는 해당 비주거용 집합부동산의 비주거용 개별부동산가격을 결정·공시하지 아니한다(법 제22조 제2항).

Ⅱ. 비주거용 집합부동산가격의 조사·산정

1. 집합부동산의 조사대상의 선정

　　비주거용 집합부동산의 조사대상의 선정 등에 필요한 사항은 **대통령령**으로 정한다(법 제22조 제4항). 아직 하위법령에 위임된 사항을 정하고 있지 않다.

2. 조사·산정의 의뢰 및 절차

　　국토교통부장관은 법 제22조 제1항에 따라 비주거용 집합부동산가격을 조사·산정할 때에는 **부동산원** 또는 **대통령령**으로 정하는 부동산 가격의 조사·산정에 관한 전문성이 있는 자[감정평가법인등(영 제69조 제1항)]에게 의뢰한다(법 제22조 제7항).

　　법 제22조 제7항에 따라 비주거용 집합부동산가격 조사·산정을 의뢰받은 자(이하 "비주거용 집합부동산가격 조사·산정기관"이라 한다)는 비주거용 집합부동산가격 및 그 밖에 **국토교통부령**으로 정하는 사항을 조사·산정한 후 **국토교통부령**으로 정하는 바에 따라 비주거용 집합부동산가격 조사·산정보고서를 작성하여 **국토교통부장관**에게 제출하여야 한다(영 제69조 제2항).328)

　　국토교통부장관은 제2항에 따라 보고서를 제출받으면 다음 각 호의 자 1. 행정안전부장관, 2. 국세청장, 3. 시·도지사, 4. **시장·군수 또는 구청장**에게 해당 보고서를 제공하여야 한다(영 제69조 제3항). 제3항에 따라 보고서를 제공받은 자는 **국토교통부장관**에게 보고서에 대한 적정성 검토를 요청할 수 있다(영 제69조 제4항). **국토교통부장관**은 제2항에 따라 제출된 보고서에 대하여 실

---

328) 칙 제30조(비주거용 집합부동산가격 조사·산정보고서) ① 영 제69조 제2항에서 "**국토교통부령**으로 정하는 사항"이란 다음 각 호 1. 비주거용 집합부동산의 소재지, 동명 및 호명, 2. 비주거용 집합부동산의 면적 및 공시가격, 3. 그 밖에 비주거용 집합부동산의 조사·산정에 필요한 사항을 말한다.
　② 법 제22조 제7항에 따라 비주거용 집합부동산가격 조사·산정을 의뢰받은 자는 영 제69조 제2항에 따라 개별 비주거용 집합부동산가격 외에 다음 각 호 1. 비주거용 집합부동산 분포현황, 2. 비주거용 집합부동산가격 변동률, 3. 비주거용 집합부동산가격 총액 및 면적당 단가·평균가격, 4. 비주거용 집합부동산가격 상위·하위 현황, 5. 의견제출 및 이의신청 접수현황 및 처리현황, 6. 그 밖에 비주거용 집합부동산가격에 관한 사항의 사항이 포함된 조사·산정보고서를 책자 또는 전자정보의 형태로 **국토교통부장관**에게 제출하여야 한다.

거래신고가격 및 감정평가 정보체계 등을 활용하여 그 적정성 여부를 검토할 수 있다(영 제69조 제5항).

국토교통부장관은 제5항에 따른 적정성 여부 검토를 위하여 필요하다고 인정하는 경우에는 해당 비주거용 집합부동산가격 조사·산정기관 외에 부동산 가격의 조사·산정에 관한 전문성이 있는 자를 별도로 지정하여 의견을 들을 수 있다(영 제69조 제6항).

국토교통부장관은 제5항에 따른 검토 결과 부적정하다고 판단되거나 비주거용 집합부동산가격 조사·산정이 관계 법령을 위반하여 수행되었다고 인정되는 경우에는 해당 비주거용 집합부동산가격 조사·산정기관에 보고서를 시정하여 다시 제출하게 할 수 있다(영 제69조 제7항).

3. 조사·산정의 기준

국토교통부장관이 제1항에 따라 비주거용 집합부동산가격을 조사·산정하는 경우에는 인근 유사 비주거용 집합부동산의 거래가격·임대료 및 해당 비주거용 집합부동산과 유사한 이용가치를 지닌다고 인정되는 비주거용 집합부동산의 건설에 필요한 비용추정액 등을 종합적으로 참작하여야 한다(법 제22조 제6항). **국토교통부장관**은 법 제22조 제6항에 따라 비주거용 집합부동산가격을 조사·산정할 때 그 비주거용 집합부동산에 전세권 또는 그 밖에 비주거용 집합부동산의 사용·수익을 제한하는 권리가 설정되어 있는 경우에는 그 권리가 존재하지 아니하는 것으로 보고 적정가격을 산정하여야 한다(영 제68조 제1항). 법 제22조에 따른 비주거용 집합부동산가격 조사 및 산정의 세부기준은 중앙부동산가격공시위원회의 심의를 거쳐 **국토교통부장관**이 정한다(영 제68조 제2항). 아직 **국토교통부장관**에 의한 세분기준은 없다.

4. 비주거용 집합부동산소유자와 그 밖의 이해관계인의 의견청취

국토교통부장관은 비주거용 집합부동산가격을 공시하기 위하여 비주거용 집합부동산의 가격을 산정할 때에는 **대통령령**으로 정하는 바에 따라 비주거용 집합부동산의 소유자와 그 밖의 이해관계인의 의견을 들어야 한다(법 제22조 제3항).

Ⅲ. 비주거용 집합부동산가격의 공시

1. 공시권자 및 공시기준일

공시권자는 **국토교통부장관**이다. **국토교통부장관**은 비주거용 집합부동산가격을 산정·공시하려는 경우에는 매년 4월 30일까지 비주거용 집합부동산가격을 산정·공시하여야 한다. 다만, 제67조 제2항 제1호의 경우에는 그 해 9월 30일까지, 같은 항 제2호의 경우에는 다음 해 4월 30일까지 산정·공시하여야 한다(영 제64조 제1항). 비주거용 집합부동산가격의 공시기준일은 1월 1일로 한다. 다만, **국토교통부장관**은 비주거용 집합부동산가격 조사·산정인력 및 비주거용 집합부동산의 수 등을 고려하여 부득이하다고 인정하는 경우에는 일부 지역을 지정하여 해당 지역에 대한 공시기준일을 따로 정할 수 있다(영 제63조).

2. 공동주택가격 공시기준일을 다르게 할 수 있는 비주거용 집합부동산

국토교통부장관은 공시기준일 이후에 토지의 분할·합병이나 건축물의 신축 등이 발생한 경우에는 **대통령령**으로 정하는 날을 기준으로 하여 비주거용 집합부동산가격을 결정·공시하여야 한다(법 제22조 제5항).

3. 공시사항

법 제22조 제1항에 따른 비주거용 집합부동산가격의 공시에는 다음 각 호 1. 비주거용 집합부동산의 소재지·명칭·동·호수, 2. 비주거용 집합부동산가격, 3. 비주거용 집합부동산의 면적, 4. 그 밖에 비주거용 집합부동산가격 공시에 필요한 사항이 포함되어야 한다(영 제64조 제2항).

4. 공시방법 및 통지

국토교통부장관은 법 제22조 제1항 전단에 따라 비주거용 집합부동산가격을 공시할 때에는 다음 각 호 1. 제2항 각 호의 사항의 개요, 2. 비주거용 집합부동산가격의 열람방법, 3. 이의신청의 기간·절차 및 방법의 사항을 관보에 공고하고, 비주거용 집합부동산가격을 부동산공시가격시스템에 게시하여야 하며, 비주거용 집합부동산 소유자에게 개별 통지하여야 한다(영 제64조 제3항).

5. 공동주택가격의 정정사유

국토교통부장관은 제1항 또는 제4항에 따라 공시한 가격에 틀린 계산, 오기, 그 밖에 **대통령령**으로 정하는 명백한 오류가 있음을 발견한 때에는 지체 없이 이를 정정하여야 한다(법 제22조 제8항).

6. 비주거용 집합부동산가격의 공급

국토교통부장관은 법 제22조 제1항 후단에 따라 비주거용 집합부동산가격 공시사항을 제3항에 따른 공고일부터 10일 이내에 다음 각 호 1. 행정안전부장관, 2. 국세청장, 3. **시장·군수 또는 구청장**의 자에게 제공하여야 한다(영 제64조 제4항).

7. 준용규정

비주거용 집합부동산가격의 공시에 대해서는 제4조(표준지공시지가의 조사협조)·제6조(표준지공시지가의 열람 등)·제7조(표준지공시지가에 대한 이의신청) 및 제13조(타인토지에의 출입 등)를 각각 준용한다. 이 경우 **국토교통부장관**은 이의신청의 내용이 타당하다고 인정될 때에는 제22조에 따라 해당 표준지공시지가를 조정하여 다시 공시하여야 한다(법 제22조 제9항).

IV. 비주거용 집합부동산가격에 대한 권리구제

1. 법적 성질

비주거용 집합부동산가격의 법적 성질에 관해서는 개별주택가격 및 공동주택가격과 유사한 성질을 갖는다.

2. 공동주택가격에 대한 행정쟁송

가. 이의신청: 개별공시지가에 대한 이의신청(법 제7조)은 비주거용 집합부동산가격의 공시에 준용한다(법 제22조 제9항). 이에 대한 이의신청은 비주거용 집합부동산가격의 공시 후 비주거용 집합부동산가격에 대해 의견을 듣는 절차로서, 국민의 사후적 권리 구제를 위한 절차이다. 비주거

용 집합부동산가격에 이의가 있는 자는 그 공시일부터 30일 이내에 서면(전자문서를 포함한다)으로 **국토교통부장관**에게 이의를 신청할 수 있다(법 제22조 제9항 및 제7조 제1항).

　국토교통부장관은 이의신청 기간이 만료된 날부터 30일 이내에 이의신청을 심사하여 그 결과를 신청인에게 서면으로 통지하여야 한다. 이 경우 **국토교통부장관**은 이의신청의 내용이 타당하다고 인정될 때에는 해당 비주거용 집합부동산가격을 조정하여 다시 공시하여야 한다(법 제18조 제8항 및 제7조 제2항). 이의신청 및 처리절차 등에 필요한 사항은 **대통령령**으로 정한다(법 제7조 제3항). 이의신청인은 이에 불복 시 행정심판 또는 행정소송 제기가 가능하다.

　나. 행정소송: 비주거용 집합부동산가격의 공시에 대한 행정소송에 관해서는 개별공시지가 및 공동주택가격과 유사하다.

제5절　비주거용 부동산가격공시의 효력

　법 제20조에 따른 비주거용 표준부동산가격은 국가·지방자치단체 등이 그 업무와 관련하여 비주거용 개별부동산가격을 산정하는 경우에 그 기준이 된다(법 제23조 제1항).

　법 제21조 및 제22조에 따른 비주거용 개별부동산가격 및 비주거용 집합부동산가격은 비주거용 부동산시장에 가격정보를 제공하고, 국가·지방자치단체 등이 과세 등의 업무와 관련하여 비주거용 부동산의 가격을 산정하는 경우에 그 기준으로 활용될 수 있다(법 제23조 제2항).

제5장 부동산 가격정보 등의 조사

Ⅰ. 도입취지

국토교통부장관이 부동산 정책의 수립 및 집행을 위하여 부동산 시장동향, 수익률 등의 가격정보 등을 조사·관리하고, 이를 관계 행정기관 등에 제공할 수 있도록 2013. 8. 6. 「부감법」의 개정(시행 2014. 2. 7. 법률 제12018호)으로 도입한 것이다. 동 조항은 **국토교통부장관**이 조사하여 그 자료를 부동산 정책의 수립 및 집행에 활용한 후 관리하는 것으로 다만 이를 공시하지 않아서 부동산가격공시와 다른 개념이다. 부동산 가격정보 등의 조사는 행정청이 정책의 결정이나 직무를 수행하는데 필요한 정보나 자료를 수집하기 위하여 현장조사를 하는 것으로 인구조사와 같은 임의적인 방법에 의한 비권력적인 행정조사에 해당한다. 이러한 조사는 조사자체가 그 목적이 아니라 일정한 행정목적을 사전적으로 보조하기 위하여 행해진다는 점이다.

Ⅱ. 법적 근거

행정조사의 일반법은 「행정조사기본법」이 있지만, 부동산 가격정보 등의 조사는 「부동산가격공시법」에 근거를 둔 개별법에 의한 조사이다.

국토교통부장관은 부동산의 적정가격 조사 등 부동산 정책의 수립 및 집행을 위하여 부동산 시장동향, 수익률 등의 가격정보 및 관련 통계 등을 조사·관리하고, 이를 관계 행정기관 등에 제공할 수 있다(법 제15조 제1항).

부동산 가격정보 등의 조사의 대상, 절차 등에 필요한 사항은 **대통령령**으로 정한다(법 제15조 제2항). 이에 따라 **국토교통부장관**은 법 제15조 제1항에 따라 적정 주기별로 다음 각 호 1. 토지·주택의 매매·임대 등 가격동향 조사, 2. 비주거용 부동산의 임대료·관리비·권리금 등 임대차 관련 정보와 공실률(空室率)·투자수익률 등 임대시장 동향에 대한 조사의 사항을 조사할 수 있다(영 제 25조).

　동 조항은 조사의 대상, 절차 등에 필요한 사항은 **대통령령**에 위임하고 있는데, 입법자는 자신의 입법권한을 다른 기관에 백지 위임할 수 없다. 헌법 제75조에 따르면 **대통령령**에 관하여서만 "법률에서 구체적인 범위를 정하여 위임받은 사항"에 관하여 명령을 발할 수 있음을 규정하고 있으며, 여기서 구체적으로 범위를 정하여는 그 수권규정에서 행정입법의 규율대상·범위·기준 등을 명확히 하여야 하며, 따라서 일반적·포괄적 위임을 허용되지 않는다.[329] **사견**으로는 예산의 집행이 수반되는 조사의 대상을 **대통령령**에 위임한 것은 위임명령에 적용되는 포괄적 위임금지원칙의 위배 여지가 있어 보인다.

　법 제15조 제1항에 따른 조사를 위하여 관계 행정기관에 국세·지방세, 토지·건물 등 관련 자료의 열람 또는 제출을 요구하거나 타인의 토지 등에 출입하는 경우에는 법 제4조(표준지공시지가의 조사협조) 및 제13조(타인토지에의 출입 등)를 각각 준용한다(법 제15조 제3항).

---

329) 김남진·김연태, 행정법 I, 법문사, 2017, 163면.

제6장 보칙

Ⅰ. 중앙부동산가격공시위원회

1. 의의

표준지의 선정 및 조사·평가된 가격 등을 심의하기 위하여 **국토교통부장관** 소속하에 학자, 법률가, 공무원 등으로 구성된 중앙부동산가격공시위원회를 두고 있다. 「감정평가법」 제40조에 따른 감정평가관리·징계위원회의 법적 성격과 같이 의결기관이 아닌 자문기관이다.

2. 심의 사항

다음 각 호 1. 부동산 가격공시 관계 법령의 제·개정에 관한 사항 중 **국토교통부장관**이 부의하는 사항, 2. 법 제3조에 따른 표준지의 선정 및 관리지침, 3. 법 제3조에 따라 조사·평가된 표준지공시지가, 4. 법 제7조에 따른 표준지공시지가에 대한 이의신청에 관한 사항, 5. 법 제16조에 따른 표준주택의 선정 및 관리지침, 6. 법 제16조에 따라 조사·산정된 표준주택가격, 7. 법 제16조에 따른 표준주택가격에 대한 이의신청에 관한 사항, 8. 법 제18조에 따른 공동주택의 조사 및 산정지침, 9. 법 제18조에 따라 조사·산정된 공동주택가격, 10. 법 제18조에 따른 공동주택가격에 대한 이의신청에 관한 사항, 11. 법 제20조에 따른 비주거용 표준부동산의 선정 및 관리지침, 12. 법 제20조에 따라 조사·산정된 비주거용 표준부동산가격, 13. 법 제20조에 따른 비주거용 표준부동산가격에

---

330) 「부동산가격공시법」상 제5장에 속한다.

대한 이의신청에 관한 사항, 14. 법 제22조에 따른 비주거용 집합부동산의 조사 및 산정 지침, 15. 법 제22조에 따라 조사·산정된 비주거용 집합부동산가격, 16. 법 제22조에 따른 비주거용 집합부동산가격에 대한 이의신청에 관한 사항, 17. 적정가격 반영을 위한 계획 수립(법 제26조의2)에 관한 사항, 18. 그 밖에 부동산정책에 관한 사항 등 **국토교통부장관**이 부의하는 사항을 심의하기 위하여 **국토교통부장관** 소속으로 중앙부동산가격공시위원회(이하 이 조에서 "위원회"라 한다)를 둔다(법 제24조 제1항).

3. 위원회 구성

위원회의 위원장은 국토교통부 제1차관이 되며(법 제24조 제3항), 위원회는 위원장을 포함한 20명 이내의 위원으로 구성한다(법 제24조 제2항). 법 제24조 제2항에 따라 중앙부동산가격공시위원회를 구성할 때에는 성별을 고려하여야 한다(영 제71조 제1항). 위원회의 위원은 **대통령령**으로 정하는 중앙행정기관[1. 기획재정부, 2. 행정안전부, 3. 농림축산식품부, 3의2. 보건복지부, 4. 국토교통부(영 제71조 제2항)]의 장이 지명하는 6명 이내의 공무원과 다음 각 호 1. 「고등교육법」에 따른 대학에서 토지·주택 등에 관한 이론을 가르치는 조교수 이상으로 재직하고 있거나 재직하였던 사람, 2. 판사, 검사, 변호사 또는 **감정평가사**의 자격이 있는 사람, 3. 부동산가격공시 또는 감정평가 관련 분야에서 10년 이상 연구 또는 실무경험이 있는 사람의 어느 하나에 해당하는 사람 중 **국토교통부장관**이 위촉하는 사람이 된다(법 제24조 제4항).

위원회의 조직 및 운영에 필요한 사항은 **대통령령**으로 정한다(법 제24조 제7항). 공무원이 아닌 위원의 임기는 2년으로 하되, 한차례 연임할 수 있다(법 제24조 제5항).

4. 위원의 제척·기피·회피

중앙부동산가격공시위원회 위원이 다음 각 호 1. 위원 또는 그 배우자나 배우자였던 사람이 해당 안건의 당사자(당사자가 법인·단체 등인 경우에는 그 임원을 포함한다. 이하 이 호 및 제2호에서 같다)가 되거나 그 안건의 당사자와 공동권리자 또는 공동의무자인 경우, 2. 위원이 해당 안건의 당사자와 친족이거나 친족이었던 경우, 3. 위원이 해당 안건에 대하여 증언, 진술, 자문, 조사, 연구, 용역 또는 감정을 한 경우, 4. 위원이나 위원이 속한 법인·단체 등이 해당 안건의 당사자의 대리인이거나 대리인이었던 경우, 5. 위원이 해당 안건의 당사자와 같은 감정평가법인 또는 **감정평가사**사무소에 소속된 경우의 어느 하나에 해당하는 경우에는 중앙부동산가격공시위원회의 심의·

의결에서 제척(除斥)된다(영 제72조 제1항).

위원이 제1항 각 호에 따른 제척사유에 해당하는 경우에는 스스로 해당 안건의 심의·의결에서 회피(回避)하여야 한다(영 제72조 제3항).

당사자는 위원에게 공정한 심의·의결을 기대하기 어려운 사정이 있는 경우에는 중앙부동산가격 공시위원회에 기피 신청을 할 수 있고, 중앙부동산가격공시위원회는 의결로 이를 결정한다. 이 경우 기피 신청의 대상인 위원은 그 의결에 참여하지 못한다(영 제72조 제2항).

5. 위원의 해촉 등

국토교통부장관은 중앙부동산가격공시위원회의 위촉위원이 다음 각 호 1. 심신장애로 인하여 직무를 수행할 수 없게 된 경우, 2. 직무와 관련된 비위사실이 있는 경우, 3. 직무태만, 품위손상이나 그 밖의 사유로 인하여 위촉위원으로 적합하지 아니하다고 인정되는 경우, 4. 위원 스스로 직무를 수행하는 것이 곤란하다고 의사를 밝히는 경우, 5. 법제72조 제1항 각 호의 어느 하나에 해당하는 데에도 불구하고 회피하지 아니한 경우의 어느 하나에 해당하는 경우에는 그 위촉위원을 해촉(解囑)할 수 있다(영 제73조 제1항).

법 제24조 제4항에 따라 위원을 지명한 자는 해당 위원이 제1항 각 호의 어느 하나에 해당하는 경우에는 그 지명을 철회할 수 있다(영 제73조 제2항).

6. 위원회 회의 및 의결

위원장은 중앙부동산가격공시위원회를 대표하고, 중앙부동산가격공시위원회의 업무를 총괄한다 (영 제71조 제3항). 위원장은 중앙부동산가격공시위원회의 회의를 소집하고 그 의장이 된다(영 제 71조 제4항). 중앙부동산가격공시위원회에 부위원장 1명을 두며, 부위원장은 위원 중 위원장이 지명하는 사람이 된다(영 제71조 제5항). 부위원장은 위원장을 보좌하고 위원장이 부득이한 사유로 직무를 수행할 수 없을 때에 그 직무를 대행한다(영 제71조 제6항). 위원장 및 부위원장이 모두 부득이한 사유로 직무를 수행할 수 없을 때에는 위원장이 미리 지명한 위원이 그 직무를 대행한다 (영 제71조 제7항). 위원장은 중앙부동산가격공시위원회의 회의를 소집할 때에는 개회 3일 전까지 의안을 첨부하여 위원에게 개별 통지하여야 한다(영 제71조 제8항). 중앙부동산가격공시위원회의 회의는 재적위원 과반수의 출석으로 개의(開議)하고, 출석위원 과반수의 찬성으로 의결한다(영 제 71조 제9항).

7. 기타 사항

국토교통부장관은 필요하다고 인정하면 위원회의 심의에 부치기 전에 미리 관계 전문가의 의견을 듣거나 조사·연구를 의뢰할 수 있다(법 제24조 제6항).

중앙부동산가격공시위원회의 위원 중 공무원이 아닌 위원에게는 예산의 범위에서 수당과 여비를 지급할 수 있다(영 제71조 제10항). 제1항부터 제10항까지에서 규정한 사항 외에 중앙부동산가격 공시위원회의 운영에 필요한 세부적인 사항은 중앙부동산가격공시위원회의 의결을 거쳐 위원장이 정한다(영 제71조 제11항).

Ⅱ. 시·군·구부동산가격공시위원회

1. 의의

시·군·구 부동산가격공시위원회는 **시장·군수 또는 구청장** 소속하에 설치되며, 위원장을 포함한 10인 이상 15인 이내의 위원으로 구성된다. 위원장은 부시장·부군수·부구청장이 되고, 위원은 지가공시 또는 감정평가에 관한 학식과 경험이 풍부하고 지역사정에 정통한 자 또는 시민단체에서 추천한 자 중에서 시장·군수·구청장(자치구의 구청장에 한함)이 위촉하는 자로 한다.

2. 심의 사항

시·군·구부동산가격공시위원회는 ① 개별공시지가의 결정에 관한 사항(제1호), ② 개별공시지가에 대한 이의신청에 관한 사항(제2호), ③ 개별주택가격의 결정에 관한 사항(제3호), ④ 개별주택가격에 대한 이의신청에 관한 사항(제4호), ⑤ 비주거용 개별부동산가격의 결정에 관한 사항(제5호), ⑥ 비주거용 개별부동산가격에 대한 이의신청에 관한 사항(제6호), ⑦ 그 밖에 시장·군수·구청장이 부의하는 사항의 사항을 심의하기 위하여 **시장·군수 또는 구청장** 소속으로 시·군·구부동산가격공시위원회를 둔다(법 제25조 제1항).

3. 조직 및 운영에 관한 사항

위원회 심의사항 외에 시·군·구부동산가격공시위원회의 조직 및 운영에 필요한 사항은 **대통령령**으로 정한다(법 제25조 제2항).

이의 위임에 따라, 시·군·구 부동산가격공시위원회는 **시장·군수 또는 구청장** 소속하에 설치되며, 위원회는 위원장 1명을 포함한 10명 이상 15명 이하의 위원으로 구성하며, 성별을 고려하여야 한다(영 제74조 제1항). 시·군·구부동산가격공시위원회 위원장은 부시장·부군수 또는 부구청장이 된다. 이 경우 부시장·부군수 또는 부구청장이 2명 이상이면 **시장·군수 또는 구청장**이 지명하는 부시장·부군수 또는 부구청장이 된다(영 제74조 제2항). 위원은 **시장·군수 또는 구청장**이 지명하는 6명 이내의 공무원과 다음 각 호 1. 부동산 가격공시 또는 감정평가에 관한 학식과 경험이 풍부하고 해당 지역의 사정에 정통한 사람, 2. 시민단체(「비영리민간단체 지원법」 제2조에 따른 비영리민간단체를 말한다)에서 추천한 사람의 어느 하나에 해당하는 사람 중에서 **시장·군수 또는 구청장**이 위촉하는 사람이 된다(영 제74조 제3항). 시·군·구부동산가격공시위원회 위원의 제척·기피·회피 및 해촉에 관하여는 제72조 및 제73조를 준용한다(영 제74조 제4항). 시·군·구부동산가격공시위원회의 구성·운영에 필요한 사항은 해당 시·군·구의 조례로 정한다(영 제74조 제5항).

4. 법 제25조 제1항에 관한 입법론

법 제25조 제1항에 따르면 시·군·구부동산가격공시위원회의 심의사항만을 정하고, 위원회의 조직 및 운영에 필요한 사항은 **대통령령**에 위임하였으며(법 제25조 제2항), 위원회의 구성·운영에 필요한 사항은 해당 시·군·구의 조례에서 정하도록 위임하고 있다(영 제74조 제5항). 동 조항에 비추어 보면 "상위법령에서 조례로 정하도록 위임한 경우"로서 그 위임취지를 존중하여 위임사항만을 조례로 정하여야 할 것이다. 그리고 자문기관 자체의 설치·운영에 관해서는 「지방자치법」 제116조의2 제1항에 따라 법령이나 조례로 정하는 바에 따라 심의회·위원회 등의 자문기관을 설치·운영할 수 있도록 하고 있다.

시·군·구의 조례에서 정하도록 위임하고 있는 것은 위원회의 구성·운영에 필요한 사항이지만, 현행 시·군·구 조례 중에는, ① 상위법령(영 제74조 제5항)에서 위임한 위원회의 구성·운영에 관한 조항 이외에, 위임하고 있지 않은 심의사항을 명시하면서, 영 제8조 제3항(법 제3조에 따라 조사·평가된 표준지공시지가에 대한 심의) 및 영 제30조 제3항(법 제16조에 따라 조사·산정된 표준주택가격에 대한 심의)을 근거로 중앙부동산가격공시위원회의 심의사항에 해당하는 표준지공시지가와 표준주택의 가격의 조사·평가에 관한 사항까지 심의사항으로 명시하고 있는 조례가 있는가 하면,331) ② 위임하지 않은 심의사항을 조례에서 다시 명시하면서, 법 제25조에서 규정한 내용을 단순히 확인·재기재하는 내용의 조례가 있는데,332) 이러한 자치법규는 제정할 실익이 없고 입법경제상 바람직하지 않으며,333) ③ 상위법령(영 제74조 제5항)에서 위임한 위원회의 구성·운영에 필요한 사항만을 충실하게 정한 조례도 있는 등334) 지방자치단체 조례마다 같은 법령의 위임 조항을 놓고 조례제정의 일관성이 없다.

②와 ③과 같은 조례의 입법형식들은, **국토교통부장관**이 조사·평가 및 공시하는 표준지공시지가나 조사·산정 및 공시하는 표준주택의 가격에 관한 사항은 국가사무에 해당하는 것이어서, 법 제25조 제1항에 따라 시·군·구부동산가격공시위원회의 심의사항에서 제외된 것에 기인한 것으로 보인다. 영 제8조 제3항 및 제30조 제3항에 따르면 **감정평가법인등**이나 **부동산원**이 표준지공시지가 및 표준주택가격에 관하여 **시장·군수 또는 구청장**에게 의견청취를 요청하면, **시장·군수 또는 구청장**은 시·군·구부동산가격공시위원회의 심의를 거치도록 하고 있으므로, 결국 이들도 심의사항에 해당한다.

따라서 **사견**으로는 법 제3조의 표준지공시지가 및 법 제16조의 표준주택가격의 결정에 관한 사항이 자치사무가 아닌 국가사무에 해당할지라도, 비록 하위법령이지만 시행령에 상기와 같은 특별한 규정(영 제8조 제3항 및 제30조 제3항)이 있으므로, ① 조례의 입법형식이 헌법 제117조 제1항에서 말하는 법령의 범위안에와 조례의 자율성이 가미된 올바른 입법형식으로 보인다. 궁극적으로는 법 제25조 제1항에서 표준지공시지가와 표준주택가격의 결정에 관한 심의사항을 명시하는 것이 옳을 것으로 보인다.

---

331) 부산광역시 강서구, 금정구, 남구, 사하구, 연제구, 대구광역시 달성군, 북구, 서구, 수성구, 중구 부동산가격공시위원회 운영 조례.
332) 부산광역시 동구, 기장군, 사상구, 사상구, 수영구, 영도구, 중구, 대구광역시 남구, 동구 부동산가격공시위원회 운영 조례.
333) 법제처, 2018 자치법규 입안 길라잡이, 9면.
334) 부산광역시 부산진구, 북구, 서구, 해운대구, 동래구, 대구광역시 달서구 부동산가격공시위원회 운영 조례.

Ⅰ. 공시보고서의 제출 등

1. 부동산가격공시에 관한 연차보고서

정부는 표준지공시지가, 표준주택가격 및 공동주택가격의 주요사항에 관한 보고서를 매년 정기 국회의 개회 전까지 국회에 제출하여야 한다(법 제26조 제1항). 이에 따른 보고서가 부동산가격공시에 관한 연차보고서이다.

2. 행정정보의 공개

국토교통부장관은 법 제3조에 따른 표준지공시지가, 제16조에 따른 표준주택가격, 제18조에 따른 공동주택가격, 제20조에 따른 비주거용 표준부동산가격 및 제22조에 따른 비주거용 집합부동산가격을 공시하는 때에는 부동산의 시세 반영률, 조사·평가 및 산정 근거 등의 자료를 **국토교통부령**으로 정하는 바에 따라 인터넷 홈페이지 등에 공개하여야 한다(법 제26조 제2항).

법 제24조에 따른 중앙부동산가격공시위원회 및 제25조에 따른 시·군·구부동산가격공시위원회 심의의 일시·장소·안건·내용·결과 등이 기록된 회의록은 3개월의 범위에서 **대통령령**으로 정하는 기간이 지난 후에는 **대통령령**으로 정하는 바에 따라 인터넷 홈페이지 등에 공개하여야 한다. 다만, 공익을 현저히 해할 우려가 있거나 심의의 공정성을 침해할 우려가 있다고 인정되는 이름, 주민등록번호 등 **대통령령**으로 정하는 개인 식별 정보에 관한 부분의 경우에는 그러하지 아니하다(법 제27조의2).

Ⅱ. 적정가격 반영을 위한 국가계획의 수립

국토교통부장관은 부동산공시가격이 적정가격을 반영하고 부동산의 유형·지역 등에 따른 균형성을 확보하기 위하여 부동산의 시세 반영률의 목표치를 설정하고, 이를 달성하기 위하여 **대통령령**으로 정하는 바에 따라 계획을 수립하여야 한다(법 제26조의2 제1항). 이러한 계획은 국가의 정책적인 목적을 이루기 위하여 중앙행정기관이 법률에 따라 수립하는 계획으로 「국토계획법」 제2조 제

14호에 따른 국가계획과 같은 행정계획이다.

　적정가격 반영을 위한 계획을 수립하는 때에는 부동산 가격의 변동 상황, 지역 간의 형평성, 해당 부동산의 특수성 등 제반사항을 종합적으로 고려하여야 한다(법 제26조의2 제2항). **국토교통부장관**이 계획을 수립하는 때에는 관계 행정기관과의 협의를 거쳐 공청회를 실시하고, 법 제24조에 따른 중앙부동산가격공시위원회의 심의를 거쳐야 한다(법 제26조의2 제3항). **국토교통부장관, 시장·군수 또는 구청장**은 부동산공시가격을 결정·공시하는 경우 제1항에 따른 계획에 부합하도록 하여야 한다(법 제26조의2 제4항).

Ⅲ. 공시가격정보체계의 구축 및 관리

　국토교통부장관은 토지, 주택 및 비주거용 부동산의 공시가격과 관련된 정보를 효율적이고 체계적으로 관리하기 위하여 공시가격정보체계를 구축·운영할 수 있다(법 제27조 제1항).

　국토교통부장관은 제1항에 따른 공시가격정보체계를 구축하기 위하여 필요한 경우 관계 기관에 자료를 요청할 수 있다. 이 경우 관계 기관은 정당한 사유가 없으면 이에 응하여야 한다(법 제27조 제2항).

　정보 및 자료의 종류, 공시가격정보체계의 구축·운영방법 등에 필요한 사항은 **대통령령**으로 정한다(법 제27조 제3항). 법 제27조 제1항에 따른 공시가격정보체계(이하 "공시가격정보체계"라 한다)에는 다음 각 호 1. 법에 따라 공시되는 가격에 관한 정보, 2. 공시대상 부동산의 특성에 관한 정보, 3. 그 밖에 부동산공시가격과 관련된 정보가 포함되어야 한다(영 제75조 제1항).

　국토교통부장관(법 제28조 제1항 제5호에 따라 공시가격정보체계의 구축 및 관리를 위탁받은 자를 포함한다)은 제1항 각 호의 정보를 다음 각 호 1. 행정안전부장관, 2. 국세청장, 3. 시·도지사, 4. **시장·군수 또는 구청장**의 자에게 제공할 수 있다. 다만, 개인정보 보호 등 정당한 사유가 있는 경우에는 제공하는 정보의 종류와 내용을 제한할 수 있다(영 제75조 제2항).

IV. 업무위탁

1. 위탁업무

국토교통부장관은 다음 각 호 1. 다음 각 목 가. 법 제3조에 따른 표준지공시지가의 조사·평가, 나. 법 제16조에 따른 표준주택가격의 조사·산정, 다. 법 제18조에 따른 공동주택가격의 조사·산정, 라. 법 제20조에 따른 비주거용 표준부동산가격의 조사·산정, 마. 법 제22조에 따른 비주거용 집합부동산가격의 조사·산정의 업무 수행에 필요한 부대업무, 2. 법 제6조에 따른 표준지공시지가, 법 제16조 제7항에 따른 표준주택가격, 법 제18조 제8항에 따른 공동주택가격, 법 제20조 제7항에 따른 비주거용 표준부동산가격 및 법 제22조 제9항에 따른 비주거용 집합부동산가격에 관한 도서·도표 등 작성·공급, 3. 법 제3조 제8항, 제16조 제6항 및 법 제20조 제6항에 따른 토지가격비준표, 주택가격비준표 및 비주거용 부동산가격비준표의 작성·제공, 4. 법 제15조에 따른 부동산 가격정보 등의 조사, 5. 법 제27조에 따른 공시가격정보체계의 구축 및 관리, 6. 법 제28조 제1호부터 제5호까지의 업무와 관련된 업무로서 **대통령령**으로 정하는 업무[같은 항 제1호부터 제5호까지의 업무와 관련된 교육 및 연구를 말한다(영 제76조 제1항)]를 **부동산원** 또는 **국토교통부장관**이 정하는 기관[**국토교통부장관**이 정하는 기관은 **부동산원**을 말한다(영 제76조 제2항)]에 위탁할 수 있다(법 제28조 제1항). 구 「부감법」 제41조 제1항 및 같은 법 시행령 제81조에 따라 협회 또는 **대통령령**으로 정하는 감정평가법인에 민간 위탁하였다.

2. 경비보조

국토교통부장관은 제1항에 따라 그 업무를 위탁할 때에는 예산의 범위에서 필요한 경비를 보조할 수 있다(법 제28조 제2항).

V. 수수료 등

1. 법적 근거

부동산원 및 **감정평가법인등**은 이 법에 따른 표준지공시지가의 조사·평가, 개별공시지가의 검증, 부동산 가격정보·통계 등의 조사, 표준주택가격의 조사·산정, 개별주택가격의 검증, 공동주택가격의 조사·산정, 비주거용 표준부동산가격의 조사·산정, 비주거용 개별부동산가격의 검증 및 비주거용 집합부동산가격의 조사·산정 등의 업무수행을 위한 수수료와 출장 또는 사실 확인 등에 소요된 실비를 받을 수 있다(법 제29조 제1항).

수수료의 요율 및 실비의 범위는 **국토교통부장관**이 정하여 고시한다(법 제29조 제2항). 「부동산 가격공시법」 제29조 제2항에 따라 표준지공시지가 조사·평가, 개별공시지가의 검증 및 부동산가격 정보·통계 등의 조사 등의 업무수행에 관하여 받는 수수료를 정함을 목적으로 제정한 것이 **국토교 통부장관**의 고시에 의한 「부동산 가격공시 등의 수수료에 관한 기준」이다.[335] 동 기준의 법적 성격 은 행정규칙이다.

2. 수수료 내역

부동산원 및 **감정평가법인등**은 이 법에 따른 표준지공시지가의 조사·평가, 개별공시지가의 검증, 부동산 가격정보·통계 등의 조사, 표준주택가격의 조사·산정, 개별주택가격의 검증, 공동주택가격 의 조사·산정을 통하여 받는 수수료 내역은 다음과 같다.[336]

---

335) 2017. 10. 25. 일부개정(시행 2017. 10. 25. 국토교통부고시 제2017-702호).
336) 2018년 **한국부동산원**에 914억 원, 15개 감정평가법인 모두를 합하여 483억 원, 합계 1,397억 원이 수수료이다.
　　표　부동산가격공시 수수료 현황, 출처: 국토교통부, 2018년도 부동산 가격공시에 관한 연차보고서

단위: 억 원

	구분	2017년	2018년	비고
한국부동산원	지가변동률	253.0	253.0	
	임대동향수수료	104.0	115.5	
	표준지공시지가 위탁관리비등	26.7	30.0	
	표준주택가격 산정	111.8	117.0	
	표준주택 위탁관리비등	6.6	7.5	
	개별주택 검증 등	13.0	213.0	
	공동주택가격 산정	165.0	170.0	
	공시가격정보체계 위탁사업비	8.0	8.0	
	소계	888.1	914.0	
15개감정평가법인	표준지공시지가 수수료	354.0	371.0	
	개별공시지가 검증 등	112.0	112.0	
	소계	466.0	483.0	
	합계	1,354.1	1,397.0	

　지가변동률 조사는 「부동산거래신고법」 제19조 및 같은 법 시행령 제17조의 규정에 따라 전국의 지가변동상황을 조사하여 전국의 지가변동 상황을 조사하여 토지정책수행 및 감정평가 시 시점수정 등을 위한 자료로 활용하기 위하여 전국 8만개 필지를 대상으로 국토교통부의 조사·산정의뢰에 따라 **부동산원**이 조사·산정수행, 통계작성하며 1975년부터 시행하고 있다.
　임대동향조사는 종래 상업용부동산 임대사례조사가 명칭이 변경된 것이며, 전국에 소재하는 상업용부동산(오피스

VI. 벌칙 적용에서 공무원 의제

다음 각 호 1. 법 제28조 제1항에 따라 업무를 위탁받은 기관의 임직원, 2. 중앙부동산가격공시위원회의 위원 중 공무원이 아닌 위원의 어느 하나에 해당하는 사람은 「형법」 제129조부터 제132조까지의 규정을 적용할 때에는 공무원으로 본다(법 제30조4).[337]

및 상가), 즉, 일반건물 6,355동(오피스 824동, 중대형 상가 2,826동, 소규모 상가 2,705동) 및 집합건물 23,000호(집합 상가 1,222동) (* 건물유형별 임대면적 50% 이상인 건물)을 조사 대상으로 한다. 임대동향조사의 목적은 전국의 상업용부동산(오피스, 상가)의 자산가치 산정 및 임대정보 조사를 통해 상업용부동산 투자성과 측정 및 시장동향 파악하여 시장정보를 제공하고, 표준지 공시지가 조사·평가시 수익방식 평가 방법에 활용하며, 건전한 부동산 거래질서 확립에 기여할 수 있도록 부동산 정책 수립의 참고자료로 활용 목적을 위하여 오피스, 매장용 빌딩 전층(모집단 고려한 표본선정)을 조사대상으로 조사방식은 현장조사에 의하고 분기별로 조사하고 국토교통부의 조사·산정의뢰에 따라 **부동산원**이 조사·산정수행, 통계작성하며 2002년부터 시행하고 있다.

2018년 예산 현황에서 수수료 등 약 115억 원을 명시하고 있으나, 임대동향조사의 법적 근거는 「부동산가격공시법」 제15조 제1항 및 같은 법 시행령 제25조로 보인다. 2002년부터 시행하고 있는 임대동향조사는 법적 근거로 보이는 동 조항이 2013. 8. 6. 개정(시행 2014. 2. 7. 법률 제12018호)으로 신설된 조항이다.

소속기관별 참여인원을 보면 미래새한이 86인으로 가장 많고, 13개 대형법인에서 평균 약 80인, 2개 중소법인에서 평균 약 7인씩 참여하였다.

日本 「地価公示法」 제25조 제2항에서 표준지의 감정평가를 행한 不動産鑑定士에 대해서는 国土交通省令(地価公示法施行規則)으로 정하는 바에 따라 여비 및 보수를 지급하도록 하고, 이에 위임을 받은 地価公示法施行規則 제8조 제2항에서는 国土交通大臣이 정하도록 하고 있다. 平成30年度(서기 2018년) 地価公示의 예산은 3,691百万円(약 379억원)의 예산이 소요되고 있다. 지가공시표준지수 단위당 예산액(単位当たりコスト)은 142千円(146만 원)이다. 이러한 산출근거는 平成30年度 予算執行額을 地価公示標準地数로 나눈 것이다. 즉, 3,691百万円에 대하여 26,000地点과 2人의 不動産鑑定士를 나누어 계산하면, 필지당(地点当) 73만 원이 된다(平成30年度 行政事業レビューシート, 国土交通省, 事業名 地価公示).

337) 이 내용에 관해서는 제1편 「감정평가법」 제5장 제1절 보칙에 관한 내용을 보라.

[색인]